商务部十二五规划教材

全国高等院校财经类专业统编教材

企业战略与风险管理

主 编 杨 良 伍先安 崔红斌

中国商务出版社

图书在版编目（CIP）数据

企业战略与风险管理/杨良，伍先安，崔红斌主编
. —北京：中国商务出版社，2016.1
商务部十二五规划教材　全国高等院校财经类专业统
编教材
ISBN 978－7－5103－1465－0

Ⅰ.①企…　Ⅱ.①杨…　②伍…　③崔…　Ⅲ.①企业战
略-战略管理-高等学校-教材②企业管理-风险管理-
高等学校-教材　Ⅳ.①F272

中国版本图书馆 CIP 数据核字（2016）第 022427 号

商务部十二五规划教材
全国高等院校财经类专业统编教材
企业战略与风险管理
QIYE ZHANLUE YU FENGXIAN GUANLI

主　编　杨　良　伍先安　崔红斌

出　　版：中国商务出版社
发　　行：北京中商图出版物发行有限责任公司
社　　址：北京市东城区安定门外大街东后巷 28 号
邮　　编：100710
电　　话：010-64269744　64218072（编辑一室）
　　　　　010-64266119（发行部）
　　　　　010-64263201（零售、邮购）
网　　址：http://www.cctpress.com
网　　店：http://cctpress.taobao.com
邮　　箱：cctpress@cctpress.com　bjys@cctpress.com
照　　排：北京科事洁技术开发有限公司
印　　刷：北京密兴印刷有限公司
开　　本：787 毫米×1092 毫米　1/16
印　　张：24.75　　**字　数：**542 千字
版　　次：2016 年 2 月第 1 版　　2016 年 2 月第 1 次印刷
书　　号：ISBN 978－7－5103－1465－0
定　　价：48.00 元

编　委　会

前　　言

随着社会主义市场经济体制的不断完善，中国经济逐步与世界接轨，企业风险无处不在，无时不有，企业的任何商业活动都会带来相应的风险。有效的风险管理为企业创造价值，企业通过卓越的风险管理获得竞争优势，而企业的损失甚至倒闭都是由于不良的风险管理造成的。

企业制定战略并实施战略管理，不仅有利于企业的可持续发展，而且有利于行业的可持续发展，也充分体现了企业家对企业和行业的负责任精神。运用战略对企业进行整体管理，使企业在竞争激烈和动荡多变的现代市场环境下，持续地建立竞争优势，持续地满足利益相关者群体的各种需求，实现持续发展。

企业战略与风险管理是一门关于如何制定、实施、评价企业战略以保证企业组织有效实现自身目标的艺术与科学，主要研究企业作为整体的功能与责任、所面临的机会与风险。目前，企业战略与风险管理已经成为高校管理类专业的主干课程之一。

本教材全面介绍了企业战略与风险管理的各项内容；尤其对课程中的重点、难点进行了深入讲解，将企业战略管理理论与实践相结合，将理论教学与各种案例分析相结合，帮助学生从容面对各种问题。

本教材力求体现全面性、系统性、实用性与时效性。同时，本教材适当充实了相关学科基本理论和原理方面的内容，旨在培养学生的专业思维和分析、解决问题的能力，为将来从事企业战略管理奠定理论基础。本教材可作为企业战略与风险管理科目考试的考生使用，也适合相关专业的在校师生和从业人员参考。

本教材内容设置结合应用型人才培养目标的要求，辅以大量的案例分析，能提高学生的实务操作能力，同时结合注册会计师考试的内容，有利于考生提高考证通过率。

本教材由杨良、伍先安、崔红斌任主编，杨良负责拟定全书编写大纲，组织编写以及对全书的初稿修改、补充和总纂后定稿。石晶晶、刘鹏飞、霍德才、赵鹏、李娟、吴丹任副主编。本教材共八章，其中第一章、第四章第2~3节、第八章由杨良编写，第二章由崔红斌编写，第三章由吴丹编写，第四章第1节由李娟编写，第四章第4节由刘鹏飞编写，第五章第1~2节由霍德才编写，第五章第3~4节由赵鹏编写，第六章由伍先安编写，第七章由石晶晶编写。程鹏、贺晨、惠显杰、郝亚楠、韩怡、冀雪琴、李文悦、李子留、刘思彤、谈汝坤、王丹红、张秉恒、赵厚才、赵慧参与了部分章节的编写，以及全书资料的搜集整理和课后案例整理编写。

本教材是在借鉴了许多国内外企业战略与风险管理的教材、教学科研成果以及在尊重、参考前人劳动成果的基础上编写的。在此，向那些给予本教材提供帮助的一系列国内外优秀教材的编者表示深深的敬意。本教材在编写出版过程中得到了中国商务出版社的大力支持，在此表示感谢。

由于时间紧迫及编者水平有限，书中难免存在不足和疏漏之处，敬请各位专家、学者和广大读者批评指正，以便再版时及时修订。

杨　良

2015 年 9 月

目 录

第一章　企业战略管理导论

本章重点掌握的内容包括：

1. 公司战略的定义；
2. 公司的使命与目标；
3. 公司战略的层次；
4. 战略管理过程；
5. 战略变革管理。

第一节　企业战略的概念

在企业的经营与管理中，战略是十分重要的。战略是企业整合性的管理，是管理人员最重要的活动与技能。实行战略管理是提高企业对环境的适应性，使企业做到可持续发展的必经途径。因此，一个成功的企业，必须进行战略管理。可以说，没有战略的企业管理，就不是真正的企业管理。培养企业的战略性思维，形成长期理性地制定战略的制度或习惯，并以此来展开企业的经营与管理，能极大程度地提高企业在市场竞争中取胜的概率。

一、企业战略的概念

"战略"一词来源于军事，指军事家们对战争全局的规划和指挥，或指导重大军事活动的方针、政策与方法。随着生产力水平的不断提高和社会实践内涵的不断丰富，"战略"一词广泛地运用于军事以外的其他领域。

自美国管理学家巴纳德1938年将"战略"这一思想第一次引入到企业经营与管理领域之后，战略便引起了众多学者与实践者的研究与探索。随着美国著名学者安索夫、钱德勒、安德鲁斯、波特、普拉哈拉德和哈默尔等人的深入研究，企业战略理论日渐成熟。

1962年，美国管理学家钱德勒在其出版的《战略与结构》一书中，将战略定义为"确定企业基本长期目标、选择行动途径和为实现这些目标进行资源分配"。这标志着

"战略"一词被正式引入企业经营管理领域，形成了企业战略的概念。此后至今，许多学者和企业高层管理者曾经分别赋予企业战略不同的含义。对企业战略的多种定义可概括为传统概念和现代概念两大类。竞争战略之父、美国哈佛大学商学院著名教授迈克尔·波特（Michael E. Porter）对战略的定义堪称企业战略传统定义的典型代表。他提出了竞争战略理论，认为"战略是企业为之奋斗的一些终点与企业为达到它们而寻求的途径的结合物"。波特的定义概括了 20 世纪 60 年代和 70 年代对企业战略的普遍认识，它强调企业战略的一方面属性——计划性、全局性和长期性。

20 世纪 80 年代以来，企业外部环境变化速度加快，使得以计划为基点的传统概念受到不少批评，于是战略的现代概念受到广泛的重视。加拿大学者亨利·明茨伯格（Henry Mintzberg）1989 年提出，以计划为基点将企业战略视为理性计划的产物是不正确的，企业中许多成功的战略是在事先无计划的情况下产生的。他将战略定义为"一系列或整套的决策或行动方式"，包括计划性战略和非计划性战略。许多学者也开始研究组织的有限理性，并将重点放在组织在不可预测的或未知的内外部因素约束下的适应性上。亨利·明茨伯格在总结前人有关战略概念的研究后，1995 年提出从计划（Plan）、模式（Pattern）、定位（Position）、观念（Perspective）、计谋（Ploy）五个角度认识战略的基本含义，即著名的"5P"模型。

现代概念与传统概念的主要区别在于，现代概念认为战略只包括为达到企业的终点而寻求的途径，而不包括企业终点本身；从本质区别看，现代概念更强调战略的另一方面属性——应变性、竞争性和风险性。

事实上，企业大部分战略是事先的计划和突发应变的组合。美国学者汤姆森（S. Tomson）1998 年指出，"战略既是预先性的（预谋战略），又是反应性的（适应性战略）"。换言之，"战略制定的任务包括制订一个策略计划，即预谋战略，然后随着事情的进展不断对它进行调整。一个实际的战略是管理者在企业内外各种情况不断暴露的过程中不断规划和再规划的结果。"

在当今瞬息万变的环境里，企业战略意味着企业要采取主动态势预测未来，影响变化，而不仅是被动地对变化作出反应。企业只有在变化中不断调整战略，保持健康的发展活力，并将这种活力转变成惯性，通过有效的战略不断表达出来，才能获得并持续强化竞争优势，构筑企业的成功。

二、企业的使命、目标与企业战略的功能

对于波特关于企业战略定义所提出的企业"终点"的概念，有的企业愿意使用"使命"或者"目的"，也有的企业用"使命"与"目标"加以层次上的区别。在这里，我们将企业生存、发展、获利等根本性目的作为企业使命的一部分，而将企业目标作为使命的具体化。

（一）企业的使命

企业的使命首先是要阐明企业组织的根本性质与存在理由，一般包括三个方面：

1. 企业目的

企业目的是企业组织的根本性质和存在理由的直接体现。组织按其存在理由可以分为两大类：营利组织和非营利组织。以营利为目的而成立的组织，其首要目的是为其所有者带来经济价值，例如，通过满足客户需求、建立市场份额、降低成本等来增加企业价值。其次是履行社会责任，以保障企业主要经济目标的实现。以非营利目的成立的组织，其首要目的是提高社会福利、促进政治和社会变革，而不是营利。一般而言，企业是最普通的营利组织，红十字会是最普通的非营利组织。

对于营利组织而言，企业的生存、发展、获利三个经济目的不断地演进和平衡决定着企业的战略方向。例如，在企业战略决策中，不能只注重短期目的而忽视其长期为之奋斗的目的。在日益激烈多变的环境中，企业只有关注其长期增长与发展，才能够真正生存下来。又如，企业仅仅追求"利润最大化"目标并不完整，高额利润往往伴随着发生高额损失的可能性，因而企业仅仅追求"利润最大化"目标可能导致忽视投资者所能承受的风险。此外，"利润最大化"目标也没有计算出利润的时间区间。因此，企业应追求股东价值最大化而不只是利润最大化。对股东财富的计量可以是一定期间内每股价值的增加值、预计自由现金流的现值（贴现率是调整适当风险以后的资本成本）和经济利润（指于特定年份的实际利润超过补偿股东投入资本所需的最低回报的部分）。

2. 企业宗旨

企业宗旨阐述企业长期的战略意向，其具体内容主要说明企业目前和未来所要从事的经营业务范围。美国学者德鲁克（F. Drucker）认为，提出"企业的业务是什么"，也就等价于提出了"企业的宗旨是什么"。企业的业务范围应包括企业的产品（或服务）、顾客对象、市场和技术等几个方面。

企业宗旨反映出企业的定位。定位是指企业采取措施适应所处的环境。定位包括相对于其他企业的市场定位，如生产或销售什么类型的产品或服务给特定的部门，或以什么样的方式满足客户和市场的需求，如何分配内部资源以保持企业的竞争优势，等等。

3. 经营哲学

经营哲学是企业为其经营活动方式所确立的价值观、基本信念和行为准则，是企业文化的高度概括。经营哲学主要通过企业对利益相关者的态度、企业提倡的共同价值观、政策和目标以及管理风格等方面体现出来。经营哲学同样影响着企业的经营范围和经营效果。

尽管企业使命涉及很多内容，但是许多企业关于使命的表述往往不详尽、不全面，只是展示企业主要的战略方向。这在很大程度上是由于在复杂多变环境下，详尽的、全面的使命表述可能会使企业在战略实施过程中比较被动。这是企业战略定义的现代概念应变性、竞争性和风险性的具体体现。

（二）企业的目标

企业目标是企业使命的具体化，包括经营目标和社会目标两类。德鲁克对企业目标作了恰如其分的概括："各项目标必须'从我们的企业是什么，它将会是什么，它应该是什么'引导出来。它们不是一种抽象，而是行动的承诺，借以实现企业的使命；它们也是一种用以衡量工作成绩的标准。换句话说，目标是企业的基本战略。"

企业目标是一个体系。建立目标体系的目的是将企业的业务使命转换成明确具体的业绩目标，从而使得企业的进展有一个可以测度的标准。

从整个企业的角度来看，需要建立两种类型的业绩标准：与财务业绩有关的业绩标准以及与战略业绩有关的标准。获取良好的财务业绩和良好的战略业绩要求企业的管理层既建立财务目标体系又建立战略目标体系。财务目标体系表明企业必须致力于达到下列结果：市场占有率、收益增长率、满意的投资回报率、股利增长率、股票价格评价、良好的现金流以及企业的信任度等等。战略目标体系则不同，它建立的目的在于为企业赢得下列结果：获取足够的市场份额，在产品质量、客户服务或产品革新等方面压倒竞争对手，使整体成本低于竞争对手的成本，提高企业在客户中的声誉，在国际市场上建立更强大的立足点，建立技术上的领导地位，获得持久的竞争优势，抓住诱人的成长机会，等等。战略目标体系的作用是让人密切注意，企业的管理层不但要提高企业的财务业绩，还要提高企业的竞争力量，改善企业长远的业务前景。

财务目标体系和战略目标体系都应该从短期和长期目标两个角度体现出来。短期目标体系主要是集中精力提高企业的短期经营业绩和经营结果；长期目标体系则主要是促使企业的管理者考虑现在应该采取什么行动，才能使企业能够进入一种可以在相当长的一段时期内经营得好的状态。

目标体系的建立需要所有管理者的参与。企业中的每一个单元都必须有一个具体的、可测度的业绩目标，其中，各个单元的目标必须与整个企业的目标相匹配。如果整个企业的目标体系分解成了各个组织单元和低层管理者的明确具体的分目标，那么在整个企业中就会形成一种以结果为导向的氛围。如果企业内部对所作所为混沌无知，那么企业将一事无成。最理想的情形是，形成团队工作精神，组织中的每一个单元都奋力完成其职责范围内的任务，从而为企业业绩目标的完成和企业使命的实现作出应有的贡献。

（三）企业战略的功能

1. 指明了企业的发展方向

通过对经营环境的研究，企业战略将企业的成长和发展纳入到变化的环境之中，为企业指明了发展方向。在企业战略的指引下，企业能够增强其经营活动对外部环境的适应性，正确地选择企业合适的经营领域和竞争优势，提高决策能力和水平。同时，有了战略目标，不仅使整个企业有了清晰的发展方向，也明确了企业的各个层次、各个部门的奋斗目标。这样就使企业各方面的努力统一到企业的战略方向上来，形成合力，推进企业为实现共同的终点不断前行。

2. 整合和优化企业资源能力的依据和动力

一方面，企业战略建立起企业目标系统，使企业能够依据战略需求对其资源和能力进行整合和优化，促使企业凝结为一个和谐一致、高效的有机整体。另一方面，企业资源和能力的水平影响着企业经营范围和竞争优势的选择，企业战略又是整合和完善企业资源能力的动力，企业只有不断提升其资源和能力的水平，才能够保障企业面对变化莫测的经营环境选择和实施其最有效的战略。

3. 提升企业管理效能的前提和保障

企业战略将企业长期目标和短期目标结合在一起，可以调动各级管理人员参与战略管理的积极性，有利于充分利用企业的各种资源并提高协同效果。企业战略重视战略的评价与更新，不只是计划"我们正走向何处"，也计划如何淘汰陈旧过时的东西，以"计划是否继续有效"为指导重视战略的评价与更新，这就使企业管理者能不断地在新的起点上对外界环境和企业战略进行连续性探索，增强创新意识。企业战略强调战略制定与实施的结合，更加突出战略在管理实践中的指导作用，这将不断提升企业管理者的管理水平，也促使企业战略本身不断得到完善。

三、企业战略的层次

明茨伯格关于战略的定义"一系列或整套的决策或行动方式"可以通过战略的层次加以细分。一般将战略分为三个层次：公司层战略（corporate strategy）、业务层战略或竞争战略（business or competitive strategy）和职能层战略（operational strategy）。图1-1概括了企业各层次的战略所涉及的管理层次。

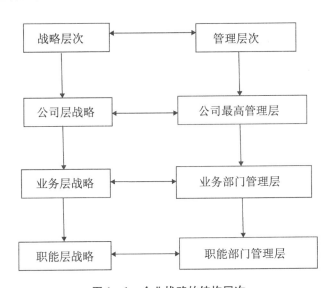

图 1-1　企业战略的结构层次

（一）公司层战略

公司层战略又称总体战略。在大中型企业里，特别是多种经营的企业里，公司层战略是企业最高层次的战略。它需要根据企业的目标，选择企业可以竞争的经营领域，合理配置企业经营所必需的资源，使各项经营业务相互支持、相互协调。企业战略常常涉及整个企业的财务结构和组织结构方面的问题。图1-2描述了业务多元化企业战略的核心要素。

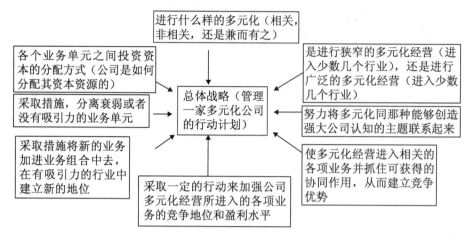

图1-2 战略的核心要素

（二）业务层战略

企业的二级战略常常被称作业务层战略或竞争战略。业务层战略涉及各业务单位的主管以及辅助人员。这些经理人员的主要任务是将企业战略所包括的企业目标、发展方向和措施具体化，形成本业务单位具体的竞争与经营战略。业务层战略要针对不断变化的外部环境，在各自的经营领域中有效竞争。为了保证企业的竞争优势，各经营单位要有效地控制资源的分配和使用。对于一家单一业务企业来说，公司层战略和业务层战略只有一个，即合二为一；只有对业务多元化的企业来说，公司层战略和业务层战略的区分才有意义。图1-3展示了业务战略的核心要素。

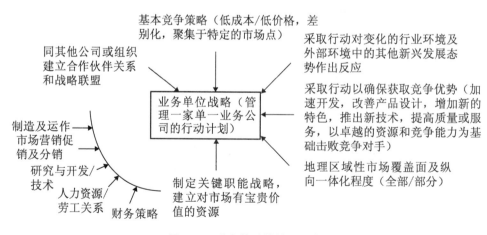

图1-3 业务战略的核心要素

（三）职能层战略

职能层战略主要涉及企业内各职能部门，如营销、财务、生产、研发（R&D）、人力资源、信息技术等，如何更好地配置企业内部资源，为各级战略服务，提高组织效率。各职能部门的主要任务不同，关键变量也不同，即使在同一职能部门里，关键变量的重要性也因经营条件不同而有所变化，因而难以归纳出一般性的职能战略。在职能战略中，协同作用具有非常重要的意义。这种协同作用首先体现在单个的职能中各种活动的协调性与一致性，其次体现在各个不同职能战略和业务流程或活动之间的协调性与一致性。图 1-3 左下角显现了职能战略的基本内容。

第二节　企业战略管理

一、战略管理过程

一般说来，战略管理包含三个关键要素：战略分析——了解组织所处的环境和相对竞争地位；战略选择——战略制定、评价和选择；战略实施与控制——采取措施使战略发挥作用。图 1-4 是战略管理过程及主要组成要素的示意图，它给出了战略管理过程的大致构架，可以作为理解战略管理过程的向导。

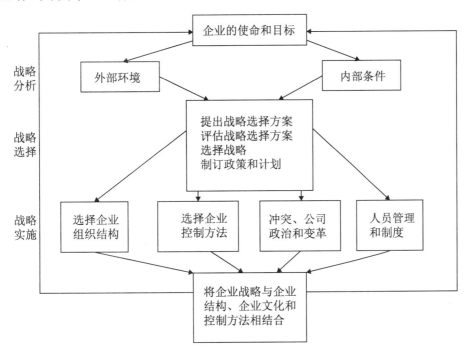

图 1-4　战略管理过程

（一）战略分析

战略分析的主要目的是评价影响企业目前和今后发展的关键因素，并确定在战略选择步骤中的具体影响因素。战略分析需要考虑许多方面的问题，主要是外部环境分析和内部能力分析，如图 1 - 5 所示。

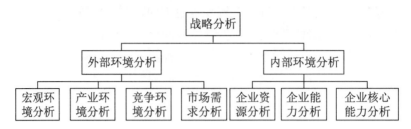

图 1 - 5　战略分析的内容

（1）外部环境分析。外部环境分析可以从企业所面对的宏观环境、产业环境、竞争环境和市场需求状况几个方面展开。外部环境分析要了解企业所处的环境正在发生哪些变化，这些变化将给企业带来更多的机会还是更多的威胁。

（2）内部能力分析。内部能力分析可以从企业的资源与能力、企业的核心竞争力等几个方面展开。内部能力分析要了解企业自身所处的相对地位，具有（哪些资源以及战略能力。波士顿矩阵、通用矩阵、SWOT 分析都是常用的战略分析工具。

（二）战略选择

战略分析阶段明确了"企业目前处于什么位置"，战略选择阶段所要回答的问题是"企业向何处发展"。企业在战略选择阶段要考虑可选择的战略类型和战略选择过程两个方面的问题。

（1）可选择的战略类型。在企业战略的三个层次上存在着各种不同的战略类型，如图 1 - 6 所示。

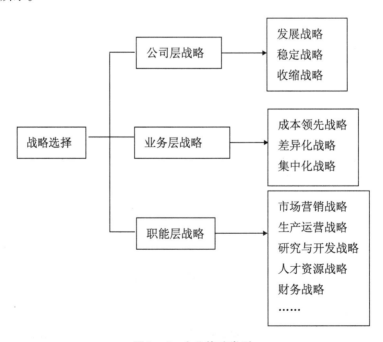

图 1 - 6　企业战略类型

①公司层战略选择。公司层战略选择包括发展战略、稳定战略、收缩战略三种基本类型。②业务层战略选择。业务单位层面的竞争战略包括成本领先战略、差异化战略、集中化战略三种基本类型。③职能层战略选择。职能层战略包括市场营销战略、生产运营战略、研究与开发战略、人力资源战略、财务战略、信息战略等多个职能部门的战略。

（2）战略选择过程。约翰逊和施乐斯（Johnson G. & Scholes K.）1989 年提出了战略选择过程的四个组成部分：

①制订战略选择方案。在制定战略过程中，可供选择的方案越多越好。根据不同层次管理人员介入战略分析和战略选择工作的程度，可以将战略形成的方法分为三种形式：a. 自上而下的方法。即先由企业总部的高层管理人员制定企业的总体战略，然后由下属各部门根据自身的实际情况将企业的总体战略具体化，形成系统的战略方案。b. 自下而上的方法。在制定战略时，企业最高管理层对下属部门不做具体规定，而要求各部门积极提交战略方案。企业最高管理层在各部门提交的战略方案基础上，加以协调和平衡，对各部门的战略方案进行必要的修改后加以确认。c. 上下结合的方法。即企业最高管理层和下属各部门的管理人员共同参与，通过上下级管理人员的沟通和磋商，制定出适宜的战略。

三种方法的主要区别在于战略制定中对集权与分权程度的把握。企业可以从对企业整体目标的保障、对中下层管理人员积极性的发挥，以及企业各部门战略方案的协调等多个角度考虑，选择适宜的战略制定方法。

②评估战略备选方案。评估备选方案通常使用三个标准：a. 适宜性标准。考虑选择的战略是否发挥了企业的优势，克服了劣势，是否利用了机会，将威胁削弱到最低程度，是否有助于企业实现目标。b. 可接受性标准。考虑选择的战略能否被企业利益相关者所接受，实际上并不存在最佳的、符合各方利益相关者的统一标准，经理们和利益相关团体的不同的价值观和期望在很大程度上影响着战略的选择。c. 可行性标准。对战略的评估最终还要落实到战略收益、风险和可行性分析的财务指标上。

③选择战略。即最终的战略决策，确定准备实施的战略。如果由于用多个指标对多个战略方案的评价产生不一致的结果，最终的战略选择可以考虑以下几种方法：a. 根据企业目标选择战略。企业目标是企业使命的具体体现，因此，选择对实现企业目标最有利的战略方案。b. 提交上级管理部门审批。对于中下层机构的战略方案，提交上级管理部门能够使最终选择方案更加符合企业整体战略目标。c. 聘请外部机构。聘请外部咨询专家进行战略选择工作，利用专家们广博和丰富的经验，能够提供较客观的看法。

④制订战略政策和计划。制定有关研究与开发、资本需求和人力资源等部门的政策和计划。

（三）战略实施与控制

战略实施与控制就是将战略转化为行动，为了将战略付诸实施，需要制定一些关键的决策。战略实施与控制要解决以下几个主要问题：

（1）为使战略成功，企业需要有一个有效的组织结构。制定组织结构涉及如何分配企业内的工作职责范围和决策权力，需要作出如下决定：①企业的管理层次数目是高长型还是扁平型结构；②决策权力集中还是分散；③企业的组织结构类型能否适应企业战略的定位等等。

（2）人员和制度的管理颇为重要。人力资源关系到战略实施的成功与失败，而采用什么样的体制管理企业也是不可忽视的问题。

（3）企业政治扮演着重要角色。企业内部各种团体有其各自的目标和要求，而许多要求是互相冲突的，因而企业政治活动是企业的一部分。这些利益冲突会导致各种争斗和结盟，在企业战略管理过程中发挥一定的作用。

（4）战略实施涉及选择适当的组织协调和控制系统。战略实施与控制离不开企业内各单位的集体行动和协调，企业必须确定采用什么标准来评价各下属单位的效益，控制它们的行动。

（5）要保证战略实施与控制成功，必须要协调好企业战略、结构、文化和控制诸方面。不同的战略和环境对企业的要求不尽相同，所以要求要有不同的结构设置、文化价值观和控制体系。

战略管理是一个循环过程，而不是一次性的工作。要不断监控和评价战略的实施过程，修正原来的分析、选择与实施工作，这是一个循环往复的过程。如图1-7所示。

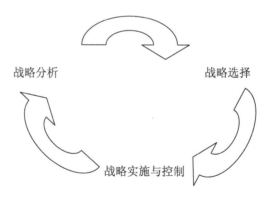

图1-7　战略管理循环往复的过程

企业战略的实践表明，战略制定固然重要，战略实施同样重要。制定一个良好的战略仅仅是战略成功的一部分，只有保证有效地实施这一战略，企业的战略目标才能够顺利地实现。如果对一个良好的战略贯彻实施很差，则只会导致事与愿违，甚至失败的结果。相反，如果企业没能完善地制定出合适的战略，但是在战略实施中，能够克服原有战略的不足之处，那么有可能最终导致该战略的完善与成功。

二、战略变革管理

环境变化与组织适应是战略管理领域关注的基本问题，西方战略管理领域理论文献有一个基本假定，即环境的变化导致企业的战略变革。

（一）战略变革的含义

传统的观念认为，战略变革是一种不经常的、有时是一次性的、大规模的变革。然而，近年来，使企业的战略成熟化往往被认为是一种连续变化的过程，一个战略变革往往带来其他变革的需要。显然，企业生命周期当中基本的战略变革相对来说是不经常出现的，而渐进性的变化（可能是战略性的）是较为频繁的过程。因此，在很多情况下，渐进性的变化导致了战略变革。

（1）渐近性变革与革命性变革的区别。企业为了适应环境和生存而实施的变化是可以按其范围来划分的（即变化的程度是渐进的还是革命性的）。渐进的变化是一系列持续、稳步前进的变化过程，使企业能够保持平稳、正常运转。渐进的变化往往在某一刻影响企业体系当中的某些部分。而那些革命性的转化是全面性的变化过程，使企业整个体系发生改变。如表1－1所示。

表1－1　渐近性变革与革命性变革比较

渐进性变革的特点	革命性变革的特点
在企业生命周期中常常发生 稳定地推进变化 影响企业体系的某些部分	在企业生命周期中不常发生 全面转化 影响整个企业体系

（2）战略变革的发展阶段。从长远来说，企业在发展中会改变其战略。但是，约翰逊（Johnson G.）和施乐斯（Scholes K.）1989年指出，这种变化是渐进的。因为从企业的角度来说，渐进的变化易于管理，对企业体制运作的滋扰程度比革命性的变化要小。如图1－8所示。

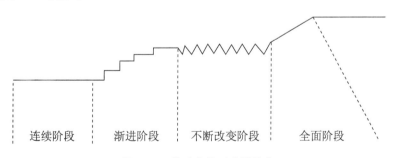

图1－8　战略变革形式的演变

①连续阶段：在这个阶段中，制定的战略基本上没有发生大的变化，仅有一些小的修正。②渐进阶段：在这个阶段中，战略发生缓慢的变化。这种变化可能是零打碎敲性的，也可能是系统性的。③不断改变阶段：在这个阶段中，战略变化呈现无方向或无重心的特点。④全面阶段：在这个阶段中，企业战略是在一个较短的时间内、发

生革命性或转化性的变化。

如果一家企业的战略经常发生质变，那么这家企业是无法正常运转的。事实上，企业所处的环境不可能变化得这么快。然而，约翰逊和施乐斯告诫人们，环境中的变化不一定很缓慢，企业的渐进变化有可能赶不上前者。因此，如果渐进阶段落在了环境变化的后面，那么，企业可能适应不了环境，结果不得不进行革命性的战略变革。

（二）战略变革的动因

在企业中，随着时间的流逝，将会发生一些变化。变化可能来自外部环境或内部环境。大多数情况下，以下几种变化可能会成为企业战略变革的主要动因：

（1）外部环境的变化。竞争者业务的变化、消费者消费目标和方式的变化、政策和法律的变化、社会行为和态度的变化、经济发展状况的变化等。

（2）技术和工作方法方面的变化。这些变化也可能是环境变化所造成的，如新技术的出现和关于工作安全的新法规的出现。

（3）产品和服务方面的变化。这是由消费者需求、竞争者行为、新技术的出现等所导致的。例如，一家移动电话制造商从以产品为中心转向以客户为导向时，服务方式的转变可能不会导致企业产品的变更，却可能需要对组织文化作出重大改变。

（4）管理及工作关系的变化。例如，领导风格与员工工作方式的改变，以及教育培训方式的改变等。

（5）组织结构和规模的变化。包括设立新的部门、更多的授权或集权、计划方式的改变、管理信息的提供和控制的执行等。

（6）并购后引起的变化。未来的管理层希望改善现有结构并将企业整合到新的母企业结构和体系中。这既包括名称和标志的变化，也包括组织结构、文化、工作角色、员工数量和管理体系等更深刻的变化。

（三）战略变革的类型

戴富特（Daft R. L.）1992年对企业为了适应环境和在市场条件下生存而推行的战略变革进行了分类，共有四种类型：

（1）技术变革。技术变革往往涉及企业的生产过程，包括开发使之有能力与竞争对手抗衡的知识和技能。这些变革旨在使企业生产更有效率或增加产量。技术变革涉及工作方法、设备和工作流程等生产产品和服务技术。

（2）产品和服务变革。产品和服务变革是指企业产出的变革，包括开发新产品或改进现有产品，这在很大程度上影响着市场机会。

（3）结构和体系变革。结构和体系变革系指企业运作的管理方法的变革，包括结构变化、政策变化和控制系统变化。

（4）人员变革。人员变革是指企业员工价值观、工作态度、技能和行为方式的转变，目的是确保职工努力工作，完成企业目标。

（四）战略变革的时机选择

信息是管理者认识变革力量大小的根据。财务报告、质量控制数据、预算和标准成本信息是主要的内容。这些数据可以显示外部和内部力量的变化状况。利润率下降、市场份额下降明显地表明企业竞争力量减弱和需要进行战略变革的迹象。遗憾的是，在许多企业里，直到发生了大规模的危机才会认识到战略变革的重要性。一般来说，战略变革时机有三种选择，有远见的企业应该选择第一种，这样能避免为过迟变革付出代价。

（1）提前性变革。这是一种正确的变革时机选择。在这种情况下，管理者能及时地预测到未来的危机，提前进行必要的战略变革。国内外企业战略管理的实践证明，及时地进行提前性战略变革的企业是最具有生命力的企业。

（2）反应性变革。在这种情况下，企业已经存在有形的可感觉到的危机，并且已经为过迟变革付出了一定的代价。

（3）危机性变革。如果企业已经存在根本性的危机，再不进行战略变革，企业将面临倒闭和破产。因此，危机性变革是一种被迫的变革，企业往往付出较大的代价才能取得变革的成效。例如，Windows 操作系统的出现打破了某计算机制造商对图形界面的控制，并出现了数种互不兼容的操作系统大战。因此，计算机制造商要重新协调战略、组织结构，走出单一产品的经营模式，销售范围更广的产品，才能令企业摆脱倒闭厄运，这是一种危机性变革。

企业一旦决定进行战略变革，就要进一步考虑如何进行变革的问题。这需要分析问题的症状以发现问题的实质。然而，管理者们对问题性质的意见和看法常常是有分歧的。为此，这一阶段的工作可围绕下面三个问题来讨论：①什么是有别于问题表象的实质问题？②解决这个问题要改变什么？③变革的结果（目标）是什么？如何衡量这些目标？

这一过程实质上是通过分析判断建立新的战略方案的过程，也就是前面所提到的战略选择的过程。所不同的是，这里更要注意分析新旧战略方案的不同，以及革新的必要性和可能性。

（五）战略变革的模式

战略变革的性质可分为两种类型：渐变性变革与革命性变革。相应的，对变革的管理方法也可以分为积极主动和消极被动两种。根据变革性质的类型和管理层的作用的不同组合，战略变革的模式可分为四类，如图 1-9 所示。

		变革的性质	
		渐变性	革命性
管理层的作用	主动	协调	计划
	被动	接受	迫使

图 1-9　战略变革的模式

（1）协调。当管理层的作用是主动的，而变革的性质是渐变性的，该种变革是一个协调的变革。

（2）计划。当管理层的作用是主动的，而变革的性质是革命性的，该种变革是一个计划的变革。

（3）接受。当管理层的作用是被动的，而变革的性质是渐变性的，该种变革是一个被动接受的变革。

（4）迫使。当管理层的作用是被动的，而变革的性质是革命性的，该种变革是一个被迫进行的变革。

（六）战略变革的主要任务

1. 调整企业理念

战略变革首选的理念是得到社会普遍认同的，体现企业自身个性特征的，促使并保持企业正常运作以及长足发展而构建的反映整个企业经营意识的价值体系。它是企业统一化的可突出本企业与其他企业差异性的识别标志，包含企业使命、经营思想和行为准则三部分。调整企业理念，首先要确定企业使命，即企业应该依据怎样的使命开展各种经营活动，它是企业行动的原动力；其次要确立经营思想，指导企业经营活动的观念、态度和思想，给人以不同的企业形象；最后要靠行为准则约束和要求员工，使他们在企业经营活动中必须奉行一系列行为准则和规定。调整企业理念，给企业全新定位，这是一种企业适应社会经济发展的变革，只有在这种不断地演化、渐进变革中才能够构建新的企业战略，企业才能重生，才能得到发展和壮大。在重新调整企业理念时，首先与行业特征相吻合，其次在充分挖掘原有企业理念的基础上赋予其时代特色，最后企业理念和竞争对手要有所区别。

2. 企业战略重新进行定位

如何实施战略定位是战略变革的重要内容，根据迈克尔·波特的观点，帮助企业获得竞争优势而进行的战略定位实际上就是在价值链配置系统中从产品范围、市场范围和企业价值系统范围三方面进行定位的选择过程。产品的重新定位，对于明星产品，由于企业竞争力和市场吸引力强，也是高速成长的市场领先者，对其要多投资，促进发展，扩大市场份额；对于"现金牛"产品，由于具有规模经济和高利润优势，但有风险，对其要维持市场份额，尽可能多地榨取市场利润；对于问题产品，虽然产品市场吸引力强，但由于要加大投资，因此主要考虑在尽可能短的时间内收回成本；对于"瘦狗"产品，企业的对策就是尽快地售出剩余产品然后转产。对于市场和企业价值系统的重新定位，由于企业作为一个独立的组织，其竞争优势来源于研发、生产、营销和服务等过程，来源于企业的价值链配置系统，就是这个系统在市场与企业之间不断地传递有关价格、质量、创新和价值的信息，从而为企业营造和保持新的竞争优势。

3. 重新设计企业的组织结构

在进行组织结构设计时，要围绕战略目标实现的路径来确定不同层级的管理跨度，适当的管理跨度并没有一定的法则，一般是 3～15 人，在进行界定时可以依据管理层级的不同、人员的素质、沟通的渠道、职务的内容以及企业文化等因素。在设计组织结构时，还要充分考虑企业各部门顺利完成各自目标的可能性，以及在此基础上的合作协调性、各自分工的平衡性、权责明确性、企业指挥的统一性、企业应变的弹性、企业成长的稳定性和效率性、企业的持续成长性。通过重新设计企业的组织结构，理清各部门的管理职责，改变指挥混乱和权责不对等的现象，从而提高管理效率。

（七）战略变革的实现

在战略变革中，对人的行为掌控是最重要也是最困难的。因此，要保证战略变革的实现，需要从变革的支持者、抵制者两个方面入手做好工作，克服变革的阻力，以保证战略变革的实现。

1. 变革的支持者推进战略变革的步骤

（1）高级管理层是变革的战略家并决定应该做什么。变革的支持者需要极力拥护战略高端的变革，而这只有在高级管理层认为需要变革的时候才会发生。这个角色需要对将要进行的变革有一个清晰的了解。

（2）指定一个代理人来掌握变革。高级管理层通常有三种作用：①如果变革激化了代理人和企业中的利益团体之间的矛盾，高级管理层应当支持代理人；②审议和监控变革的进程；③签署和批准变革，并保证将它们公开。

（3）变革代理人必须赢得关键部门管理人员的支持，因为变革需要后者在他们的部门中介绍和执行这些变革。变革的支持者应当提供建议和信息，以及不再接受旧模式的证据。

（4）变革代理人应督促各管理人员立即行动起来，并给予后者必要的支持。部门管理人员应保证变革在其管理的领域有效地执行。如果变革涉及对客户服务方式的变化，每名责任人员都应当确保变革程序是有效的。

应该认识到，成功的变革不仅仅来自上述内容。中级和低级的管理人员是变革的接受者，是由他们来执行新的方法。然而，他们本身也是变革代理人，有着各自的责任领域，他们必须保证某个部分的变革过程的成功实施。

2. 变革受到抵制的原因与实现障碍

变革受到抵制的原因可能是变革会对人们的境遇甚至下列领域的健康产生重要的影响：

（1）生理变化。这是由工作模式、工作地点的变化造成的。

（2）环境变化。住新房子、建立新的关系、按照新的规则工作，这种新规则包括学习新的工作方式等。

（3）心理变化。①迷失方向。例如，当变革涉及设定一种新的角色或者新的关系时，会产生心理变化。②不确定性可能导致无安全感。尤其是变革涉及工作或者快速的环境适应性，一个短期学习曲线可能导致感觉能力有限。③无力。如果观察到外力或者代理人反对变革，个人会感到无力，变革就会受到威胁。

基于上述的不同因素，变革会面临如下障碍：

（1）文化障碍。结构惯性是企业确保一贯性和质量的累积效果。这些都是变革的障碍。例如，系统程序选出某些人，晋升程序有规则地奖励某些人。当变革和团队或部门的规范不一致之时，或使某些专业人士或技术团队的技能和专业能力弱化甚至冗余之时，团体惯性就可能阻碍变革。

（2）私人障碍。除了文化障碍之外，也有一些影响个人的障碍，导致他们认为变革是一种威胁。例如：①习惯。因为工作的习惯是很难改变的，新的不熟悉的工作方式通常让人感觉不舒服。安全也不可避免地受到威胁。②变革对个人收入的影响可能相当大。③对于未知的恐惧降低了人们学习新技能和程序的意愿和兴趣，因为他们可能缺乏自信去迎接新的挑战。④选择性的信息处理导致员工去选择应当听什么和忽略什么来判断他们的处境，从而忽略管理层对于变革的要求。

3. 克服变革阻力的策略

在处理变革的阻力时，管理层应当考虑变革的三个方面：变革的节奏、变革的管理方式和变革的范围。

（1）变革的节奏。变革越是循序渐进，就越有更多的时间来提出问题，以提供保证并进行管制。如果得到个人的关注和支持，将降低对于变革的计划和立即实施阶段的阻力。但是，如果这种变革是激进的就会导致一种撤退反应，从而被看作是一种威胁，并可能在变革实施后一同表现出来，如怨恨感增强等。

（2）变革的管理方式。变革的管理方式非常重要，必须具备良好的氛围、明确的需求、平息恐惧，如果可能的话，应当积极鼓励个人接受这些变革。鼓励冲突领域的对话是有效控制抵制的方法，这可以促进有用的观点和接受良好的变革程序。压制抵制只能将抵制转为地下，变成谣言并转化为敌对状态。面对变革，管理层为员工提供针对新技能和系统应用的学习课程可减少他们对变革的抵制情绪。这是因为只有很少数人能够真正从宏观角度看待变革。鼓励个人参与也是减少抵制情绪的方法。因为员工参与变革的程度往往取决于员工对于变革必要性和可行性的认识和理解程度。

（3）变革的范围。应当认真审阅变革的范围。范围很大的转变会带来巨大的不安全感和较多的刺激。在同一个变革目标下，可以考虑采用变革范围比较小的方式。例如，技术的改变可能需要改变工作方式，也可能需要工作团体重组。如果能够用改变工作方式的变化代替工作团体的重组，变革的范围就会小得多。

总之，管理层必须了解其员工的各个方面，从而了解变革可能面临的抵制因素。

【案例】

美国 D 汽车企业的战略变革

美国 D 汽车企业在经历了 20 世纪末 21 世纪初的全面扩张之后，由于市场变化及企业相对竞争力下降，近年来连续亏损，亟须现金流以渡过美国汽车工业的危机。而其他两家汽车企业在这场危机中，最终步入了破产保护程序。2006 年，D 企业进行了重大战略调整，确定从战略扩张改为战略收缩，专注于北美市场，专注于其自有核心品牌，这一战略旨在减少集团内地域性品牌并改变 D 企业全球市场过于分割的状态，而加强 D 企业自身品牌的产品阵营，此即为"大 D"战略。此后 D 企业从 2007 年开始相继出售欧洲几个高端品牌，最后 2009 年完成"大 D"计划。

专家曾对 D 汽车企业的战略变革做过如下分析：

2006 年开始，D 汽车企业开始实施从战略扩张到战略收缩的战略变革。这一变革的背景和动因是其面临的内外部环境的变化——市场变化及企业相对竞争力下降。战略变革的方向是市场、产品定位的变化，但战略变革实施措施涉及企业的各个层面：取消实行多年的"让工人按时下班回家"政策；让高管参加为期 5 周的危机激励课程整合所有可用资源以提振生产；指导经销商开展各种活动来刺激销售；建立新的 D 慈善基金，仅售 16 500 美元的"慈善 SUV"；播出美国明星主演的 D 企业新广告；在高管停车库中安装更便宜的地毯；解雇成千上万"应该为损失负责"的员工；放松对具体工作的质量管理和定级。D 企业这一革命性的战略变革会影响企业各类人员的利益安排，能否成功实现，取决于管理层能否掌控变革中人的行为，从变革的支持者、抵制者两个方面入手做好工作，克服变革的阻力。

思考题

1. 什么是战略？什么是企业战略？

2. 企业的使命包括哪些？企业战略的功能是什么？

3. 简述企业战略的三个层次。

4. 企业战略管理包括哪几个方面？具体内容有哪些？

5. 企业战略变革的动因有哪些？战略变革的主要任务是什么？

案例分析

华为的高绩效文化

"惶者才能生存，偏执才能成功。"这是华为创始人任正非的名言，意思是成功要靠偏执（坚定不移地推进目标），生存是靠惶惶不安（警惕各种不确定因素，甚至是居安思危）。

华为技术有限公司（以下简称华为）成立于 1988 年，由 5 个人合伙投资 2.4 万元，从事小型程控交换机的研究开发。目前，华为已成为中国最大的通信设备供应商之一，成功进入全球电信市场。2010 年华为被美国《财富》杂志评选为世界 500 强企业，是成为闯入世界 500 强的第二家中国民营科技企业，也是 500 强中唯一一家未上市的公司。华为的管理顾问吴春波认为，华为独特的"双核"是其成功的核心。双核的"一个核就是以《华为基本法》为代表的核心价值观；第二个核就是以管理为核心的核心竞争力"。

华为的核心价值就是企业文化价值。企业文化在很大程度上体现为企业家文化。华为的创始人任正非言行低调、不爱张扬，却又令人过目不忘。军人出身的任总裁，在外人看来作风干练、雷厉风行。在华为高层管理人员眼中，他涉猎广泛，具有战略思维头脑；性格坚定，目光敏锐；言谈逻辑严密、出口成章，极富有煽动性和鼓动性；但又不咄咄逼人……这些特质成为华为文化的来源。

华为的企业文化，简单地说，就是高绩效文化，通过开放、创新、合作、获益与公平来实现高绩效。

高效创新的组织对内对外都必须有开放的态度，乐于接受新鲜事物、乐于接受彼此不同的思想，愿意相互合作、资源共享。华为对外强调要倾听顾客的意见，与广大顾客和合作单位结成利益共同体；对内则强调部门是公司的资源，要向大家开放，实现资源共享。

对技术后进者来说，保持速度是追赶领先者不可缺少的。在华为持续创新的过程中，企业的创新意愿、创新投入的保证、创新速度和快速的技术市场化等因素，起到了关键的作用。华为将企业创新意愿以"立法"形式明确下来，激励员工，并为创新的投入及相关激励政策的制定提供政策保障。《华为基本法》第一条中明确："华为的追求是在电子信息领域实现顾客的梦想，并依靠点点滴滴、锲而不舍的艰苦追求，使我们成为世界级领先企业。"为了保证创新投入，《华为基本法》明确规定"每年至少拿出10%的销售收入投入到技术研发"。而公司实际的年技术研发投资曾达到15%～17%。

创业初期，华为不惜孤注一掷，把代理销售取得的少量利润几乎全部集中到自主研究小型交换机上。其北京研究所刚成立的头两年里一直没有取得重大突破，但华为仍然坚持每年投入近亿元的巨额资金支持，直至北京所在重大项目上取得相继突破。面对与国外公司的巨大差距，为了加快创新速度，华为员工付出了艰苦的努力。当时几乎每位开发人员都有一张床垫，卷放在办公桌铁柜底层。员工养成了"来之能战、战之能胜"的快速反应能力。华为通过研发组织创新和人员流动来保证创新的速度。例如，华为的产品开发由产品开发团队（PDT）承担，每个PDT由研发、市场、财务、用户服务、生产等各部门抽调的代表组建，在产品开发阶段就能综合考虑市场需求、用户要求、采购成本、财务预算等信息，实现了产品研发和市场的同步进行。华为还硬性规定每年必须有5%的研发人员转做市场，同时有一定比例的市场人员转做研发。

技术市场化方面，为了保证速度，在与朗讯、西门子、摩托罗拉等跨国公司的市场竞争中，华为通过人、财、物等资源的聚集调配，在局部用高于对手数倍甚至数十倍的力量来实现重点突破。例如，在进军农话市场时，国内公司一般在一个县级市派遣一个人负责，跨国公司在每个省级市也只有三四个人负责，而华为却由七八个人同时开拓一个县级市场，保证了能快速占领目标市场，为后续创新活动提供物质保障。

华为不断强化员工的危机意识。在《华为的红旗还能打多久》一文中任正非指出，公司所处的领域强手林立，变化迅速，因而必须不断创新，做好准备迎接变化。要求公司所有层次都要开展创造性工作。公司鼓励员工自我批评、自我否定，防止经验主义，从而实现一次次的升华。鼓励员工去"犯错误"。当然不能犯重复性的错误，而是要犯因为创新、探索未知领域而不可避免的错误。在华为的内部刊物上可见到员工勇于暴露问题，剖析自己，把经验教训与大家分享。在这种气氛下，华为员工的创新热情很高涨，思维活跃，好的想法和创意、改进等源源不断地涌现出来。

华为强调"集体奋斗"，强调资源共享，强调充分利用求助系统。华为员工的口号"胜则举杯相庆，败则拼死相救"，是公司团队合作文化的生动写照。合作群体在华为被称为"狼群"，在创新实践中表现出强大的威力。有人对华为高度协作作出的描述是：他们的营销能力很难超越。人们刚开始会觉得华为人的素质比较高，但自己企业换了一批素质同样很高的人后，发现还是很难取胜。最后才明白过来，与他们过招的远不止是前沿阵地上的几个冲锋队员，这些人的背后是一个强大的后援团队，他们有的负责技术方案设计，有的负责外围关系拓展。

为了保障高绩效文化的顺利实践，华为建立起了一套评价体系，支撑这套评价体系的是一个铁三角：任职资格、职位、绩效。在这套评价体系中没有年龄、工龄、学历、职称、职务等要素，而是一套面向绩效、面向客户的绩效评价体系。在铁三角关系上，首先是职位评价；然后评价人，评价这个员工是否符合这个职位，是否有这个任职资格；第三步是评估员工在该职位上取得的绩效。一切评估结果都将和薪酬挂钩，其对应关系是职位价值和工资挂钩，任职资格和职位等级晋升挂钩，工作绩效和奖金挂钩。除了短期激励，华为还对长期绩效高的员工采用员工持股和股票期权等办法进行激励。公司利用股权安排来体现越来越多的共同奋斗者的利益，利用合理安排股权形成公司的中坚力量和保持企业家群体对公司的有效控制。

华为强调与回报成正比的奉献。以员工创造价值的高低作为奉献的尺度，以创造价值的多少作为回报的先决条件。"绝不让雷锋吃亏"是华为的名言，成为激励华为员工的重要精神力量。

1996 年，华为开始了国际化征程，到目前为止，已在全球建立了 8 个地区部、55 个代表处及技术服务中心，销售及服务网络遍布全球，服务 300 多个运营商，产品与解决方案已经进入德国、法国、西班牙、俄罗斯、英国、美国、日本、埃及等 100 多个国家。在国际化过程中，华为没有过度强调跨文化管理，而是有意识地将文化注入海外的公司。在设立海外代表的时候，华为特意挑选个性特征表现明显的员工担任负责人，让这些人起到"播种机和宣传队"的作用。

当然，这种管理方式在一开始也带来了文化冲突。一位在华为与 3COM 合资企业工作的员工表示，以前的生活悠闲自在，来到合资公司后，他发现华为的员工"玩命工作，很少有乐趣"，自己现在也太忙而无暇与家人一起度假，生活质量变得很糟。3COM 那种美国式的独立悠闲自由的 IT 人文精神和华为对猎物穷追不舍的群狼战术形成极大的反差。

因此，华为地区部修订了本地员工的工作计划和目标，与员工建立一个正式的沟通渠道，要求主管与本地员工进行考核沟通，牵引本地员工作出良好绩效。针对欧洲地区部的情况，华为大学参照中方新员工培训模式，开发出一套针对外籍员工的系统化的文化引导培训方案。一位有着丰富工作经验的英国技术支持工程师在学员心得中写道"当我收到来中国受训的通知时，我很惊奇地发现这被描述为'一个军事化培训'。可是没过几天，我就发现并没有什么军事训练，除了我自己很喜欢的早操选修课。"这批欧洲学员在培训中渐渐了解了中国文化、公司文化，由最初对于中国和华为的一知半解甚至一无所知，逐渐变成了一个个"中国迷"、"华为迷"。"海外早期员工都是华为的人，就像一个女人嫁入一个大家庭，要适应这个家庭的文化，所以即使后来的海外人员比华为的人多，文化还是华为的。"吴春波说。

（1）由几名学生组织调查小组，根据企业生命周期划分，将华为的文化发展历程分为几个阶段，分析华为的企业文化在各阶段分别具有怎样的特色？

（2）由几名学生组织调查小组，根据企业生命周期划分，将华为的发展历程分为几个阶段，分析华为的企业文化在其发展各阶段起到怎样的作用？

（3）由几名学生组织调查小组，根据企业的成长方式，将华为的发展历程划分为若干阶段，分析华为各阶段战略目标、战略性资源、采取的竞争手段、取得的竞争优势、企业的绩效，并归纳出华为的战略轨迹。

（4）以上小组集中讨论：企业文化和企业成长在华为发展各阶段体现出怎样的关系？由此总结出华为的战略模式。

（5）根据总结得出的战略模式，随着华为国际化进程的推进，你认为华为的文化是否会面临挑战？华为应该如何应对？

第二章 外部环境分析

本章重点掌握的内容包括：

1. 宏观环境中政治和法律因素、经济因素、社会和文化因素、技术因素的具体包含内容；

2. 产品生命周期分析；

3. 波特的产业五种竞争力分析；

4. 成功关键因素分析；

5. 竞争环境分析；

6. 市场需求分析。

　　企业在特定环境中活动和竞争，遵循"物竞天择，适者生存"的规律。当企业的活动安排与环境特征和发展趋势一致时，企业就容易获得生存和发展；当企业的活动与环境要求相悖时，企业就很难生存下去。了解环境，根据环境条件选择所从事的业务和活动方式，是企业战略的两大任务之一，进行环境分析是战略管理的关键环节。从企业战略角度分析企业的外部环境，是要把握环境的现状及变化趋势，利用有利于企业发展的机会，避开环境可能带来的威胁，这是企业谋求生存发展的首要问题。

　　外部环境是指存在于企业边界之外的，对企业有潜在影响的各类因素。按对企业影响的直接程度划分，可以将外部环境分为宏观环境、产业环境、竞争环境和市场需求四个层次。

第一节 宏观环境分析

　　一般说来，宏观环境因素可以概括为以下四类，即①政治和法律因素（political and law factors）；②经济因素（economical factors）；③社会和文化因素（social and cultural factors）；④技术因素（technological factors）。这四个因素的英文第一个字母组合起来是 PEST，所以宏观环境分析也被称为 PEST 分析。图 2 - 1 是宏观环境因素的汇总。

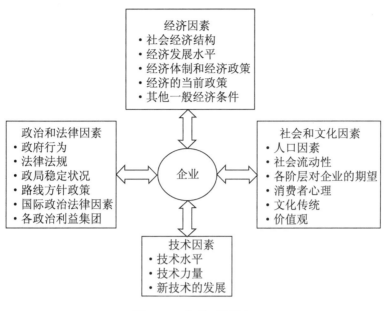

图 2-1 宏观环境因素

一、政治和法律环境

政治和法律环境是指那些制约和影响企业的政治要素和法律系统，以及其运行状态。政治环境包括国家的政治制度、权力机构、颁布的方针政策、政治团体和政治形势等因素。法律环境包括国家制定的法律、法规、法令以及国家的执法机构等因素。政治和法律因素是保障企业生产经营活动的基本条件。在一个稳定的法治环境中，企业能够真正通过公平竞争，获取自己正当的权益，并得以长期稳定的发展。国家的政策法规对企业的生产经营活动具有控制、调节作用，同一个政策或法规，可能会给不同的企业带来不同的机会或制约。

（一）政治环境分析

具体来讲，政治环境分析一般包括四个方面：①企业所在国家和地区的政局稳定状况。②政府行为对企业的影响。政府如何拥有国家土地、自然资源（例如，森林、矿山、土地等）及其储备都会影响一些企业的战略。③执政党所持的态度和推行的基本政策（例如，产业政策、税收政策、进出口限制等），以及这些政策的连续性和稳定性。政府要通过各种法律、政策及其他一些旨在保护消费者、保护环境、调整产业结构与引导投资方向等措施来推行政策。④各政治利益集团对企业活动产生的影响。一方面，这些集团通过议员或代表来发挥自己的影响，政府的决策会去适应这些力量；另一方面，这些集团也可以对企业施加影响，如诉诸法律、利用传播媒介等。

（二）法律环境分析

法律是政府管理企业的一种手段。一些政治因素对企业行为有直接的影响，但一般来说，政府主要是通过制定法律法规来间接影响企业的活动，影响企业战略性决策的法律法规有很多。全球的大部分国家，已经成为或正在成为受监管的经济体。这些法律法规的存在有以下四大目的：①保护企业，反对不正当竞争。②保护消费者，包括许多涵盖商品包装、商标、食品卫生、广告及其他方面的消费者保护法规。③保护员工，包括涉及员工招聘的法律和对工作条件进行控制的健康与安全方面的法规。④保护公众权益免受不合理企业行为的损害。

法律环境分析主要是对以下四个因素进行分析：

（1）法律规范，特别是和企业经营密切相关的经济法律法规，如我国的公司法、中外合资经营企业法、合同法、专利法、商标法、税法、企业破产法等。

（2）国家司法机关和执法机关。在我国主要有人民法院、人民检察院、公安机关以及各种行政执法机关。与企业关系较为密切的行政执法机关有工商行政管理机关、税务机关、物价机关、计量管理机关、技术质量监督机关、专利管理机关、环境保护管理机关、政府审计机关等。此外，还有一些临时性的行政执法机关，如各级政府的财政、税收、物价检查组织等。

（3）企业的法律意识。这是企业的法律观和法律思想的总称，是企业对法律制度的认识和评价。企业的法律意识，最终都会物化为一定性质的法律行为，并造成一定的行为后果，从而构成每个企业不得不面对的法律环境。

（4）国际法所规定的国际法律环境和目标国的国内法律环境。

（三）政治和法律环境对企业战略影响的特点

政治和法律环境作为影响企业战略决策的因素，有其自身的特点：

（1）不可测性。企业很难预测国家政治环境的变化。

（2）直接性。国家政治环境直接影响企业的经营状况。

（3）不可逆转性。政治法律环境一旦影响到企业，就会发生十分迅速和明显的变化，而企业是无法推卸和转移这种变化的。

二、经济环境

经济环境是指构成企业生存和发展的社会经济状况及国家的经济政策，包括社会经济结构、经济发展水平、经济体制、宏观经济政策、当前经济状况和其他一般经济条件等要素。与政治法律环境相比，经济环境对企业生产经营的影响更直接、更具体。

（1）社会经济结构。社会经济结构是指国民经济中不同的经济成分、不同的产业部门及社会再生产各方面在组成国民经济整体时相互的适应性、量的比例以及排列关联的状况。社会经济结构主要包括产业结构、分配结构、交换结构、消费结构和技术结构五个方面。其中，最重要的是产业结构。

（2）经济发展水平。经济发展水平是指一个国家经济发展的规模、速度和所达到的水平。反映一个国家经济发展水平的常用指标有国内生产总值（GDP）、人均 GDP 和经济增长速度。

（3）经济体制。经济体制是指国家经济组织的形式，它规定了国家与企业、企业

与企业、企业与各经济部门之间的关系，并通过一定的管理手段和方法来调控或影响社会经济流动的范围、内容和方式等。

（4）宏观经济政策。宏观经济政策是指实现国家经济发展目标的战略与策略，它包括综合性的全国发展战略和产业政策、国民收入分配政策、价格政策、物资流通政策等。

（5）当前经济状况。当前经济状况会影响一个企业的财务业绩。经济的增长率取决于商品和服务需求的总体变化。其他经济影响因素包括税收水平、通货膨胀率、贸易差额和汇率、失业率、利率、信贷投放以及政府补助等。

（6）其他一般经济条件。其他一般经济条件和发展趋势对一个企业的成功也很重要。工资水平、供应商及竞争对手的价格变化以及政府政策，会影响产品的生产成本和服务的提供成本以及它们被出售的市场的情况。这些经济因素可能会导致行业内产生竞争，或将企业从市场中淘汰出去，也可能会延长产品寿命、鼓励企业用自动化取代人工、促进外商投资或引入本土投资、使强劲的市场变弱或使安全的市场变得具有风险等。

三、社会和文化环境

社会和文化环境是指企业所处的社会结构、社会风俗和习惯、信仰和价值观念、行为规范、生活方式、文化传统、人口规模与地理分布等因素的形成和变动。社会和文化环境对企业生产经营的影响也是不言而喻的。例如，人口规模、社会人口年龄结构、家庭人口结构、社会风俗对消费者消费偏好的影响是企业在确定投资方向、产品改进与革新等重大经营决策问题时必须考虑的因素。

社会和文化环境因素的范围甚广，主要包括人口因素、社会流动性、消费心理、生活方式变化、文化传统和价值观等。

（1）人口因素。人口因素包括企业所在地居民的地理分布及密度、年龄、教育水平、国籍等。大型企业通常会利用人口统计数据来进行客户定位，并用于研究应如何开发产品。人口因素对企业战略的制定具有重大影响。例如，人口总数直接影响着社会生产总规模；人口的地理分布影响着企业的厂址选择；人口的性别比例和年龄结构在一定程度上决定了社会的需求结构，进而影响社会供给结构和企业生产结构；人口的教育文化水平直接影响着企业的人力资源状况；家庭户数及其结构的变化与耐用消费品的需求和变化趋势密切相关，因而也就影响到耐用消费品的生产规模等。

对人口因素的分析可以使用一些变量：结婚率、离婚率、出生率和死亡率、人口的平均寿命、人口的年龄和地区分布、人口在民族和性别上的比例、地区人口在教育水平和生活方式上的差异等。

（2）社会流动性。社会流动性主要涉及社会的分层情况、各阶层之间的差异以及人们是否可在各阶层之间转换、人口内部各群体的规模、财富及其构成的变化以及不同区域（城市、郊区及农村地区）的人口分布等。不同阶层对企业的期望也有差异。例如，企业员工评价战略的标准是看工资收益、福利待遇等，而消费者则主要关心产品价格、产品质量、服务态度等。

（3）消费心理。消费心理对企业战略也会产生影响。例如，一部分顾客的消费心理是在购物过程中追求有新鲜感的产品多于满足其实际需要，因此，企业应有不同的产品类型以满足不同顾客的需求。

（4）生活方式变化。生活方式变化主要包括当前及新兴的生活方式与时尚。文化问题反映了一个事实，即国际交流使社会变得更加多元化、外部影响更加开放时，人们对物质的要求会越来越高。随着物质需求的提高，人们对社交、自尊、求知、审美的需要更加强烈，这也是企业面临的挑战之一。

（5）文化传统。文化传统是一个国家或地区在较长历史时期内形成的一种社会习惯，它是影响经济活动的一个重要因素。例如，中国的春节、西方的圣诞节就为某些行业带来商机。

（6）价值观。价值观，是指社会公众评价各种行为的观念标准。不同的国家和地区人们的价值观各有差异，例如，西方国家的个人主义较强，而日本的企业则注重内部关系融洽。

上述所提及的因素会对企业制定营销、促销、开展业务和管理内部资源的战略产生影响。例如，一家食品公司应当了解伊斯兰国家的宗教背景、某个地区人们的偏好或哪些食品不大会被人们所接受。再如，进行产品促销时，比较能令人接受的是采取较为保守的方式，并且应确定所在国家和地区是否存在一种广泛使用的开展业务的方式，包括谈判的惯例、交往的习惯等。

四、技术环境

技术环境是指企业所处的环境中的科技要素及与该要素直接相关的各种社会现象的集合，包括国家科技体制、科技政策、科技水平和科技发展趋势等。在科学技术迅速发展变化的今天，技术环境对企业的影响可能是创造性的，也可能是破坏性的，企业必须要预见这些新技术带来的变化，在战略管理上作出相应的战略决策，以获得新的竞争优势。

市场或行业内部和外部的技术趋势与事件会对企业战略产生重大影响。某个特定行业内的技术水平在很大程度上决定了应生产哪种产品或提供哪种服务、应使用哪些设备以及应如何进行经营管理。

技术环境对战略所产生的影响包括：①基本技术的进步使企业能对市场及客户进行更有效的分析。例如，使用数据库或自动化系统来获取数据，能够更加准确地进行分析。②新技术的出现使社会和新兴行业对本行业产品和服务的需求增加，从而使企业可以扩大经营范围或开辟新的市场。③技术进步可创造竞争优势。例如，技术进步可促使企业利用新的生产方法，在不增加成本的情况下，提供更优质和更高性能的产品和服务。④技术进步可导致现有产品被淘汰，或大大缩短产品的生命周期。⑤新技术的发展使企业可更多关注环境保护、企业的社会责任及可持续成长等问题。

第二节　产业环境分析

　　产业环境是指对处于同一产业内的组织都会发生影响的环境因素。与宏观环境不同的是，产业环境只对处于特定产业内的企业以及与该产业存在业务关系的企业发生影响。由于产业环境与企业之间存在相互影响、相互依赖的关系，使得产业环境在影响企业的同时，也不断地、明显地受到企业的影响。波特在《竞争战略》一书中指出："形成竞争战略的实质就是将一个公司与其环境建立联系。尽管相关环境的范围广阔，包括社会的因素，也包括经济的因素，但公司环境的最关键部分就是公司投入竞争的一个或几个产业。"波特采用了一种关于产业的常用定义："一个产业是由一群生产相似替代品的公司组成的。"

一、产品生命周期分析

　　波特认为，"预测产业演变过程的鼻祖是我们熟知的产品生命周期"。"关于生命周期只适合用于个别产品还是适用于整个产业存在着争论。这里概括了认为适用于产业的观点"。

　　产品生命周期分析是分析产业发展阶段及其状况的常用方法。产业生命周期可分为导入期、成长期、成熟期和衰退期四个阶段。这些阶段是以产业销售额增长率曲线的拐点划分。产业的增长与衰退由于新产品的创新和推广过程而呈"S"形。当产业走过它的生命周期时，竞争的性质将会变化。波特总结了常见的关于产业在其生命周期中如何变化以及它如何影响战略的预测。

（一）导入期

　　导入期的产品用户很少，只有高收入用户会尝试新的产品。产品虽然设计新颖，但质量有待提高，尤其是可靠性。由于产品刚刚出现，前途未卜，产品类型、特点、性能和目标市场方面尚在不断发展变化当中。

　　只有很少的竞争对手。为了说服客户购买，导入期的产品营销成本高，广告费用大，而且销量小，产能过剩，生产成本高。产品的独特性和客户的高收入使得价格弹性较小，可以采用高价格、高毛利的政策，但是销量小使得净利润较低。企业的规模可能会非常小，企业的战略目标是扩大市场份额，争取成为"领头羊"。这个时期的主要战略路径是投资于研究与开发和技术改进，提高产品质量。

　　导入期的经营风险非常高。研制的产品能否成功，研制成功的产品能否被顾客接受，被顾客接受的产品能否达到经济生产规模，可以规模生产的产品能否取得相应的市场份额等，都存在很大不确定性。通常，新产品只有成功和失败两种可能，成功则进入成长期，失败则无法收回前期投入的研发、市场开拓和设备投资成本。

（二）成长期

成长期的标志是产品销量节节攀升，产品的销售群已经扩大。此时消费者会接受参差不齐的质量，并对质量的要求不高。各厂家的产品在技术和性能方面有较大差异。广告费用较高，但是每单位销售收入分担的广告费在下降。生产能力不足，需要向大批量生产转换，并建立大宗分销渠道。由于市场扩大，竞争者涌入，企业之间开始争夺人才和资源，会出现兼并等意外事件，引起市场动荡。由于需求大于供应，此时产品价格最高，单位产品净利润也最高。

企业的战略目标是争取最大市场份额，并坚持到成熟期的到来。如果以较小的市场份额进入成熟期，则在开拓市场方面的投资很难得到补偿。成长期的主要战略路径是市场营销，此时是改变价格形象和质量形象的好时机。成长期的经营风险有所下降，主要是产品本身的不确定性在降低。但是，经营风险仍然维持在较高水平，原因是竞争激烈，市场的不确定性增加。这些风险主要与产品的市场份额以及该份额能否保持到成熟期有关。

（三）成熟期

成熟期开始的标志是竞争者之间出现挑衅性的价格竞争。成熟期虽然市场巨大，但是已经基本饱和。新的客户减少，主要靠老客户的重复购买支撑。产品逐步标准化，差异不明显，技术和质量改进缓慢。生产稳定，局部生产能力过剩。产品价格开始下降，毛利率和净利润率都下降，利润空间适中。

由于整个产业销售额达到前所未有的规模，并且比较稳定，任何竞争者想要扩大市场份额，都会遇到对手的顽强抵抗，并引发价格竞争。既然扩大市场份额已经变得很困难，经营战略的重点就会转向在巩固市场份额的同时提高投资报酬率。成熟期的主要战略路径是提高效率，降低成本。

成熟期的经营风险进一步降低，达到中等水平。因为创业期和成长期的高风险因素已经消失，销售额和市场份额、盈利水平都比较稳定，现金流量变得比较容易预测。经营风险主要是稳定的销售额可以持续多长时间，以及总盈利水平的高低。企业和股东希望长期停留在能产生大量现金流入的成熟期，但是价格战随时会出现，衰退期迟早会到来。

（四）衰退期

衰退期产品的客户大多很精明，对性价比要求很高。各企业的产品差别小，因此价格差异也会缩小。为降低成本，产品质量可能会出现问题。产能严重过剩，只有大批量生产并有自己销售渠道的企业才具有竞争力。有些竞争者先于产品退出市场。产品的价格、毛利都很低。只有到后期，多数企业退出后，价格才有望上扬。

企业在衰退期的经营战略目标首先是防御，获取最后的现金流。战略途径是控制成本，以求能维持正的现金流量。如果缺乏成本控制的优势，就应采用退却战略，尽早退出。进入衰退期后，经营风险会进一步降低，主要的悬念是什么时间产品将完全退出市场。

产品生命周期理论也受到一些批评：①各阶段的持续时间随着产业的不同而非常不同，并且一个产业究竟处于生命周期的哪一阶段通常不清楚。这就削弱了此概念作为规划工具的有用之处。②产业的增长并不总是呈"S"形。有时产业跳过成熟阶段，直接从成长走向衰亡；有的产业在一段时间衰退之后又重新上升；还有的产业似乎完全跳过了导入期这个缓慢的起始阶段。③公司可以通过产品创新和产品的重新定位，来影响增长曲线的形状。如果公司认定所给的生命周期一成不变，那么它就成为一种没有意义的自我臆想的预言。④与生命周期每一阶段相联系的竞争属性随着产业的不同而不同。例如，有些产业开始集中，后来仍然集中；而有些产业集中了一段后就不那么集中了。

基于上述种种合理的批评，运用产品生命周期理论就不能仅仅停留在预测产业的演变上，而应深入研究演变的过程本身，以了解什么因素真正推进这种演变过程。

二、产业竞争力分析

波特在《竞争战略》一书中，从产业组织理论的角度，提出了产业结构分析的基本框架——五种竞争力分析。波特认为，在每一个产业中都存在五种基本竞争力量，即潜在进入者、替代品、购买者、供应者与现有竞争者间的抗衡，如图 2－2 所示。

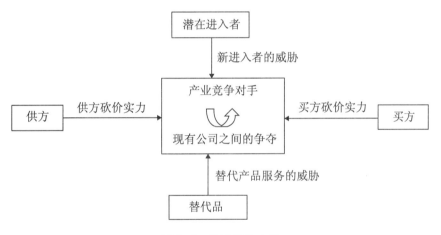

图 2－2　产业竞争力量

在一个产业中，这五种力量共同决定产业竞争的强度以及产业利润率，最强的一种或几种力量占据着统治地位，并且从战略形成角度来看起着关键性作用。产业中众多经济技术特征对于每种竞争力的强弱都是至关重要的。

（一）五种竞争力分析

1. 潜在进入者的进入威胁

利润是对投资者的一个信号，并能够经常导致潜在进入者的进入。潜在进入者将在两个方面减少现有厂商的利润：第一，进入者会瓜分原有的市场份额获得一些业务；第二，进入者减少了市场集中，从而激发现有企业间的竞争，减少价格成本差。对于一个产业来说，进入威胁的大小取决于呈现的进入障碍与准备进入者可能遇到的现有在位者的反击。它们统称为进入障碍，前者称为"结构性障碍"，后者称为"行为性障碍"。进入障碍是指那些允许现有企业赚取正的经济利润，却使产业的新进入者无利可图的因素。

（1）结构性障碍。波特指出存在七种主要障碍：规模经济、产品差异、资金需求、转换成本、分销渠道、其他优势及政府政策。如果按照贝恩（Bain J.）的分类，这七种主要障碍又可归纳为三种主要进入障碍：规模经济、现有企业对关键资源的控制以及现有企业的市场优势。

规模经济是指在一定时期内，企业所生产的产品或劳务的绝对量增加时，其单位成本却下降。当产业规模经济很显著时，处于最小有效规模或者超过最小有效规模经营的老企业对于较小的新进入者就有成本优势，从而构成进入障碍。

现有企业对关键资源的控制一般表现为对资金、专利或专有技术、原材料供应、分销渠道、学习曲线等资源及资源使用方法的积累与控制。如果现有企业控制了生产经营所必需的某种资源，那么它就会受到保护而不被进入所侵犯。"学习曲线"（又称"经验曲线"）是指当某一产品累积生产量增加时，由于经验和专有技术的积累所带来的产品单位成本的下降。它与规模经济往往交叉地影响产品成本的下降水平。因而区分由于学习曲线所产生的学习经济和由于规模而产生的规模经济是很重要的。规模经济使得当经济活动处于一个比较大的规模时，能够以较低的单位成本进行生产；学习经济是由于累积经验而导致的单位成本的减少。即使是学习经济很小的情况下，规模经济也可能是很大的，这在诸如铝罐制造这样的简单资本密集型的生产中通常能够产生；同样的，在规模经济很小时，学习经济也可以是很大的，这存在于诸如计算机软件开发等复杂的劳动密集型产业中。

现有企业的市场优势主要表现在品牌优势上。这是产品差异化的结果。产品差异化是指由于顾客或用户对企业产品的质量或商标信誉的忠实程度不同，而形成的产品之间的差别。此外，现有企业的优势还表现在政府政策上。政府的政策、法规和法令都会在某些产业中限制新的加入者或者清除一些不合格者，这就为在位企业造就了强有力的进入等。

（2）行为性障碍（或战略性障碍）。行为性障碍是指现有企业对进入者实施报复手段所形成的进入障碍。报复手段主要有限制进入定价和进入对方领域两类：限制进入定价往往是在位的大企业报复进入者的一个重要武器，特别是在那些技术优势正在削弱、而投资正在增加的市场上，情况更是如此。在限制价格的背后包含有一种假定，即从长期看，在一种足以阻止进入的较低价格条件下所取得的收益，将比一种会吸引进入的较高价格条件的收益要大。在位企业试图通过低价来告诉进入者自己是低成本的，进入将是无利可图的。进入对方领域是寡头垄断市场上常见的一种报复行为，其目的在于抵消进入者首先采取行动可能带来的优势，避免对方的行动给自己带来的风险。

2. 替代品的替代威胁

研究替代品的替代威胁，产品替代有两类：①直接产品替代，即某一种产品直接取代另一种产品。如苹果计算机取代王安计算机。前面所引用的波特关于产业定义中的替代品，是指直接替代品。②间接产品替代，即由能起到相同作用的产品非直接地取代另外一些产品。如人工合成纤维取代天然布料。波特在这里所提及的对某一产业而言的替代品的威胁，是指间接替代品。当然，对某些产品来说，直接替代品与间接替代品的界限并不一定十分清晰，因而，直接产品替代与间接产品替代只能是一个相对的概念。替代品往往是新技术与社会新需求的产物。对于现有产业来说，这种"替代"威胁的严重性是不言而喻的。

老产品能否被新产品替代，或者反过来说，新产品能否替代老产品，主要取决于两种产品性价比的比较。如果新产品的性价比高于老产品，新产品对老产品的替代就具有必然性，如果新产品的性价比一时还低于老产品的性价比，那么，新产品还不具备足够的实力与老产品竞争。这里"性价比"的概念事实上就是价值工程中"价值"的概念。价值工程中的一个基本公式：价值＝功能/成本，贯穿于价值分析的整个过程，而价值工程就是起源于寻找物美价廉的替代品。

由于老产品和新产品处于不同的产品生命周期，所以提高新老产品价值的途径不同。在这里着重讨论老产品提高价值的途径。对于老产品来说，当替代品的威胁日益严重时，老产品往往已处于成熟期或衰退期，此时，产品的设计和生产标准化程度较高，技术已相当成熟。因此，老产品提高产品价值的主要途径是降低成本与价格。

当然，替代品的替代威胁并不一定意味着新产品对老产品最终的取代。几种替代品长期共存也是很常见的情况。例如，在运输工具中，汽车、火车、飞机、轮船长期共存，城市交通中大公共汽车、地铁、出租汽车长期共存等。但是，替代品之间的竞争规律仍然是不变的，那就是，价值高的产品获得竞争优势。

3. 供应者、购买者讨价还价的能力

五种竞争力模型的水平方向是对产业价值链（value chain）的描述。它反映的是产品（或服务）从获取原材料开始到最终产品的分配和销售的过程。企业战略分析的一个中心问题就是如何组织纵向链条。产业价值链描述了厂商之间为生产最终交易的产品或服务，所经过的价值增值的活动过程。因此，作为产业价值链上的每一个环节，都具有双重身份，对其上游单位，它是购买者，对其下游单位，它是供应者。购买者和供应者讨价还价的主要内容围绕价值增值的两个方面：功能与成本。讨价还价的双方都力求在交易中使自己获得更多的价值增值，因此，对购买者来说，希望购买到的产品物美而价廉；而对供应者来说，则希望提供的产品质次而价高。购买者和供应者讨价还价的能力大小，取决于它们各自以下几个方面的实力。

（1）买方（或卖方）的集中程度或业务量的大小。当购买者的购买力集中，或者对卖方来说是一笔很可观的交易时，该购买者讨价还价能力就会增加。当少数几家公司控制着供应者集团，在其将产品销售给较为零散的购买者时，供应者通常能够在价格、质量等条件上对购买者施加很大的压力。

（2）产品差异化程度与资产专用性程度。当供应者的产品存在差别化，因而替代品不能与供应者所销售的产品相竞争，供应者讨价还价的能力就会增强。反之，如果供应者的产品是标准的，或者没有差别，又会增加购买者讨价还价的能力。因为在产品无差异的条件下，购买者总可以寻找到最低的价格。与产品差异化程度相联系的是资产专用化程度，当上游的供应者的产品是高度专用化的，它们的顾客将紧紧地与它们联系在一起，在这种情况下，投入品供应商就能够影响产业利润。

（3）纵向一体化程度。如果购买者实行了部分一体化或存在后向一体化的现实威胁，在讨价还价中就处于能迫使对方让步的有利地位。在这种情况下，不仅存在进一步一体化的现实威胁，而且购买者自己生产一部分零件而使其具有详尽的成本知识，对于谈判极有帮助。同样，当供应者表现出前向一体化的现实威胁，也会提高其讨价还价的能力。

（4）信息掌握的程度。当购买者充分了解需求、实际市场价格，甚至供应商的成本等方面信息时，要比在信息贫乏的情况下掌握更多的讨价还价的筹码。购买者将处于更为有利的位置，保证自己能从供应者那里得到最优惠的价格，并可以在供应者声称它们的经营受到威胁时予以回击。同样，如果供应者充分地掌握了购买者的有关信息，了解购买者的转换成本（即从一个供应者转换到另一个供应者的成本），也增加了讨价还价的能力，并在购买者盈利水平还能承受的情况下，拒绝给予提供更优惠的供货条件。

处于产业价值链不同阶段的购买者或供应者讨价还价的能力可能是不同的，因而可能导致在各个阶段的价值增值有很大差异。例如，在美国钢铁生产的价值链上，碎钢、钢锭、粗钢的生产商只能获得全部创造价值的一小部分，在这些环节很少能够给卖者提供讨价还价的机会，其结果是卖者间激烈的价格竞争和由此带来的低盈利性；而分销商和零部件商则与之相反，他们获得价值链创造的价值中相当大的部分。其原因在于在这两个环节，卖者能够获得较好的讨价还价条件。例如，由于现代钢铁服务中心的运行以相当大的规模经济为特征（一个典型的服务中心会在四面拥有城市的街区），卖者进入当地市场的壁垒很强等。

还需要注意的是，劳动力也是供应者的一部分，他们可能对许多产业施加压力。许多经验表明，短缺的、高技能雇员以及紧密团结起来的劳工可以讨价还价从而削减相当一部分产业的利润潜力。将劳动力作为供方来考虑其潜在实力的基本方法与上面的讨论十分相似，在估计供方实力时，需要补充的关键一点是其组织起来的程度，以及短缺种类劳动的供应是否会增加。当劳工紧紧地团结起来或者稀缺劳动力的供应受到某些限制无法增加时，劳务供应方的势力就会很强大。

4. 产业内现有企业的竞争

产业内现有企业的竞争是指一个产业内的企业为市场占有率而进行的竞争。产业内现有企业的竞争是通常意义上的竞争，这种竞争通常是以价格竞争、广告战、产品引进以及增加对消费者的服务等方式表现出来的。

产业内现有企业的竞争在下面几种情况下可能是很激烈的：①产业内有众多的或势均力敌的竞争对手。②产业发展缓慢。③顾客认为所有的商品都是同质的。④产业中存在过剩的生产能力。⑤产业进入障碍低而退出障碍高。

产业内现有企业的竞争分析，是企业战略分析的重点部分。

（二）对付五种竞争力的战略

五种竞争力分析表明了产业中的所有企业都必须面对产业利润的威胁力量。企业必须寻求几种战略来对抗这些竞争力量。

首先，企业必须自我定位，通过利用成本优势或差异优势把企业与五种竞争力相隔离，从而能够超过它们的竞争对手。其次，企业必须识别在产业中哪一个细分市场中，五种竞争力的影响更少一点，这就是波特提出的"集中战略"。最后，企业必须努力去改变这五种竞争力。企业可以通过与供应者或购买者建立长期战略联盟，以减少相互之间的讨价还价；企业还必须寻求进入阻绝战略来减少潜在进入者的威胁等等。

（三）五种竞争力模型的局限性

波特的五种竞争力模型在分析企业所面临的外部环境时是有效的，但它也存在局限性，具体包括：

（1）该模型基本上是静态的。然而，在现实中，竞争环境始终在变化。这些变化可能从高变低，也可能从低变高，其变化速度比模型所显示的要快得多。

（2）该模型能够确定行业的盈利能力，但是对于非营利机构，有关获利能力的假设可能是错误的。

（3）该模型基于这样的假设，即一旦进行了这种分析，企业就可以制定企业战略来处理分析结果，但这只是一种理想的方式。

（4）该模型假设战略制定者可以了解整个行业（包括所有潜在的进入者和替代产品）的信息，但这一假设在现实中并不存在。对于任何企业来讲，在制定战略时掌握整个行业的信息既不可能也无必要。

（5）该模型低估了企业与供应商、客户或分销商、合资企业之间可能建立长期合作关系以减轻相互之间威胁的可能性。在现实的商业世界中，同行之间、企业与上下游企业之间不一定完全是你死我活的关系。强强联手，或强弱联手，有时可以创造更大的价值。

（6）该模型对产业竞争力的构成要素考虑不够全面。哈佛商学院教授大卫·亚非（David Yoffie）在彼特教授研究的基础上，根据企业全球化经营的特点，提出了第六个要素，即互动互补作用力，进一步丰富了五种竞争力模型，如图 2-3 所示。

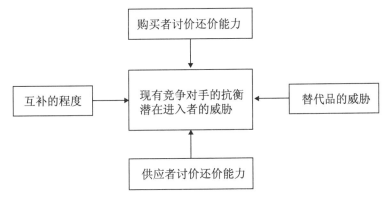

图 2-3 影响产业利润的六个要素

亚非认为，任何一个产业内部都存在不同程度的互补互动（指互相配合一起使用）的产品或服务业务。例如，对于房地产业来说，交通、家具、电器、学校、汽车、物业管理、银行贷款、有关保险、社区、家庭服务等会对住房建设产生影响，进而影响到整个房地产业的结构。企业认真识别具有战略意义的互补互动品，并采取适当的战略（包括控制互补品、捆绑式经营或交叉补贴销售）会使企业获得重要的竞争优势。

根据亚非教授提出的互补互动作用力理论，在产业发展初期阶段，企业在其经营战略定位时，可以考虑控制部分互补品的供应，这样有助于改善整个行业结构，包括提高行业、企业、产品、服务的整体形象，提高行业进入壁垒，降低现有企业之间的竞争程度。随着行业的发展，企业应有意识地帮助和促进互补行业的健康发展，如为中介代理行业提供培训、共享信息等，还可考虑采用捆绑式经营或交叉补贴销售等策略。

三、成功关键因素分析

成功关键因素（KSF）是指企业在特定市场获得盈利必须拥有的技能和资产。成功关键因素所涉及的是那些每一个产业成员所必须擅长的东西，或者说企业要取得竞争和财务成功所必须集中精力搞好的一些因素。

成功关键因素是企业取得产业成功的前提条件。下面三个问题是确认产业的关键成功因素必须考虑的：①顾客在各个竞争品牌之间进行选择的基础是什么？②产业中的一个卖方厂商要取得竞争成功需要什么样的资源和竞争能力？③产业中的一个卖方厂商获取持久的竞争优势必须采取什么样的措施？

在啤酒行业，其成功关键因素是充分利用酿酒能力（以使制造成本保持在较低的水平上）、强大的批发分销商网络（以尽可能多地进入零售渠道）、上乘的广告（以吸引饮用人购买某一特定品牌的啤酒）；在服装生产行业，其成功关键因素是吸引人的设计和色彩组合（以购买者的兴趣）以及低成本制造效率（以便定出吸引人的零售价格和获得很高的利润率）；在铝罐行业，由于空罐的装运成本很大，所以成功的关键因素之一就是将生产工厂置于最终用户的近处，从而使得生产出来的产品可在经济的范围之内进行销售（区域性市场份额远远比全国性的市场份额重要）。表2－1列出了几种最一般的关键成功因素清单。

表2－1　常见的几种成功关键因素

与技术相关的成功关键因素：
科学研究技能（这些领域尤为重要：制药产业、药品产业、空间探测及其他一些高科技产业）
在产品生产工艺和过程中进行有创造性的改进的技术能力
产品革新能力
在既定技术上的专有技能
运用互联网发布信息、承接订单、送货或提供服务的能力

续　表

与制造相关的成功关键因素： 低成本生产效率（获得规模经济，取得经验曲线效应） 固定资产很高的利用率（在资本密集型/高固定成本的产业中尤为重要） 低成本的生产工厂定位 能够获得足够的娴熟劳动力 劳动生产率很高（对于劳动力成本很高的商品来说尤为重要） 成本低的产品设计和产品工程（降低制造成本） 能够灵活地生产一系列的模型和规格的产品照顾顾客的订单
与分销相关的成功关键因素： 强大的批发分销商/特约经销商网络（或者拥有通过互联网建立起来的电子化的分销能力） 能够在零售商的货架上获得充足的空间 拥有公司自己的分销渠道和网点 分销成本低 送货很快
与市场营销相关的成功关键因素： 快速准确的技术支持 礼貌的客户服务 顾客订单的准确满足（订单返回很少或者没有出现错误） 产品线和可供选择的产品很宽 商品推销技巧 有吸引力的款式/包装 顾客保修和保险（对于邮购零售、大批量购买以及新推出的产品来说尤为重要） 精明的广告
与技能相关的成功关键因素： 劳动力拥有卓越的才能（对于专业型的服务，如会计和投资银行，这一点尤为重要） 质量控制诀窍 设计方面的专有技能（在时装和服装产业尤为重要，对于低成本的制造也是一个关键的成功因素） 在某一项具体的技术上的专有技能 能够开发出创造性的产品和取得创造性的产品改进 能够使最近构想出来的产品快速地经过研究与开发阶段到达市场上的组织能力 卓越的信息系统（对于航空旅游业、汽车出租业、信用卡行业和住宿业来说是很重要的） 能够快速地对变化的市场环境作出反应（简捷的决策过程，将新产品推向市场的时间很短） 能够娴熟地运用互联网和电子商务的其他侧面来做生意，拥有比较多的经验和诀窍
其他类型的成功关键因素： 在购买者中间拥有有利的公司形象/声誉 总成本很低（不仅仅是在制造中） 便利的设施选址（对于很多的零售业务都很重要） 公司的职员在所有与顾客打交道的时候都很礼貌、态度和蔼可亲 能够获得财务资本（对那些最新出现的有着高商业风险的新兴产业和资本密集型产业来说是很重要的） 专利保护

成功关键因素随着产业的不同而不同，甚至在相同的产业中，也会因产业驱动因素和竞争环境的变化而随时间变化。对于某个特定的产业来说，在某一特定时候，极

少有超过三四个关键成功因素。甚至在这三四个关键成功因素之中，其中也有一两个占据较重要的地位。

即使是同一产业中的各个企业，也可能对该产业的成功关键因素有不同的侧重。例如，在零售业中，沃尔玛是全球 500 强之一，且是全球零售业老大；但是在中国零售业中家乐福却是老大。两家企业对零售业的成功关键因素各有侧重。沃尔玛侧重于卫星定位系统支持下的系统、高效、完善的物流配送体系，以及在此基础上的与供应商的良好发展关系；而家乐福则侧重于鲜明的市场布局策略、兼有廉价性和综合性的大卖场的业态选择以及对消费者心理的准确把握等。

第三节　竞争环境分析

作为产业环境分析的补充，竞争环境分析的重点集中在与企业直接竞争的每一个企业。竞争环境分析又包括两个方面：一是从个别企业视角去观察分析竞争对手的实力；二是从产业竞争结构视角观察分析企业所面对的竞争格局。

一、竞争对手分析

对竞争对手的分析有四个方面的主要内容，即竞争对手的未来目标、假设、现行战略和潜在能力，如图 2 - 4 所示。

什么驱使着竞争对手　　　　　　　　　　竞争对手在做什么，能做什么

未来目标　　　　　　　　　　　　　　　现行战略
存在于管理层和多个战略方面　　　　　　该企业现在如何竞争

竞争对手反应概貌

竞争对手对其目前地位满意吗？

竞争对手将做什么行动或战略转变？

竞争对手哪里易受攻击？

什么将激起竞争对手最强烈和最有效的报复？

假设　　　　　　　　　　　　　　　　　能力
关于其自身和产业　　　　　　　　　　　强项和弱项

图 2 - 4　竞争对手分析内容

（一）竞争对手的未来目标

对竞争对手未来目标的分析与了解，有利于预测竞争对手对其目前的市场地位以及财务状况的满意程度，从而推断其改变现行战略的可能性以及对其他企业战略行为的敏感性。对竞争对手未来目标的分析，可以以下三个方面展开：一是竞争对手目标分析对本企业制定竞争战略的作用，二是分析竞争对手业务单位（包括其各个企业实体）的目标的主要方面，三是多元化企业母公司对其业务单位未来目标的影响。

（1）竞争对手目标分析对本企业制定竞争战略的作用。制定战略的一种方法是在市场中找到既能达到目的又不威胁竞争对手的位置。了解竞争对手的目标，就有可能找到每个企业都相对满意的位置。当然这种位置不会永远存在，特别是要考虑到新进入者可能会尝试进入一个每家企业都经营良好的产业。大多数情况下，公司不得不迫使竞争对手让步以实现其目标。为此，企业需要找到一种战略，使其通过明显的优势抵御现有竞争对手和新进入者。

竞争对手的目标分析非常关键，因为这能帮助企业避免那些可能威胁到竞争对手达到其主要目标从而引发激烈战争的战略行动。例如，竞争对手业务组合分析中如果能将母公司正努力建立的业务与其准备收缩的业务区别出来，这时占领其准备收缩的阵地通常有很大可能性，只要不威胁到母公司的现金流。但是企图占领竞争对手的母公司打算建立的业务阵地（或者对母公司来说有深厚感情的业务阵地），那将有爆炸性结果。同样，被指望有稳定销售业务将可能对进攻作激烈反抗以保持稳定销售，甚至不惜以利润降低为代价。而能促使竞争对手利润增加而市场份额不变的行动遭到的反击将很小。

（2）竞争对手业务单位目标分析。波特认为，分析竞争对手业务单位目标可以考虑以下几方面的因素。①竞争对手公开表示的与未公开表示的财务目标是什么？②竞争对手对风险持何种态度？③竞争对手是否有对其目标有重大影响的经济性或非经济性组织价值观或信念？④竞争对手组织结构如何（职能结构情况，是否设置产品经理，是否设置独立的研究开发部门等）？⑤现有何种控制与激励系统？主管人员报酬如何？⑥现有何种会计系统和规范？⑦竞争对手的领导阶层由哪些人构成？⑧领导阶层对未来发展方向表现出多大的一致性？⑨董事会成分如何？⑩什么样的合同义务可能限制企业的选择余地？⑪对企业的行为是否存在任何条例、反托拉斯法案，或其他政府或社会限制？

（3）母公司对其业务单位未来目标的影响分析。竞争对手分析适用于企业的二级战略——业务层战略（竞争战略），但是如果竞争对手是某个较大企业的一个单位，其母公司很可能对这个单位有所限制或要求。这种限制或要求对预测它的行为非常关键。因此，波特认为，竞争对手分析除以上所讨论过的问题以外，还需回答下列问题：

①母公司当前经营情况（销售增长、回报率等）如何？②母公司的总目标是什么？③一个业务单位在母公司的总战略中有何重要的战略意义？④母公司为何要经营这项业务（因为剩余生产能力、纵向整合需要或为了开发分销渠道以及为了加强市场营销的力量）？⑤该业务在母公司业务组合中与其他业务的经济关系如何（纵向整合、相互补偿、分担、分享研究开发）？⑥整个高级领导层持何种价值观或信念？⑦母公司

是否在其他众多业务中应用了一种基本战略并将同样用于这一业务？⑧假定母公司的总战略及其他部门的经营状况和要求已知，竞争对手的业务部门所面临的销售目标、投资收益障碍以及资金限制如何？⑨母公司的多元化计划如何？⑩母公司的组织结构中提供了何种关于该业务单位在母公司眼中的相对状况、地位以及目标等方面的线索？⑪在母公司的总体架构中，是如何对部门管理层进行控制和奖惩的？⑫母公司奖励了哪些类型的经理？⑬母公司从何处招聘？⑭是否存在对母公司整体的反托拉斯法案、法规或社会敏感因素从而波及和影响到它的业务部门。⑮母公司或组织中个别高层经理是否对这个部门具有感情？

此外，当竞争对手是多元化公司的一个部分时，母公司的业务组合分析对于解答上述一些问题有很大启发。分析业务组合的全部技巧都可用来解答关于在母公司眼中竞争单位所满足的需要的问题。竞争对手业务组合分析中最有启发的技巧是了解竞争对手自己所使用的方法：①如果母公司有一个分类体系的话，那它是按何标准划分不同业务类型的？每一种业务又是如何被分类的？②哪些业务被视为"摇钱树"？③已知各业务在业务组合中的位置，哪些业务有机会获取利润或可能需要收缩？④哪些业务以一贯的稳定表现抵消组合中其他业务的波动？⑤哪些业务代表保护其他主要业务的防御行动？⑥哪些业务是母公司进行投资和建立市场地位最有前途的领域？⑦哪些业务在业务组合中有很多"杠杆"作用？这些业务经营业绩好坏对整个母公司的稳定性、收益、现金流、销售增长或成本都举足轻重，它们必将受到精心保护。⑧母公司的业务组合分析将提供有关这个业务单位的目标是什么？在维护市场地位和在投资收益、市场份额、现金流等层面的地位和经营表现时的战斗力如何；以及将如何尝试改变其战略地位等方面信息。

（二）竞争对手的假设

假设包括竞争对手对自身企业的评价和对所处产业以及其他企业的评价。假设往往是企业各种行为取向的最根本动因。所以了解竞争对手的假设有利于正确判断竞争对手的战略意图。

（1）竞争对手假设分析对本企业制定竞争战略的作用。竞争对手的假设分为两类：一是竞争对手对自己的假设，二是竞争对手对产业及产业中其他企业的假设。

每个企业都对自己的情形有所假设。例如，它可能把自己看成社会上知名的企业、产业领袖、低成本生产者、具有最优秀的销售队伍等。这些对其本企业的假设将指导它的行动方式和对事物的反应方式。例如，如果它自视为低成本的生产者，它可能以自己的降价行动来惩罚某一降价者。

竞争对手关于其企业情形的假设可能正确也可能不正确。不正确的假设可造成令他人感兴趣的战略契机。例如，假如某竞争手相信它的产品拥有市场上最高的顾客忠诚度，而事实上并非如此的话，则刺激性降价就可能是抢占市场的好方法。这个竞争对手很可能拒绝作相应降价，因为它相信该行动并不会影响它的市场占有率。只有发现已丢失了一大片市场时，它可能才认识到其假设是错误的。正如竞争对手对它自己持一定假设一样，每个企业对产业及其竞争对手也持一定假设。同样，这可能正确也可能不正确。

对各种类型假设的检验能发现在管理人员认识其环境的方法中所存在的偏见及盲点。竞争对手的盲点可能是根本看不到事件（如战略行动）的重要性，没有正确认识它们，或者可能只是很慢地才觉察到。根除这些盲点可帮助企业辨识立即遭报复的可能性，并有针对性地采用行动以使竞争对手的报复失灵。

例如，1976 年美国 M 啤酒公司的东山再起就是其识别竞争对手假设盲点而获益的例子。P 公司收购 M 公司后不像许多家族啤酒公司那样受传统思维的束缚。它推出一种 7 盎司一瓶的淡啤酒，并在国内酿造比当时美国首屈一指的高档啤酒公司的啤酒贵 25% 的啤酒。据报道，绝大多数啤酒公司嘲笑 M 公司这一举动，但当 M 公司抢占了大量市场份额时，它们也开始不情愿地效仿了。1978 年美国 P 电影公司的重新崛起也说明同样的问题。两位具有电视网管理背景的新任高级经理打破了许多电影业的信条，尝试预售影片、向众多剧院同时发放影片等新策略，由此获得了大块市场。

（2）分析竞争对手假设的主要因素。波特指出，下列问题的研究可以弄清竞争对手的假设以及他们不完全冷静或不完全现实之处。

① 从竞争对手的公开言论、领导层和销售队伍的宣称及其他暗示中，竞争对手表现出对其在成本、产品质量、技术的尖端性及产品其他主要方面的相对地位有何种认识？把什么看成优势？把什么看成劣势？这些看法正确吗？

② 竞争对手在某些特定产品、某些特定职能性方针政策上是否有很强的历史或感情上的渊源？在诸如产品设计方法、产品质量要求、制造场所、推销方法、分销渠道等方面，他们强烈坚持哪些方面？

③ 是否存在影响竞争对手对事物认识程度和重视程度的文化性、地区性和国家性差别？例如，德国公司常常非常重视生产和产品质量，不惜以单位成本和市场营销为代价。

④ 是否存在已根深蒂固的或影响观察事物方法的组织价值观或准则？企业奠基人十分相信的某些方针是否仍旧影响该公司？

⑤ 竞争对手表现出的对产品未来需求和产业趋势显著性的看法是怎样的？它是否因毫无根据地对需求缺乏信心而不愿增加生产能力，抑或因为相反的原因过度增强了生产能力？它是否容易错误估计某种趋势的重要性？例如，它是否以为产业正在集中而事实并非如此？这些都是可围绕之制定战略的契机。

⑥ 竞争对手表现出来的对其竞争者们的目标和能力的看法如何？它是否会高估或低估它们？

⑦ 竞争对手是否表现出相信产业"传统思路"或相信历史经验以及产业中流行的方式，而这些却没有反映新的市场情况？

⑧ 竞争对手的假设可能反映在现行战略里并受到现行战略的微妙影响。它可能从过去和当前环境出发看待产业中的新事物，而这并不一定客观。

但事实上，掌握竞争对手这些信息并不是一件容易的事情。波特提出了两条判断和检验竞争对手目标与假设的方法。

1. 竞争对手在本产业中的经营历史

下列问题提供了检验这些领域的方法。

（1）与相对近期情况相比，当前竞争对手的财务状况和市场占有率如何？这是了解竞争对手未来目标的首要指标。一般而言，竞争对手几乎注定要为重获不久前的经营业绩而奋斗。

（2）竞争对手在市场上的历史情况如何？它在哪块市场上失败了或挨了打，因而不大可能卷土重来？过去失败的记忆及由此带来的不愿在那些领域进一步采取行动的心理障碍能持续相当长时间，而且被过于看重。这对于一般都很成功的组织尤其正确。

（3）竞争对手作为一个企业在哪些方面表现出众或取得了成功？竞争对手在其大获成功的领域再一次发起行动或挑衅事件的概率极大。

（4）过去竞争对手是如何对某些特定的战略行动或产业事件作出反应的？理智地？感情用事地？缓慢地？迅速地？采用何种方式？它对哪种事件的反应比较糟糕？为什么？

2. 领导层背景和经历

（1）高层领导人的职能背景。这是判定其经营方向、对行业的认识及相应目标的关键。有财务背景的领导人常常基于他认为合适的情况强调不同的战略方向，而具有生产或市场营销背景的领导人则不同。

（2）高层领导人的个人经历。高级领导人个人经历中所采取的或不曾采取的各类战略会影响其对企业的假设、目标和可能的未来行动的决策。例如，如果降低成本是总经理过去解决问题的良药，那么下一次需要良药时，还可能采用降低成本的方法。

（3）高层领导人为之工作过的另一些产业以及这些产业所特有的竞赛规则和战略方法。再次使用过去行之有效的手段的做法，在那些拥有法律事务所、咨询公司及产业背景经历的高层主管中已形成趋势。所有这些可能给竞争对手带来一种在一定程度上反映过去情况的发展前景和一剂良药。

（4）高层领导人所经历的重大事件的影响。如大萧条、能源短缺的重创、货币波动带来的重大损失等，这类事件有时在较广泛的领域内对领导者的看法产生深远影响。

（5）高层领导人的言论和行动。高层经理的看法也能从他们的言论和文章中，他们的技术背景或获得专利的历史，他们频繁接触的其他公司（如通过他们所在的董事会），他们的外部活动等线索中获得。

（6）竞争对手所聘用的管理咨询公司、广告代理商、投资银行和其他顾问。竞争对手聘用过哪些顾问？他们曾经解决过哪些问题？这些顾问以何种概念方法和技巧而著名？对竞争对手的顾问们的了解和全面考察可预测将来的战略变化。

（三）竞争对手的现行战略

对竞争对手现行战略的分析，目的在于揭示竞争对手正在做什么、能够做什么。

在对竞争对手目标与假设分析的基础上，判断竞争对手的现行战略就变得相对容易了。非常有用的一种方法是，把竞争对手的战略看成业务中各职能领域的关键性经营方针以及了解它如何寻求各项职能的相互联系。

（四）竞争对手的能力

对竞争对手能力进行实事求是的评估是竞争对手分析中最后的步骤。竞争对手的目标、假设和现行战略会影响其反击的可能性、时间、性质及强烈程度。而其优势与劣势将决定其发起或反击战略行动的能力以及处理所处环境或产业中事件的能力。表2-2给出了观察竞争对手在关键业务领域中的优势和劣势的概括性框架。

表2-2　竞争对手优势与劣势分析框架

产品： 每个细分市场中，用户眼中产品的地位 产品系列的宽度和深度
代理商/分销渠道： 渠道的覆盖面和质量；渠道关系网的实力 为销售渠道服务的能力
营销与销售： 营销组合诸方面要素的技能水平 市场调查与新产品开发的技能 销售队伍的培训及其技能
运作： 生产成本情况——规模经济性、经验曲线、设备新旧情况等 设施与设备的先进性 设施与设备的灵活性 专有技术和专利或成本优势 生产能力扩充、质量控制、设备安装等方面的技能 工厂所在地，包括当地劳动力和运输的成本 劳动力状况，工会情况 原材料的来源和成本 纵向整合程度
研究和工程能力： 专利及版权 企业内的研究与开发能力（产品研究、工艺研究、基础研究、开发、仿造等） 研究及开发人员在创造性、简化能力、素质、可靠性等方面的技能 与外部研究和工程技术的接触（如供方、客户、承包商）
总成本： 总相对成本 与其他业务单位分担的成本或活动 竞争对手在何处正形成规模或其他对其成本状况至关重要的因素
财务实力： 现金流 短期和长期借贷能力（相对债务/权益比例） 在可预见的将来获取新增权益资本的能力 财务管理能力，包括谈判、融资、信贷、库存以及应收账目等

续　表

组织： 组织中价值观的统一性和目标的明确性 对组织的近期要求所带来的负担 组织安排与战略的一致性
综合管理能力： 首席执行官的领导素质和激励能力 协调具体职能部门或职能集团间关系的能力（如生产制造与研究部门间的协调） 管理阶层的年龄、所受培训及职能方向 管理深度 管理的灵活性和适应性
企业业务组合： 企业在财务和其他资源方面对所有业务单位的有计划变动提供支持的能力 企业补充或加强业务单位的能力
其他： 政府部门的特惠待遇及其获取的途径 人员流动

在具体分析竞争对手能力时，要依据这一框架，分析竞争对手以下几方面的能力：

1. 核心能力

（1）竞争对手在各职能领域中能力如何？最强之处是什么？最弱之处在哪里？

（2）竞争对手在其战略一致性检测方面表现怎样？

（3）随着竞争对手的成熟，这些方面的能力是否可能发生变化？随时间的延长是增长还是减弱？

2. 成长能力

（1）如果竞争对手有所成长，其能力是增大还是减小？在哪些领域？

（2）在人员、技能和工厂能力方面竞争对手发展壮大的能力如何？

（3）从财务角度看，竞争对手在哪方面能持续增长？它能够随着产业的增长而增长吗？

3. 快速反应能力

竞争对手对其他企业的行动迅速作出反应的能力如何？或立即发动进攻的能力如何？这将由下述因素决定：自由现金储备、留存借贷能力、厂房设备的余力、定型的但尚未推出的新产品。

4. 适应变化的能力

（1）竞争对手的固定成本对可变成本的情况如何？这些将影响其对变化的可能反应。

（2）竞争对手适应各职能领域条件变化和对之作出反应的能力如何？例如，竞争对手是否能适应：成本竞争？管理更复杂的产品系列？增加新产品？服务方面的竞争？营销活动的升级？

（3）竞争对手能否对外部事件作出反应，诸如：持续的高通货膨胀？技术革命引起对现有厂房设备的淘汰？经济衰退？工资率上升？最有可能出现的会影响该业务的政府条例？竞争对手是否面临退出壁垒？这将促使它避免削减规模或对该业务进行收缩。

（4）竞争对手是否与母公司的其他业务单位共用生产设施、销售队伍或其他设备或人员？

5. 持久力

竞争对手支撑可能对收入或现金流造成压力的持久战的能力有多大？这将由如下因素决定：现金储备、管理人员的协调统一、财务目标上的长远眼光、较少受股票市场的压力。

虽然上述介绍的各类分析问题都与竞争对手有关，但是其思想同样可用于企业的自我分析。除此之外，通过这种考察也能使公司知道其竞争对手会对本公司作出何种结论。

二、产业内的战略群组

竞争环境分析的另一个重要方面是要确定产业内所有主要竞争对手的战略诸方面的特征。波特用"战略群组"的划分来研究这些特征。一个战略群组是指某一个产业中在某一战略方面采用相同或相似战略，或具有相同战略特征的各公司组成的集团。如果产业中所有的公司基本认同了相同的战略，则该产业中就只有一个战略群体；就另一极端而言，每一个企业也可能成为一个不同的战略群体。一般来说，在一个产业中仅有几个群组，它们采用了特征完全不同的战略。

（一）战略群组的特征

如何确定战略群组？很难对此问题作出清晰的解答。尽管企业在许多方面会有差异，但并非所有差异都有利于区分战略群组。用于识别战略群组的特征可以考虑以下一些变量：①产品（或服务）差异化（多样化）的程度；②各地区交叉的程度；③细分市场的数目；④所使用的分销渠道；⑤品牌的数量；⑥营销的力度（如广告覆盖面、销售人员的数目等）；⑦纵向一体化程度；⑧产品的服务质量；⑨技术领先程度（是技术领先者还是技术追随者）；⑩研究开发能力（生产过程或产品的革新程度）；⑪成本定位（如为降低成本而做的投资大小等）；⑫能力的利用率；⑬价格水平；⑭装备水平；⑮所有者结构（独立企业或者母公司的关系）；⑯与政府、金融界等外部利益相关者的关系；⑰组织的规模。

为了识别战略群组，必须选择这些特征的 2～3 项，并且将该产业的每个企业在"战略群组分析图"上标出来。选择划分产业内战略群组的特征要避免选择同一产业中所有公司都相同的特征。例如，很少有饭店被看作 R&D 的领先者，也很少有航空公司会涉及其他商品和服务的多样化。因而，这两个特征都不宜作为饭店或航空公司划分战略群组的特征。

图 2-5（a）列示了 20 世纪 80 年代欧洲食品工业的战略群组图，该图用营销力度和地区覆盖两个战略特征将 4 个群体清楚地区分开来。A1 是具有著名品牌、在全世界范围内进行经营的跨国公司；A3 是具有较强品牌和较高的营销能力的国内公司，比A1 的范围要小得多。B2 在国内经营但通常不是市场领导者。C3 专门经营自己供应的有自己品牌的产品，并且致力于低成本产品。

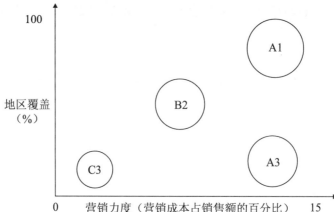

（a）战略群组：20世纪80年代的食品业

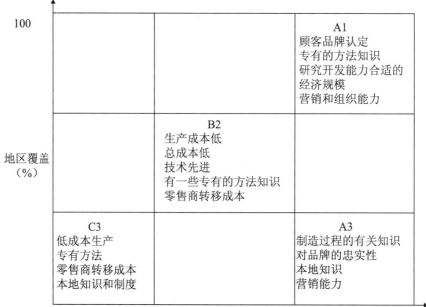

（b）移动障碍汇总

C1 跨欧洲自有品牌供应商	B1 跨欧洲品牌	A1 跨国著名品牌
C2 地区性自有标志供应商	B2 地区性有标志供应商	A2 地区主要品牌
C3 国家自有品牌供应商	B3 国内较小的品牌	A3 国内主要品牌

地区覆盖（%）

营销力度（营销成本占销售额的百分比）

（c）战略区间分析

图 2-5　战略群组分析

（二）战略群组分析

战略群组分析有助于企业了解相对于其他企业本企业的战略地位以及企业战略变化可能的竞争性影响。

（1）有助于很好地了解战略群组间的竞争状况，主动地发现近处和远处的竞争者，也可以很好地了解某一群体与其他群组间的不同。例如，从图 2－5（a）中可以看到，跨国公司 A1 主要致力于营销（尤其是品牌的推广）及各国家之间生产资源的控制；而自有品牌的供应商 C3 特别注意保持低成本。

（2）有助于了解各战略群组之间的"移动障碍"。移动障碍即一个群组转向另一个群组的障碍。图 2－5（b）中列示了欧洲食品工业中企业在各群组间转移的各种障碍。进入 A1 的市场阻力是很大的，在国内品牌不太有名、市场覆盖面较小的企业，可能不能保证其在国际市场中的地位，容易受著名国际品牌和由规模经济导致的低价竞争的影响。

（3）有助于了解战略群组内企业竞争的主要着眼点。同一战略群组内的企业虽然采用了相同的或类似的战略，但由于群体内各个企业的优势不同会形成各企业在实施战略的能力上的不同，因而导致实施同样战略而效果不同。战略群组分析可以帮助企业了解其所在战略群组的战略特征以及群组中其他竞争对手的战略实力，以选择本企业的竞争战略与战略开发方向。

（4）利用战略群组图还可以预测市场变化或发现战略机会。如图 2－5（c）所示，在欧洲食品产业中已存在"空缺"，这些领域能为新战略或新的战略群体提供机会。当然，重要的是，要了解这些领域所能提供的战略机会的可行性。如 B1（著名的欧洲品牌）就很有吸引力，因为它能在跨市场中实现规模经济，难度也远远小于进入 A1 群体。事实上，在 20 世纪 90 年代，一些欧洲食品企业已经开始瞄准类似战略了。2005 年欧洲工商管理学院钱·金（W. Chan Kin）和勒妮·莫博捏（Renee Mauborgne）撰写的《蓝海战略》（*Blue Ocean Strategy*）一书，进一步延伸了这一思路。他们认为，过去的战略思维立足于当前业已存在的行业和市场，采取常规的竞争方式与同行业中的企业展开针锋相对的竞争，那是一种"红海战略"，而"蓝海战略"是指不局限于现有产业边界，而是极力打破这样的边界条件，通过提供创新产品和服务，开辟并占领新的市场空间的战略。

第四节　市场需求分析

企业外部环境分析的另一个重要方面是对市场需求状况的分析。市场需求状况直接与企业营销战略决策有关。下面，我们将从市场需求的决定因素以及消费者两个角度，对市场需求进行探讨。

一、市场需求的决定因素

经济学理论认为，决定一个消费者对一种产品的需求数量的主要因素有：该产品的价格、消费者的收入水平、相关产品的价格、消费者的偏好、消费者对产品的价格预期等。一个市场上所有消费者对该种产品的总需求量还取决于这个市场上消费者的数量。市场营销学中有这样一个公式：市场需求 = 人口×购买力×购买欲望。这个公式概括了上述的各个决定因素：人口对应一个市场上消费者的数量；购买力对应消费者的收入水平；购买欲望对应产品价格、消费者偏好、相关产品的价格和消费者对产品的价格预期等。

在市场需求的决定因素中，人口和购买力是生产厂商难以控制的因素，对这两方面因素的研究一般作为进入一个新市场的考察依据。例如，自 1993 年以来，我国连续多年吸收外商直接投资额在世界名列前茅，主要原因之一，就是我国众多的消费人口和日益强劲的购买力。在改革开放以前与改革开放初期，我国虽然也有同样的人口优势，但消费者收入水平低下，不能形成强大的市场需求，因而大大影响了外商投资的数量。

在市场需求的决定因素中，消费者购买欲望这一因素则是生产厂商可以把握的因素，也是众多厂商市场营销策略的着眼点。产品的价格、差异化程度、促销手段等环节可能会影响消费者的购买欲望，而这些环节又往往与市场竞争策略交织在一起。

二、消费者分析

消费者分析是企业制定战略时应重点考虑的内容。归根结底，是消费者收入增长使企业的财富得以增长。企业战略制定过程的一部分工作是说服消费者选择本企业的而不是竞争对手的产品或服务。由于上述两大原因，战略分析必须带着制定"针对消费者的战略"这一目的来了解消费者。消费者分析对消费者的主要特征及消费者如何作出购买决定进行了描述。消费者分析可从三个战略问题展开：消费细分、消费动机以及消费者未满足的需求。

（一）消费细分

消费细分又包括以下内容：谁是最大的、最有利可图的现有客户，谁是最具吸引力的潜在客户？企业能否以独特的商业战略需要细分为群组？客户是否可以按其特点、需求或动机分组？

（1）市场细分。一般而言，常用的市场细分变量主要有地理、人口、心理和行为四类，从而消费者市场细分可归纳为地理细分、人口细分、心理细分和行为细分。

（2）产业市场细分。上面的方法常常应用于消费者商品和服务市场。细分产业市场的变量，有一些与消费者市场细分变量相同，如追求利益、使用者情况、使用程度、对品牌的信赖程度、购买准备阶段、使用者对产品的态度等。此外，细分产业市场的常用变量还有最终用户、顾客规模等。

（二）消费动机

在确定了消费细分之后，下一步就需要知道消费者的消费动机。例如，商务人士比较偏好快捷的交通方式、方便的行程安排以及舒适的服务，而一般的（假期和娱乐性）旅行者则更关心旅行的费用。个体经营者对于电脑的需求与公司职员是不同的，他们更在乎电脑的经济实用。

消费动机分析是关心消费者的选择和他们所喜欢的品牌、他们最看重的产品或服务、消费者的目标以及消费者动机的变化。对消费动机的了解也是企业的一种资产和技能，是帮助企业赢得持续竞争优势的基础，对制定新的战略以及开发新的分销渠道都具有推动作用。在前面我们谈到过商务人士看重的是行程的方便以及服务的舒适度，他们对价格并不在意，因而简单快速的安检过程能为航空公司带来竞争优势，而不方便的抵达时间也会带来相应的劣势。因而，企业需要了解消费者的消费动机，为企业赢得竞争优势做好准备。

（三）消费者未满足的需求

对消费者未满足的需求分析应关注为什么有些消费者不满，为什么有些消费者正在更换品牌或供货商。消费者未满足的需求这一问题是严重的，而这些未满足的需求有一些是消费者自身知道的，有一些则可能是消费者自身并不知道的。从战略上来讲，了解消费者未满足的需求是非常重要的，因为未满足的需求表明企业拥有进入市场或增加市场份额的机会，同时也表明企业正面临着威胁，因为竞争对手同样拥有抢占市场份额的机会。

消费者并不是任何时候都能意识到自己的未满足需求，这是因为他们已经习惯了现有产品的局限性或者未满足需求并不明显。认识到消费者未满足的需求之后，企业应当开发新的产品或者对产品进行调整。有时，消费者不仅可以发现问题，还能提供解决问题的方案。

思考题

1. 宏观环境分析包括哪些方面？
2. 产业产品生命周期有哪几个阶段？有何特点？
3. 产业五种竞争力模型是什么？有何局限性？
4. 竞争对手分析包括哪些方面？
5. 产业战略群组的作用是什么？

案例分析

锐意开拓，引领创新的西门子

西门子是全球电子电气工程领域的领先企业，全球最具创新能力的企业之一，主要业务集中在工业、能源、基础设施与城市四大业务领域。西门子在约 190 个国家开展商业活动，全球共开设了

285 家主要生产和制造工厂，几乎在每个国家都设有办公楼、仓库、研发设施和销售部门。2011 财年（截至 2011 年 9 月 30 日）的总营业收入达到 735.15 亿欧元。西门子的成功主要得益于两个方面：一是在预测和把握未来趋势的基础上选择了恰当的业务板块，二是利用完善的企业创新体系决定其技术研发的方向。

一、全球大趋势

全球大趋势主要指会对人类活动造成影响的长期发展问题。西门子认为人口变化、城市化、气候变化与全球化是未来几十年市场需求的主要驱动因素，也是其从事业务活动和战略布局的依据。在工业、能源、医疗、基础设施与城市四大业务领域中，西门子开发领先的产品和解决方案，通过不断改进医疗服务应对人口增长和老龄化问题；通过可持续的能源供给保护环境和节约资源；通过高效能源和环境友好的方式完善城市基础设施建设，来应对全球大趋势。

1. 人口变化

人口变化包括规模增长与老龄化两个方面。据估计，截至 2050 年，世界人口总量将由目前的约 70 亿人增至 90 亿人；人的平均寿命将由目前的 68 岁增至 76 岁。未来的医疗系统会因此面对重大挑战。西门子将通过疾病的预防护理和早期诊断等提供创新的医疗解决方案，降低成本和提升质量。

2. 城市化

城市化是指大型的和人口密集城市的数量增长，包括工业化国家大都市和新兴经济体城市中心的建设。2009 年，全球居住在城市的人口首次过半，预计这一比例将升至 70% 左右。城市化进程的推进对建筑设施、交通系统、供能供水系统有较高的需求。西门子的基础设施和城市业务领域将有助于提高城市居民生活质量。

3. 气候变化

从 19 世纪中叶至 21 世纪初，地球表面温度升高了 0.76℃。如果二氧化碳排放量按现在的速率增长，到 21 世纪末气温将再升高 1.8~4℃，将对人类文明和地球生态系统带来重大影响。减少温室气体的排放是避免这一恶劣情形的关键，所以对能源供给与消耗过程中效率提高的新技术要求越来越高。在环境保护技术（包括但不限于利用化石燃料发电）、清洁能源、电网效能提高、运输和工业过程中的节能、建筑能耗以及减少上述过程二氧化碳排放的方面，西门子都属于行业领导者。

4. 全球化

全球化是指世界经济、政治、文化和其他生活领域的融合。过去 50 年中，全球贸易额年均增长率高达 6.2%，跨国公司数量增加到 80000 家左右。全球化加剧了企业竞争压力，刺激了各种市场需求。西门子旨在通过促进工艺和能源效率改进来提高客户的生产率。另外，在约 190 个国家的全球布局使西门子在整合全球资源和市场方面处于有利地位。

二、西门子战略的内容

1. "一个西门子"

远景、价值观和三大战略方向组成了其价值创造和成长框架，即"一个西门子"（见图 1）。西门子的远景是提升能源效率；优化工业生产力；打造价格合理及个性化的医疗；推进智能化基础设施解决方案。勇担责任、追求卓越、矢志创新是西门子的价值观。西门子的公司战略将其远景与价值观落到实处。

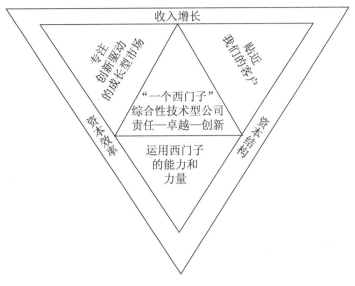

图1 "一个西门子"框架

为顺应全球大趋势和超越竞争对手，西门子确定了三大战略方向：一是专注创新驱动的成长型市场，二是贴近客户，三是运用西门子的能力和力量。在"专注创新驱动的成长型市场"的战略方向上，西门子的第一个关注点是成为技术驱动市场上的先行者，并将努力使之成为公司的未来核心业务；第二个关注点是加强对公司业务组合的管理，以实现和保持现有和未来市场处于数一数二的地位；第三个关注点是提供领先的环保方案。在"贴近客户"的战略方向上，第一个关注点是在保持已有市场中地位的同时争取在新兴市场中的成长；第二个关注点是拓宽服务业务；第三个关注点是强化对客户的关注并提升客户满意度，这是快速响应市场需求的关键。在"运用西门子即能力和力量"的战略方向上，第一个关注点是鼓励雇员终身学习和发展，这是保证员工精英地位和胜任挑战性工作的重要条件；第二个关注点是从全球招募多元化人才，以保证全球市场上的竞争优势；第三个关注点是坚持诚信。

2. 业务板块

西门子的全球业务划分为工业、能源、医疗、基础设施与城市四大领域。

工业业务领域的产品与解决方案可满足制造、交通和楼宇系统领域的工业客户需求。西门子工业下属六个业务集团。工业自动化集团提供标准产品和系统解决方案，可满足制造和流程工业领域内对能源和自动化技术的应用需求。驱动技术集团向客户提供电子制造解决方案以及面向整套电力系列的标准和大型驱动应用的端到端系统。楼宇科技集团既是服务提供商也是产品和系统制造商，全面提供楼宇安防、自控和电气产品。欧司朗的产品组合包括各种光源产品和光电半导体光源，如发光二极管、相关电子镇流器控制系统和照明管理系统。工业解决方案集团是工业领域的系统与解决方案集成商，其业务范围涵盖从规划、建造到运营等各个环节。交通集团为客运和货运、交通管理、邮政自动化和机场物流提供整合的解决方案。

能源业务领域为整个能源转换链提供全面解决方案，也为工业（特别是石油和天然气行业）用户提供全面系统的解决方案。西门子在能源业务领域上表现突出，下属的六个业务集团均在市场中处于领先位置。火力发电集团为化石燃料发电提供高效的产品和解决方案，产品范围涵盖燃气轮机、蒸汽轮机、发电机以及"交钥匙"电厂。可再生能源集团主要为风能和太阳能市场提供产品和解决方案。石油与天然气集团为客户提供用于石油天然气开采、运输和加工的系列产品与解决方案。能源服务集团为整座电厂和旋转设备（如燃气轮机、发电机和压缩机等）提供综合性服务，其中包括运营、维护和现代化服务。输电集团是高压领域的领先产品与解决方案供应商，是高压直流系统领域的技术领军者。配电集团通过智能网络系统提高能源系统的效率，该集团提供创新的中压设备和系统、能源自动化高效解决方案以及电力系统和网络的服务。

医疗业务领域向医疗行业提供创新产品、完整的解决方案以及服务与咨询。下属三个业务集团。影像及信息技术集团提供计算机断层扫描、磁共振和超声等成像系统，旨在实现早期诊断和干预以及更有效的预防。这些系统通过高性能的医疗 IT 系统相互连接并优化流程，例如医院中的数据系统、图像处理系统以及用于支持诊断的技术。诊断集团的业务涵盖了体外诊断市场的方方面面，例如免疫诊断学。该集团的解决方案涵盖及时应用及大型实验室自动化等方面。医疗流程与解决方案集团为医疗机构以及心脏病学、肿瘤病学和神经病学等具体领域提供完整的解决方案。该业务集团提供咨询服务，同时负责西门子医疗的客户服务业务和销售区域。西门子还是全球创新型助听器市场上的领军企业。

基础设施与城市业务领域纳入了各种技术和业务，包括交通、物流、建筑、智能电网项目等，为遍布世界各地的城市提供技术解决方案，帮助城市实现在交通、环保和节能等方面的可持续发展。城市代表着未来强劲得成长空间，大都市和新兴城市都是服务的对象。结合工业和能源部门的现有业务和技术，西门子的基础设施和城市具有广阔的市场前景。

三、西门子创新体系

1. 中央研究院

中央研究院是西门子创新体系的核心环节。创立初期，西门子的创新全部来自于个别人的发明，只要不断有新发明出现，公司就不断地获得高速成长。随着规模扩大，公司面临着如何把少数人的创新能力变成集体创新能力的问题，这是企业发展壮大的关键。西门子最早在 1914 年就试图解决创新的组织问题，尝试建立中央研究院进行统一研发，但并不成功，后来又转回到各分公司独自研发。

经过多年试探与经验积累，西门子决定在保留各分公司研发机构的基础上，在母公司成立一批更高级别的研发中心，每个中心承担某一领域的基础研究工作，研究成果提供给全公司所有相关部门利用。这一批更高级别的研发中心组成了西门子公司的中央研究院（Corporate Technology）。中央研究院把共性基础研究任务从各分公司抽出，以便不受具体业务利益波动的影响，并把研究成果提供给公司所有相关部门进行经济上的利用；各分公司的研发队伍也可以承担某一领域的基础研究工作，让其他分公司的研发团队共享成果。如当时成立的通信技术中心实验室就属于第二种情况，除负责电报分公司的产品开发工作外，还从事长途电话和通过电缆进行不失真的信息交换方面的基础研究。中央研究院的研发制度保持至今。

西门子中央研究院的使命为：利用两门子所拥有的全球技术，通过研究、创新和发展，最终推动业务发展，以将基础研究、产品创新、业务拓展和企业家相结合，最终获得综合创新。西门子赋予中央研究院的责任是：着眼于将会影响到许多产品和业务领域的核心技术的研究，从整体出发为西门子的未来负责。

西门子中央研究院成立初期由德国慕尼黑、德国埃朗根、美国新泽西普林斯顿三大研究院组成。慕尼黑实验室主要进行信息和通信研究，广泛的软件半导体和材料研究；埃朗根实验室主要从事能源研究，普林斯顿实验室主要从事电脑相关领域研究，包括多媒体影像、视觉化等。到目前为止，包括在中国上海和北京的研究所在内，西门子在全球共有 19 个重要的研究所，共同组成了资源共享的创新体系。中央研究院由公司总部直接管辖，公司的事业部及下属机构还有各自的研究部门，在与本部或子公司业务有关的领域内开展研究活动。

为提高管理效率，西门子中央研究院一方面精简机构；另一方面又实行放权管理政策，让一些核心技术的研发如同一个小企业那样经营，自负盈亏，研究项目负责人只需要汇报时间和预算上的结果，完全自主决定工作方式。这样既能解决企业业务部门的问题，又因为研究的企业化运作而能以最经济的方式推出研究成果。

2. 创新战略和流程

西门子公司科学系统地分析预测未来社会发展方向，根据分析预测结论制订公司的战略计划，即通过"远景规划"展望"未来"发现新的商机，调整和改进当前的部署，从而成为创新潮流的领导者。西门子的创新战略可以用一个词表示，即"潮流设定者"。它指的是要创立一种市场上必不可少的新技术，从而获得高额利润的战略。西门子认为该战略要依靠强大的技术力量作为后盾，特别需要掌握相关的关键技术，以及会对市场产生破坏性或革命性影响的技术，并获得专利。此外，"潮流设定者"战略还必须与公司的业务战略紧密结合。

为实现这个战略，西门子引入了"顶尖＋"创新工程，以对应其在业务领域的"顶尖＋"创新工程。"顶尖＋"创新工程聚焦于更好地提高研发效率和效果，同时持续开发产生协同的潜力。具有协同效果的方法包括设定指标、最佳实践共享、全公司范围内的专利管理、联合开发以及平台战略等。例如，设计一个软件模块可以同时应用于多个系统中，又如安全技术、声音识别、图像处理，以及控制技术等都可以同时用于工业领域及能源领域。

西门子通过系统的流程不断地在从事以下创新循环：识别具有发展潜力的技术；辨认技术突破；预测未来顾客的需求以及新的商业机会；将西门子塑造成该领域中的潮流领导者。

为了让每位员工了解公司的最新信息，公司建立了强大的沟通机制。如西门子内部办有多种媒体，传达各种信息，进行员工间沟通，包括《西门子之声》（Siemens News Letter）、《西门子世界》（Siemens World）、《未来蓝图》（Pictures of Future），以及各业务集团主办的各种内部沟通杂志。其中，《未来蓝图》是西门子中央研究院办的刊物，集中介绍西门子获得的技术成就以及预测未来的技术，能够让所有员工了解公司创新的最前沿。

3. 创造未来

西门子的座右铭是"创造未来"。

具体操作上，西门子中央研究院着力于研究规划管理，通过研究规划来确定公司的发展方向及协调与业务部门的合作。其中，业务部门实施"多代产品规划（MGPP）技术"，事先拟订未来几年内特定产品产销计划所需要的技术，画出"技术树"，找出所需要的核心技术、关键部件和系统支持等。规划的通过需要中央研究院的同意。中央研究院实施"技术地图"方案，制作未来20年的技术规划，比MGPP有更长远的眼光。在双方的计划作出后，中央研究院就与业务部门讨论规划，进行有建设性的争论，使规划得以改进。联合规划活动使中央研究院和业务部门形成共同语言，提高了工作效率和效果。

为建立一个系统的、持续的、强有力的研发体系，西门子中央研究院与业务部门共同努力对研发体系进行优化；最终合作创造了一种用"创造未来"代替"预测未来"的"未来蓝图"体系，成为西门子实现其创新战略的最有用的工具（见图2）。该体系结合了归纳外推与回归分析（Extrapolation & Retropolation）方法。归纳外推指从今天的世界推导明天的状况，依据现有的技术水平和发展速度作出客观、合理和精确的估计；回归分析指通过想象未来10年、20年和30年的状况，回归到现状以决定现在应该做什么。西门子通过将两者有机结合，绘制出"未来蓝图"，指出到达未来的道路，并有助于量化未来市场、发现突变点、预测即将到来的顾客需求、识别拥有巨大潜力的技术。

不但为西门子创造了新的产品、系统和服务的业务机会，更使西门子的研发形成一个整体。

激烈的竞争使公司必须吸取其他企业的新技术、新产品，促进本企业产品的创新扩散，同时利用这些新技术、新产品开发企业的技术创新能力，向其他中小企业提供创新技术源，使之成为大型企业技术创新的载体，构成以大型企业为龙头的技术创新有机群体，获得任何单一企业创新所不能比拟的"共生经济"效应。这一效应使大、中、小企业在技术创新活动中形成一种相互依存、优势互补、高效协作的关系。

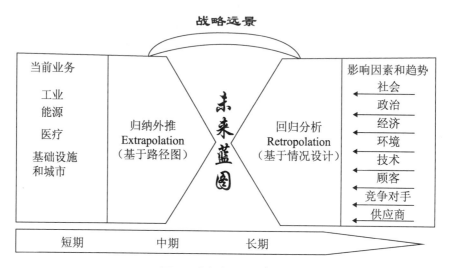

图2 "未来蓝图"体系

资料来源：翟青：《世界一流企业的创新模式研究：德国西门子集团的科技创新体系》，科技管理研究，2009。

（1）将班级学生分为4个组，分别对西门子涉足的四大业务领域进行外部环境分析。

（2）从本小组分析的行业中任选一家企业，尝试运用"未来蓝图"体系分析该企业。

（3）西门子在技术预测方面有哪些经验值得其他企业借鉴？

第三章　内部能力分析与综合分析

本章重点掌握的内容包括：

1. 企业资源与能力分析（重点是资源和核心能力分析）；
2. 波特的价值链分析（五种基本活动和四种支持活动、企业资源能力的价值链分析）；
3. 业务组合分析（包括波士顿矩阵与通用矩阵分析）；
4. SWOT分析。

进行内部能力分析的目的是要了解企业能用来创造或维持竞争优势的各种能力；了解企业的核心专长，即对企业未来成功具有关键作用的那些资源、能力及应用效果；以及需要改进的职能活动上的劣势和进行战略变革所面临的阻力。通过内部能力分析，不但了解自己具备的能力强处和弱处，还应该明白这些强处和弱处对竞争优势和劣势的影响，通过内部能力分析，企业可以决定能够做什么，即企业所拥有的独特资源与能力所能支持的行为。

第一节　企业资源与能力分析

一、企业资源分析

企业资源是指企业所拥有或控制的有效因素的总和，包括资产、生产或其他作业程序技能和知识等。按照竞争优势的资源基础理论，企业的资源禀赋是其获得持续竞争优势的重要基础。企业资源分析的目的在于识别企业的资源状况、企业资源方面所表现出来的优势和劣势以及对未来战略目标制定和实施的影响如何。

（一）企业资源的主要类型

企业资源主要分为三种：有形资源、无形资源和人力资源。

（1）有形资源是指可见的、能用货币直接计量的资源，主要包括物质资源和财务资源。物质资源包括企业的土地、厂房、生产设备、原材料等，是企业的实物资源。财务资源是指企业可以用来投资或生产的资金，包括应收账款、有价证券等。有形资源一般都反映在企业的资产当中，但是，由于会计核算的要求，资产负债表所记录的账面价值并不能完全代表有形资源的战略价值。

有些类似的有形资源可以被竞争对手轻易地取得，因此，这些资源便不能成为企业竞争优势的来源。但是，具有稀缺性的有形资源能使公司获得竞争优势。例如，在香港的五星级观光酒店中，半岛酒店因为位于九龙半岛的天星码头旁，占有有利的地理位置，游客可以遥望对岸香港岛和维多利亚港。美不胜收的海景和夜景，便是它的一大特色，构成其竞争优势的一个来源。

（2）无形资源是指企业长期积累的、没有实物形态的，甚至无法用货币精确度量的资源，通常包括品牌、商誉、技术、专利、商标、企业文化及组织经验等。尽管无形资源难以精确度量，但由于无形资源一般都难以被竞争对手了解、购买、模仿或替代，因此，无形资源是一种十分重要的企业核心竞争力的来源。例如，技术资源就是一种重要的无形资源，它主要是指专利、版权和商业秘密等。技术资源具有先进性、独创性和独占性等特点，使得企业可以据此建立自己的竞争优势。商誉也是一种关键的无形资源。商誉是指企业由于管理卓越、顾客信任或其他特殊优势而具有的企业形象，它能给企业带来超额利润。对于产品质量差异较小的行业，例如软饮料行业，商誉可以说是最重要的企业资源。

需要注意的是，由于会计核算的原因，资产负债表中的无形资产并不能代表企业的全部无形资源，甚至可以说，有相当一部分无形资源是游离在企业资产负债表之外的。

（3）人力资源是指组织成员向组织提供的技能、知识以及推理和决策能力。大量研究发现，那些能够有效开发和利用其人力资源的企业比那些忽视人力资源的企业发展得更好、更快。是人的进取心掌握的技能、知识创造了企业的繁荣，而不是其他资源。在技术飞速发展和信息化加快的新经济时代，人力资源在企业中的作用越来越突出。

（二）决定企业竞争优势的企业资源判断标准

在分析一个企业拥有的资源时，必须知道哪些资源是有价值的，可以使企业获得竞争优势。其主要的判断标准如下：

（1）资源的稀缺性。如果一种资源是所有竞争者都能轻易取得的，那么这种资源便不能成为企业竞争优势的来源。如果企业掌握了取得处于短缺供应状态的资源，而其他的竞争对手又不能获取这种资源，那么拥有这种稀缺性资源的企业便能获得竞争优势。如果企业能够持久地拥有这种稀缺性资源，则企业从这种稀缺性资源获得的竞争优势也将是可持续的。

（2）资源的不可模仿性。资源的不可模仿性是竞争优势的来源，也是价值创造的核心。资源的不可模仿性主要有以下四种形式：

① 物理上独特的资源。有些资源是物质本身的特性所决定的。例如，企业所拥有的房地产处于极佳的地理位置，拥有矿物开采权或是拥有法律保护的专利生产技术等。

这些资源都有它的物理上的特殊性，是不可能被模仿的。

② 具有路径依赖性的资源。这是指那些必须经过长期的积累才能获得的资源。例如，中国海尔公司在售后服务环节的竞争优势并不是仅仅在于有一支训练有素的售后服务人员队伍，更重要的是由于海尔多年来不断完善营销体制建设，能够为这支队伍健康运作提供坚实的基础和保障。其他公司想要模仿海尔的售后服务的资源优势，同样需要花费大量时间完善自身的营销体制，这在短期内是不可能实现的。

③ 具有因果含糊性的资源。企业对有些资源的形成原因并不能给出清晰的解释。例如，企业的文化常常是一种因果含糊性的资源。美国西南航空公司以拥有"家庭式愉快，节俭而投入"的企业文化著称，竞争对手难以对其进行模仿。其原因就是没有人可以明确地解释出形成这种文化的真实原因。具有因果含糊性的资源，是组织中最常见的一种资源，难以被竞争对手模仿。

④ 具有经济制约性的资源。这是指企业的竞争对手已经具有复制其资源的能力，但因市场空间有限不能与其竞争的情况。例如，企业在市场上处于领导者的地位，其战略是在特定的市场上投入大量资本。这个特定市场可能会由于空间太小，不能支撑两个竞争者同时盈利，企业的竞争对手再有能力，也只好放弃竞争。这种资源便是具有经济制约性的资源。

（3）资源的不可替代性。波特的五种竞争力模型指出了替代产品的威胁力量，同样，企业的资源如果能够很容易地被替代，那么即使竞争者不能拥有或模仿企业的资源，它们也仍然可以通过获取替代资源而改变企业的竞争地位。例如，一些旅游景点的独特优势很难被其他景点所替代。

（4）资源的持久性。资源的贬值速度越慢，就越有利于形成核心竞争力。一般来说，有形资源往往都有自己的损耗周期，而无形资源和组织资源则很难确定其贬值速度。例如，一些品牌资源随着时代的发展实际上在不断地升值；反之通信技术和计算机技术迅速的更新换代却会对建立在这些技术之上的企业竞争优势构成严峻挑战。

二、企业能力分析

企业能力是指企业配置资源，发挥其生产和竞争作用的能力。企业能力来源于企业有形资源、无形资源和组织资源的整合，是企业各种资源有机组合的结果。

企业能力主要由研发能力、生产管理能力、营销能力、财务能力和组织管理能力等组成。

（1）研发能力。随着市场需求的不断变化和科学技术的持续进步。研发能力已成为保持企业竞争活力的关键因素。企业的研发活动能够加快产品的更新换代，不断提高产品质量，降低产品成本，更好地满足消费者的需求。企业的研发能力主要从研发计划、研发组织、研发过程和研发效果几个方面进行衡量。

（2）生产管理能力。生产是指将投入（原材料、资本、劳动等）转化为产品或服务并为消费者创造效用的活动，生产活动是企业最基本的活动。生产管理能力主要涉及 5 个方面，即生产过程、生产能力、库存管理、人力管理和质量管理。

（3）营销能力。企业的营销能力是指企业引导消费，以获取产品竞争能力、销售活动能力和市场决策能力。企业的营销能力可分为以下三种能力：产品竞争能力、销售活动能力和市场决策能力。

① 产品竞争能力。产品竞争能力主要可从产品的市场地位、收益性、成长性等方面来分析。产品的市场地位可以通过市场占有率、市场覆盖率等指标来衡量。产品的收益性可以通过利润空间和量本利进行分析。产品的成长性可以通过销售增长率、市场扩大率等指标进行比较分析。

② 销售活动能力。销售活动能力是对企业销售组织、销售绩效、销售渠道、销售计划等方面的综合考察。销售组织分析主要包括对销售机构、销售人员和销售管理等基础数据的评估。销售绩效分析是以销售计划完成率和销售活动效率为主要内容。销售渠道分析则主要分析销售渠道结构（例如，直接销售和间接销售的比例）、中间商评价和销售渠道管理。

③ 市场决策能力。市场决策能力是以产品竞争能力、销售活动能力的分析结果为依据的，是领导者对企业市场进行决策的能力。

（4）财务能力。企业的财务能力主要涉及两个方面：一是筹集资金的能力，二是使用和管理所筹集资金的能力。筹集资金的能力可以用资产负债率、流动比率和已获利息倍数等指标来衡量；使用和管理所筹集资金的能力可以用投资报酬率、销售利润率和资产周转率等指标来衡量。

（5）组织管理能力。组织管理能力主要从以下几个方面进行衡量：①职能管理体系的任务分工；②岗位责任；③集权和分权的情况；④组织结构（直线职能、事业部等）；⑤管理层次和管理范围的匹配。

三、企业的核心能力

20 世纪 80 年代，库尔（Cool）和申德尔（Schendel）通过对制药业若干个企业的研究，确定了企业的特殊能力是造成它们业绩差异的重要原因。1990 年，美国学者普雷哈拉德（K. Prahald C.）和英国学者哈梅尔（Hamel G.）合作在《哈佛商业评论》上发表了《公司核心能力》一文，在对世界上优秀公司的经验进行研究的基础上提出，竞争优势的真正源泉在于"管理层将公司范围内的技术和生产技能合并为使各业务可以迅速适应变化机会的能力。"1994 年哈梅尔与普雷哈拉德又出版专著《竞争未来》，由此在西方管理学界掀起关于核心能力的研究与讨论的高潮，对企业界也造成了很大影响。作为竞争优势的源泉，企业独特的资源与能力日益受到人们的关注，"核心能力"、"核心业务"也成为流行的术语。

核心能力的概念打破了以往企业的管理人员把企业看成是各项业务组合的思考模式，重新认识到企业是一种能力的组合，而核心能力就是企业中有价值的资源，它可以使企业获得竞争优势，并且不会随着使用而递减。

（一）核心能力的概念

核心能力就是企业在具有重要竞争意义的经营活动中能够比其竞争对手做得更好的能力。企业的核心能力可以是完成某项活动所需的优秀技能，也可以是在一定范围和深度上的企业的技术诀窍，或者是那些能够形成很大竞争价值的一系列具体生产技能的组合。从总体上讲，核心能力的产生是企业中各个不同部分有效合作的结果，也就是各种单个资源整合的结果。这种核心能力深深地根植于企业的各种技巧、知识和人的能力之中，对企业的竞争力起着至关重要的作用。

（二）核心能力的辨别

根据核心能力的定义，企业的能力应同时满足以下三个关键测试才可称为核心能力：①它对顾客是否有价值？②它与企业竞争对手相比是否有优势？③它是否很难被模仿或复制？

但是，企业的核心能力就其本质来讲非常的复杂和微妙，一般很难满足上述三个关键性测试，因而识别企业的核心能力并非易事。然而，即便它很难被识别，但还是存在几种识别的方法，包括功能分析、资源分析以及过程系统分析。

（1）功能分析。考察企业功能是识别企业核心竞争力常用的方法，这种方法虽然比较有效，但是它可能只能识别出具有特定功能的核心能力。

（2）资源分析。另一种识别方法是分析企业的资源。分析实物资源比较容易，例如，企业商厦所处的区域、生产设备以及机器的质量等，而分析像商标或者商誉这类无形资源则比较困难。

（3）过程系统分析。过程涉及企业多种活动从而形成系统。过程和系统有可能仅是企业单一的功能，但是通常都涉及多种功能，因而过程系统本身是比较复杂的，但是企业通常还是会使用这种方式来识别企业的核心能力，因为只有对整个系统进行分析才能很好地判断企业的经营状况。

（三）核心能力的评价

（1）评价的基础与方法。在对企业的核心能力进行识别时，会发现它们很难满足前面提到的三个关键测试，这也是核心能力与 SWOT 分析中的优势的本质区别所在。在 SWOT 分析中，产品或服务的质量优越可以被称为优势，但是如果竞争对手的产品或服务的质量也很优越，那么即使这对于顾客而言是有价值的，但这种优势也没有战略价值。因而，只有当企业的核心能力不仅仅是企业的优势（即产品或服务的质量超越大多数的竞争对手），而且这种能力很难被模仿时，这种优势对于企业来讲才具有战略价值。然而，企业如何才能知道自己的能力是否强于竞争对手？以下是可以用来比较的几种方法：

① 企业的自我评价。一种既快速又经济的办法就是企业自己在内部收集信息，例如，可以进行绩效趋势分析来判断企业经营到底是在改善还是在恶化。另外，企业的内部人员也可以根据自己的行业经验来判断企业是否在某一特定方面强于竞争对手。

② 产业内部比较。产业专家通常会收集这个产业内企业的某些数据进行企业间的比较，所收集的数据包括市场份额、成本结构、关键成本以及顾客满意度等。这类信息可以告诉企业自己是否强于竞争对手，但是并没有告诉其导致该结果的原因。

③ 基准分析。基准分析是比较企业和竞争对手的业绩，包括单个或多种具体活动、系统或过程的比较。最理想的方法是把企业和一流企业相比较，无论它们是否处在同一个产业。另一种方法是把企业与产业内的国内外其他企业进行比较，通常跨国企业会把自己的子公司设在好几个不同的国家，因而可以把企业与跨国公司在该国家设立的子公司进行比较，因为它们具有共同的经营环境与成本结构，特别是信息之间具有很强的可比性。

④ 成本驱动力和作业成本法。企业使用作业成本法以找出企业的成本驱动力，与传统的成本会计方法相比，能提供更有用的信息。然而，找出成本驱动力并非易事，因为作业一般不仅仅是某项具体的活动，而且是由一系列活动形成的系统。因而为了简便，我们可以找出对顾客没有什么价值但投入较多，以及对顾客有价值但投入不够的活动。

⑤ 收集竞争对手的信息。企业有多种收集其竞争对手信息的方式，主要包括：与顾客进行沟通；与供应商、代理人、发行人以及产业分析师进行沟通；对竞争对手进行实地考察；分析竞争对手的产品；通过私下沟通、电话交谈以及网上交谈的方式询问对方的产品；雇用竞争对手的员工，等等。

（2）基准分析概论与实践。基准分析被定义为分析同产业内一流企业的产品或服务的一个连续系统的过程，其目的是发现竞争对手的优点和不足，针对其优点，取长补短，根据其不足，选择突破口，从而帮助企业从竞争对手的行动中获得思路和经验，冲出竞争者的包围，超越竞争对手。

① 基准对象。一般来说，可以衡量业绩的活动都可以成为基准对象。然而，把企业的每一项活动都作为基准对象是不切实际的，企业可以主要关注以下几个领域：占用较多资金的活动；能显著改善与顾客关系的活动；能最终影响企业结果的活动，等等。

② 基准类型。基准对象的不同决定了不同的基准类型，基准类型主要包括内部基准、竞争性基准、过程或活动基准、一般基准、顾客基准五种类型。a. 内部基准，即企业内部之间互为基准进行学习与比较。由于企业内部存在着不同地理区域的部门，它们之间有着不同的历史和文化、不同的业务类型以及管理层与职员之间不同程度的融洽关系，因此可互为基准进行比较。b. 竞争性基准，即直接以竞争对手为基准进行比较。企业需要收集关于竞争对手的产品、过程以及业务业绩方面的具体信息，与企业自身的情况进行比较。由于有些在商业上比较敏感的信息不容易获取，因而有时还需要借助第三方的帮助。c. 过程或活动基准，即以具有类似核心经营的企业为基准进行比较，但是二者之间的产品和服务不存在直接竞争的关系。这类基准分析的目的在于找出企业做得最突出的方面，例如，生产制造、市场营销、产品工艺、存货管理以

及人力资源管理等方面。d. 一般基准，即以具有相同业务功能的企业为基准进行比较。e. 顾客基准，即以顾客的预期为基准进行比较。

越来越多的企业选择过程或活动基准进行分析，由于基准对象不是直接的竞争对手，因而更容易获取相关的信息，从而更有利于企业发现不足之处或创新点。例如，对于一家酒店来说，其需要设定标准的领域可能包括：确定各类来宾期望从酒店获得的服务；寻求提高质量、降低成本的途径。这可能需要确定能为酒店带来最大收益的客户，并着重满足这些客户的需求。那么，酒店可能会从客户满意度调查中发现，其并未完全满足有利可图的商务旅行者的需求，并需要了解其他公司是如何做得更好去满足这类客户。这些公司可能包括诸如航空业及餐饮业等其他产业的公司。

③ 基准分析练习。一个企业进行基准分析的成败主要取决于高层管理人员的行为，他们必须清楚地认识到企业需要改革的地方。企业实施基准分析的具体步骤如图3-1所示。

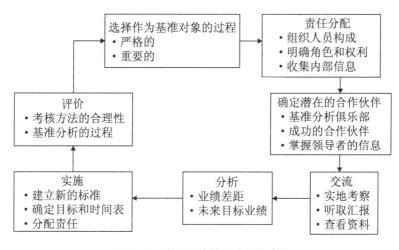

图 3-1　企业实施基准分析的步骤

管理人员在明确基准对象时需要尽可能地精确。例如，企业考察的是顾客服务质量，那么管理人员就需要对与顾客服务相关的具体活动或领域非常熟悉。而顾客服务包含相当多的活动，例如，订单管理、咨询回应、顾客投诉的处理、开立信用证以及货品计价等，这些活动之间都是相互独立的，它们有各自的技术与管理控制且属于不同的过程。

下一步要做的就是建立工作小组，小组成员需要包括涉及每项活动的战略上、功能上及战术上的代表成员。如果企业需要减少货品的返回率，那么这个基准分析小组成员就需要包括顾客服务代表、收货员、装载人员以及质量控制管理人员。

接下来要做的就是决定需要进行基准分析的问题，以及哪家企业需要做这样的分析。借助专家顾问、产业协会以及产业杂志的力量，可以让企业的分析朝着正确的方向发展。

一旦确认了最优对象，基准分析小组就收集对方的数据进行分析，把本企业的业绩与对方的业绩进行比较，以帮助自己找到可以改进的地方。分析小组通过衡量消除自身与对方差距的收益与成本来决定企业所要付出的努力水平。

（3）竞争对手分析。与竞争对手进行比较所得出的企业竞争优势能为企业带来有用的战略信息。竞争对手的未来、假设、现行战略和潜在能力的分析都是企业自身核心能力识别和评价不可缺少的步骤和内容。

（四）企业核心能力与成功关键因素

将企业核心能力与成功关键因素相比较，它们是两类不同的概念。成功关键因素应被看作是产业和市场层次的特征，而不是针对某个个别企业。拥有成功关键因素是获得竞争优势的必要条件，而不是充分条件。比如，一个企业要成为成功的体育运动鞋的供应商，它就必须有发展新款式、管理供应商和分销商网络和进行营销活动的能力。但只有这些还不够，所有生产运动鞋的大企业都有产品发展部门、供应商和销售网络以及很大的营销预算，但只有少数企业，如耐克，才能将这些活动做得很出色，从而创造出高于竞争对手的价值。

企业核心能力和成功关键因素的共同之处在于它们都是企业盈利能力的指示器。虽然它们在概念上的区别是清楚的，但在特定的环境中区分它们并不容易。例如，一个成功关键因素可能是某产业所有企业要成功都必须具备的，但它也可能是特定企业所具备的独特能力。

第二节　价值链分析

迈克尔·波特在《竞争优势》一书中引入了"价值链"的概念。波特认为，企业每项生产经营活动都是其创造价值的经济活动，那么，企业所有的互不相同但又相互关联的生产经营活动，便构成了创造价值的一个动态过程，即价值链。

价值链最初是为了在企业复杂的制造程序中分清各步骤的"利润率"而采用的一种会计分析方法，其目的在于确定在哪一步骤可以削减成本或提高产品的功能特性。波特认为，应该将会计分析中确定每一步骤新增价值的这两项基本活动与对组织竞争优势的分析结合起来，了解企业资源使用与控制状况必须，从发现这些独立的价值活动开始。价值链日益成为分析企业资源与能力有用的理论框架。价值链把企业活动进行分解，通过考虑这些单个的活动本身及其相互之间的关系来确定企业的竞争优势。

一、价值链的两类活动

价值链将企业的生产经营活动分为基本活动和支持活动两大类。图 3 - 2 是价值链结构。

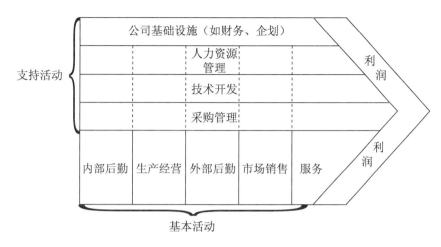

图 3 - 2　价值链结构

（一）基本活动

基本活动又称主体活动，是指生产经营的实质性活动，一般可以分为内部后勤、生产经营、外部后勤、市场销售和服务五种活动。这些活动与商品实体的加工流转直接有关，是企业的基本增值活动。每一种活动又可以根据具体的产业和企业的战略再进一步细分成若干项活动。

（1）内部后勤，又称进货物流，是指与产品投入有关的进货、仓储和分配等活动，如原材料的装卸、入库、盘存、运输以及退货等。

（2）生产经营是指将投入转化为最终产品的活动，如机加工、装配、包装、设备维修、检测等。

（3）外部后勤，又称出货物流，是指与产品的库存、分送给购买者有关的活动，如最终产品的入库、接受订单、送货等。

（4）市场销售是指与促进和引导购买者购买企业产品的活动，如广告、定价、销售渠道等。

（5）服务是指与保持和提高产品价值有关的活动，如培训、修理、零部件的供应和产品的调试等。

（二）支持活动

支持活动又称辅助活动，是指用以支持基本活动而且内部之间又相互支持的活动，包括采购、技术开发、人力资源管理和企业基础设施。

（1）采购管理是指采购企业所需投入品的职能，而不是被采购的投入品本身。这里的采购是广义的，既包括生产原材料的采购，也包括其他资源投入的管理。例如，企业聘请咨询公司为企业进行广告策划、市场预测、管理信息系统设计、法律咨询等都属于采购管理。

（2）技术开发是指可以改进企业产品和工序的一系列技术活动。这也是一个广义的概念，既包括生产性技术，也包括非生产性技术。因此，企业中每项生产经营活动

59

都包含着技术，只不过其技术的性质、开发的程度和使用的范围不同而已。有的属于生产方面的工程技术，有的属于通信方面的信息技术，还有的属于领导的决策技术。这些技术开发活动不仅与企业最终产品直接相关，而且支持着企业全部的活动，成为判断企业竞争实力的一个重要因素。

（3）人力资源管理是指企业职工的招聘、雇用、培训、升职和退休等各项管理活动。这些活动支持着企业中每项基本活动和支持活动，以及整个价值链。人力资源管理在调动职工生产经营的积极性上起着重要的作用，影响着企业的竞争实力。

（4）基础设施是指企业的组织结构、惯例、控制系统以及文化等活动。企业高层管理人员往往在这些方面发挥着重要的作用，因此高层管理人员也往往被视作基础设施的一部分。企业的基础设施与其他支持活动有所不同，一般是用来支撑整个价值链的运行，即所有其他的价值创造活动都在基础设施中进行。在多种经营的企业里，公司总部和经营单位各有自己的基础设施。

二、价值链确定

为了判定企业竞争优势，有必要为在一个特定产业中的竞争而定义企业的价值链。从基本价值链着手分析，个体的价值活动在一个特定的企业中得到确认。价值链中的每一个活动都能分解为一些相互分离的活动。例如，图 3-3 显示了在价值链中对基本活动中"市场销售"活动的再分解；图 3-4 显示的是复印机制造企业的完整的价值链活动的再分解。

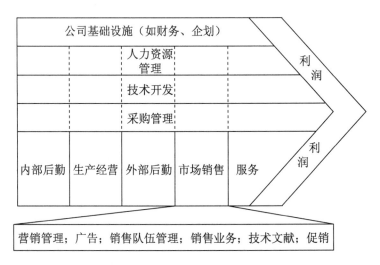

图 3-3 一条价值链的再分解

定义有关价值活动要求将技术特征或经济效果可分离的活动分解出来。如生产或营销这样一些广义的职能，应该进一步细分为一些活动。一些活动的再分解能够达到范围日趋狭窄的活动的层次，这些活动在一定程度上相互分离。例如，工厂里的每台机器可以被看作是一项分离的活动。这样，潜在活动的数量通常十分巨大。

分解的适当程度依赖于这些活动的经济性和分析价值链的目的。这些活动被分离的基本原则是：①具有不同的经济性；②对产品差异化产生很大的潜在影响；③在成本中比例很大或所占比例在上升。当一些活动分解后对于揭示企业竞争优势的作用很明显，对这些活动的分解就非常重要；而当另一些活动被证明对竞争优势无足轻重或决定于相似的经济性，这些活动就没有必要分解，可以被组合起来。

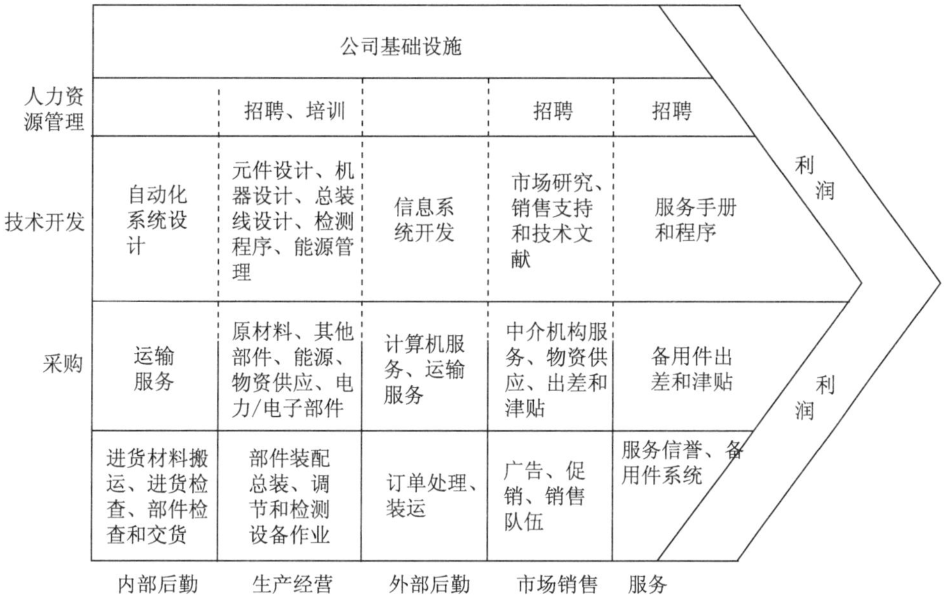

图 3 – 4　复印机生产企业的价值链

选择适当的类别以将某一活动归类需要进行判断。例如，订单处理过程可以作为外部后勤的一部分，也可作为市场营销的一部分来进行归类。对一个批发商而言，订单处理的作用更接近营销的一部分。同样，销售队伍也常发挥服务的职能。价值活动应分别列入能最好地反映它们对企业竞争优势贡献的类别中。例如，若订单处理是一个企业与其买方相互作用的一个方面，则它应被归在营销这一类别之下。同样，假如进货材料处理和发货材料处理用的是同一套设施和人员，那么二者就应该合并为同一价值活动并从其职能具有最大的竞争性影响的角度进行分类。此外，企业还可通过重新定义传统活动的角色获得竞争优势。例如，一家油田设备供应商将对买方的培训工作作为一种营销工具和增加转换成本的一种方法。

三、企业资源能力的价值链分析

价值链分析的关键是要认识企业不是机器、货币和人员的随机组合，如果不将这些资源有效地组织起来，保证生产出最终顾客认为有价值的产品或服务，那么这些资源将毫无价值。换句话说，价值活动和它们之间的联系是组织的竞争优势的源泉。因此，资源分析必须是一个从资源评估到对怎样使用这些资源的评估过程。资源使用的价值链分析要明确以下几点：

（1）确认那些支持企业竞争优势的关键性活动。虽然价值链的每项活动，包括基本活动和支持活动都是企业成功所必经的环节，但是，这些活动对组织竞争优势的影响是不同的。在关键价值活动的基础上建立和强化这种优势很可能获得成功。支持企业竞争优势的关键性活动，事实上就是企业的独特能力的一部分。

（2）明确价值链内各种活动之间的联系。价值链中基本活动之间、基本活动与支持活动之间以及支持活动之间存在各种联系，选择或构筑最佳的联系方式对于提高价值创造和战略能力是十分重要的。例如，在基本活动之间，保持高水平的存货会使生产安排变得容易，并且可以对顾客的需求作出快速反应，但会增加经营成本，因此，应该评估一下是存货增加的价值多还是增加的成本多。又如，传统的库存管理与 JIT（准时生产）反映了基本活动与支持活动之间不同的联系方式，前者只要求库存部门按照既定的订货费用、准备结束费用、存货费用、保险量等因素决定最佳库存量，而后者则将这些因素都作为可变的变量，因而将优化库存的过程变为优化整个生产管理的过程，这两种管理方式显然是企业基础设施（企业整体的控制系统）与企业基本生产经营活动不同的联系方式。

（3）明确价值系统内各项价值活动之间的联系。价值活动的联系不仅存在于企业价值链内部，而且存在于企业与企业的价值链之间。图3-5所示的价值系统内包括供应商、分销商和客户在内的各项价值活动之间的许多联系。例如，一个企业的采购和内部后勤活动与供应商的订单处理系统相互作用；同时，供应商的应用工程人员与企业的技术开发和生产人员之间也是可以协同工作的；供应商的产品特点以及它与企业价值链的其他接触点能够十分显著地影响企业的成本和产品差异（如供应商频繁的运输能降低企业库存的要求，供应商产品适当的包装能减少企业搬运费用，供应商对发货的检查能减少企业对产品进行检查的需要）。近年来，战略联盟的发展正是基于这一思路。例如，美国一些铝罐生产商把它们的生产工厂建在啤酒厂的附近，用顶端传输器直接传送到啤酒厂的装瓶线上，这样可为容器生产商和啤酒生产商节约生产安排、装运以及存货等费用。又如，在中国北京投资的北欧 N 公司的成功经营，带动了15家世界级零部件供应商于2002年年初进入北京"星网国际工业园"，实现"零库存"、"零运输"、"零包装"。

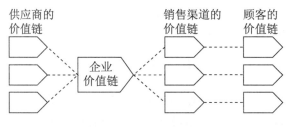

图3-5 价值体系

第三节　业务组合分析

价值链分析有助于对企业的能力进行考察，这种能力来源于独立的产品、服务或业务单位。但是，对于多元化经营的企业来说，还需要将企业的资源和能力作为一个整体来考虑。因此，企业战略能力分析的另一个重要部分就是对企业业务组合进行分析，保证业务组合的优化是企业战略管理的主要责任。业务组合分析的概念和方法产生于 20 世纪 60 年代末，由美国波士顿咨询公司、麦肯锡咨询公司以及一些专门从事战略规划设计的机构设计并采用。业务组合分析法主要用于对多业务、跨产业（也可以用于对多产品和多市场的组合分析）的企业进行业务选择的战略分析。恰当的业务组合能使企业有限的资源用于最能增加企业价值的方面。业务组合分析方法的具体种类较多，波士顿矩阵与通用矩阵分析就是企业业务组合分析的主要方法。

一、波士顿矩阵

（一）波士顿矩阵的概念

波士顿矩阵（BCG Matrix），又称市场增长率—相对市场份额矩阵、波士顿咨询集团法、四象限分析法、产品系列结构管理法等，是由美国著名的管理学家、波士顿咨询公司创始人布鲁斯·亨德森（Bruce Henderson）于 1970 年首创的一种用来分析和规划企业产品组合的方法。这种方法的核心在于，要解决如何使企业的产品品种及其结构适合市场需求的变化，只有这样，企业的生产才有意义。同时，如何将企业有限的资源有效地分配到合理的产品结构中去，以保证企业收益，是企业在激烈竞争中能否取胜的关键。

波士顿矩阵认为一般决定产品结构的基本因素有两个：市场引力与企业实力。市场引力包括市场增长率、目标市场容量、竞争对手强弱及利润高低等。其中最主要的是反映市场引力的综合指标——市场增长率，这是决定企业产品结构是否合理的外在因素。

企业实力包括企业市场占有率以及技术、设备、资金利用能力等，其中市场占有率是决定企业产品结构的内在要素，它直接显示出企业竞争实力。市场增长率与市场占有率既相互影响，又互为条件。市场引力大，市场占有率高可以显示产品发展的良好前景，企业也具备相应的适应能力，实力较强；如果仅有市场引力大，而没有相应的高市场占有率，则说明企业尚无足够实力，则该种产品也无法顺利发展。相反，企业实力强而市场引力小的产品也预示了该产品的市场前景不佳。

（二）波士顿矩阵的基本原理

波士顿矩阵将企业所有产品从市场增长率和企业市场占有率角度进行再组合。如

图 3 - 6 所示波士顿矩阵，纵轴表示市场增长率是指企业所在产业某项业务前后两年市场销售额增长的百分比。这一增长率表示每项经营业务所在市场的相对吸引力。通常用 10% 的平均增长率作为增长高、低的界限。横轴表示企业在产业中的相对市场占有率，是指以企业某项业务的市场份额与这个市场上最大的竞争对手的市场份额之比，这一市场占有率反映了企业在市场上的竞争地位。相对市场占有率的分界线为 1.0（在该点本企业的某项业务与该业务市场上最大竞争对手市场份额相等），划分为高、低两个区域。横轴之所以采用相对市场占有率而不用绝对市场占有率，是考虑到企业不同产品所在产业的集中度差异，绝对市场占有率不能够准确反映企业在该产业中实际的竞争地位。

图 3 - 6 中纵坐标与横坐标的交叉点表示企业的一项经营业务或产品，而圆圈面积的大小表示该业务或产品的收益与企业全部收益的比。

根据有关业务或产品的市场增长率和企业相对市场占有率标准，波士顿矩阵可以把企业全部的经营业务定位在四个区域中，分别为：

（1）高增长—强竞争地位的"明星"业务。这类业务处于迅速增长的市场，具有很大的市场份额。在企业的全部业务中，"明星"业务的增长和获利有着极好的长期机会，但它们是企业资源的主要消费者，需要大量的投资。为了保护和扩展"明星"业务在增长的市场上占主导地位，企业应在短期内优先供给他们所需的资源，支持它们继续发展。

"明星"业务适宜采用的战略是：积极扩大经济规模和市场机会，以长远利益为目标，"提高"市场占有率，加强竞争地位。明星业务的管理组织最好采用事业部形式，由对生产技术和销售两方面都很内行的经营者负责。

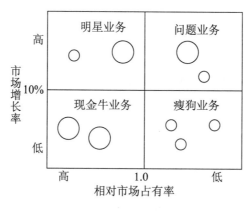

图 3 - 6　波士顿矩阵

（2）高增长—低竞争地位的"问题"业务。这类业务通常处于最差的现金流量状态。一方面，所在产业的市场增长率高，企业需要大量的投资支持其生产经营活动；另一方面，其相对市场占有率低，能够生成的资金很小。因此，企业对于"问题"业务的进一步投资需要进行分析，判断使其转移到"明星"业务所需的投资量，分析其未来盈利，研究是否值得投资等问题。

例如，在产品生命周期中处于引进期，因种种原因未能开拓市场局面的新产品即属此类问题的业务。对问题业务应采取选择性投资战略，即首先确定对该象限中那些经过改进可能会成为"明星"的业务进行重点投资，提高市场占有率，使之转变成"明星"业务；对其他将来有希望成为"明星"的业务，则在一段时期内采取扶持的对策。因此，对"问题"业务的改进与扶持方案一般均列入企业长期计划中。对问题产品的管理组织，最好是采取智囊团或项目组织等形式，选拔有规划能力、敢于冒风险、有才干的人负责。

（3）低增长—强竞争地位的"现金牛"业务。这类业务处于成熟的低速增长的市场中，市场地位有利，盈利率高，本身不需要投资，反而能为企业提供大量资金，用以支持其他业务的发展。对这一象限内的大多数产品，市场增长率的下跌已成不可阻挡之势，因此可采用收获战略，即所投入资源以达到短期收益最大化为限。①把设备投资和其他投资尽量压缩；②采用榨油式方法，争取在短时间内获取更多利润，为其他产品提供资金。对于这一象限内的市场增长率仍有所增长的业务，应进一步进行市场细分，维持现存市场增长率或延缓其下降速度。对于"现金牛"产品，适合于用事业部制进行管理，其经营者最好是市场营销型人物。

（4）低增长—弱竞争地位的"瘦狗"业务。这类业务处于饱和的市场当中，竞争激烈，可获利润很低，不能成为企业资金的来源。对这类产品应采用撤退战略：首先应减少批量，逐渐撤退，对那些还能自我维持的业务，应缩小经营范围，加强内部管理；而对那些市场增长率和企业市场占有率均极低的业务则应立即淘汰。其次是将剩余资源向其他产品转移。最后是整顿产品系列，最好将"瘦狗"产品与其他事业部合并，统一管理。

（三）波士顿矩阵的运用

在充分了解了四种业务的特点后，还需进一步明确各项业务单位在企业中的不同地位，从而进一步明确其战略目标。通常有四种战略目标分别适用于不同的业务。

（1）发展。以提高经营单位的相对市场占有率为目标，甚至不惜放弃短期收益。若"问题"业务想尽快成为"明星"业务，就要增加资金投入。

（2）保持。投资维持现状，目标是保持业务单位现有的市场占有率。对于较大的"现金牛"业务可以此为目标，以使它们产生更多的收益。

（3）收割。这种战略主要是为了获得短期收益，目标是在短期内尽可能地得到最大限度的现金收入：对处境不佳的"现金牛"业务、没有发展前途的"问题"业务和"瘦狗"业务，则视具体情况采取这种策略。

（4）放弃。目标在于清理和撤销某些业务，减轻负担，以便将有限的资源用于效益较高的业务。这种目标适用于无利可图的"瘦狗"业务和"问题"业务。一个企业必须对其业务加以调整，以使其投资组合趋于合理。

（四）波士顿矩阵的启示

波士顿矩阵有以下几方面重要的特点：

（1）波士顿矩阵是最早的组合分析方法之一，作为一个有价值的思想方法，被广泛运用在产业环境与企业内部条件的综合分析、多样化的组合分析、大企业发展的理论依据等。

（2）波士顿矩阵将企业不同的经营业务综合在一个矩阵中，具有简单明了的效果。

（3）波士顿矩阵指引了每个经营单位在竞争中的地位，使企业了解到它们的作用和任务，从而有选择和集中地运用企业有限的资金。每个经营业务单位也可以从矩阵中了解自己在总公司中的位置和可能的战略发展方向。

（4）波士顿矩阵还可以帮助企业推断竞争对手对相关业务的总体安排。其前提是竞争对手也使用波士顿矩阵的分析技巧。

（五）波士顿矩阵的局限性

企业把波士顿矩阵作为分析工具时，应该注意到它的局限性。

（1）在实践中，企业要确定各业务的市场增长率和相对市场占有率是比较困难的。

（2）波士顿矩阵过于简单。首先，它用市场增长率和企业相对占有率两个单一指标分别代表产业的吸引力和企业的竞争地位，不能全面反映这两方面的状况；其次，两个坐标各自的划分都只有两个，划分过粗。

（3）波士顿矩阵事实上暗含了一个假设：企业的市场份额与投资回报是成正比的。但在有些情况下这种假设可能是不成立或不全面的。一些市场占有率小的企业如果实施创新、差异化和市场细分等战略，仍能获得很高的利润。

（4）波士顿矩阵的另一个条件是，资金是企业的主要资源。但在许多企业内，要进行规划和均衡的重要资源不仅是现金，还有技术、时间和人员的创造力。

（5）波士顿矩阵在具体运用中有很多困难。例如，正确的应用组合计划会对企业的不同部分产生不同的目标和要求，这对许多管理人员来说是一个重要的文化变革，而这一文化变革往往是非常艰巨的过程；又如，按波士顿矩阵的安排，"现金牛"业务要为"问题"业务和"明星"业务的发展筹资，但如何保证企业内部的经营机制能够与之配合？谁愿意将自己费力获得的盈余被投资到其他业务中去？因此，有些学者提出，与其如此，自由竞争市场可能会更有效地配置资源。

二、通用矩阵

通用矩阵，又称行业吸引力矩阵，是美国通用电气公司设计的一种投资组合分析方法。

（一）通用矩阵的基本原理

通用矩阵改进了波士顿矩阵过于简化的不足。首先，在两个坐标轴上都增加了中间等级；其次，其纵轴用多个指标反映产业吸引力，横轴用多个指标反映企业竞争地位。这样，通用矩阵不仅适用于波士顿矩阵所能使用的范围，而且对不同需求、技术寿命周期曲线的各个阶段以及不同的竞争环境均可使用。9 个区域的划分，更好地说明了企业中处于不同地位经营业务的状态。通用矩阵如图 3 - 7 所示。

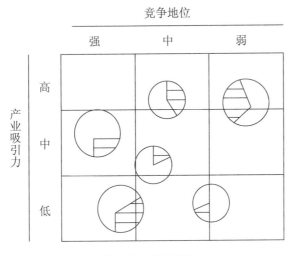

图 3 - 7　通用矩阵

在图 3 - 7 中，产业吸引力和竞争地位的值决定着企业某项业务在矩阵上的位置。矩阵中圆圈面积的大小与产业规模成正比，圈中扇形部分（画线部分）表示某项业务所占有的市场占有率。

影响产业吸引力的因素，有市场增长率、市场价格、市场规模、获利能力、市场结构、竞争结构、技术及社会政治因素等。评价产业吸引力的大致步骤是，首先根据每个因素的相对重要程度，定出各自的权数；然后根据产业状况定出产业吸引力因素的级数；最后用权数乘以级数，得出每个因素的加权数，并将各个因素的加权数汇总，即为整个产业吸引力的加权值。影响经营业务竞争地位的因素，有相对市场占有率、市场增长率、买方增长率、产品差别化、生产技术、生产能力、管理水平等。评估企业经营业务竞争地位的原理，与评估产业吸引力原理是相同的。

从矩阵图 9 个方格的分布来看，企业中处于左上方三个方格的业务最适于采取增长与发展战略，企业应优先分配资源；处于右下方三个方格的业务，一般就采取停止、转移、撤退战略；处于对角线三个方格的业务，应采取维持或有选择地发展的战略，保护原有的发展规模，同时调整其发展方向。

（二）通用矩阵的局限

通用矩阵虽然改进了波士顿矩阵过于简化的不足，但是也因此带来了自身的不足。

（1）用综合指标来测算产业吸引力和企业的竞争地位，这些指标在一个产业或一个企业的表现可能会产生不一致，评价结果也会由于指标权数分配的不准确而带来偏差。

（2）分划较细，对于多元化业务类型较多的大公司必要性不大，且需要更多数据，方法比较繁杂。

第四节　SWOT 分析

SWOT 分析是由美国哈佛商学院率先采用的一种经典的分析方法。它根据企业所拥有的资源，进一步分析企业内部的优势与劣势以及企业外部环境的机会与威胁，进而选择适当的战略。

一、SWOT 分析的基本原理

SWOT 分析是一种综合考虑企业内部条件和外部环境的各种因素，进行系统评价，从而选择最佳经营战略的方法。这里，S 是指企业内部的优势（Strengths），W 是指企业内部的劣势（Weakness），O 是指企业外部环境的机会（Opportunities），T 是指企业外部环境的威胁（Threats）。

企业内部的优势和劣势是相对于竞争对手而言的，一般表现在企业的资金、技术设备、员工素质、产品、市场、管理技能等方面。判断企业内部的优势和劣势一般有两项标准：一是单项的优势和劣势。例如，企业资金雄厚，则在资金上占优势；市场占有率低，则在市场上处于劣势。二是综合的优势和劣势。为了评估企业的综合优势和劣势，应选定一些重要因素，加以评价打分，然后根据其重要程度按加权平均法加以确定。

企业外部环境的机会是指环境中对企业有利的因素，如政府支持、高新技术的应用、良好的购买者和供应者关系等。企业外部环境的威胁是指环境中对企业不利的因素，如新竞争对手的出现、市场增长缓慢、购买者和供应者讨价还价能力增强、技术老化等。这是影响企业当前竞争地位或影响企业未来竞争地位的主要障碍。表 3 – 1 列示了 SWOT 分析的典型格式。

表 3 – 1　典型的 SWOT 分析格式

优　势	劣　势
企业专家所拥有的专业市场知识 对自然资源的独有进入性 专利权 新颖的、创新的产品或服务 企业地理位置优越 由于自主知识产权所获得的成本优势 质量流程与控制优势 品牌和声誉优势	缺乏市场知识与经验 无差别的产品和服务（与竞争对手比较） 企业地理位置较差 竞争对手进入分销渠道的优先地位 产品或服务质量低下 声誉败坏

续 表

机 会	威 胁
发展中国家新兴市场（如中国互联网） 并购、合资或战略联盟 进入具有吸引力的新的细分市场 新的国际市场 政府规则放宽 国际贸易壁垒消除 某一市场的领导者力量薄弱	企业所处的市场中出现新的竞争对手 价格战 竞争对手发明新颖的、创新性的替代产品或服务 政府颁布新的规则 出现新的贸易壁垒 针对企业产品或服务的潜在税务负担

二、SWOT 分析的应用

SWOT 分析根据企业的目标列出对企业生产经营活动及发展有着重大影响的内部及外部因素，并且根据所确定的标准对这些因素进行评价，从中判定出企业的优势与劣势、机会和威胁。

SWOT 分析是要使企业真正考虑到：为了更好地对新出现的产业和竞争环境作出反应，必须对企业的资源采取哪些调整行动；是否存在需要弥补的资源缺口；企业需要从哪些方面加强其资源；要建立企业未来的资源必须采取哪些行动；在分配公司资源时，哪些机会应该最先考虑。这就是说，SWOT 分析中最核心的部分是评价企业的优势和劣势、判断企业所面临的机会和威胁并作出决策，即在企业现有的内外部环境下，如何最优地运用自己的资源，并且考虑建立公司未来的资源。SWOT 分析如图 3-8 所示。

图 3-8　SWOT 分析

从图 3-8 中可以看出，第 Ⅰ 类型的企业具有很好的内部优势以及众多的外部机会，应当采取增长型战略，如开发市场、增加产量等。第 Ⅱ 类企业面临着巨大的外部机会，却受到内部劣势的限制，应采用扭转型战略，充分利用环境带来的机会，设法清除劣势。第 Ⅲ 类企业内部存在劣势，外部面临强大威胁，应采用防御型战略，进行业务调整，设法避开威胁和消除劣势。第 Ⅳ 类企业具有一定的内部优势，但外部环境存在威胁，应采取多种经营战略，利用自己的优势，在多样化经营上寻找长期发展的机会；或进一步增强自身竞争优势，以对抗竞争对手的威胁。

表3-2 一家电力企业对发展风能业务的SWOT分析

	机会（O） 国民经济持续增长形成的发展空间 良好的外部环境和政策前景 率先行动者的机遇优势、世界风电产业的发展经验 常规发电竞争力的减弱	威胁（T） 竞争对手的竞争优势 潜在进入者的加入 中小水电的替代压力 竞价上网的改革趋势 世界风电产业的快速发展引起与供应商砍价地位的降低
优势（S） 秉承集团公司的办电经验及良好客户关系 秉承集团公司的无形资源 全新公司的优势 规模化运作电力项目的整体能力集团公司的支持与实力	SO战略 抢占优质风电资源 规模化发展风电产业	ST战略 寻找有经验的国际战略合作伙伴 规模化发展风电产业 争取中小水电联动开发 规模化促进国产化
劣势（W） 风电产业开发经验不足 风电产业市场份额较小 风电价格呈下降趋势 风电储备资源不足	WO战略 寻找有经验的国际战略合作伙伴 尽早进入竞争对手公司尚未涉及的海上风力发电领域	WT战略 聘请有经验的风电专家 尽快培养并吸引风电人才 选择新型高效风机，尽快形成规模并积累经验

表3-2显示了一家电力企业对发展风能业务的SWOT分析，从表3-2可以看到，通过SWOT分析可以将企业战略分析过程中总结出的企业的优势与劣势、外部环境的机会与威胁转换为企业下一步的战略开发方向，SWOT分析成为战略分析与战略选择两个阶段的连接点。值得注意的是，上例中的几个不同的象限会出现相同的战略方向。例如，"规模化发展风电产业"既属于"SO"战略，又属于"ST"战略，即这一战略方向的选择是综合了S、O、T三个方向的因素得出的结果；又如，"寻找有经验的国际战略合作伙伴"既属于"ST"战略，又属于"WO"，即这一战略方向的选择是综合了S、W、O、T四个方向的因素得出的结果。事实上，企业在进行SWOT分析之后，对于转换出的战略方向还要进行总结和梳理，最终确定公司战略选择的主要方向。

思考题

1. 什么是价值链？其分析的目的是什么？

2. 什么情况下，可以将价值链分析法用于进行产业结构分析？

3. 波士顿矩阵分析法的优缺点是什么？

4. 通用矩阵分析法的应用条件是什么？

5. 简述SWOT分析的基本原理。

6. 结合某具体企业的情况，运用 SWOT 分析法，对该企业所面临的机遇与威胁、所具有的优势与劣势作出详细分析，并据此提出该企业的战略经营方向。

案例分析

达芙妮的内部能力分析

达芙妮国际控股有限公司原名为永恩国际集团有限公司，1990 年该公司预见未来中国优质鞋类市场具有庞大潜力，集团创立自有品牌"达芙妮"，制造及销售女装鞋类，成为中国最成功的国内品牌之一，自 1996 年以来连续多年荣获最畅销国内产品之荣衔。现时，"达芙妮"分为 D28 及 D18 两大系列，目标顾客分别为 20～45 岁及 15～30 岁之间的女性。

1995 年，集团正式在香港联合交易所有限公司主板上市。初期永恩集团采取批发为主的营销模式，但存在不少盲点，1996 年由批发改为自营店，至 2002 年直营店达 290 家、专卖店 453 家，仅上海就有 50 多家，成为达芙妮的主力战场。各大商场百货公司专柜则有 1000 多家，联销据点有 388 个，其余为买断型的代理商，中国大陆总计共有 1000 多个营销据点。

达芙妮的内部环境分析主要有四方面：达芙妮的企业资源、达芙妮的企业能力、达芙妮的价值链、达芙妮的核心竞争力。

1. 达芙妮的企业资源

达芙妮主要于中国从事制造及分销鞋类产品、服饰及配件业务。旗下主要品牌包括达芙妮、鞋柜、Arezzo（巴西著名女鞋品牌）、Sofft 及 Born。

达芙妮在有形资产方面拥有先进的生产流水线、现代化车间和设备、丰富的自然资源储存、吸引人的不动产地点、充足的资金、完备的资料信息；在无形资产方面，拥有优秀的品牌形象、良好的商业信用、积极进取的公司文化。

2. 达芙妮的企业能力

（1）拥有 20 年成功的品牌发展经验，10 多年来，全国同类产品市场销量第一的实力。

（2）拥有国内一流的连锁零售管理模式、优秀的团队及先进的 IT 软硬件设施。

（3）拥有长期快速发展的经营理念、管理能力及雄厚的资金实力。

（4）拥有引领时尚潮流的影响力及全类产品的研发实力。

（5）拥有先进的连锁物流配送保障体系。

（6）拥有科学及完善的经营分析和投资评估体系。

（7）拥有零售连锁经营管理的全方位支持保障体系。

（8）拥有坚持双赢的市场合作发展理念及未来发展的宏伟前景。

3. 达芙妮的企业价值链

价值链是由设计、生产、销售、交货等一系列创造价值的活动组成，鞋类企业的价值链延伸其实就是基本活动的价值增值。

（1）目前，达芙妮女鞋在国内拥有三个生产基地，大部分产品都是通过自己的生产基地生产。为了确保达到规模生产：每家达芙妮专卖店中 50% 的产品都由公司统一下单、统一生产，而另外 50% 产品可以由专卖店自主选择，以此确保各家专卖店的差异性。

（2）在设计环节，达芙妮没有像大部分女鞋企业那样通过买手采购外来设计，而是大部分依靠自己的设计团队。而且达芙妮女鞋的设计理念也是为了满足大规模生产的需求。达芙妮女鞋的设计理念有点类似于"模块化"的概念，其绝大多数以"基本款"为主，流行或时尚元素不多，大部分女鞋的模具可以通用，只是通过在鞋面上增加一些小配饰或不同的设计来满足差异化。这种设计思路使达芙妮女鞋可以将物料利用率大大提高，保证了达芙妮在"平价"策略之下依然可以获得行业认可的利润率。

（3）与走高端路线的百丽不同，陈英杰对达芙妮的定位是大众流行。主要体现在价位上，目前达芙妮女鞋的均价在 200～300 元，而百丽几乎是达芙妮的 1 倍。达芙妮将重点放在自己的专卖店上。

目前，达芙妮每年有超过 2000 万双女鞋的销量，这让它成为国内市场销量最大的女鞋品牌。而且在女鞋行业，达芙妮是为数不多拥有从制造、设计到终端销售整条产业链的企业，而这条完整的产业链支撑达芙妮女鞋的平价策略。

4. 达芙妮的核心竞争力

达芙妮的企业核心竞争力之一：尤其是在二、三线甚至更低一级的市场，达芙妮的街铺渠道成为吸引诸如 Nike、Adidas 等高端品牌往下渗透时的重要因素。有分析师认为，以街铺为主的销售渠道是达芙妮的核心竞争力之一。达芙妮多年来坚持做大众市场，这恰恰是百丽、星期六等走中高端路线的品牌覆盖不足的地方。

达芙妮的企业核心竞争力之二："乡村包围都市"的攻略。达芙妮在中国经营的组织架构为：总公司——分公司——专卖店。其中，总公司制定达芙妮在拿中国的拓展策略，制订公司年度工作计划，成本控制方案、分公司事务管理规范，分公司负责执行总公司的战略，对专卖店、专卖店人员实施管理。

达芙妮的企业核心竞争力之三：营销方式多管齐下。达芙妮实行多管齐下的营销方式，包括代销联营、个体户代理或买断及专卖店等。以专卖店为例，可分为直营与特许两种。直营连锁店减少了产品在流通过程中的环节，提高了利润。而且作为形象展示，特别是旗舰店的形象展示很有说服力和参考性，能有效显示公司的实力，提供形象规范。

资料来源：百度文库

（1）结合本案例材料，说明企业在制定战略时，如何进行内部环境分析？

（2）企业通过内部环境分析，发现了哪些优势与劣势？企业如何扬长避短？

（3）结合案例，谈谈企业外部环境分析的必要性。

第四章 战略选择

本章重点掌握的内容包括：

1. 总体战略的类型及选择；
2. 并购的类型、并购的动机和并购失败的原因；
3. 企业采取内部发展的动因、缺点及应用条件；
4. 战略联盟的基本特征、形成的动因及主要类型；
5. 业务单位战略的类型、优势、实施条件和可能面临的风险；
6. 基本战略的综合分析——"战略钟"的相关内容；
7. 七大职能战略的主要内容及选择（重点关注市场营销、生产运营、财务管理和信息战略）；
8. 企业国际化经营的动因、钻石模型分析、国际市场进入模式和国际化经营的战略类型。

  战略管理是战略分析、战略选择和战略实施三个部分相互联系而构成的一个循环。在进行了战略内外部环境分析之后，就进入战略选择阶段。图4-1显示了企业三个层次战略具体的战略开发方向。

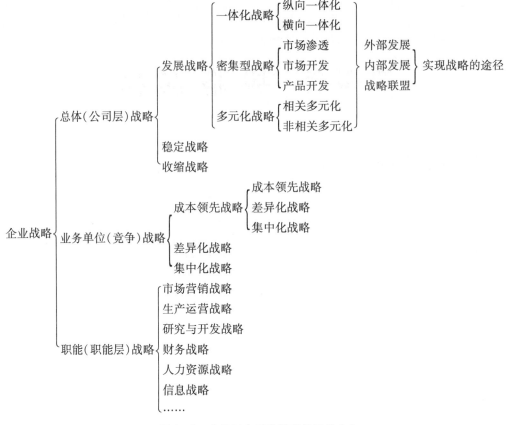

图 4-1　企业三个层次战略的开发方向

第一节　公司层战略

　　公司层战略（总体战略）是企业最高层次的战略。它需要根据企业的目标，选择企业可以竞争的经营领域，合理配置企业经营所必需的资源，使各项经营业务相互支持、相互协调。公司战略常常涉及整个企业的财务结构和组织结构方面的问题。

一、总体战略的主要类型

　　企业总体战略的主要类型可分为三大类：发展战略、稳定战略和收缩战略。

　　（一）发展战略

　　企业发展战略强调充分利用外部环境的机会，充分发掘企业内部的优势资源，以求得企业在现有的战略基础上向更高一级的方向发展。发展战略主要包括三种基本类型：一体化战略、密集型战略和多元化战略。

1. 一体化战略

一体化战略是指企业对具有优势和增长潜力的产品或业务，沿其经营链条的纵向或横向延展业务的深度和广度，扩大经营规模，实现企业成长。一体化战略按照业务拓展的方向可以分为纵向一体化和横向一体化。

（1）纵向一体化战略。纵向一体化战略是指企业沿着产品或业务链向前或向后，延伸和扩展企业现有业务的战略。从理论上分析，企业采用纵向一体化战略有利于节约与上、下游企业在市场上进行购买或销售的交易成本，控制稀缺资源，保证关键投入的质量或者获得新客户。不过，企业一体化也会增加企业的内部管理成本，企业规模并不是越大越好。纵向一体化战略可以分为前向一体化战略和后向一体化战略。

前向一体化战略是指获得分销商或零售商的所有权或加强对他们的控制权的战略。前向一体化战略通过控制销售过程和渠道，有利于企业控制和掌握市场，增强对消费者需求变化的敏感性，提高企业产品的市场适应性和竞争力。

前向一体化战略的主要适用条件包括：①企业现有销售商的销售成本较高或者可靠性较差而难以满足企业的销售需要；②企业所在产业的增长潜力较大；③企业具备前向一体化所需的资金、人力资源等；④销售环节的利润率较高。

后向一体化战略是指获得供应商的所有权或加强对其控制权。后向一体化有利于企业有效控制关键原材料等投入的成本、质量及供应可靠性，确保企业生产经营活动稳步进行。后向一体化战略在汽车、钢铁等产业采用得较多。后向一体化战略主要适用条件包括：①企业现有的供应商供应成本较高或者可靠性较差而难以满足企业对原材料、零件等的需求；②供应商数量较少而需求方竞争者众多；③企业所在产业的增长潜力较大，企业具备后向一体化所需的资金、人力资源等；④供应环节的利润率较高；⑤企业产品价格的稳定对企业而言十分关键，后向一体化有利于控制原材料成本，从而确保产品价格的稳定。

企业采用纵向一体化战略的主要风险包括：①不熟悉新业务领域所带来的风险；②纵向一体化，尤其是后向一体化，一般涉及的投资数额较大且资产专用性较强，增加了企业在该产业的退出成本。

（2）横向一体化战略。横向一体化战略是指企业收购、兼并或联合竞争企业的战略。企业采用横向一体化战略的主要目的是减少竞争压力、实现规模经济和增强自身实力以获取竞争优势。

在下列情形中，比较适宜采用横向一体化战略：①企业所在产业竞争较为激烈；②企业所在产业的规模经济较为显著；③企业的横向一体化符合反垄断法律法规，能够在局部地区获得一定的垄断地位；④企业所在产业的增长潜力较大；⑤企业具备横向一体化所需的资金、人力资源等。

2. 密集型战略

研究企业密集型战略的基本框架，是安索夫（Ansoff H. I.）的"产品—市场战略组合"矩阵，见表4-1。

表4-1 产品与市场战略组合

		产品	
		现有产品	新产品
市场	现有市场	市场渗透：在单一市场，依靠单一产品，目的在于大幅度增加市场占有率	产品开发：在现有市场上推出新产品；延长产品寿命周期
	新市场	市场开发：将现有产品推销到新地区；在现有实力、技能和能力基础上发展，改变销售和广告方式	多元化：相关多元化；非相关多元化

（1）市场渗透——现有产品和现有市场。彼德斯（Peter T. J.）和沃特曼（Waterman R. H.）把这种集中战略称为"坚守阵地"，这种战略强调发展单一产品，试图通过更强的营销手段而获得更大的市场占有率。

市场渗透战略的基础是增加现有产品或服务的市场份额，或增加正在现有市场中经营的业务。它的目标是通过各种方法来增加产品的使用频率。增长方法有以下几种：①扩大市场份额，这个方法特别适用于整体正在成长的市场。企业可以通过提供折扣或增加广告来增加在现有市场中的销售额；改进销售和分销方式来提高所提供的服务水平；改进产品或包装来提高和加强其对消费者的吸引力并降低成本。②开发小众市场，目标使在行业里面一系列目标小众市场中获得增长，从而扩大总的市场份额。如果与竞争对手相比企业的规模较小，那么这种方法尤为适用。③保持市场份额，特别是当市场发生衰退时，保持市场份额具有重要意义。企业运用市场渗透政策的难易程度取决于市场的性质及竞争对手的市场地位。当整个市场正在增长时，拥有少量市场份额的企业提高质量和生产力并增加市场活动可能比较容易，而当市场处于停滞状态时，则比较难。经验曲线效应使企业很难向成熟市场渗透，在成熟市场中领先企业的成本结构会阻止拥有少量市场份额的竞争对手进入市场。

市场渗透战略主要适用于以下情况：①当整个市场正在增长，或可能受某些因素影响而产生增长时，企业要进入该市场可能会比较容易，那些想要取得市场份额的企业能够以较快的速度达成目标。相反，向停滞或衰退的市场渗透可能会难得多。②如果一家企业决定将利益局限在现有产品或市场领域，即使在整个市场衰退时也不允许销售额下降，那么企业可能必须采取市场渗透战略。③如果其他企业由于各种原因离开了市场，市场渗透战略可能是比较容易成功的。④企业拥有强大的市场地位，并且能够利用经验和能力来获得强有力的独特竞争优势，那么向新市场渗透是比较容易的。⑤市场渗透战略对应的风险较低、高级管理者参与度较高，且需要的投资相对较低的时候，市场渗透策略也会比较适用。

（2）市场开发——现有产品和新市场。市场开发战略是指将现有产品或服务打入新市场的战略。既可以是进入国内其他地区，也可以是进入国际市场。实施市场开发战略的主要途径包括开辟其他区域市场和细分市场。采用市场开发战略可能有几个原因：①企业发现现有产品生产过程的性质导致难以转而生产全新的产品，因此他们希望能开发其他市场。②市场开发往往与产品开发结合在一起，例如，将工业用的地板或地毯清洁设备做得更小、更轻，这样可以将其引入到民用市场。③现有市场或细分市场已经饱和，这可能会导致竞争对手去寻找新的市场。

市场开发战略主要适用于以下几种情况：①存在未开发或未饱和的市场；②可得到新的、可靠的、经济的和高质量的销售渠道；③企业在现有经营领域十分成功；④企业拥有扩大经营所需的资金和人力资源；⑤企业存在过剩的生产能力；⑥企业的主业属于正在迅速全球化的产业。

（3）产品开发——新产品和现有市场。这种战略是在原有市场上，通过技术改进与开发研制新产品。这种战略可以延长产品的寿命周期，提高产品的差异化程度，满足市场新的需求，从而改善企业的竞争地位。

拥有特定细分市场、综合性不强的产品或服务范围窄小的企业可能会采用这一战略。产品开发战略有利于企业利用现有产品的声誉和商标，吸引用户购买新产品。另外，产品开发战略是对现有产品进行改进，对现有市场较为了解，产品开发的针对性较强，因而较易取得成功，可采用多种方法来达成这个战略。例如，提供不同尺寸和不同颜色的产品，使用不同包装形式将产品分装在罐头和瓶子中。

产品开发战略比较富有挑战性，这是因为它通常要求企业致力于对产品进行强有力的研究与开发。这可能是由产品的本质或市场的需求决定的，例如，在技术较复杂的市场中，产品（如计算机）的寿命周期较短，或者是因为产品必须要更具特色所迫使的。消费者对供应商会实施潜在的压力，要求企业在正常经营范围内提供丰富多样的产品或服务，这样便会促使企业去开发新的产品。由于消费者有许多选择空间，企业通常很难抵抗这种压力。

开发新产品可能会极具风险，特别是当新产品投放到新市场中时。这一点也会导致该战略实施起来有难度。尽管该战略明显带有风险，但是企业仍然有以下合理的原因采用该战略：①充分利用企业对市场的了解；②保持相对于竞争对手的领先地位；③从现有产品组合的不足中寻求新的机会；④使企业能继续在现有市场中保持安全的地位。

产品开发战略适用于以下几种情况：①企业产品具有较高的市场信誉度和顾客满意度；②企业所在产业属于适宜创新的高速发展的高新技术产业；③企业所在产业正处于高速增长阶段；④企业具有较强的研究与开发能力；⑤主要竞争对手以类似价格提供更高质量的产品。

新产品开发能有效地帮助企业发展，这是因为在大多数情况下，营销成功来源于对市场进行预测而不是仅仅对消费者的变化作出反应。真正的企业家会促使变化发生，创造需求。但是，不一定仅仅是对全新产品的开发，还包括对现有产品进行小小地改变（例如，将饮料产品改为无糖的、无咖啡因的）和升级等技巧。

（4）多元化——新产品和新市场。这是新产品与新市场结合的结果。又可分为相关多样化和不相关多样化。这一战略方向可以归类为发展战略的另一种战略类型，可以理解为不同的战略分析模型殊途同归的结果。

3. 多元化战略

多元化战略指企业进入与现有产品和市场不同的领域。企业从擅长的领域退出可能需要进行激烈的思想斗争。但是安索夫认为："在任何经营环境中，没有一家企业可以认为自身能够不受产品过时和需求枯竭的影响。"这个观点得到了许多人的认同。由于市场变化如此迅速，企业必须持续地调查市场环境以寻找多元化的机会。

当现有产品或市场不存在期望的增长空间时（例如，受到地理条件限制、市场规模有限或竞争太过激烈），企业经常会考虑多元化战略。但是，有些人认为多元化从本质上来说是一个消极的战略，多元化总是在逃避某些问题。它表明企业只是对整个企业所发生的不良事件作出反应。不管怎样，多元化已经成为企业日益常见的战略选择。

采用多元化战略有以下三大原因：①在现有产品或市场中持续经营并不能达到目标。这一点可通过差距分析来予以证明。当前产业令人不满，原因可能是产品衰退而导致回报率低，或同一领域中的技术创新机会很少，或产业缺少灵活性。②企业以前由于在现有产品或市场中成功经营而保留下来的资金超过了其在现有产品或市场中的财务扩张所需要的资金。③与在现有产品或市场中的扩张相比，多元化战略意味着更高的利润。

多元化战略又可以分为两种：相关多元化和非相关多元化。

（1）相关多元化。相关多元化也称同心多元化，是指企业以现有业务或市场为基础进入相关产业或市场的战略。相关多元化的相关性可以是产品、生产技术、管理技能、营销渠道、营销技能以及用户等方面的类似。采用相关多元化战略，有利于企业利用原有产业的产品知识、制造能力、营销渠道、营销技能等优势来获取融合优势，即两种业务或两个市场同时经营的盈利能力大于各自经营时的盈利能力之和。当企业在产业或市场内具有较强的竞争优势，而该产业或市场成长性或吸引力逐渐下降时，比较适宜采用同心多元化战略。

（2）非相关多元化。非相关多元化也称离心多元化，是指企业进入与当前产业和市场均不相关的领域的战略。如果企业当前产业或市场缺乏吸引力，而企业也不具备较强的能力和技能转向相关产品或市场，较为现实的选择就是采用非相关多元化战略。采用非相关多元化战略的主要目标不是利用产品、技术、营销渠道等方面的共同性，而是从财务上考虑平衡现金流或者获取新的利润增长点，规避产业或市场的发展风险。

企业采用多元化战略具有以下优点：①分散风险，当现有产品及市场失败时，新产品或新市场能为企业提供保护。②能更容易地从资本市场中获得融资。③在企业无法增长的情况下找到新的增长点。④利用未被充分利用的资源。⑤运用盈余资金。⑥获得资金或其他财务利益，例如累计税项亏损。⑦运用企业在某个产业或某个市场中的形象和声誉来进入另一个产业或市场，而在另一个产业或市场中要取得成功，企业形象和声誉是至关重要的。

但是，企业必须充分认识实施多元化战略的风险：

①来自原有经营产业的风险。企业资源总是有限的，多元化经营往往意味着原有

经营的产业要受到削弱。这种削弱不仅是资金方面的，管理层注意力的分散也是一个方面。

② 市场整体风险。市场经济中的广泛相互关联性决定了多元化经营的各产业仍面临共同的风险。在宏观力量的冲击之下，企业多元化经营的资源分散反而加大了风险。例如，一家产品出口公司通过多元化经营扩大业务规模，然而在面临金融危机冲击的条件下，这家公司却难以在各个经营业务中与最强硬的对手展开竞争，最终落得被各个击破的下场。

③ 产业进入风险。企业在进入新产业之后还必须不断地注入后续资源，去学习这个行业并培养自己的员工队伍，塑造企业品牌。另外，产业的竞争态势是不断变化的，竞争者的策略也是一个未知数，企业必须相应地不断调整自己的经营策略。

④ 产业退出风险。如果企业深陷一个错误的投资项目却无法做到全身而退，那么可能导致企业全军覆没。一个设计良好的经营退出渠道能有效地降低多元化经营风险。例如，某公司当初看好卫星通信业务而发起了"铱星"计划，当最后"铱星"负债数十亿美元而陨落时，该公司却因一开始就将"铱星"项目注册为独立的实体而只承受了有限的责任和损失。

⑤ 内部经营整合风险。新投资的业务会通过财务流、物流、决策流、人事流给企业以及企业的既有产业经营带来全面的影响。不同的业务有不同的业务流程和不同的市场模式，因而，对企业的管理机制有不同的要求。企业作为一个整体，必须把不同业务对其管理机制的要求以某种形式融合在一起。多元化经营多重目标和企业有限资源之间的冲突，使这种管理机制上的融合更为困难，使企业多元化经营的战略目标最终由于内部冲突而无法实现。例如，某品牌的快餐和可乐多元化经营就面临着两个业务在资金、人力资源等方面的冲突，最终只好成立两个公司独立经营。当企业通过并购方式进行多元化经营的时候还会面临一种风险，那就是不同企业文化是否能够成功融合的风险。

（二）稳定战略

稳定战略又称为维持战略，是指限于经营环境和内部条件，企业在战略期所期望达到的经营状况基本保持在战略起点的范围和水平上的战略。采用稳定战略的企业不需要改变自己的使命和目标，企业只需要集中资源于原有的经营范围和产品，以增加其竞争优势。

稳定战略适用于对战略期环境的预测变化不大，而企业在前期经营相当成功的企业。采用这种战略的风险比较小，企业可以充分利用原有生产经营领域中的各种资源；减少开发新产品和新市场所必需的巨大资金投入和开发风险；避免资源重新配置和组合的成本；防止由于发展过快、过急造成的失衡状态。

但是，采用稳定战略也有一定的风险。一旦企业外部环境发生较大变动，企业战略目标、外部环境、企业实力三者之间就会失去平衡，将会使企业陷入困境。稳定战略还容易使企业减弱风险意识，甚至会形成惧怕风险、回避风险的企业文化，降低企业对风险的敏感性和适应性。

（三）收缩战略

收缩战略也称为撤退战略，是在那些没有发展或者发展潜力很渺茫的企业应该采取的战略。

1. 采用收缩战略的原因

企业采用收缩战略的原因有多种，大致可分为主动和被动两大类。

（1）主动原因。①大企业战略重组的需要。波士顿矩阵就是大企业战略重组的依据。为了筹措资本营运所需资金、改善企业投资回报率等原因，大型企业可能会重新调整业务组合。例如，2006年开始，美国D汽车公司进行重大战略调整，确定从战略扩张改为战略收缩，专注于北美市场，专注于其自有核心品牌，此即为大D计划。②小企业的短期行为。一些小型企业家具体目标是"赚100万"就罢休。当目标基本达到后，就不愿再去承受继续经营的代价与风险。

（2）被动原因。①外部原因。产业走下坡路。由于多种原因，如整体经济形势、产业周期、技术变化、社会价值观或时尚的变化、市场的饱和、竞争行为等，导致整个产业市场容量下跌。例如，2004年开始，印刷机产业处于波谷期，德国H印刷机公司不得不实施"瘦身"计划，逐步将数码、印前、印后等业务出让给其他公司。②企业（或企业某业务）失去竞争优势。由于企业内部经营机制不顺、决策失误、管理不善等原因，企业在其业务市场难以为继，不得不采用防御措施。

2. 收缩战略的方式

（1）紧缩与集中战略。紧缩与集中战略往往集中于短期效益，主要涉及采取补救措施制止利润下滑，以期立即产生效果。具体做法有：①机制变革。包括：调整管理层领导班子；重新制定新的政策和管理控制系统，以改善激励机制与约束机制等。②财政和财务战略。如引进和建立有效的财务控制系统，严格控制现金流量；与关键的债权人协商，重新签订偿还协议，甚至把需要偿付的利息和本金转换成其他的财务证券（如把贷款转换成普通股或可转换优先股）等。③削减成本战略。如削减人工成本、材料成本、管理费用、分部和职能部门的规模，以及削减资产（内部放弃或改租、售后回租）等。

面对金融危机带来的经营困难，很多企业也不同程度地采用了上述手段。例如，为了削减人工成本，一些企业实行高层管理人员减薪而尽可能少减员的措施，以达到稳定员工队伍，团结一致渡过难关之功效。

（2）转向战略。转向战略更多地涉及企业的整个经营能力的改变。具体做法有：①重新定位或调整现有的产品和服务。例如，当美国次贷危机导致的国际金融危机开始影响欧美、日本等一些发达国家和地区市场的时候，D表业公司决策层敏锐地察觉到国际金融市场的动荡很可能会影响到国际手表市场的消费能力，果断地对产品进行了重新定位，调整产品结构，将中高档表壳产量由占整个生产总量的60%调整到80%。其结果尽管总产量稍有降低，但D表业公司的总产值却上升了20%。②调整营销策略，在价格、广告、渠道等环节推出新的举措。如在改善产品包装后提高产品价格，以增加收入；加强销售攻势和广告宣传等。例如，为了应对金融危机，一些跨国公司加强了对"低收入群体"的营销策略研究；又如，欧美国家一些品牌服装在金融危机中大幅度调整价格。

（3）放弃战略。放弃战略涉及企业（或子公司）产权的变更，与前面两种战略相比，是比较彻底的撤退方式。表4-2说明了放弃战略的类型。

表4-2　放弃战略的类型

类型	所有权的终止	相对频繁性	新的所有权形式
特许经营	全部；有限期	经常	子公司或独立机构
分包	全部；但仍保留贸易关系	经常	子公司
卖断	全部；往往是永久性的	小规模卖断经常发生，属一系列行动中的一部分；大规模卖断往往是危机的表现	子公司
管理层与杠杆收购	全部；永久性，母公司可能拥有股权	小规模——经常性，大规模——英国和美国常用	独立机构
拆产为股/分拆	分离而不是终止所有权，可能带来所有权的稀释，通常是永久性的	小规模——经常性，尤其是高科技企业经常发生，由管理层购入股权	准独立机构
资产互换与战略贸易	全部；保持了母公司的规模，只涉及资产	不常见，因反托拉斯导致小规模资产互换，大规模的资产互换多是自愿的	子公司

①特许经营。这种方式是指企业卖给被特许经营企业以有限权利，而收取一次性付清的费用。被特许经营企业可以使用特许经营企业的商标品牌，但要严格遵守许可方的经营规定。企业国际化经营战略中也包括这种方式。②分包。这种方式是指公司采用招标的方式让其他公司生产本公司的某种产品或者经营本公司的某种业务。与特许经营方式的不同之处在于，卖方出售了自己的一部分业务，要求买方在一个具体的时间内，按一定的价格向卖方提供一定数量的产品或服务。这样，买方在合同的期限内处于一种垄断地位。公司可以将不宜内部开拓的一部分业务转移给他人经营，但仍维持原先的拥有权。③卖断。指母公司将其中的业务单位卖给另外一家企业，从而断绝一切关系。实现产权的彻底转移。④管理层与杠杆收购。即一家公司把大部分业务卖给它的管理层或者是另外一家财团，母公司可以在短期或者中期保留股权。对于买者来说，这就相当于延迟付款。⑤拆产为股/分拆。这里不存在即时和全部的所有股的转变。母公司的一部分变成了战略性的法人实体，以多元持股的形式形成子公司的所有权。母公司的股东仍然在很大程度上控制着这部分企业。与母公司脱离的子公司可以看成是准独立机构。⑥资产互换与战略贸易。在这种情况下，所有权的转让是通过

企业之间交换资产来实现的。这要在两个公司之间达成一种匹配，卖方公司和买方公司要能够接受相互的资产。这种做法在上市公司中常见。如母公司与上市子公司之间互换资产，以提高上市公司的股票价值；而一些通过"借壳"、"买壳"方式上市的公司都必然存在资产互换，将"壳公司"的不良资产置换成本公司的优良资产。

3. 收缩战略的困难

收缩战略对企业主管来说，是一项非常困难的决策。困难主要来自以下两个方面。

（1）对企业或业务状况的判断。收缩战略决策效果如何，取决于对公司或业务状况判断的准确程度。而这又是一项难度很大的工作。汤普森（Thompson J. L.）于1989年提出了一个详尽的清单，这一清单对于增强对企业或业务状况判断的能力会有一定帮助。①分析企业产品所处的寿命周期以及今后利润和发展趋势。②分析产品或者单位的当前市场状况，以及竞争优势的机会。③识别空下来的资源应如何运用。④寻找一个愿出合理价格的买主。⑤放弃一部分获利的业务或者一些经营活动，从而提供资金投资在其他可能获利较大的业务是否值得。⑥关于成本问题。关闭一家企业或者一家工厂，是否比在微利下仍然维持运转合算？特别是，退出的障碍是否较大，而成本高昂？⑦准备放弃的那部分业务在整个公司中所起的作用和协同优势。⑧用其他产品和服务来满足现有顾客需求的机会。⑨企业降低分散经营的程度所带来的有形和无形的效益。⑩寻找合适的买主。应否公开寻找买主？如何审查买主？应留意买主是否会因购入企业的业务而对企业余下业务构成竞争威胁。

（2）退出障碍。波特在《竞争战略》一书中阐述了几种主要的退出障碍：①固定资产的专用性程度。当资产涉及具体业务或地点的专用性程度较高时，就会使其清算价值低，或者转移及转换成本高，从而难以退出现有产业。例如，烟草制造业生产能力大大过剩，但大量低效益的小型烟厂仍在维持生产。其中，烟机的专用性程度高是一个很重要的原因。②退出成本。退出成本包括劳工协议、重新安置的成本、备件维修能力等。例如，在我国的国有企业开始退出某些领域时，对于多余的人员，一些企业采用"买断"方式，即按工龄给予员工一定的补偿，从而终结原企业与员工的劳动合同。如果这些成本过高，会加大退出障碍。③内部战略联系。这是指企业内某经营单位与公司其他单位在市场形象、市场营销能力、利用金融市场及设施共用等方面的内部相互联系。这些因素使公司认为留在该产业中具有战略重要性。例如，一个公司下属的金融公司往往由于与其他公司的债权债务关系很难迅速撤出。④感情障碍。企业在制定退出战略时，会引发一些管理人员和员工的抵触情绪，因为企业的退出往往使这些人员的利益受到伤害。⑤政府与社会约束。政府考虑到失业问题和对地区经济的影响，有时会出面反对或劝阻企业轻易退出的决策。

美国学者格鲁克（Glueck）对美国358位经理在45年中的战略选择进行详细分析后，将企业各种战略的使用频率进行了统计，结果为：发展战略54%；稳定战略9.2%；收缩战略7.5%；综合型或其他战略28.7%。影响企业战略方向选择的因素很多，图4-2"企业总体战略选择图"从外部环境和企业自身能力综合分析的角度简要地分析了企业战略方向选择的依据。

图4－2　企业总体战略选择图

二、发展战略的主要途径

公司总体战略有三种类型——发展战略、稳定战略、收缩战略，实施发展战略的又可以采用不同的途径。

（一）发展战略可选择的途径

发展战略一般可以采用三种途径，即外部发展（并购）、内部发展（新建）与战略联盟。

1. 外部发展（并购）

外部发展是指企业通过取得外部经营资源谋求发展的战略。外部发展的狭义内涵是购并，购并包括收购与合并，收购指一个企业（收购者）收购和吸纳了另一个企业（被收购者）的业务。合并指同等企业之间的重新组合，新成立的企业常常使用新的名称。

2. 内部发展（新建）

内部发展指企业利用自身内部资源谋求发展的战略。内部发展的狭义内涵是新建，新建与购并相对应，是指建立一个新的企业。

3. 战略联盟

战略联盟是指两个或两个以上经营实体之间为了达到某种战略目的而建立的一种合作关系。合并或兼并就意味着战略联盟的结束。从交易费用经济学角度看，并购方式的实质是运用"统一规制"方式实现企业一体化，即以企业组织形态取代市场组织形态；而新建方式的实质则是运用"市场规制"实现企业的市场交易，即以市场组织形态取代企业组织形态。而企业战略联盟是这两种组织形态中的一种中间形态。

（二）并购战略

1. 并购的类型

企业并购有许多具体形式，这些形式可以从不同的角度加以分类。

（1）按并购双方所处的产业分类。按并购方与被并购方所处的产业相同与否，可以分为横向并购、纵向并购和多元化并购三种。这种分类实际上是对前面所阐述的发展战略的两种类型：一体化战略和多元化战略实施途径选择的阐述，而这两种战略类型也都可以采用新建的方式实现。①横向并购是指并购方与被并购方处于同一产业。横向并购可以消除重复设施，提供系列产品或服务，实现优势互补，扩大市场份额。例如，一家外资的饮料企业，计划收购中国另一家大型饮料企业，这属于一个横向并购的方案。②纵向并购是指在经营对象上有密切联系，但处于不同产销阶段的企业之间的并购。按照产品实体流动的方向，纵向并购又可分为目前向并购与后向并购。前向并购是指沿着产品实体流动方向所发生的并购，如产品原料生产企业并购加工企业或销售商或最终客户，或加工企业并购销售企业等；后向并购是指沿着产品实体流动的反向所发生的并购，如加工企业并购原料供应商，或销售企业并购原料供应企业或加工企业等。例如，一家汽车制造商并购一家出租汽车公司是一个纵向并购的例子。③多元化并购是指处于不同产业、在经营上也无密切联系的企业之间的并购。例如，一家生产家用电器的企业收购一家旅行社，这属于多元化并购。

（2）按被并购方的态度分类。按被并购方对并购所持态度不同，可分为友善并购和敌意并购。①友善并购，通常是指并购方与被并购方通过友好协商确定并购条件，在双方意见基本一致的情况下实现产权转让的一类并购。此种并购一般先由并购方选择被并购方，并主动与对方的管理当局接洽，商讨并购事宜。经过双方充分磋商签订并购协议，履行必要的手续后完成并购。在某些时候，也有被并购方主动请求并购方接管本企业的情形。②敌意并购又叫恶意并购，通常是指当友好协商遭到拒绝后，并购方不顾被并购方的意愿采取强制手段，强行收购对方企业的一类并购。敌意并购也可能采取不与被并购方进行任何接触，而在股票市场上收购被并购方股票，从而实现对被并购方控股或兼并的形式。由于种种原因，并购往往不能通过友好协商达成协议，被并购方从自身的利益出发，拒不接受并购方的并购条件，并可能采取一切抵制并购的措施加以反抗。在这种情形下，"敌意并购"就有可能发生。

（3）按并购方的身份分类。按照并购方的不同身份，可以分为产业资本并购和金融资本并购。①产业资本并购，一般由非金融企业进行，即非金融企业作为并购方，通过一定程序和渠道取得目标企业全部或部分资产所有权的并购行为。并购的具体过程是从证券市场上取得目标企业的股权证券，或者向目标企业直接投资，以便分享目标企业的产业利润。正因为如此，产业资本并购表现出针锋相对、寸利必争的态势，谈判时间长，条件苛刻。②金融资本并购，一般由投资银行或非银行金融机构（如金融投资企业、私募基金、风险投资基金等）进行。金融资本并购有两种形式：一种是金融资本直接与目标资本谈判，以一定的条件购买目标企业的所有权，或当目标企业增资扩股时，以一定的价格购买其股权；另一种是由金融资本在证券市场上收购目标企业的股票从而达到控股的目的。金融资本与产业资本不同，它是一种寄生性资本，既无先进技术，也无须直接管理收购目标。金融资本一般并不以谋求产业利润为首要目的，而是靠购入然后售出企业的所有权来获得投资利润。因此，金融资本并购具有较大的风险性。

（4）按收购资金来源分类。按收购资金来源渠道的不同，可分为杠杆收购和非杠杆收购。无论以何种形式实现企业收购，收购方总要为取得目标企业的部分或全部所有权而支出大笔的资金。收购方在实施企业收购时，如果其主体资金来源是对外负债，即是在银行贷款或金融市场借贷的支持下完成的，就将其称为杠杆收购。相应地，如果收购方的主体资金来源是自有资金，则称为非杠杆收购。

杠杆收购的一般做法是由收购企业委托专门从事企业收购的经纪企业，派有经验的专家负责分析市场，发现和研究那些经营业绩不佳却很有发展前途的企业。确定收购目标后，再以收购企业的名义向外大举借债，通过股市或以向股东发出要约的方式，收购目标企业的股权，取得目标企业的经营控制权。

杠杆收购的突出特点是收购者不需要投入全部资本即可完成收购。一般而言，在收购所需要的全部资本构成中，收购者自有资本大约只占收购资本总额的10%～15%，银行贷款占收购资本总额的50%～70%，发行债券筹资占20%～40%（一般资本结构稳健的企业，债务资本不会超过总资本的2/3，而借高利贷收购的企业，其债务资本则远远超过其自有资本，往往占总资本的90%～95%）。由于这种做法只需以较少的资本代价即可完成收购，即利用"财务杠杆"原理进行收购，故而被称为杠杆收购。很显然，只有企业的全部资产收益大于借贷资本的平均成本，杠杆才能产生正效应。因此，杠杆收购是一种风险很高的企业并购方式。杠杆收购在20世纪60年代出现于美国，其后得到较快发展，20世纪80年代曾风行于美国和欧洲。

2. 并购的动机

企业实施发展战略的途径有多种选择，为什么要选择并购战略？以下的分析将着重于并购战略不同于新建战略的动机。

（1）避开进入壁垒，迅速进入，争取市场机会，规避各种风险。进入障碍有多方面因素。而并购方式将目标领域中的一个企业合并过来，不存在重新进入和进入障碍的问题。对制造业来说，并购方式还可以节省建厂的时间，迅速获得现成的管理人员、技术人员和生产设备，可以在新的领域中迅速建立产销据点。因此，并购方式有利于企业迅速作出反应，抓住市场机会。希利曼（Peter Uwe Schliemann）对德国和英国的跨国公司在巴西的14例收购作了研究，发现其中有12例（占86%）在收购年份和收购后重新开始生产的年份之间没有时间滞差。

在制造业中，新建一般要比并购慢得多，除了要组织必需的资源外，还要选择工厂地址、修建厂房和安装生产设备，安排管理人员、技术人员和工人等一系列复杂的工作。根据一些产业的实证研究，采用新建战略而组成新的经营单位一般要经过 8 年的时间才有获利能力；经过 10～12 年的时间，该企业的效益可达到成熟业务的水平；12 年以后，该企业才会获得最高的效率和很高的市场占有率。此外，政府的有关法令也会影响到新建的速度，例如，在美国设厂要经过 EPA（有关厂外污染问题）和 OS-HA（有关厂内安全生产问题）的严格检查，方能取得营业许可。而并购则没有这些麻烦。又如，在我国企业股票上市要经过政府部门的多层审查，时间一拖往往就是几年；而通过"买壳"、"借壳"方式可以迅速进入股票市场，再通过资产互换，提高企业股票价值。

（2）获得协同效应。与内部发展方式相比，并购是一种合并，成功的合并可以获得协同效应，即合并后的企业从资源配置和经营决策范围的决策中所能寻求到的各种共同努力的效果。有时协同效应被表示为 $1+1>2$。协同效应产生于互补资源，而这些资源与正在开发的产品或市场是相互兼容的，协同效应通常通过技术转移或经营活动共享来得以实现。

用系统理论剖析这种协同效果，可以分为三个层次：第一，并购后的两个企业的"作用力"的时空排列得到有序化和优化，从而使企业获得"聚焦效应"。例如，并购后，两个企业在生产、营销和人员方面的统一调配，可以获得这种效应。第二，并购后的企业内部不同"作用力"发生转移、扩散、互补，从而，改变了公司的整体功能状况。例如，企业内部的转移定价；信息、人员、产品种类、先进技术与管理、分销渠道、商标品牌、融资渠道等资源优势互补与共享都是这种效应的体现。第三，并购后两个企业内的"作用力"发生耦合、反馈、互激震荡，改变了作用力的性质和力量。例如，在企业内部的技术转让、消化、吸收以及技术创新后的再反馈中，可以得到这种效应。

（3）克服企业负外部性，减少竞争，增强对市场的控制力。微观经济学的理论表明，企业负外部性的一种表现是"个体理性导致集体非理性"。两个独立企业的竞争表现了这种负外部性，其竞争的结果往往使其两败俱伤，而并购战略可以减少残酷的竞争，同时还能够增强对其他竞争对手的竞争优势。

3. 并购失败的原因

并购方式的失败率是很高的，在企业并购的实践中，许多企业并没有达到预期的目标，甚至遭到了失败。造成并购失败的主要原因有以下几种：

（1）决策不当的并购。企业在并购前，或者没有认真地分析目标企业的潜在成本和效益，过于草率地并购，结果无法对被并购企业进行合理的管理；或者高估并购对象所在产业的吸引力和自己对被并购企业的管理能力，从而高估并购后所带来的潜在经济效益，结果遭到失败。

为避免决策不当的并购，波特的"吸引力测试"提供了一个分析思路。他认为，收购不可能改变由于行业结构缺陷而导致的长期无利润的局面。由于成本原因，理想的收购应该发生在一个不太具有吸引力但能够变得更具吸引力的行业中。波特提出了两项测试：①"进入成本"测试，事实上，通常有吸引力的行业往往需要较高的进入成本。为收购企业而支付的溢价是一个很重要的考虑因素。②"相得益彰"测试，收购必须能为股东带来他们自己无法创造的好处。仅为企业利益而进行的多元化并购不能增加股东的财富。资产剥离也只能产生一次性的好处，并不能为长远投资打下良好的基础。

（2）并购后不能很好地进行企业整合。企业在通过并购战略进入一个新的经营领域时，并购行为的结束只是成功的一半，并购后的整合状况将最终决定并购战略的实施是否有利于企业的发展。企业完成并购后面临着战略组织、制度、业务和文化等多方面的整合。其中，企业文化的整合是最基本、最核心，也是最困难的工作。企业文化是否能够完善地融为一体影响着企业生产运营的各个方面。如果并购企业与被并购企业在企业文化上存在很大的差异，企业并购以后，被并购企业的员工不喜欢并购企业的管理作风，并购后的企业便很难管理，而且会严重影响企业的效益。

（3）支付过高的并购费用。不论是否通过股票市场，价值评估都是并购战略中卖方与买方较量的焦点。如果不能够对被出售并购企业进行准确的价值评估，并购方就可能要承受支付过高并购费用的风险。当企业想以收购股票的方式并购上市公司时，对方往往会抬高股票价格，尤其是在被收购公司拒绝被收购时，会为收购企业设置种种障碍，增加收购的代价。另外，企业在采用竞标式进行并购时，也往往要支付高于标的价格才能成功并购。这种高代价并购会增加企业的财务负担，使企业从并购的一开始就面临着效益的挑战。

对并购对象的价值进行评估，可采用以下几种方法：①市盈率法，将目标企业的每股收益与收购方（如果双方是可比较的）的市盈率相乘，或与目标企业处于同行业运行良好的企业的市盈率相乘。这样就为评估目标企业的最大价值提供了一项指引。②目标企业的股票现价，这可能是股东愿意接受的最低价。一般股东希望能得到一个高于现价的溢价。③净资产价值（包括品牌），这是股东愿意接受的另一个最低价，但是可能更适用于拥有大量资产的企业或计划对不良资产组进行分类时的情况。④股票生息率，为股票的投资价值提供了一项指引。⑤现金流折现法，如果收购产生了现金流，则应当采用合适的折现率。⑥投资回报率，根据投资回报率所估计出的未来利润对企业进行估值。

此外，为了降低在并购中支付过高并购费用的风险，一方面可发行股票，然后通过"股份交换协议"，用这些股票来购买被收购企业的股份以支付收购的代价；另一方面通过借债来购买目标企业的股份（被称为杠杆收购）；或使用现金或综合采用上述方式进行收购。

（4）跨国并购面临政治风险。对于跨国并购而言，规避政治风险日益成为企业国际化经营必须重视的首要问题。跨国公司在东道国遭遇政治风险由来已久，近年来中国跨国公司也正遭遇到越来越多的东道国的政治风险。中国企业跨国并购外国公司多次因遭遇政治风险而失败。防范东道国的政治风险，具体措施可以考虑以下几点：

①加强对东道国的政治风险的评估，完善动态监测和预警系统。②采取灵活的国际投资策略，构筑风险控制的坚实基础。③实行企业当地化策略，减少与东道国之间的矛盾和摩擦。

（三）内部发展战略

内部发展也称内生增长，是企业在不收购其他企业的情况下利用自身的规模、利润、活动等内部资源来实现扩张。对于许多企业来说，特别是对那些产品需要高科技设计或制造方式的企业，内部发展或内生增长已经成为主要的战略发展方式。因为开发过程被视作是获得必要技巧和知识从而使企业能充分利用其产品优势并在市场中立于不败之地的最佳方式。同样的道理也适用于企业通过直接参与来开发新市场的情况。

1. 企业采取内部发展的动因

（1）开发新产品的过程使企业能最深刻地了解市场及产品；

（2）不存在合适的收购对象；

（3）保持同样的管理风格和企业文化，从而减轻混乱程度；

（4）为管理者提供职业发展机会，避免停滞不前；

（5）可能需要的代价较低，因为获得资产时无须为商誉支付额外的金额；

（6）收购通常会产生隐藏的或无法预测的损失，而内部发展不太可能产生这种情况；

（7）这可能是唯一合理的、实现真正技术创新的方法；

（8）可以有计划地进行，很容易从企业资源获得财务支持，并且成本可以按时间分摊；

（9）风险较低。而在收购中，购买者可能还需承担以前业主所做的决策而产生的后果。例如，由于医疗及安全方面的违规而欠下员工的债务。

尽管内部开发新活动的最终成本可能高于收购其他企业，但是成本的分摊可能会对企业更有利且比较符合实际，特别是对那些没有资金进行大额投资的小企业或公共服务类型的组织来说，这是它们选择内部发展的一个主要理由。内部发展的成本增速较慢，这可能有助于将战略发展对其他活动的干扰降至最低。

2. 内部发展的缺点

（1）与购买市场中现有的企业相比，在市场上增加了竞争者，这可能会激化某一市场内的竞争；

（2）企业并不能接触到另一知名企业的知识及系统，可能会更具风险；

（3）从一开始就缺乏规模经济或经验曲线效应；

（4）当市场发展得非常快时，内部发展会显得过于缓慢；

（5）进入新市场可能要面对非常高的障碍。

3. 内部发展战略的应用条件

（1）产业处于不均衡状况，结构性障碍还没有完全建立起来。一般来说，新兴产业更具有这样的特点。在快速成长的新兴产业中，竞争结构常常建立得还不完善，尚没有企业封锁原材料渠道或建立了有效的品牌识别，此时进入成本可能会比较低。但是，对于是否进入某个新兴业的决策不仅限于进入障碍的高低，还要考虑其他几方面的问题。首先，最重要的问题是要判断这一产业是否存在足够长的时间内高于平均水平利润的预测。其次，判断何时进入该产业也是重要的战略构成部分。此外，考虑到其他进入者可能随时进入新行业，为了保持期望的高利润，企业必须有一定经济基础以保证后进入者将面临比自己更高的进入成本。

（2）产业内现有企业的行为性障碍容易被制约。在一些产业中，现有企业所采取的报复性措施的成本超过了由此所获得的收益，使得这些企业不急于采取报复性措施，或者报复性措施效果不佳。例如，如果进入者能通过有效的战略承诺（如较大的投资）使现有企业相信它将永远不会放弃在该产业中求得一个合适的地位，现有企业不会再采用垄断限价手段，因为那只会使自己丧失更多的利润；又如，如果现有企业用进入对方领域的手段报复进入者，在它自身实力不足时，反而会缩减它在本行业的竞争优势。

（3）企业有能力克服结构性壁垒与行为性障碍，或者企业克服障碍的代价小于企业进入后的收益。在一个产业中，并非所有的企业都面临着同样的进入成本。如果某个企业能够比大多数其他潜在进入者以更小的代价克服结构性进入障碍或者能够引起更少的报复，它便会从进入者中获取高于平均水平的利润。企业也会在产业竞争中获得高于进入成本的收益。

克服进入障碍的能力往往表现在以下几个方面：①企业现有业务的资产、技能、分销渠道同新的经营领域有较强的相关性。某电脑公司在 1981 年进入个人计算机市场就是采用内部发展方式。在两年内获得 35% 的市场份额。其成功的原因是，个人计算机与该公司当时所拥有的计算机系列制造技术具有高度相关性。②企业进入新领域后，有独特的能力影响其行业结构，使之为自己服务。尼尔·胡德（Neil Hood）和斯蒂芬·扬（Stephen Young）曾经分析过发达国家跨国公司的对外直接投资对东道国市场结构的影响：在发展中国家，跨国公司几乎没有遇到当地企业的有效竞争，跨国公司反而以其垄断力量，在东道国市场设置各种进入障碍。上述分析事实上阐述了跨国公司的垄断优势在克服东道国市场进入障碍方面的重要作用。③企业进入该经营领域后，有利于发展企业现有的经营内容。如果内部发展能够改善销售渠道、公司形象、威胁防御等，从而对进入者的现有业务具有有利的影响，那么，即使新业务仅仅获取平均回报，从公司整体考虑，进入也是可行的。美国 S 复印机公司进入数字数据传输网络领域就是基于这种考虑。虽然 S 公司在数据网络业务中没有什么优势，但是，计算机之间的数据传输、电子邮件及公司地点的精密联网，以及该公司原有的业务——传统的复印，都可能成为"未来办公室"业务设计中的重要和广泛的基础，因而，从长远考虑，这种进入是必要的。

（四）企业战略联盟

20 世纪 80 年代以来，西方企业尤其是跨国公司迫于强大的竞争压力，开始对企业竞争关系进行战略性调整，纷纷从对立竞争走向大规模合作竞争。其中合作竞争最主要的形式之一就是建立企业战略联盟。战略联盟作为现代企业组织制度创新中的一种，已成为现代企业强化其竞争优势的重要手段，被誉为"20世纪20年代以来最重要的组织创新"。

1. 企业战略联盟的基本特征

从经济组织形式来看，战略联盟是介于企业与市场之间的一种"中间组织"。科斯（Coase）和威廉姆森（Williamson）从交易费用理论出发，认为企业组织的存在是对市场交易费用的节约，企业和市场是两种可以相互替代的资源配置组织。战略联盟属于"中间组织"，联盟内交易是既非企业的，因为交易的组织不完全依赖于某一企业的治理结构；也非市场的，因为交易的进行也并不完全依赖于市场价格机制。战略联盟的形成模糊了企业和市场之间的具体界限。

从企业关系来看，组建战略联盟的企业各方是在资源共享、优势相长、相互信任、相互独立的基础上通过事先达成协议而结成的一种平等的合作伙伴关系。这既不同于组织内部的行政隶属关系，也不同于组织与组织之间的市场交易关系。联盟企业之间的协作关系主要表现为：

（1）相互往来的平等性。联盟成员均为独立法人实体，相互之间的往来不是由行政层级关系所决定，而是遵循自愿互利原则，为彼此的优势互补和合作利益所驱动。各成员企业始终拥有自己独立的决策权，而不必受其他成员企业的决策所左右。

（2）合作关系的长期性。联盟关系并不是企业与企业之间的一次性交易关系，而是相对稳定的长期合作关系。因此，企业参与联盟的目标不在于获取一时的短期利益，而是希望通过持续的合作增强自身的竞争优势，以实现长远收益的最大化。

（3）整体利益的互补性。联盟关系并不是企业与企业之间的市场交易关系，或是一个企业对另一个企业的辅助关系，而是各成员之间的一种利益互补关系。每个成员企业都拥有自己的特定优势，通过相互之间的扬长避短，可有效降低交易成本，产生"1+1＞2"的协同效应。同时，每个成员企业都能获得与其在联盟中的地位和对联盟的贡献相对应的收益，这种收益仅依靠企业自身的力量将难以获取。

（4）组织形式的开放性。企业联盟往往是松散的协作关系，通常以共同占领市场、合作开发技术等为基本目标，其所建立的并非一定是独立的公司实体，成员之间的关系也并不正式。若机会来临，联盟中各成员便聚兵会战；一旦目标实现又"各奔前程"，或与其他企业结成新的联盟。因而企业战略联盟本身是个动态的、开放的体系，是一种松散的公司间一体化组织形式。

从另外一个角度来说，不管是从事互补性活动的厂商还是从事竞争性活动的厂商，他们彼此之间都可能有两种关系：一种是"零和"关系，即双方中一方的盈利就意味着另一方的损失，如供应商抬高产品的价格，导致生产商的成本增加；另一种是"正和"关系，即一方的发展使另一方的利润也增加，如零售商销售的增长使制造商的产销量增加。战略联盟是促使双方从"零和"演变为"正和"的一种新型合作伙伴关系。

从企业行为来看，联盟行为是一种战略性的合作行为。它并不是对瞬间变化所作出的应急反应，而是着眼于优化企业未来竞争环境的长远谋划。因此，联合行为注重从战略的高度改善联盟共有的经营环境和经营条件。特别是在竞争激烈的高科技行业中，没有哪个企业的技术能在所有方面都居于领先水平。通过战略联盟可把各个企业独有的优势结合起来建立一个"全优"的组织体系，其中每个环节都可能是世界一流的，是任何单个企业所望尘莫及的。借助联盟企业可以实现技术上的优势互补，加快技术创新速度并降低相关风险。在高科技领域，企业组建战略联盟取代"孤军作战"已成为世界潮流。

2. 企业战略联盟形成的动因

促使企业建立战略联盟有许多直接的动因。根据近年来企业战略联盟的实践和发展，可把促使战略联盟形成的主要动因归结为以下六个方面：

（1）促进技术创新。全球企业竞争已进入高科技竞争时期，先进技术是企业提高竞争力的关键。新技术的突破，往往带动新产品、新工艺、新材料的全面发展，并可为企业开辟新的经营领域，使现有企业的效率和效益得到显著提高。随着技术创新和普及速度的不断加快，企业在充分利用和改进原有核心技术的同时，必须不断创新，拓展新的技术领域。而高新技术产品的开发费用日益增大，单个企业难以独立支付，必须通过建立战略联盟的方式共同分担。

（2）避免经营风险。当今企业面临的经营环境变化迅速，而且许多环境因素的变化方向与变化速度都具有较大的不确定性，难以准确地预期。通过建立战略联盟、扩大信息传递的密度与速度，以避免单个企业在市场开发和研究开发中的盲目性和因孤军作战而引起的全社会范围内的创新资源浪费，并降低市场开发与技术创新的风险。

（3）避免或减少竞争。通过建立战略联盟，有利于形成新的竞争模式，以合作取代竞争，减少应对激烈竞争的高昂费用。这种竞合思路不仅表现在供应者、购买者之间，也表现在同产业中的竞争对手之间。

（4）实现资源互补。资源在企业之间的配置总是不均衡的。在资源方面或拥有某种优势，或存在某种不足，通过战略联盟可达到资源共享、优势互补的效果。

（5）开拓新的市场。企业通过建立广泛的战略联盟可迅速实现经营范围的多样化和经营地区的扩张。

（6）降低协调成本。上述（1）至（5）条企业实施战略联盟的动因，通过并购方式也能够实现；而与并购方式相比，战略联盟的方式不需要进行企业的整合，可以降低协调成本。

3. 企业战略联盟的主要类型

企业战略联盟的类型多种多样，根据不同的标准可以对战略联盟进行不同的分类。从股权参与和契约联结的方式角度来看，可以将把企业战略联盟归纳为以下几种类型。

（1）合资企业（joint ventures）。合资企业是战略联盟最常见的一种类型。它是指将各自不同的资产组合在一起进行生产，共担风险和共享收益，但这种合资企业与一般意义上的合资企业相比具有一些新的特征，它更多地体现了联盟企业之间的战略意图，而并非仅仅限于寻求较高的投资回报率。

（2）相互持股投资（equity investments）。相互持股投资通常是联盟成员之间通过交换彼此的股份而建立起一种长期的相互合作的关系。与合资企业不同的是，相互持有股份不需要将彼此的设备和人员加以合并，通过这种股权联结的方式便于使双方在某些领域采取协作行为。它与合并或兼并也不同，这种投资性的联盟仅持有对方少量的股份，联盟企业之间仍保持着其相对独立性，而且股权持有往往是双向的。

4. 功能性协议（functional agreement）

这是一种契约式的战略联盟，与前面两种有股权参与的方式明显不同，有人称为无资产性投资的战略联盟。它主要是指企业之间决定在某些具体的领域进行合作。例如，在联合研究与开发、联合市场行动等方面通过这种功能性协议结成一种联盟，而不是通过上述的将资产转移的方式来建立一种新的组织形式。最常见的形式包括：技术交流协议——联盟成员间相互交流技术资料，通过"知识"的学习以增强竞争实力；合作研究开发协议——分享现成的科研成果，共同使用科研设施和生产能力，在联盟内注入各种优势，共同开发新产品；生产营销协议——通过制订协议，共同生产和销售某一产品，这种协议并不是使联盟内各成员的资产规模、组织结构和管理方式发生变化，而仅仅通过订立协议来对合作事项和完成时间等内容作出规定，成员之间仍然保持着各自的独立性，甚至在协议规定的领域之外相互竞争；产业协调协议——建立全面协作与分工的产业联盟体系，多见于高科技产业中。

相对于股权式战略联盟而言，契约式战略联盟由于更强调相关企业的协调与默契，从而更具有战略联盟的本质特征。其在经营的灵活性、自主权和经济效益等方面比股权式战略联盟具有更大的优越性。股权式战略联盟要求组成具有法人地位的经济实体，对资源配置、出资比例、管理结构和利益分配均有严格规定；而契约式战略联盟无须组成经济实体，也无须常设机构，结构比较松散，协议本身在某种意义上只是无限制性的"意向备忘录"。股权式战略联盟依各方出资多少有主次之分，且对各方的资金、技术水平、市场规模、人员配备等有明确的规定，股权大小决定着发言权的大小；而在契约式战略联盟中，各方一般都处于平等和相互依赖的地位，并在经营中保持相对独立性。在利益分配上，股权式战略联盟要求按出资比例分配利益，而契约式战略联盟中各方可根据各自的情况，在各自承担的工作环节上从事经营活动，获取各自的收益。股权式战略联盟的初始投入较大，转置成本较高，投资难度大，灵活性差，政府的政策限制也很严格；而契约式战略联盟则不存在这类问题。

相对而言，股权式战略联盟有利于扩大企业的资金实力，并通过部分"拥有"对方的形式，增强双方的信任感和责任感，因而更利于长久合作，不足之处是灵活性差。契约式战略联盟具有较好的灵活性，但也有一些先天不足，如企业对联盟的控制能力差、松散的组织缺乏稳定性和长远利益、联盟内成员之间的沟通不充分、组织效率低下等。

从联盟内容上来看，在研发、生产、供给和销售各个价值链环节上都可能形成战略联盟，美国NRC组织根据战略联盟在不同阶段的合作内容进行了详细分类，见表4-3。由表4-3可见，企业战略联盟的内容非常丰富，涉及的范围也相当广泛。

表4-3 战略联盟的分类

阶 段	联盟内容
研究开发阶段的战略联盟	1. 许可证协议
	2. 交换许可证合同
	3. 技术交换
	4. 技术人员交流计划
	5. 共同研究开发
	6. 以获得技术为目的的投资
生产制造阶段的战略联盟	7. OEM（委托定制）供给
	8. 辅助制造合同
	9. 零部件标准协定
	10. 产品的组装及检验协定
销售阶段的战略联盟	11. 销售代理协定
全面性的战略联盟	12. 产品规格的调整
	13. 联合分担风险

研究与开发阶段的合作通常是联盟成员之间合作研究和开发某一个新的产品或技术，它不仅仅是分享现有技术设备和生产能力，而且还包含着新产品开发的技术，同时也可以提高现有的技术水平。

生产制造阶段的联盟是指通过达成一项协议，共同生产某一种产品，根据联盟成员之间的优势来生产不同的零部件。这种生产的方式并不带来联盟各方在资产、组织结构和管理方面的变化，而是仅仅通过协议来规定合作项目、完成的时间等。销售阶段的联盟一般通过销售代理协定实现联盟中的代理人为委托人销售某些特定产品或全部产品。

全面性的战略联盟是一种更为紧密的合作关系，包括为共同确立某项产品或技术的行业标准而在技术开发和市场开拓等方面采取协调一致的行动，这种形式的合作常常需要共同承担新技术和新市场开发带来的巨大风险。

5. 战略联盟的管控

虽然战略联盟能够兼顾并购战略与新建战略的优点，但是相对并购战略，战略联盟企业之间的关系比较松散，如果管控不到位，可能会导致更多地体现了并购战略与新建战略各自的缺点。因此，怎样订立联盟以及管理联盟，是战略联盟能否实现预期目标的关键。

（1）订立协议。战略联盟通过契约或协议关系生成时，则联盟各方能否遵守所签署的契约或协议主要靠企业的监督管理，发生纠纷时往往不会选择执行成本较高的法院判决或第三方仲裁，而是联盟之间自行商议解决。因此，如何订立协议需要明确一些基本内容。

①严格界定联盟的目标。一些失败的联盟往往是由于协议签订得过于模糊，既没有清楚地指出联盟目标和范围，也没有严格指出企业之间将如何利用合伙人的互补优势等，因而造成了联盟的形同虚设或者解散。②周密设计联盟结构。由于战略联盟是两家（或几家）企业各自以独立企业的身份在市场上进行合作，如果不能周密地设计联盟结构，可能会使合作难以奏效。③准确评估投入的资产。准确评估联盟各方的资产与资本投入是非常重要的，尤其是对于股权式战略联盟的企业而言，每一个合作方的投入都与股权占比直接关联。在评估过程中，最容易忽略的是无形资产或资本的投入，如日本富士通公司经常向不同的联盟伙伴提供其独特的工业技术，但在进行战略联盟谈判时，常常会遇到无法准确评估其技术价值的困难。④规定违约责任和解散条款。在联盟协议中，应规定联盟各方的违约责任和解散条件。如违约行为的生效条件、发生争执的解决方法以及联盟期满后的续约程序等。协议中应该包括一个"重大变化"的条款，也就是当联盟各方遭遇不可抗力事件、国家经济政策变化等情况时，应在联盟协议中规定协议变更或解除的处理方法，以免发生纠纷。

（2）建立合作信任的联盟关系。联盟企业之间必须相互信任，并且以双方利益最大化为导向，而不是以自身利益最大化为导向。一旦合作双方相互信任，那么正式的联盟契约就显得不那么重要了，联盟关系还将因为信任而更加稳固。相比于国内企业之间的战略联盟而言，跨国战略联盟中的互相信任更加难得，联盟企业之间在政策、文化、法律和制度环境各方面的差异都可能造成合作中的不信任，从而使合作联盟陷入困境。

信任可以降低联盟伙伴之间的监督成本，大大提升联盟成功的可能性，是影响和控制联盟伙伴行为的最有效手段。研究表明，信任可以成为企业有价值的、稀缺的、难以模仿以及难以替代的战略资源。因此，只有联盟企业之间相互信任，才能在联盟合作期间获取共同的竞争优势，在一定程度上克服正式协议中不能控制的所有细节缺陷。

第二节　业务层战略

业务层战略也称竞争战略，业务层战略涉及各业务单位的主管以及辅助人员。这些经理人员的主要任务是将公司战略所包括的企业目标、发展方向和措施具体化，形成本业务单位具体的竞争与经营战略。

一、基本竞争战略

波特在《竞争战略》一书中把竞争战略描述为：采取进攻性或防守性行动，在产业中建立起进退有据的地位，成功地对付五种竞争力，从而为公司赢得超常的投资收益。为了达到这一目的，各个公司可以采用的方法是不同的，对每个具体公司来说，其最佳战略是最终反映公司所处的内外部环境的独特产物。但是，从最广泛的意义上，波特归纳总结了三种具有内部一致性的基本战略，即成本领先战略（cost leadership strategy）、差异化战略（differentiation strategy）和集中化战略（focus strategy）。它是企业获得竞争优势的基本途径和手段。三种竞争战略之间的关系可由图4-3表示。

从图4-3可以看到，在三种基本战略中成本领先战略和差异化战略是基本战略的基础，它们是一对"对偶"的战略，而集中化战略不过是将这两种战略运用在一个特定的细分市场而已。

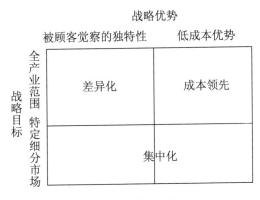

图4-3　三种基本战略

（一）成本领先战略

成本领先战略是指企业通过在内部加强成本控制，在研究开发、生产、销售、服务和广告等领域把成本降到最低限度，成为产业中的成本领先者的战略。按照波特的思想，成本领先战略应该体现为产品相对于竞争对手而言的低价格。但是，成本领先战略并不意味着仅仅获得短期成本优势或者仅仅是削减成本，它是一个"可持续成本领先"的概念，即企业通过其低成本地位来获得持久的竞争优势。

1. 采用成本领先战略的优势

企业采取成本领先战略，主要优势是：

（1）形成进入障碍。企业的生产经营成本低，便为产业的潜在的进入者设置了较高的进入障碍。那些在生产技术不熟练、经营上缺乏经验的企业，或缺乏规模经济的企业都很难进入此产业。

（2）增强讨价还价能力。企业成本低，可以使自己应付投入费用的增长，提高企业与供应者的讨价还价能力，降低投入因素变化所引起的影响。同时，企业成本低，可以提高自己对购买者的讨价还价能力，对抗强有力的购买者。

（3）降低替代品的威胁。企业的成本低，在与替代品竞争时，仍然可以凭借其低成本的产品和服务吸引大量的顾客，降低或缓解替代品的威胁，使自己处于有利的竞争地位。

（4）保持领先的竞争地位。当企业与产业内的竞争对手进行价格战时，由于企业的成本低，可以在其对手毫无利润的低价格的水平上保持盈利，从而扩大市场份额，保持绝对的竞争优势。

总之，企业采用成本领先战略可以使企业有效地面对产业中的五种竞争力量，以其低成本的优势，获得高于其行业平均水平的利润。

2. 成本领先战略的实施条件

（1）市场情况。从市场情况考察，成本领先战略主要适用于以下几种情况：①产品具有较高的价格弹性，市场中存在大量的价格敏感用户；②产业中所有企业的产品都是标准化的产品，产品难以实现差异化；③购买者不太关注品牌，大多数购买者以同样的方式使用产品；④价格竞争是市场竞争的主要手段，消费者的转换成本较低。

这时，企业应当力求成为产业中的低成本生产者，使产品价格低于竞争者，以提高市场份额。

（2）资源和能力。实现成本领先战略的资源和能力包括：①在规模经济显著的产业中建立生产设备来实现规模经济。②降低各种要素成本。与各种投入相关的包括资金、劳动力、原材料和零部件等在内的生产要素是企业成本的直接来源。要力求获得各种要素的最优惠的供给价格。③提高生产率。生产率即单位要素的产出，它与单位产出的成本互为倒数，那么，提高生产率与成本效率密切相关。采用最新的技术、工艺或流程来降低成本和（或）改进生产力、充分利用学习曲线效应等都是提高生产率必要的手段。④改进产品工艺设计。企业价值工程研究的一个重要内容是寻找物美价廉的替代品。采用简单的产品设计，通过减少产品的功能但同时又能充分满足消费者需要来降低成本。⑤提高生产能力利用程度。生产能力利用程度决定分摊在单位产品上的固定成本的多少。⑥选择适宜的交易组织形式。在不同的情况下，是采取内部化生产，还是靠市场获取，成本会有很大的不同。⑦重点集聚。企业集中力量针对某一经营领域，如某一顾客群体、某一特定市场、某一类型产品、某一特定的技术等，可能会比广泛地使用力量获得更多的成本效率。

3. 采取成本领先战略的风险

（1）技术的变化可能使过去用于降低成本的投资（如扩大规模、工艺革新等）与积累的经验一笔勾销。

（2）产业的新加入者或追随者通过模仿或者以高技术水平设施的投资能力，用较低的成本进行学习。

（3）市场需求从注重价格转向注重产品的品牌形象，使得企业原有的优势变为劣势。企业在采用成本领先战略时，应注意这些风险，及早采取防范措施。

（二）差异化战略

差异化战略是指企业向顾客提供的产品和服务在产业范围内独具特色，这种特色可以给产品带来额外的加价，如果一个企业的产品或服务的溢出价格超过因其独特性所增加的成本，那么，拥有这种差异化的企业将获得竞争优势。

1. 采用差异化战略的优势

企业采用差异化战略，可以很好地防御产业中的五种竞争力量，获得超过水平的利润。具体讲，主要表现在以下几个方面：

（1）形成进入障碍。由于产品的特色，顾客对该产品或服务具有很高的忠实程度，从而使该产品和服务具有强有力的进入障碍。潜在的进入者要与该企业竞争，则需要克服这种产品的独特性。

（2）降低顾客敏感程度。由于顾客对企业产品和服务有某种程度的忠实性，当这种产品价格发生变化时，顾客对价格的敏感程度不高。生产该产品的企业便可以运用差异化战略，在产业的竞争中形成一个隔离地带，避免竞争的侵害。

（3）增强讨价还价能力。差异化战略可以为企业产生较高的边际收益，降低企业的总成本，增强企业对付供应者讨价还价的能力。同时，由于购买者别无其他选择，对价格的敏感程度又低，企业可以运用这一战略削弱购买者讨价还价能力。

（4）防止替代品威胁。替代品能否替代老产品，主要取决于两种产品的性能—价格比的比较。差异化战略通过提高产品的性能来提高产品的性能—价格比。可以抵御替代品的威胁。

2. 差异化战略的实施条件

（1）市场情况：①产品能够充分地实现差异化，且为顾客所认可；②顾客的需求是多样化的；③企业所在产业技术变革较快，创新成为竞争的焦点。

（2）资源和能力。实施差异化战略应具备的资源和能力包括：①具有强大的研发能力和产品设计能力，具有很强的研究开发管理人员；②具有很强的市场营销能力，具有很强的市场营销能力的管理人员；③有能够确保激励员工创造性的激励体制、管理体制和良好的创造性文化；④具有从总体上提高某项经营业务的质量、树立产品形象、保持先进技术和建立完善分销渠道的能力。

3. 采取差异化战略的风险

（1）企业形成产品差别化的成本过高。企业形成产品差别化的成本过高，从而与实施成本领先战略的竞争对手的产品价格差距过大，购买者不愿意为具有差异化的产品支付较高的价格。

（2）市场需求发生变化。市场需求发生变化，购买者需要的产品差异化程度下降，使企业失去竞争优势。这一风险在我国家电产品的竞争中表现十分明显。

（3）竞争对手的模仿和进攻使已建立的差异缩小甚至转向。竞争对手的模仿和进攻使已建立的差异缩小甚至转向，这是随着产业的成熟而发生的一种普遍现象。

（三）集中化战略

集中化战略针对某一特定购买群体、产品细分市场或区域市场，采用成本领先或产品差异化来获取竞争优势的战略。集中化战略一般是中小企业采用的战略，可分为两类：集中成本领先战略和集中差异战略。

1. 采用集中化战略的优势

由于采用集中化战略是企业在一个特定的目标市场上实施成本领先或差异化战略，所以，成本领先和差异化战略抵御产业五种竞争力的优势也都能在集中化战略中体现出来。此外，由于集中战略避开了在大范围内与竞争对手的直接竞争，所以，对于一些力量还不足以与实力雄厚的大公司抗衡的中小企业来说，集中战略的实施可以增强它们相对的竞争优势。即使是对于大企业来说，采用集中战略也能够避免与竞争对手正面冲突，使企业处于一个竞争的缓冲地带。

2. 集中化战略的实施条件

（1）购买者群体之间在需求上存在着差异。

（2）目标市场在市场容量、成长速度、获利能力、竞争强度等方面具有相对的吸引力。

（3）在目标市场上，没有其他竞争对手采用类似的战略。

（4）企业资源和能力有限，难以在整个产业实现成本领先或差异化，只能选定个别细分市场。

3. 采取集中化战略的风险

企业在实施集中化战略时，可能会面临以下风险：

（1）狭小的目标市场导致的风险。由于狭小的目标市场难以支撑必要的生产规模，所以集中战略可能带来高成本的风险，从而又会导致在较宽范围经营的竞争对手与采取集中战略的企业之间在成本差别上日益扩大，抵消了企业在目标市场上的成本优势或差异化优势，使企业集中战略失败。

（2）购买者群体之间需求差异变小。由于技术进步、替代品的出现、价值观念更新、消费偏好变化等多方面的原因，目标市场与总体市场之间在产品或服务的需求上差别变小，企业原来赖以形成集中战略的基础也就失掉了。

（3）竞争对手的进入与竞争。以较宽的市场为目标的竞争对手采取同样的集中战略，或者竞争对手从企业的目标市场中找到了可以再细分市场，并以此为目标来实施集中战略，从而使原来实施集中战略的企业失去了优势。

（四）基本战略的综合分析——"战略钟"

基本战略的概念非常重要，这是因为它们给管理人员提供了思考竞争战略和取得竞争优势的方法。然而，当试图用这些概念解决企业实际战略选择时却会遇到很多问题。企业遇到的实际情况比较复杂，并不能简单地归纳为应该采取哪一种基本战略。而且，即使是成本领先或差异化也只是相对的概念，在它们之中也还有多个层次。克利夫·鲍曼（Cliff Bowman）将这些问题收入到一个体系内，并称这一体系为"战略钟"。他的这一思想很有参考价值，可以对波特的许多理论进行综合。

将产品的价格作为横坐标，顾客对产品认可的价值作为纵坐标，然后将企业可能的竞争战略选择在这一平面上用八种途径表现出来（见图 4-4）。

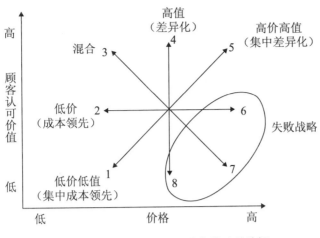

图 4 - 4 "战略钟"——竞争战略的选择

1. 成本领先战略

成本领先战略包括途径 1 和途径 2。可以大致分为两个层次：一是低价低值战略（途径 1）；二是低价战略（途径 2）。低价低值途径看似没有吸引力，但却有很多公司按这一路线经营得很成功。这时企业关注的是对价格非常敏感的细分市场，在这些细分市场中，虽然顾客认识到产品或服务的质量很低，但他们买不起或不愿买更好质量的商品。低价低值战略是一种很有生命力的战略，尤其是在面对收入水平较低的消费群体。途径 1 可以看成是一种集中成本领先战略。途径 2 则是企业寻求成本领先战略时常用的典型途径，即在降低价格的同时，努力保持产品或服务的质量不变。

2. 差异化战略

差异化战略包括途径 4 和途径 5。也可大致分为两个层次：一是高值战略（途径 4）；二是高值高价战略（途径 5）。途径 4 也是企业广泛使用的战略，即以相同或略高于竞争者的价格向顾客提供高于竞争对手的顾客认可价值。途径 5 则是以特别高的价格为顾客提供更高的认可价值。如一些高档购物中心、宾馆、饭店等，就是实施这种战略。这种战略在面对高收入消费者群体时很有效，因为产品或服务的价格本身也是消费者经济实力的象征。途径 5 可以看成是一种集中差异化战略。

3. 混合战略

混合战略指途径 3。在某些情况下，企业可以在为顾客提供更高的认可价值的同时，获得成本优势。这与波特原来的设想有所不同。在波特与英国最大的百货超市连锁店 Sainsbury 公司的总经理戴维·塞恩斯伯里（David Sainsbury）讨论基本战略问题时，塞恩斯伯里认为，只关心价格或只关心质量的消费者只是非常小的一部分，大多数人既关心价格也关心质量。所以应该在成本领先战略与差异化战略之间，探讨这样一种战略，即注重于价格和质量的中间范围。一些经济学家还指出，一个企业的优势很少完全建立在成本或差异上。可以找到不少以比竞争者更低的成本，提供比竞争者更多的消费者认可的价值的例子。

从理论角度看，以下一些因素会导致一个企业同时获得两种优势：①提供高质量产品的企业会增加市场份额，而这又会因规模经济而降低平均成本。其结果是，企业可同时在该产业取得高质量和低成本的定位。②高质量产品的累积经验降低成本的速度比低质量产品快。其原因与下面的事实有关，即生产工人必须更留心产品的生产，这又会因经验曲线而降低平均成本。③注重提高生产效率可以在高质量产品的生产过程中降低成本，例如，全面质量管理（TQM）运动的全部推动力就是使企业改善生产过程，以提高产品质量，同时降低平均成本。

4. 失败的战略

途径6、途径7、途径8一般情况下可能是导致企业失败的战略。途径6提高价格，但不为顾客提供更高的认可价值。途径7是途径6更危险的延伸，降低产品或服务的顾客认可价值，同时却在提高相应的价格。除非企业处于垄断的地位，否则不可能维持这样的战略。我国一些产业中的企业能够为消费者提供质次价高的服务而生存得不错，正是由于企业拥有垄断的权力。途径8在保持价格不变的同时降低顾客认可的价值，这同样是一种危险的战略，虽然它具有一定的隐蔽性，在短期内不被那些消费层次较低的顾客所察觉，但是这种战略是不能持久的，因为有竞争对手提供的优质产品作为参照，顾客终究会辨别出产品的优劣。

二、中小企业竞争战略

波特在《竞争战略》中对几个重要的产业环境类型进行了更具体的战略分析。他的分析主要是依据产业集中程度、产业成熟情况等角度展开的。其中零散产业和新兴产业大多以中小企业为主体，所以从某种意义上讲，也可以说是对中小企业竞争战略的研究。需要明确的是，以下将阐述零散产业和新兴产业中的一些特殊战略问题，并不能作为在这些产业中战略制定的全面指导。应与本书中其他部分阐述的全部概念、理论和技巧相结合，才能形成这些产业中战略分析的完整结构。

（一）零散产业中的竞争战略

零散型产业是一种重要的结构环境，在这种产业中，产业集中度很低，没有任何企业占有显著的市场份额，也没有任何一个企业能对整个产业的发展产生重大的影响。在一般的情况下，零散型产业由很多中、小型企业构成。零散型产业存在于经济活动的许多领域中，如一些传统服务业——快餐业、洗衣业、照相业等都属于这种产业。

1. 造成产业零散的原因

研究产业零散的原因是分析零散产业战略的重要内容。产业零散的原因主要来源于产业本身的基础经济特性。

（1）进入障碍低或存在退出障碍。进入障碍低是产业形成零散的前提。一方面，由于进入障碍低，大量中小企业涌入该产业，成为产业中竞争的主导力量；另一方面，如果产业存在退出障碍，则收入持平的企业将倾向于在产业中维持，并因此求得巩固。

（2）市场需求多样导致高度产品差异化。在某些产业中，顾客的需求是零散的，每一个顾客希望产品或服务有不同的样式，不愿意接受更标准化的产品，也愿意为这种要求付出代价。这种需求的多样性在大众的日常消费中表现得非常明显。如消费者对餐馆、洗衣店、理发店、女性时装店等提供的产品与服务，都有各自不同的要求。特别值得一提的是，这种需求的零散性还表现在消费者消费地点的零散。对一些产品或服务，消费者总是希望能够就近获取，例如，快餐、超市、农贸市场等。由于顾客需求的零散，导致该产业高度产品差别化，有效地限制了企业的规模，使效率不同的小企业得以生存发展。

（3）不存在规模经济或难以达到经济规模。例如，一些产业需要投入的固定资产较少，而专门技能是产业中竞争优势的主要来源，那么，由于专门技能的复制不是件轻而易举的事情，所以，这些产业中不存在规模经济。又如，市场需求的快速变化与多样性，要求迅速反应和多种功能间紧密合作，大企业难以发挥规模优势。再如，消费者对消费地点要求的差异性使高度集中的大企业无法满足消费者要求。试想，如果北京的麦当劳集中到一个地点，食客们本想享受的"快餐"可能就要因路途的耗时而变为"慢餐"。还有一种可能的情况是，由于买方和卖方产业结构的原因，顾客和供应者如此强大，以致一个大企业在与之打交道时，和小企业相比也没有更多的讨价还价能力，因而无规模优势。有时，这些供应商或购买者还可能会通过有意识延伸其业务范围或鼓励新企业进入的方式使产业中的企业规模较小。此外，在有些产业，虽然在生产过程中可能存在规模经济，但由于高运输成本、高库存成本或不稳定的销售波动可能难以达到规模经济所需要的经济规模。

以上三个方面的原因是从产业本身的经济特性角度归纳的。如果再考虑其他的因素，如政府政策和地方法规对某些产业集中的限制，以及一个新产业中还没有企业掌握足够的技能和能力以占据重要的市场份额等因素，也是导致产业零散的原因。

2. 零散产业的战略选择

零散产业中有很多企业，每个企业的资源和能力条件会有很大差异，因此零散产业的战略选择可以从多个角度考虑。如果从三种基本竞争战略的角度出发，零散产业的战略选择可分为以下三类：

（1）克服零散——获得成本优势。零散产业的特点就是零散，企业无规模经济优势。但是，如果某一个企业能够克服零散，那么它的战略回报将会是很高的，其原因在于按零散产业的定义，进入这一产业的成本低，竞争者都较弱小，它们进行报复的威胁不大。根据造成产业零散的原因，克服零散的途径有以下几条：

① 连锁经营或特许经营。对于由顾客消费地点或消费口味不同而造成的生产规模的不经济性，克服零散最好的办法就是连锁经营或特许经营。这与许多制造业通过集中生产获得规模经济的方式完全不同。如一些便民超市、快餐店、理发店、美容厅等零售业和服务业，通过连锁经营或特许经营的方式可以使这些服务点仍然分散在居民的生活区中间，但是可以建立起区域性的供货配送中心，克服高运输成本，减少库存，快速反映顾客的需求，并分享共同的管理经验。正是由于连锁经营和特许经营能够克

服零散，使企业获得规模经济带来的成本优势，在零售业这样一个原本属于中小企业天下的产业中，崛起了沃尔玛、家乐福等这样一些世界顶级的大企业。

② 技术创新以创造规模经济。如果技术变化能够产生规模经济，产业的集中就可能发生。

③ 尽早发现产业趋势。如果零散的原因是由于产业处于开发期或成长期，那么随着产业的演变可能会发生集中。导致集中的因素可能是多方面的，例如，替代品的威胁通过改变顾客需要而触发了集中；批发渠道结构的改变和其他产业的趋势会直接或间接地对造成零散的原因发生作用；政府或管理当局可能提高产品或制造标准，使其超过小企业的能力，以造成规模经济的实现；等等。尽早意识到产业发展趋势，可以使企业较早地利用这些结果而处于主动的地位，这可能是克服零散的一种重要方法。

实施以上的战略可能会使零散产业中的一部分中小企业逐步发展为大企业，但是对于广大中小企业可以更多地考虑以下两种战略。

（2）增加附加价值——提高产品差异化程度。许多零散产业的产品或服务是一般性的商品，所以就产品或服务本身来说提高差异化程度潜力已经不大。在这种情况下，一种有效的战略是给商品增加附加价值。

（3）专门化——目标集聚。零散产业需求多样化的特点，为企业实施重点集中战略提供了基础条件。在零散产业中可以考虑以下几种专门化战略：

① 产品类型或产品细分的专门化。当造成产业零散的原因之一是产品系列中存在多项不同产品时，产品类型或产品细分的专门化就是一种可行的战略。它可以使企业通过使其产品达到足够大的规模来增加与供应商的讨价还价能力；还可以因企业具有专门技能而提高细分市场上产品差异化程度。但是，这种战略的代价是可能会对企业的发展前景形成某些限制。

② 顾客类型专门化。企业专注于产业中一部分特定顾客也可以获得潜在的收益。这些顾客可能因购买量小或规模小而造成讨价还价能力低下；或者可能对产品或服务有特殊要求而对价格很不敏感。像产品专门化一样，顾客专门化也可能限制企业的发展前景，但企业可能获得更高的利润率。

③ 地理区域专门化。有些产业在大的地域范围内可能不存在规模经济或者企业难以达到规模经济所需的市场份额，但是在一个小的地域范围内却可能得到重要的经济性。其方法是集中设备、选择更有效的广告，使用唯一的分销商等而获得经济性。例如，一些地方性的小食品企业在本地集中经营就相当成功，尽管存在一些大型全国性企业，但食品产业仍保持着零散产业的特点。

3. 谨防潜在的战略陷阱

零散产业独特的结构环境造成了一些特殊的战略陷阱。某些常见的陷阱应引起足够的警惕。在零散产业中进行战略选择要注意以下几个方面：

（1）避免寻求支配地位。零散产业的基本结构决定了寻求支配地位是无效的，除非可以从根本上出现变化。形成零散的基本经济原因通常会使企业在增加市场份额的同时面对低效率和失去产品差异性。特别地，企图对所有的人在所有方面占优势会导致竞争力量的脆弱性达到最大值。

（2）保持严格的战略约束力。零散产业的竞争结构总是要求市场集中或专注于某些严格的战略原则。执行这些原则要求有充分的勇气舍弃某些业务，也要求组织内部的资源配置具有相对的稳定性。一项无约束力的易变的战略可能在短期内产生效果，但在长期发展中，由于战略执行过于随机，会削弱自身的竞争力。

（3）避免过分集权化。在许多零散产业中的竞争本质在于：人员服务、当地联系、营业的近距离控制、对波动及式样变化的反应能力，等等。在许多情况下，集权化的组织结构与生产效率背道而驰，因为它延缓反应时间，经营单位的管理人员的主动性小，难以适应零散产业中的竞争。

（4）了解竞争者的战略目标与管理费用。零散产业中有许多小型、私营企业，这些企业往往是家族式的管理方式：使用家庭劳动力，经常在家中工作。它们的管理费用通常很低，其目标与股份制企业也有很大差异，它们可能对较低的盈利水平就感到满意，因而对价格变动或其他产业事件的反应与"正常"企业相比可能极不相同。

（5）避免对新产品作出过度反应。在零散产业中，巨大的竞争者数量与激烈的竞争往往使一种新产品成为激烈竞争的救星。但是，由于零散产业需求的多样性与缺乏规模经济，企业对新产品作出的大量投资在该产品的成熟期并不容易收回，或以此获得较高的回报。虽然在所有产业中怎样对待新产品都是一个困难的问题，但在零散产业中显得尤为突出。

（二）新兴产业中的竞争战略

新兴产业是新形成的或重新形成的产业。其形成的原因是技术创新、消费者新需求的出现，或其他经济和社会变化将某个产品或服务提高到一种潜在可行的商业机会的水平。例如，电信、计算机、家用电器等产业是创新技术的产物；搬家公司、送餐公司、礼仪公司等则是新需求的产物；典当行是新中国成立前的老产业，随着改革开放的发展它又成为我国的一个新兴产业。

从战略制定的观点看，新兴产业的基本特征是没有游戏规则。缺乏游戏规则既是风险又是机会的来源。

1. 新兴产业的内部结构环境

新兴产业在内部结构上彼此差异很大，但是仍有一些共同的结构特征。

（1）共同的结构特征。

① 技术的不确定性。在新兴产业中，企业的生产技术还不成熟，还有待于继续创新与完善。同时，企业的生产和经营也还没有形成一整套的方法和规程，哪种产品结构最佳，哪种生产技术最有效率等都还没有明确的结论。例如，在美国的光导纤维的生产中，不同的生产厂商使用至少5种不同的方法。

② 战略的不确定性。与技术不确定性相联系的是战略的不确定性。在新兴产业中，由于产业内的企业对于竞争对手、顾客特点和处于新兴阶段的产业条件等只有较少的信息，没有企业知道所有的竞争者是谁，也没有企业能够经常得到可靠的产业销售量和市场份额的信息。所以厂商在产品—市场定位、市场营销和服务等方面经常试图采用广泛的战略方法，没有"正确"的战略被公认。

③ 成本的迅速变化。新兴产业通常有一段非常陡峭的学习曲线发生作用。这意味着新兴产业最初的高成本但会以极高的比例下降。小批量和新产品常在新兴产业中共同形成相对于产业能够获得的潜在收益的较高成本。然而随着生产过程和工厂设计的改进、工作熟练程度的提高、销售额的增长导致的规模与累积产量的大幅度增加，企业的生产效率会大幅度提高。按照某些常见的情况，当处于新兴阶段产业的技术在开始时比最终情况劳动密集程度更大时，这些因素的作用就更加明显。如果学习曲线的作用能与产业增长时不断增加的获得规模经济的机会相结合，则成本下降会更快。

④ 萌芽企业和另立门户。由于产业没有成型的游戏规则和规模经济作为进入障碍，在产业的新兴阶段通常伴随着极大比例的萌芽企业的进入。萌芽企业是相对于已立足企业中新成立单位而言的新企业。与萌芽企业的进入相联系的是许多另立门户企业，即那些已立足的企业中的雇员走出企业创立他们自己的新企业。在新兴产业中另立门户现象涉及很多因素：第一，在迅速发展和充满机会的环境中，权益投资要比在已立足公司中充当工薪阶层更具吸引力。第二，由于新兴阶段技术和战略的流动性，已立足企业的雇员具有良好的条件去实现其更好的新的想法，这些新想法在原有企业可能由于转换成本过大而无法实现。例如，波特指出，当美国的几家数据设备公司的雇员不能使其公司采用一种他们确认有很高潜力的产品的意见时，通用数据公司便产生了。萌芽企业和另立门户的企业一般不可能是大企业，所以新兴产业也是中小企业的天下。

⑤ 首次购买者。新兴产业中许多顾客都是第一次购买。还有许多顾客对新兴产业持等待观望的态度，认为第二代或第三代技术将迅速取代现有的产品。在这种情况下，市场营销的中心活动是选择顾客对象并诱导初始购买行为。

（2）早期进入障碍。对新兴产业早期进入障碍的研究有助于理解前面所阐述的结构特征。与产业得以发展后的进入障碍相比，早期进入障碍的很大的不同。常见的早期进入障碍有：①专有技术；②获得分销渠道；③得到适当成本和质量的原材料和其他投入（如熟练劳动力）；④经验造成的成本优势；⑤风险。

这些障碍会随着产业的发展逐步弱化或消失。比较产业五种竞争力分析中的几种主要进入障碍，显然，早期进入障碍通常不是那里所列举的规模经济（产业太小以至于谈不上此问题）、产品差异化（知名品牌刚刚开始被创造）、资金需求（大型企业可为低风险投资创造出惊人的资金）等。这一差异可以解释为什么新兴产业中的中小企业和新企业较多的原因。早期进入障碍较少来源于需要掌握巨大资源，而更多地源于承担风险的能力、技术上的创造性以及作出前瞻性的决策以储备投入物资与分销渠道的能力等，在这些方面，中小企业往往比大企业更具有优势；这类差异同样可以解释已立足的企业经常不是率先进入新产业的企业，因为它们可能要为资金的投入付出更多的机会成本，并对在产业发展早期阶段必然存在的技术和产品风险缺乏必须克服的激励。正因为如此，当已立足的企业所在产业的产品面临新的替代品威胁时，原有企业往往先是着眼于与替代品进行较量，而当替代品逐步要取代老产品时，原有企业才会考虑进入替代品的产业。例如，传统真空管企业是半导体制造业的晚期进入者；模拟系统家用电器生产厂商大都并不急于开发生产数字系统的家用电器；VCD 机的生产厂商大都是新企业而不是过去生产录像机的老企业；等等。

2. 新兴产业的发展障碍

新兴产业在不同程度上面临产业发展的障碍。从产业的五种竞争力角度分析，这些障碍主要表现在新兴产业的供应者、购买者与被替代品三个方面，其根源还在于产业本身的结构特征。

（1）原材料、零部件、资金与其他供给的不足。新兴产业的发展要求出现新供应商或现存供应商修改原材料和零部件以满足产业的需要。但是，严重的原材料和零部件短缺在新兴产业中是很常见的。面对发展的需求和不能适应的供给，在新兴产业的早期阶段，重要的原材料和零部件的价格经常会大幅上涨。部分供应商也因此乘机大捞一把。另外，由于技术与战略的不确定性，新兴产业在金融界的形象和可信任程度可能较差，这种情况将会影响企业取得低成本融资的能力。不仅如此，新兴产业还缺乏各种发展所必需的基础设施，如服务设施、经训练的技巧、互补产品等。

（2）顾客的困惑与等待观望。新兴产业中顾客的困惑来源于众多产品方案、技术种类以及竞争者们互相冲突的宣传效果。这些现象又是由于技术的不确定性以及缺乏技术标准和产业中企业间总的技术协议。这种混乱可能增加购买者的购买风险感而采取等待观望的态度，从而限制了产业的市场容量。此外，缺少分销渠道也是制约新兴产业市场容量发展的障碍。

（3）被替代产品的反应。与产业五种竞争力分析中所描述的那样，在面临新产品替代威胁时，老产品生产厂商会采用各种有效的办法降低替代品的威胁。老产品防范新产品的最佳战略可能是进一步降低成本，这一行为迫使新兴产业中与学习和规模相关的价格下降目标还要向下移动，这也给新兴产业的发展增加了难度。

不难看到，上述障碍最终来源于新兴产业的技术与战略不确定、不稳定的产品质量、缺乏产品或技术标准，以及难以避免的早期高成本等产业特征。

由于新兴产业的发展存在种种障碍，进入新兴产业中经营的企业失败率很高。如美国高技术企业完全失败的占 20%～30%，经受挫折后仍可获得一定成功的企业占60%～70%，获得完全成功、取得显著效益的只占 5% 左右。美国每年建立高技术企业约 50 万家，其中 3/4 的企业在四五年内很快破产，只有 1/4 的企业在竞争及新技术开发中艰难地生长起来。

新兴产业的特征可能成为发展的障碍与风险的来源，但也同样会成为发展机遇的来源。新兴产业的发展机遇更多地从五种竞争力中的另外两个方面——进入障碍与产业内现有企业的竞争中表现出来。由于新兴产业进入障碍相对较低，产业尚处于不平衡状态，竞争结构还没有完全建立起来，因此，相对于成熟产业，新兴产业的进入成本与竞争代价都会小得多，这就为新兴产业中的企业发展打下了良好的基础条件。事实上，在现代市场激烈竞争的条件下，创新企业固然有受挫失败的风险，但守旧的企业却冒着在竞争中完全被淘汰的更大风险。真正的企业家认为：创新虽有风险但有希望，守旧必有风险且无希望。

3. 新兴产业的战略选择

在新兴产业中，企业的战略自由度最大，一个战略的优劣对经营绩效的影响也会表现得最充分。在新兴产业中，发展风险与机遇共存，而风险与机遇都来源于产业的不确定性。所以新兴产业中的战略制定过程必须处理好这一不确定性。

（1）塑造产业结构。在新兴产业中占压倒地位的战略问题是考虑企业是否有能力促进产业结构趋于稳定而且成型。这种战略选择使企业能够在产品策略、营销方法以及价格策略等领域建立一套有利于自身发展的竞争原则，从而有利于企业建立长远的产业地位。

（2）正确对待产业发展的外在性。在一个新兴产业中，一个重要的战略问题是在对产业倡导和追求自身狭窄利益的努力之间作出平衡。产业的整体形象、信誉、与其他产业的关系、产业吸引力、顾客对产业的认知程度、产业与政府及金融界的关系等都与企业的生产经营状况息息相关。产业内企业的发展，离不开与其他同类企业的协调以及整个产业的发展。企业为了产业的整体利益以及企业自身的长远利益，有时必须放弃暂时的自身利益。

（3）注意产业机会与障碍的转变，在产业发展变化中占据主动地位。新兴产业迅速发展可能会使原有的障碍和机会都发生变化。例如，供应商和渠道的角色可能会有变化。当产业在规模上有所发展，企业也证明了自身价值时，供应商和分销渠道在方向上可能会有所改变。供应商可能变得希望（或被迫）满足企业某些方面的特殊需要，如产品规格、服务和交货等；分销渠道可能变得更乐于作为企业的伙伴投资于设备、广告或其他。那么，尽早挖掘这些方向变化可能给企业提供战略机会。又如，新兴产业早期的进入障碍可能会迅速变化，当产业在规模上发展和技术上成熟时，企业不能永远依靠诸如专有技术或独特产品种类等进入障碍保卫自身地位，这些障碍可能转换为其他障碍。对变化的进入障碍作出反应可能涉及投入比早期阶段更多的资金。再则，产业的发展会吸引更有规模、资金和市场营销等实力的企业进入，甚至供给者和购买者也可能以纵向一体化的方式进入该产业。在这些情况下，企业必须有应对激烈竞争的准备。

处理与把握新兴产业的机会与风险是最具挑战性战略问题，公司要想取得成功，通常应该采取下列一种或多种方式：

① 发扬企业家精神和实施创造性战略为尽早赢得产业领导地位而斗争。以产品卓越性为基础的广泛或聚集的差异化战略通常能够为取得竞争优势提供最好的机会。

② 推动自身在技术上臻于完善，改善产品质量，开发有吸引力的性能特色。

③ 一旦技术不确定性消除，出现了占统治地位的技术，就采纳它。尽量成为产业中技术标准的制定者和"占统治地位的产品"开拓者。但是，当产业中同时存在很多互相竞争的技术、研究开发代价很大或技术发展可能很快等情况下，这一举措的方式选择就要十分慎重。

④ 在早期就致力于有前途的技术，同最有能力的供应商建立联盟，扩大产品的选择范围，改善产品的款式，实现经验曲线效应，在新的分销渠道中稳住阵脚，从而尽量抓住首先行动者所拥有的优势。

⑤ 同关键的供应商建立联盟关系，获取专业化的技能、技术能力和关键的原材料或零部件。

⑥ 追寻新的顾客群、新的用户应用、进入新的地理区域。如果财务资源受到限制，也可以采用合资企业的方式。

⑦ 使首次购买者试用公司的第一代产品的代价和难度降低。然后，随着产品为市场的很大一部分所熟悉之后，开始将广告的重点从创造产品转向提高使用频率和建立品牌忠诚。

⑧ 采用削价的策略来吸引后来对价格敏感的购买者。

⑨ 预测与关注在产业进入成长期后的新进入者：根据产业现在和未来的进入障碍分析最有可能的新进入者是谁；它们可能采取的战略类型。企业在为争取产业中领导地位的角逐中，必须将这一努力与建立持久竞争优势和坚固市场地位的长期必要性平衡起来。

（4）选择适当的进入时机与领域。选择适当的进入时机在新兴产业中尤为重要。早期进入涉及高风险，但可以在关键市场取得"局内人的位置"，获得市场支配地位。当下列基本情况具备时，早期进入是适当的：①企业的形象和声望对顾客至关重要，企业可因先驱者而发展和提高声望。②产业中的学习曲线很重要，经验很难模仿，并且不会因持续的技术更新换代而过时，早期进入企业可以较早地开始这一学习过程。③顾客忠诚非常重要，那些首先对顾客销售的企业将获益。④通过早期对原材料供应、分销渠道的承诺可带来绝对成本利益。而在下列情况下，早期进入将是非常危险的：①早期竞争细分市场与产业发展成熟后的情况不同，早期进入的企业建立了竞争基础后，面临过高的转换成本。②为了塑造产业结构，需付出开辟市场的高昂代价，其中包括顾客教育、法规批准、技术开拓等，而开辟市场的利益无法成为企业专有。③技术变化使早期投资过时，并使晚期进入的企业因拥有最新产品和工艺而获益。

进入战略的选择还包括对进入领域的选择，即使是新兴产业，不同领域的市场发展前景、发展速度、五种竞争力的变化状况也不尽相同，因而产业整体的盈利水平也会有较大差异，所以，产业分析和市场分析的理论与方法，应作为企业进入哪一个新兴产业的主要依据。

三、蓝海战略

自波特教授的《竞争战略》和《竞争优势》两部战略专著问世后，"竞争"就成了战略管理领域的关键词。在基于竞争的战略思想指导下，企业常常在"差异化"和"成本领先"战略之间选择其一，确立自身的产品或服务在市场中的独特定位，以打败竞争对手，最大限度地占有市场份额。然而，追求"差异化"战略意味着相应地增加成本，而以"成本领先"为导向的战略又限制了企业所能获取的利润率。今天，在越来越多的产业中，竞争白热化，而需求却增长缓慢甚至停滞萎缩。随着越来越多的企业去瓜分和拼抢有限的市场份额和利润，无论采取"差异化"还是"成本领先"战略，企业取得获利性增长的空间都越来越小。在这种情况下，企业如何才能从血腥的竞争中脱颖而出？如何才能启动和保持获得性增长？

欧洲工商管理学院钱·金（W. Chan Kin）、勒妮·莫博涅（Renee Mauborgne）在2005年2月由哈佛商学院出版的研究成果《蓝海战略》（Blue Ocean Strategy）为企业指出了一条通向未来增长的新路。他们认为，"红海"战略主要是立足当前业已存在的行业和市场，采取常规的竞争方式与同行业中的企业展开针锋相对的竞争。而"蓝海"战略是指不局限于现有产业边界，而是极力打破这样的边界条件，通过提供创新产品和服务，开辟并占领新的市场空间的战略。

钱·金和勒妮·莫博涅在《蓝海战略》一书中对蓝海战略的制定和实施进行了系统的阐述和归纳。下面我们仅从蓝海战略最直观的形象去领略蓝海战略区别于传统战略的不同思维。

（一）蓝海战略的内涵

尽管蓝海是个新名词，它却不是一个新事物。无论过去还是现在，它都是商业生活的一部分。历史表明，产业在不断被开创和扩展，产业的条件和边界也不是一成不变的，企业个体可以重塑这些条件和边界。企业不必在给定的市场空间内残酷竞争。

然而当前主导性的战略思考仍然是基于竞争的红海战略。原因之一是企业战略受军事战略的影响颇深。一旦企业把目光集中于红海，就等于接受了战争中的限制因素——有限的阵地以及必须击败敌人才能获取胜利的概念，忽略了商业世界的独特力量——避开竞争，创造新的市场空间。

蓝海的开拓者则并不将竞争作为自己的标杆，而是遵循另一套完全不同的战略逻辑，即"价值创新"（value innovation）。这是蓝海战略的基石。之所以称为价值创新，原因在于它并非着眼于竞争，而是力图使客户和企业的价值都出现飞跃，由此开辟一个全新的、非竞争性的市场空间。

价值创新不仅仅是"创新"，而是涵盖整个公司行为体系的战略问题。价值创新要求企业引导整个体系同时以实现客户价值和企业自身价值飞跃为目标。如果不能将这两个目标相结合，创新必然会游离于战略核心之外。表4-4归纳了红海和蓝海战略的关键性差异。

表4-4　红海和蓝海战略比较

红海战略	蓝海战略
在已经存在的市场内竞争	拓展非竞争性市场空间
参与竞争	规避竞争
争夺现有需求	创造并摄取新需求
遵循价值与成本互替定律	打破价值与成本互替定律
根据差异化或低成本的战略选择，把企业行为整合为一个体系	同时追求差异化和低成本，把企业行为整合为一个体系

（二）蓝海战略制定的原则

蓝海战略是一种崭新的战略思维，其制定和实施的方法也完全不同于典型的战略规划。典型的战略规划以冗长的产业现状和竞争态势的描述为基础，进而开始有关如何增加市场份额、夺取新的细分市场或缩减成本的讨论，其后又是提出目标和提案的纲要。这样的规划过程通常要准备一大套文件，而数据资料则是来源于企业不同部门的大杂烩。在这一过程中，经理们把思索战略规划的大部分时间都花在填空和摆弄数据上，而不是在思索中打破成规，对如何冲破现有竞争有一个清楚的全局性认识，因而只能导致一些战术性的红海行动，很少能启迪蓝海战略的开创。

蓝海战略开拓了一套条理清晰的绘制和讨论战略布局的过程，以将企业战略推向蓝海。表4-5列举了指导蓝海战略成功制定与实施的原则，以及这些原则所降低的风险。

表4-5　蓝海战略的六项原则

战略制定原则	各原则降低的风险因素
重建市场边界	搜寻的风险
注重全局而非数字	规划的风险
超越现有需求	规模的风险
遵循合理的战略顺序	商业模式风险
战略执行原则	各原则降低的风险因素
克服关键组织障碍	组织的风险
将战略执行建成战略的一部分	管理的风险

（三）重建市场边界的基本法则

蓝海战略的第一条原则，就是重新构筑市场的边界，从而打破现有竞争局面，开创蓝海。这一原则解决了令许多公司经常会碰到的搜寻风险。其难点在于如何成功地从一大堆机会中准确地挑选出具有蓝海特征的市场机会。

蓝海战略总结了六种重建市场边界的基本法则，被称之为六条路径框架。表4-6对六种重建市场边界的路径框架作了一个小结。

表4-6 从肉搏式竞争到蓝海战略

	肉搏式竞争	开创蓝海战略
产业	专注于产业内的竞争者	审视他择产业
战略群体	专注于战略群体内部的竞争地位	跨越产业内不同的战略群体看市场
买方群体	专注于更好地为买方群体服务	重新界定产业的买方群体
产品或服务范围	专注于在产业边界内将产品或服务的价值最大化	放眼互补性产品或服务
	肉搏式竞争	开创蓝海战略
功能—情感导向	专注于产业既定功能—情感导向下性价比的改善	重设产业的功能与情感导向
时间	专注于适应外部发生的潮流	跨越时间参与塑造外部潮流

（1）路径一：审视他择产业。他择品的概念要比替代品更广。形式不同但功能或者核心效用相同的产品或服务，属于替代品（Substitutes）。而他择品（Alternatives）则还包括了功能和形式都不同目的却相同的产品或服务。

（2）路径二：跨越战略群体。这是重建产业边界的又一路径。

（3）路径三：重新界定产业的买方群体。在一个产业中的企业通常会都集中于某一类购买群体。举例来说，医药行业主要将目光放在有影响力的群体即医生身上；办公用品行业主要关注采购者，即企业的采购部门；而服装行业主要直接向使用者销售产品。挑战产业有关目标买方群体的常识成规，就可以引领我们发现新的蓝海。

（4）路径四：放眼互补性产品或服务。产品或服务很少会被单独使用。很多情况下，他们的价值会受到别的产品或服务的影响。但是，在大多数情况下，企业生产的产品或提供的服务都局限于产业范围内。事实上，在互补产品或服务背后常常隐藏着巨大的价值。

（5）路径五：重设客户的功能性或情感性诉求。一些产业主要通过价格和功能来竞争，关注的是给客户带来的效用，他们的诉求是功能性的；其他一些产业主要以客户感觉为竞争手段，他们的诉求是情感性的。当企业愿意挑战产业中已经存在的功能或情感诉求时，常常会发现新的市场机会。

（6）路径六：跨越时间。随着时间的推移，很多产业都会受到外部趋势变化的影响，例如，互联网迅速崛起和全球环保运动的兴起。如果企业能够正确预测到这些趋势，就可能会找到蓝海市场机会。

综上所述，蓝海战略代表着战略管理领域的范式性的转变，即从给出结构下的定位选择向改变市场结构本身的转变。由于蓝海的开创是基于价值的创新而不是技术的突破，是基于对现有市场现实的重新排序和构建而不是对未来市场的猜想和预测，企业就能够以系统的、可复制的方式去寻求它；"蓝海"既可以出现在现有产业疆域之外，也可以萌生在产业现有的"红海"之中。事实上，蓝海战略绝非局限于业务战略（或竞争战略）的范畴，它着重于企业产业和市场边界的重建，因而更多地涉及公司战略的范畴。

第三节　职能层战略

职能层战略又称职能战略，主要涉及企业内各职能部门，如营销、财务、生产、研发（R&D）、人力资源、信息技术等，如何更好地配置企业内部资源，为各级战略服务，提高组织效率。下面按照波特价值链的几个主要活动——市场营销、研究与开发、生产运营、采购、人力资源、财务管理等阐述职能战略的主要内容。

一、市场营销战略

市场营销战略是企业市场营销部门根据公司总体战略与业务单位战略规划，在综合考虑外部市场机会及内部资源状况等因素的基础上，确定目标市场，选择相应的市场营销策略组合，并予以有效实施和控制的过程。市场营销战略计划的制订是一个相互作用的过程，是一个创造和反复的过程。

（一）确定目标市场

确定目标市场主要工作是进行市场细分和目标市场选择。

1. 市场细分

（1）市场细分的利益。首先，市场细分有利于企业发现最好的市场机会，提高市场占有率。因为，企业通过市场营销研究和市场细分，可以了解不同购买者群体的需要情况和目前满足情况，在满足程度较低的子市场上，就可能存在着最好的市场机会。这对小企业尤为重要。其次，市场细分还可以使企业用最少的经营费用取得最大以的经营效益。因为，通过市场细分和目标市场选择，企业可以根据目标市场需求的变化，及时地、正确地调整产品结构和市场营销组合，使产品适销对路，扩大销售，还可以集中使用企业资源，以最少的经营费用取得最大的经营效益。

（2）消费者市场细分的依据。市场细分要依据一定的细分变量来进行。消费者市场的细分变量主要有地理、人口、心理和行为四类变量。

① 地理细分。地理细分就是企业按照消费者所在的地理位置以及其他地理变量（包括城市农村、地形气候、交通运输等）来细分消费者市场。地理细分的主要理论根据是：处在不同地理位置的消费者对企业的产品各有不同的需要和偏好，对企业的市场营销战略以及产品价格、分销渠道、广告宣传等市场营销措施也各有不同的反应。市场潜量和成本费用会因市场位置不同而有所不同，企业应选择那些本企业能最好地为之服务的、效益较高的地理市场为目标市场。

② 人口细分。人口细分就是企业按照人口变量（包括年龄、性别、收入、职业、教育水平、家庭规模、家庭生命周期阶段、宗教、种族、国籍等）来细分消费者市场。人口变量很久以来一直是细分消费者市场的重要变量。这是因为人口变量比其他变量

更容易测量。

③ 心理细分。心理细分就是按照消费者的生活方式、个性等心理变量来细分消费者市场。消费者的欲望和需要，不仅受人口变量影响，而且同时受其他变量特别是心理变量影响，所以还要进行心理细分。

④ 行为细分。行为细分就是企业按照消费者购买或使用某种产品的时机、消费者所追求的利益、使用者情况、消费者对某种产品的使用率、消费者对品牌（或商店）的忠诚程度、消费者待购阶段和消费者对产品的态度等行为变量来细分消费者市场。

（3）产业市场细分的依据。细分产业市场的变量，有一些与消费者市场细分变量相同，如追求利益、使用者情况、使用程度、对品牌的信赖程度、购买准备阶段、使用者对产品的态度等。此外，细分产业市场的常用变量还有最终用户、顾客规模等。

① 最终用户。在产业市场上，不同的最终用户对同一种产业用品的市场营销组合往往有同的要求。例如，计算机制造商采购产品时最重视的是产品质量、性能和服务，价格并不是要考虑的最主要因素；飞机制造商所需要的轮胎必须达到的安全标准比农用拖拉机制造商所需轮胎必须达到的安全标准高得多，豪华汽车制造商比一般汽车制造商需要更优质的轮胎。因此，企业对不同的最终用户要相应地运用不同的市场营销组合，采取不同的市场营销措施，以投其所好，促进销售。

② 顾客规模。在现代市场营销实践中许多公司建立适当的制度来分别与大顾客和小顾客打交道。例如，一家办公室用具制造商按照顾客规模将其顾客细分为两类顾客群：一类是大客户，这类顾客群由该公司的全国客户经理负责联系；另一类是小客户，由外勤推销人员负责联系。

③ 其他变量。许多公司实际上不是用一个变量，而是用几个变量，甚至用一系列变量来细分产业市场。

（4）市场细分的有效标志。并不是所有的市场细分都是有效的。细分市场的有效标志主要有：第一，可测量性。即各子市场的购买力能够被测量。第二，可进入性。即企业有能力进入所选定的子市场。第三，可营利性。即企业进行市场细分后所选定的子市场的规模足以使企业有利可图。

2. 目标市场选择

市场细分的目的在于有效地选择并进入目标市场。所谓目标市场，就是企业决定要进入的那个市场部分，也就是企业拟投其所好、为之服务的那个顾客群（这个顾客群有颇为相似的需要）。企业在决定为多少个子市场服务即确定其目标市场涵盖战略时，有三种选择：

（1）无差异市场营销。无差异市场营销是指企业在市场细分之后，不考虑各子市场的特性，而只注重子市场的共性，决定只推出单一产品，运用单一的市场营销组合，力求在一定程度上适合尽可能多的顾客的需求。这种战略的优点是产品的品种、规格、款式简单，有利于标准化与大规模生产，有利于降低生产、存货、运输、研究、促销等成本费用。其主要缺点是：单一产品要以同样的方式广泛销售并受到所有购买者的欢迎，这几乎是不可能的。特别是当同产业中如果有几家企业都实行无差异市场营销时，在较大的子市场中的竞争将会日益激烈，而在较小的子市场中需求将得不到满足。由于较大的子市场内的竞争异常激烈，因而往往是子市场越大，利润越小。这种追求最大子市场的倾向叫作"多数谬误"。充分认识这一谬误，能够促使企业增强进入较小子市场的兴趣。

（2）差异市场营销。差异市场营销是指企业决定同时为几个子市场服务，设计不同的产品，并在渠道、促销和定价方面都加以相应的改变，以适应各个子市场的需要。企业的产品种类如果同时在几个子市场都占有优势，就会提高消费者对企业的信任感，进而提高重复购买率；而且，通过多样化的渠道和多样化的产品线进行销售，通常会使总销售额增加。差异市场营销的主要缺点是会使企业的生产成本和市场营销费用（如产品改进成本、生产成本、管理费用、存货成本、促销成本等）增加。有些企业实行了"超细分战略"，即许多市场被过分地细分，而导致产品价格不断增加，影响产销数量和利润。于是，一种叫作"反市场细分"的战略应运而生。反细分战略并不反对市场细分，而是将许多过于狭小的子市场组合起来，以便能以较低的价格去满足这一市场的需求。

（3）集中市场营销。集中市场营销是指企业集中所有力量，以一个或少数几个性质相似的子市场作为目标市场，试图在较少的子市场上占领较大的市场份额。实行集中市场营销的企业，一般是资源有限的中小企业，或者是初次进入新市场的大企业。由于顾客对象比较集中，对一个或几个特定子市场的较深的了解，而且在生产和市场营销方面实行专业化，企业可以比较容易地在这一特定市场取得有利地位。但是，实行集中市场营销有较大的风险性，因为目标市场范围比较狭窄，一旦市场情况突然变坏，企业可能陷入困境。

上述三种目标市场涵盖战略事实上是企业业务单位战略中的三种基本战略在营销战略中的体现，三种战略各有利弊，企业在选择时需考虑五方面的主要因素，即企业资源、产品同质性、市场同质性、产品所处的生命周期阶段、竞争对手的目标市场涵盖战略。

3. 市场定位

选择目标市场之后，下一步就是找出这些客户有哪些需要，也就是如何定位企业产品的市场定位。市场定位的主要方法有：根据属性和利益定位；根据价格和质量定位；根据用途定位；根据使用者定位；根据产品档次定位；根据竞争局势定位；以及各种方法组合定位等。企业产品在市场上的定位即使很恰当，但在出现下列情况时也需考虑重新定位：一是竞争者推出的市场定位于本企业产品的附近，侵占了本企业品牌的部分市场，使本企业品牌的市场占有率有所下降；二是消费者偏好发生变化，从喜爱本企业某品牌转移到喜爱竞争对手的某品牌。

企业在重新定位前，尚需考虑两个主要因素：一是企业将自己的品牌定位从一个子市场转移到另一个子市场时的全部费用；二是企业将自己的品牌定位在新位置上的收入有多少，而收入多少又取决于该子市场上的购买者和竞争者情况、取决于在该子市场上销售价格能定多高等。

（二）设计市场营销组合

市场营销组合是企业市场营销战略的一个重要组成部分。市场营销组合是现代市场营销理论中的一个重要概念。市场营销组合中所包含的可控制的变量很多，可以概括为四个基本变量，即产品、价格、地点和促销。

1. 产品策略

产品策略包括产品组合策略、品牌与商标策略和产品开发策略。

（1）产品组合策略。所谓产品组合是指某一企业所生产或销售的全部产品大类、产品项目的组合。产品大类（又称产品线）是指产品类别中具有密切关系（或经由同种商业网点销售或同属于一个价格幅度）的一组产品。产品项目是指某一品牌或产品大类内由尺码、价格、外观及其他属性来区别的具体产品。

① 产品组合的宽度、长度、深度和关联性。产品组合的宽度是指一个企业有多少产品大类。产品组合的长度是指一个企业的产品组合中所包含的产品项目的总数。产品组合的深度是指产品大类中每种产品有多少花色、品种、规格。产品组合的关联性是指一个企业的各个产品大类在最终使用、生产条件、分销渠道等方面的密切相关程度。

企业增加产品组合的宽度，可以充分发挥企业的特长，使企业尤其是大企业的资源、技术得到充分利用，提高经营效益。企业增加产品组合的长度和深度，可以迎合广大消费者的不同需要和爱好，以招徕、吸引更多顾客。企业增加产品组合的关联性，则可以提高企业在某一地区、行业的声誉。

② 产品组合策略类型。企业在调整和优化产品组合时，依据情况的不同，可选择以下策略：第一，扩大产品组合。包括拓展产品组合的宽度和加强产品组合的深度。前者是在原产品大类内增加新的产品项目。当企业预测现有产品大类的销售额和利润额在未来一段时间内有可能下降时，就应考虑在现行产品组合中增加新的产品大类，或加强其中有发展潜力的产品大类；当企业打算增加产品特色或为更多的细分市场提供产品时，则可选择在原有产品大类内增加新的产品项目。第二，缩减产品组合。当市场不景气或原料、能源供应紧张时缩减产品反而可能使总利润上升。这是因为从产品组合中剔除了那些获利很小甚至亏损的产品大类或产品项目，使企业可集中力量发展获得利润较多产品大类和产品项目。第三，产品延伸。产品延伸策略指全部或部分地改变公司原有产品的市场定位，具体做法有向下延伸、向上延伸和双向延伸三种。向下延伸，指企业原来生产高档产品，后来决定增加低档产品；向上延伸，指企业原来生产低档产品，后来决定增加高档产品；双向延伸，即原定位于中档产品市场的企业掌握了市场优势以后，决定向产品大类的上下两个方向延伸，一方面增加高档产品；另一方面增加低档产品，扩大市场阵地。

③ 产品大类现代化。在某些情况下，虽然产品组合的宽度、长度都很恰当，但产

品大类的生产形式却可能已经过时，这就必须对产品大类实施现代化改造。如果企业决定对现有产品大类进行改造，产品大类现代化决策首先面临这样的问题：是逐步实现技术改造，还是以最快的速度用全新设备更换原有产品大类。逐步现代化可以节省资金耗费，但缺点是竞争者很快就会察觉，并有充足的时间重新设计它们的产品大类；而快速现代化决策虽然在短时期内耗费资金较多，却可以出其不意，击败竞争对手。

（2）品牌和商标策略。品牌和商标具有三个基本特点：名称、标记、关联性和个性。名称指品牌和商标名称应受法律保护、便于记忆并与产品自身相一致（若可能）；标记使品牌和商标具有可辨认性的设计、商标、符号和一系列视觉特征。关联性和个性有助于使用者通过品牌和商标将企业的产品与竞争性产品区分开来。

企业可采用的品牌和商标策略如下：①单一的企业名称。比如，企业对所有产品都使用同一商标，并采用某种实际的方式来描述个别产品。这种策略的优点是：可以将一种产品具备的特征传递给另一种产品，从而简化了新产品上市的过程，因为无须为新产品建立新的品牌认知度。②每个产品都有不同的品牌名称。如果企业生产的产品在市场中的定位显然不同，或者市场被高度细分，则企业通常对每个产品都采用不同的品牌名称。③自有品牌。许多零售商销售自有品牌的杂货、服饰和五金器具，以使客户建立对该零售商而不是产品生产商的忠诚度。例如，随着多家国际大型超市大举进入中国，自有品牌也在中国的超市中形成一股浪潮。这些超市对其自有品牌的定价拥有绝对的决定权。

（3）产品开发策略。在新产品开发的过程中，最重要的任务是满足客户需求和实现产品差异化。新产品的定义较为广泛，主要是指打开了新市场的产品、取代了现有产品的产品以及现有产品的替代品。

产品开发的原因包括：①企业具有较高的市场份额和较强的品牌实力，并在市场中具有独特的竞争优势。②市场中有潜在增长力。③客户需求的不断变化需要新产品。持续的产品更新是防止产品被淘汰的唯一途径。④需要进行技术开发或采用技术开发。⑤企业需要对市场的竞争创新作出反应。

然而，产品开发战略具有极大的投资风险。因为以下原因产品开发越来越难以实现：①在某些产业中，缺乏新产品构思。②不断变小的细分市场使得市场容量降低，从而无法证明投资的合理性。③由于产品涉及复杂的研发过程，因此产品开发失败的概率很高。④企业通常需要进行许多产品构思来生产好产品，这使得新产品开发非常昂贵。⑤即便产品获得成功，但是由于被市场中的竞争者"模仿"并加入其自身的创新和改良，因而新产品的生命周期可能较短。

为了使产品开发失败的概率最小化，要对新产品构思进行筛选。筛选流程包括业务分析、开发、测试上市和商品化；其旨在回答如下问题：①该产品是否符合企业目标、企业战略、资源和竞争力。②潜在客户是否喜欢这一产品。如果是，他们是否能购买该产品。③该产品在市场上能否获利。④在技术上和商业上，该产品是否能证明投资的合理性。⑤市场测试是否符合预期要求。客户、经销商和竞争者的反应如何。

只有上述答案都是肯定回答时，才能将该项产品上市。

2. 促销策略

促销是营销组合中营销部门最具控制权的一个环节。促销的目的是：赢得潜在客户的注意；产生利益；激发客户的购买渴望；刺激客户的购买行为。企业将其产品或服务的特性传达给预期客户的方式被称为促销组合。促销组合由四个要素构成：

（1）广告促销。在媒体中投放广告，以此来使潜在客户对企业产品和服务产生良好印象。广告促销要仔细考虑广告的地点、时间、频率和形式。

（2）营业推广。采用非媒体促销手段，为"鼓励"客户购买产品或服务而设计。例如，试用品、折扣、礼品等方式都已被许多企业所采用。

（3）公关宣传。通常是指宣传企业形象，以便为企业及其产品建立良好的公众形象。

（4）人员推销。采用人员推销时，企业的销售代表直接与预期客户进行接触。与广告促销和公关宣传不同，与客户面对面地交谈是一种更积极的方式，因为销售代表能够完整地解释产品的细节，针对客户对其产品提出的问题对客户进行解答，适当时还可以演示产品的"用途"。

促销组合反映了使产品到达目标客户的各种方式。一般管理层所要确定的是在什么时间对什么产品采用什么样的促销技术。这一问题有多个解决方案，取决于产品的类型、目标客户、可用的沟通渠道等。

3. 分销策略

分销策略是确定产品到达客户手上的最佳方式。分销策略要克服地点、时间、数量和所有权上的差异，分销策略要解决如何分销产品以及如何确定实体店的位置等问题。该决策取决于以下一些变量：①企业产品类型的现有分销渠道；②为企业产品建立自己的网络所需的费用；③存货的成本，以及该成本随着分销策略的不同如何变化；④企业产品类型所处的监管环境。

分销策略应当与价格、产品和促销三个方面密切相关。可获取产品的渠道对于客户对产品的质量感知和状况感知非常重要。分销渠道必须使产品的形象目标与客户的产品感知相符合。

分销功能通过分销渠道来体现。分销渠道包括产品或服务的移动和交换过程中所涉及的所有机构或人员，如零售商、批发商、分销商和经销商、代理商、特许经营和直销。零售商是指直接对家庭进行销售的、拥有实体店的中间商。批发商是指从竞争厂家购入一系列的产品作为库存并将其销售给其他企业（诸如零售商）的中间商。许多批发商都专门销售特殊的产品。多数批发商销售消费品，但也有一些专门销售工业产品，比如钢铁企业。分销商和经销商是指通过签订合同购买生产商的产品并将其出售给客户的企业。除了销售生产商的产品之外，分销商通常还对产品进行促销并提供售后服务。代理商购买生产商的产品并获取佣金，其佣金与产品销量无关。特许经营者是一家独立的企业，其支付一定加盟费并被允许在母企业名称下从事经营活动并取得一定销售份额，例如麦当劳。直销包括邮件订购、电话订购以及使用互联网或电视购物。

分销渠道有两种类型：直接分销和间接分销。直接分销是指产品无须具体的中间商而直接从生产商到消费者；间接分销是指利用了中间商（批发商、零售商或可能两者）的分销系统。选择采用中间商，生产商能够扩大核心业务而不用在分销渠道上投入大量的资金，从而获取较高的投资回报率。此外，如果企业是一家大型生产商并且在全球范围内销售，则其不太可能拥有所有的销售点。

此外，企业可以采用独家分销，即在每个地域市场仅使用一家零售商；选择分销是使一家以上的零售商，但并不是所有的分销商都愿意经销企业的产品；企业也可采用密集分销，即通过许多商店销售产品。

在评价和评估企业的分销结构时，一般使用经济性标准（是否取得最大利润）、控制性标准（生产商对渠道的控制程度，如使用代理商会增加控制问题）和适应性标准（生产商能否具有适应环境变化的能力）。

4. 价格策略

定价是营销工具中最有力的策略。定价目标可能是：①通过利用需求价格弹性和成本信息使利润最大化——经济学理论中的目标。②实现投资的目标回报率（如 ROI 或 ROCE 指标）。这一目标会导致采用成本导向定价法。③实现目标市场份额（比如，采用渗透定价法）。④当市场对价格非常敏感时，其目标是增强竞争力而不是领导市场。

营销组合的价格要素能够带来收益。由于要考虑成本和市场因素，因而市场中的企业并不能完全自由地定价，但他们可以在不同情况下采用不同的定价策略。如质优价高的定价、跟随市场领导者或市场的定价策略、产品差别定价法以及产品上市定价法。

（1）产品差别定价法。差别定价是指对市场不同部分中的类似产品确定不同的价格。其经济学原理是：如果对所有产品确定相同的价格，那么其价格会低于购买力最强的客户细分市场（无价格弹性的需求）愿意支付的价格，从而损失收益；但是其价格又会高于购买力稍弱的客户细分市场（价格弹性的需求）愿意支付的价格，从而损失销量。对前者定高价、对后者定低价能够使企业的收益最大化。要实现成功的差别定价，不同市场必须具有不同的弹性，并且实施差别定价的市场间的"渗漏"必须很小，这样才能保持市场的相对独立性。

差别定价的不同方法如下：①细分市场。比如，乘坐交通工具时，学生和老年人群享受打折优惠。②地点。剧院的座位通常根据其位置出售，这样人们观看同样的演出时便根据其所在的座位类型支付不同的票价。③产品的版本。移动电话具有"附加"附件，其能使一个品牌吸引多样化的客户。最终价格无须直接反映"附加"附件的成本价格；通常这一系列产品中高端产品的价格远远高于"附加"附件的成本。④时间。酒店和机票的价格因季节而异。这种定价方法是通过考虑所供应的商品或服务的平均成本之外的其他变量来定价，从而提高销售额。又或者是有的产品可根据季节不同给予季节折扣，如冬天买电扇，夏天买电暖气，都可以折扣出售，这样可减少积压，加速资金周转。⑤动态定价。产品的价格随着与正常需求形态相比的现有需求程度而变化。廉价航空企业会对未来飞行确定一个较低的初始价格，并通过先进的计算机程序跟踪累计销量；如果销量相对正常、销量上升较快，则航空企业会提高其价格。

（2）产品上市定价法。产品上市有两个常见的价格策略，渗透定价法和撇脂定价法。①渗透定价法是指在新产品投放市场时确定一个非常低的价格，以便抢占销售渠道和消费者群体，从而使竞争者较难进入市场。因而，这是一种通过牺牲短期利润来换取长期利润的策略。企业缩短产品生命周期的最初阶段，以便尽快进入成长期和成熟期。②撇脂定价法是指在新产品上市之初确定较高的价格，并随着生产能力的提高逐渐降低价格。这一方法旨在产品生命周期的极早阶段获取较高的单位利润。

新产品首次上市时，企业为了赢得客户在广告和促销上投入了大量成本。随着产品进入生命周期中的后期阶段，企业会逐渐为产品制定较低价格。这样，在渐进阶段盈利性的"奶油"被"撇"掉，直到仅能以较低的价格维持销量为止。例如，新发布的电脑产品在上市初期定价相对较高，随后价格会逐渐下降。

无论企业选择采用何种定价策略，重要的是企业应懂得价格与其他营销组要素之间具有很强的相互作用。定价必须考虑到相对竞争者而言产品的质量和促销费用。在几乎每个市场都能观察到以下现象：一是质量和广告费用相对较高的品牌会取得最高的价格。反之，质量和广告费用相对较低的品牌，其产品的售价就比较低廉。二是质量中等但广告费用相对较高的品牌能够收取高价。相对不知名的产品而言，消费者显然愿意为知名产品支付更高的价格。

（三）营销战略实施与控制

企业的市场营销战略过程的第三个主要步骤即执行和控制市场营销计划。这是整个市场营销管理过程的一个带有关键性的、极其重要的步骤。因为企业制订市场营销计划不是纸上谈兵，而是为了指导企业的市场营销活动，实现企业的战略使命和目标。

1. 执行计划

企业要贯彻执行市场营销计划、有效地进行各种市场营销工作，就必须建立和发展市场营销组织。在现代市场营销实践中，大公司的市场营销管理人员较多、分工较细，一般都由一个市场营销副总裁负责领导公司的整个市场营销工作，而且在工作中要与制造、财务、研究与开发、人力资源等副总裁密切协作，集中公司各个部门的一切力量、资源，千方百计满足目标顾客的需要，实现企业的战略使命和目标。

在执行计划时，市场营销经理要把计划任务落实到人，指派专人负责在规定的时间内完成计划任务。例如，市场营销经理要把销售指标逐级合理分配到各个销售区、各个推销人员；要把市场营销预算分配到渠道、广告、宣传、人员推销等业务领域，切实落实计划任务，保证计划贯彻执行。

2. 控制计划

市场营销计划控制包括年度计划控制、盈利能力控制、效率控制和战略控制。

（1）年度计划控制。年度计划控制，是指企业在本年度内采取控制步骤，检查实际绩效与计划之间是否有偏差，并采取改进措施，以确保市场营销计划的实现与完成。年度计划控制的主要目的在于：①促使年度计划产生连续不断的推动力。②控制的结果可以作为年终绩效评估的依据。③发现企业潜在问题并及时予以妥善解决。④高层管理人员可借此有效地监督各部门的工作。

年度计划控制包括四个主要步骤：①制订标准，即确定本年度各个季度（或月）的目标，如销售目标、利润目标等。②绩效测量，即将实际成果与预期成果相比较。③因果分析，即研究发生偏差的原因。④改正行动，即采取最佳的改正措施，努力使成果与计划相一致。

企业经理人员可运用五种绩效工具来核对年度计划目标的实现程度，即销售分析、市场占有率分析、市场营销费用对销售额比率分析、财务分析、顾客态度追踪。

（2）盈利能力控制。除了年度计划控制之外，企业还需要运用盈利能力控制来测定不同产品、不同销售区域、不同顾客群体、不同渠道以及不同订货规模的盈利能力。由盈利能力控制所获取的信息，有助于管理人员决定各种产品或市场营销活动是扩展、减少还是取消。

（3）效率控制。效率控制包括销售人员效率控制、广告效率控制、销售促进效率控制、分销效率控制等。效率控制的目的在于提高人员推销、广告、销售促进和分销等市场营销活动的效率，市场营销经理必须重视若干关键比率，这些比率表明上述市场营销组合因素的功能执行的有效性以及应该如何引进某些资料以改进执行情况。

（4）战略控制。战略控制是指市场营销管理者采取一系列行动，使实际市场营销工作与原规划尽可能一致，在控制中通过不断评审和信息反馈对战略不断修正。市场营销战略的控制既十分重要又难以准确把握。战略控制注意的是控制未来、是还没有发生的事件。战略控制必须根据最新的情况重新估计计划和进展，因而难度也就比较大。

企业在进行战略控制时，可以运用市场营销审计这一重要工具。所谓市场营销审计是对一个企业市场营销环境、目标、战略、组织、方法、程序和业务等作综合的、系统的、独立的和定期性的核查，以便确定困难所在和各项机会，并提出行动计划的建议，改进市场营销管理效果。市场营销审计实际上是在一定时期对企业全部市场营销业务进行总的效果评价，其主要特点是：不限于评价某一些问题，而是对全部活动进行评价。

二、研究与开发策略

研究与开发（简称研发）被定义为组织层面的企业创新。研究可以是基础研究、应用型研究和开发型研究，其目的在于改良产品或改良流程。基础研究是取得新的科学技术知识或了解的初始研究，没有明显的商业用途或实际目的。应用型研究是指具有明显的商业用途或实际目的的研究。开发型研究是指在开始商业生产运作之前利用现有的科学技术知识来生产新产品或系统。

研发战略并不能独立于企业的其他部分单独进行。业务层战略会关注企业想要拥有的广泛产品以及企业想要参与竞争的广泛市场。这种战略需要受到企业的竞争力战略的支持，并集中关注企业成功实施业务战略所需的技术。企业研发的任务包括：转化复杂技术、使流程与当地的原材料相适应、使流程与当地的市场相适应、根据特殊的品位和规范来改进产品。诸如产品开发、市场渗透或市场差异化等战略的实施需要成功地开发新产品，或者极大地改良老产品。

（一）研发的类型

研发有两种类型：产品研究和流程研究。

1. 产品研究——新产品开发

新产品开发是竞争优势的主要来源，是实施差异化战略的企业战略保障体系中的关键环节。但新产品上市也可能花费大量的资金。必须谨慎控制新产品的开发过程。为确保企业的资源都集中应用在成功概率较高的项目上，进行项目筛选是非常必要的。

2. 流程研究

流程研究关注于生产产品或提供服务的流程，旨在建立有效的流程来节约资金和时间，从而提高生产率。流程研究对提高质量管理也至关重要。所以流程管理无论对于实施成本领先战略的企业，还是对于实施差异化战略的企业而言，都是必不可少的。

（二）研发的动力来源

研究与开发可以是"需求拉动"的，即市场的新需求拉动创新以满足需求；也可以是"技术推动"的，即创新来自发明的应用。对于"需求拉动"的研究与开发，研发部门与市场营销部门的协调是非常重要的。尽管研究开发和生产制造活动从技术角度来看都不属于营销经理的职责。然而，营销经理对于顾客需求的了解可以对产品开发提供思路和方向，如果不能很清楚地了解顾客的需求，产品设计人员和工程师就可能会按自己的技术特长来开发和生产产品，而不考虑顾客的需要。但是，最终决定是否购买产品的是顾客，而不是产品设计者或工程师。

（三）研发的战略作用

（1）波特的基本战略。产品创新是产品差异化的来源。流程创新使企业能够采用成本领先战略或差异化战略。

（2）波特的价值链。研发被纳入价值链的支持性活动。通过提供低成本的产品或改良的差异化产品可以强化价值链。

（3）安索夫矩阵。研发支持四个战略象限。可以通过产品求精来实现市场渗透战略和市场开发战略。产品开发和产品多元化需要更显著的产品创新。

（4）产品的生命周期。产品研发会加速现有产品的衰退，因而需要研发来为企业提供替代产品。

（四）研发定位

企业研发战略至少存在三种定位。

（1）成为向市场推出新技术产品的企业。这是一个富有魅力的、令人兴奋的战略，但同时也是一个风险较大的战略。

（2）成为成功产品的创新模仿者。这种方法的启动风险和成本最小。这种方法必须有先驱企业开发第一代新产品并证明存在该产品的市场，然后由落后的企业开发类似的产品。这种战略要求企业拥有优秀的研发人员和优秀的营销部门。

（3）成为成功产品的低成本生产者。通过大量生产与新引入的产品相类似，但价格相对低廉的产品来成为低成本生产者。由于产品已经被客户所接受，因此价格对作出购买决定而言越来越重要。规模营销替代人员销售成为主要的销售战略。这种研发战略要求企业对工厂和设备进行不断投资，但与前两种战略相比其所需的研发费用较低。

（五）研发技术获取途径选择的依据

对于是获取外部企业的研发技术还是在企业内部开发研发技术，许多企业都举棋不定，以下指南有助于企业作出决策：

（1）如果技术进步速度缓慢、市场增长率适中，并且新的市场进入者有很大的进入障碍，则企业内部研发是最佳选择。原因在于成功的研发能够为企业带来可以利用的、暂时性的产品或流程垄断。

（2）如果技术变化速度较快而市场增长缓慢，则花费大量精力进行研发会给企业带来较大风险；原因在于这可能使企业开发出一种完全过时的、没有任何市场的技术。

（3）如果技术变化速度缓慢但市场增长迅速，则通常没有足够的时间进行企业内部的研发。在这种情况下，最佳方法是从外部企业取得独家或非独家的研发技术。

（4）如果技术进步和市场增长都很迅速，则应从业内的资深企业取得研发技术。

（六）研发政策

调查显示最成功的企业所采用的研发策略能够将外部机会与内部优势紧密相连，并且研发战略与企业目标紧密相关，而制定得当的研发政策是这一过程中的关键环节。研发政策一般考虑以下方面：①强化产品或流程改良；②强化应用型研究的基础；③成为研发领导者或跟随者；④开发机器人技术或手动流程；⑤对研发投入高额、适中或低额资金；⑥在企业内部进行研发或者将研发外包；⑦利用大学研究者或私营企业的研究。

此外，研发战略特别要求管理层制定鼓励创新性构思的政策。这包括以下几个方面：①必须给予创新财务支持，并可以通过为研发和市场研究投入资金以及为新构思投入风险资金来实现。②必须使员工有机会在一个能够产生创新构思的环境中工作，这需要适当的管理风格和组织结构。③管理层能积极地鼓励员工和客户提出新构思。下级员工参与到开发决策中来能够鼓励他们更多地参与开发项目并为项目的成功付出努力。④组建开发小组并由企业负责项目小组工作。⑤在适当情况下，企业的招聘政策应集中于招聘具有必备创新技能的员工。应对员工进行培训并使其与时俱进。⑥由特定的管理者负责从环境中或从企业的内部沟通中获取与创新构思有关的信息。⑦战略计划应有助于创新目标的达成；对成功实现目标的员工应给予奖励。

三、生产运营战略

生产运营战略是企业根据目标市场和产品特点构造其生产运营系统时所遵循的指导思想，以及在这种指导思想下的一系列决策规划、内容和程序。

生产运营战略与企业内流程的设计、实施和控制相关，将投入（材料、人工、其他资源、信息和客户）转化为产出（产品和服务）。生产运营职能被视作以下三种传统核心职能之一：第一，生产运营。生产运营职能负责通过为客户生产产品和提供服务来满足客户的订单和要求。第二，市场营销。市场营销职能负责识别客户的需求、与潜在客户进行沟通使其购买企业产品。第三，研究与开发。研究与开发职能负责改良产品（服务）或改良流程，从而提高企业的盈利能力。

（一）生产运营战略所涉及的主要因素和阶段

从生产运营战略的横向考察，所有生产运营流程都涉及转化过程，但是转化过程在四个方面或因素上有所不同，它们分别是批量、种类、需求变动以及可见性。上述每个因素都会影响企业的生产运营方式和管理。

（1）批量。生产运营流程在所处理的投入和产出的批量上有所不同。较高的投入或产出批量能使生产运营流程成为资本密集型流程。在这种流程中，工作专门化并具有完备的系统指导工作的完成，单位成本应当较低。较低的投入或产出批量意味着每名员工都要执行一项以上的任务，这样专业化无法实现。在这种流程中，系统化程度较低并且与高批量情况相比单位产出成本较高。

（2）种类。这是指企业提供的产品或服务的范围，或者企业对这些产品或服务投入的范围。如果种类繁多，则企业具有灵活性并能够适应个别客户的需求。但企业的工作会变得较为复杂，并且单位成本较高。如果种类有限，则企业比较容易对生产运营流程进行明确限定，这种生产运营流程具有标准化、常规的运营程序及较低的单位成本。但企业在适应客户差异化需求时灵活性较差。

（3）需求变动。在某些企业中，需求在一年中因季节而异（如旅游业或玩具业）或者在一天中因时间而异（例如，公共交通的使用量）。需求变动可能是可预测的也可能是无法预测的。当需求变动较大时，生产运营会产生产能利用率的问题。生产运营流程应尽量预测需求变动相应调整产量。例如，旺季的时候旅游业聘用兼职员工。而在旅游淡季，企业的设备和员工都处于未被充分利用的状态，因而单位成本很可能比较高。当需求稳定时，生产运营流程更可能实现较高的产能利用率，并且成本会相应较低。

（4）可见性。可见性是指生产运营流程为客户所见的程度。许多服务流程都对客户高度可见。生产运营流程的高可见性需要员工具备良好的沟通技巧和人际关系技巧。与可见性低的生产运营流程相比，这种运营流程需要更多的员工；因而，运营费用较高。

当可见性高时，客户的感性认识会在很大程度上影响他们对生产运营流程的满意度。如果客户需要等待，就有可能会产生不满，这时员工需要具备很高的人际沟通技巧。具有可见性高的生产运营流程的单位成本可能比较高。当可见性较低时，生产和销售之间可以存在时间间隔，从而允许生产运营流程充分发挥作用。在可见性较低的生产运营流程中，联系客户的技巧并不重要，单位成本也相对较低。

而从生产运营战略的纵向考察，又涉及生产运营战略的几个主要阶段：①确定生产运营目标；②将业务战略或营销战略转化为生产运营战略，即确定工作得以具体完成的方式；③通过与竞争者的绩效相比较来评估企业当前的运营绩效；④以缺口分析为基础来制定战略；⑤执行战略，并通过对环境变化作出反应来不断地检查、改善和改良战略。

（二）生产流程计划

生产或运营能力、局限性和政策能够极大促进或阻碍企业目标实现。生产流程通常构成了企业总资产中的大部分资产。战略实施流程中的大部分都发生在生产现场，以下几个方面的生产流程决策对战略实施的成败具有重大影响：工厂规模、工厂地点、产品设计、设备的选择、工具的类型、库存规模、库存控制、质量控制、成本控制、标准的使用、工作专业化、员工培训、设备与资源利用、运输与包装以及技术创新。

在研究工厂地点和生产设备之前所必须考虑的因素包括：主要资源的可利用性、该地区的当前平均工资水平、与收发货物相关的交通费用、主要市场的地点、该地区所在国家的政治风险以及可用的培训过的员工。对于高技术企业而言，由于经常需要改变主要产品，因此生产成本与生产灵活性同等重要。某些产业（比如生物技术和整形外科等）所依赖的生产体系必须具有足够的灵活性，从而使其能够进行频繁的产品变更和新产品的快速引入。

（三）产能计划

"产能"是指企业在指定时间内能够完成的最大工作量。产能计划是指确定企业所需的生产能力以满足其产品不断变化的需求的过程。

企业产能与客户需求之间的差距会导致效率低下，产能计划的目标就是使这种差距最小化。对企业产能的要求因产量的变化而变化，比如增加或降低现有产品的产量或生产新产品。企业可以通过以下方式来提高产能：引进新技术、设备和材料；增加员工或机器的数量；以及增加轮班的次数或收购其他生产设备。

产能计划的类型包括领先策略、滞后策略和匹配策略。①领先策略是指根据对需求增长的预期增加产能。领先策略是一种进攻性策略，其目标是将客户从企业的竞争者手中吸引过来。这种策略的潜在劣势在于其通常会产生过量的产能，生产能力不能充分利用而导致企业成本上升。②滞后策略是指仅当企业因需求增长而满负荷生产或超额生产后才增加产能。该策略是一种相对保守的策略，它能降低生产能力过剩的风险但也可能导致潜在客户流失。③匹配策略是指少量地增加产能来应对市场需求的变化。这是一种比较稳健的策略。

一般来说，共有三种平衡产能与需求的方法：

（1）资源订单式生产。当需求不确定时，企业仅在需要时才购买所需材料并开始生产所需的产品或提供所需的服务。例如，建筑企业可能会收到承建新的道路桥梁的大订单。该建筑企业将仅在签订了合同之后才开始采购必需的资源。

（2）订单生产式生产。在采用某些生产运营流程的情况下，企业可能对未来需求的上涨非常有信心，从而持有为满足未来订单所需的一种或多种资源的存货，如配备适当的劳动力和设备，但企业会在实际收到订单之后才开始生产产品或提供服务。例如，一家餐馆需要的员工数量是可变的，因此它会有一批兼职员工，在餐馆举办大型活动或宴会的时候随叫随到。此外，全职员工还可能在需要时加班工作或进行轮班。

（3）库存生产式生产。许多企业在收到订单之前或在知道需求量之前就开始生产产品或提供服务。这种情况在制造型企业非常常见。例如，某国今年的社会经济增长理想，国内外消费强劲，玩具生产商预计在圣诞节前订单会有 15%～20% 的增长，因此在第三季度就开始生产各种玩具，以减少在第四季度不能满足市场需求的压力。

（四）准时生产系统（JIT）

准时生产方法是指生产的产品能够精准地满足客户在时间、质量和数量上的需求，而无论客户是产品的最终用户还是处于生产线上的其他流程。采用 JIT 时，配送到生产现场的部件和材料正如生产所需，企业不会为防止发生配送延迟的情况而储备材料和部件。例如，一家汽车制造工厂收到的轮胎的数量和类型正好满足一天的生产需求，并且供应商将在非常短的时间内将所需的轮胎配送给生产线上正确的进料台。

1. JIT 理论的关键要素

（1）不断改进。不断改进的目标是尽快满足需求并提供最佳的质量而又避免造成浪费。这一要素追求简单性。简单的系统便于理解、便于管理而且不容易出错。此外，这一要素是一个以产品为导向的设计，其在材料和部件的移动上花费的时间较少。

（2）消除浪费。"浪费"是指通常意义上的浪费，包括时间、资源以及材料的浪费。浪费共有七种类型：①生产过剩的浪费；②等待的浪费；③搬运的浪费；④加工的浪费；⑤库存的浪费；⑥动作的浪费；⑦不良产品的浪费。

（3）良好的工作场所整理。工作场所整洁有条理。

（4）缩短生产准备时间。增强灵活性并使小批量生产成为可能。

（5）企业中所有员工的参与。要想成功应用 JIT，其理念应被企业中所有员工接受。

2. JIT 的优点

（1）库存量低。这意味着减少了仓储空间，从而节约了租赁和保险费用。

（2）由于仅在需要时才取得存货，因此降低了花费在存货上的运营成本。

（3）降低了存货变质、陈旧或过时的可能性。

（4）避免因需求突然变动而导致大量产成品无法出售的情况出现。

（5）由于 JIT 着重于第一次就执行正确的工作这一理念，因而降低了检查和返工他人所生产的产品的时间。

3. JIT 的缺点

（1）由于仅为不合格产品的返工预留了最少量的库存，因而一旦生产环节出错则弥补空间较小。

（2）生产对供应商的依赖性较强，并且如果供应商没有按时配货，则整个生产计划都会被延误。

（3）由于企业按照实际订单生产所有产品，因此并无备用的产成品来满足预期之外的订单。然而，JIT 仍是一种能够对生产作出及时响应的方法。

JIT 理念可用于服务型企业和制造型企业。制造型企业采用 JIT 旨在降低库存；而服务型企业采用 JIT 旨在消除客户排队的现象。客户排队是非常浪费的，其主要原因有两个：一是排队需要为客户提供等待的空间，而这个空间并不会增加价值；二是排队降低了客户对服务质量的感受。例如，在客户等候理发师的时候，理发师会派助手为其洗发；饭店设有酒水区，以便在店内没有空余桌位时为等待的客户提供酒水等。这些措施都是为了以降低客户等候产生的负面情绪。

对服务型企业应用 JIT 要求企业消除任务的专业化，更为灵活地运用劳动力并能够将劳动力从一类工作转移到另一类工作，以此来适应需求和工作流程的要求。

（五）质量管理

1. 质量管理的定义

质量管理是指确定质量方针、目标和职责，并通过质量体系中的质量策划、质量控制、质量保证和质量改进来使其实现的所有管理职能的全部活动。

质量方针是企业经营总方针的组成部分，是企业管理者对质量的指导思想和承诺。质量方针的基本要求应包括供方的组织目标和顾客的期望和需求，也是供方质量行为的准则。一般包括：产品设计质量、同供应厂商关系、质量活动的要求、售后服务、制造质量、经济效益和质量检验的要求、关于质量管理教育培训等。

质量目标是指企业在质量方面所追求的目的。以系统论思想作为指导，从实现企业总的质量目标为出发点，去协调企业各个部门乃至每个人的活动，这就是质量目标的核心思想。

质量策划致力于制定质量目标并规定必要的运行过程和相关资源以实现质量目标。包括：①产品策划：对质量特性进行识别、分类和比较，并建立其目标、质量要求和约束条件；②管理和作业策划：对实施质量体系进行准备，包括组织和安排；③编制质量计划和作出质量改进规定。

质量控制是指为达到质量要求所采取的作业技术和活动。质量控制是为了通过监视质量形成过程，消除质量环节上所有阶段引起不合格或不满意效果的因素，以达到质量要求，获取经济效益。

质量保证是指为使人们确信某一产品、过程或服务的质量所必需的全部有计划有组织的活动。也可以说是为了提供信任表明实体能够满足质量要求，而在质量体系中实施并根据需要进行证实的全部有计划和有系统的活动。

质量改进为向本组织及其顾客提供增值效益，在整个组织范围内所采取的提高活动和过程的效果与效率的措施。质量改进是消除系统性的问题，对现有的质量水平在控制的基础上加以提高，使质量达到一个新水平、新高度。

2. 质量成本

质量成本又称质量费用，是指将产品质量保持在规定的质量水平上所需的有关费用。质量成本是由两部分构成，即运行质量成本（或工作质量成本，或内部质量成本）和外部质量保证成本。

（1）运行质量成本，是指企业为保证和提高产品质量而支付的一切费用以及因质量故障所造成的损失费用之和。它又分为四类，即企业内部损失成本、鉴定成本、预防成本和外部损失成本等。

① 企业内部损失成本又称内部故障成本，是指产品出厂前因不满足规定的质量要求而支付的费用。主要包括：废品损失费用、返修损失费用和复试复验费用、停工损失费用、处理质量缺陷费用、减产损失及产品降级损失费用等。

② 鉴定成本是指评定产品是否满足规定的质量水平所需要的费用。主要包括：进货检验费用、工序检验费用、成品检验费用、质量审核费用、保持检验和试验设备精确性的费用、试验和检验损耗费用、存货复试复验费用、质量分级费用、检验仪器折旧费以及计量工具购置费等。

③ 预防成本是指用于预防产生不合格品与故障等所需的各种费用。主要包括：质量计划工作费用、质量教育培训费用、新产品评审费用、工序控制费用、质量改进措施费用、质量审核费用、质量管理活动费用、质量奖励费、专职质量管理人员的工资及其附加费等。

④ 外部损失成本是指成品出厂后因不满足规定的质量要求，导致索赔、修理、更换或信誉损失等而支付的费用。主要包括：申诉受理费用、保修费用、退换产品的损失费用、折旧损失费用和产品责任损失费用等。

（2）外部质量保证成本。指为用户提供所要求的客观证据所支付的费用。主要包括：①为提供特殊附加的质量保证措施、程序、数据所支付的费用。②产品的验证试验和评定的费用。③满足用户要求，进行质量体系认证所发生的费用。

3. 全面质量管理

大多数现代质量管理方法试图在生产过程中保证质量而不是在生产完成或提供服务之后检查货物和服务。全面质量管理（Total Quality Management，TQM）是一项很受欢迎的质量鉴证技术。其所含要素主要有以下几点：

（1）内部客户和外部供应商。企业的各个部分都与质量问题有关，需要一起合作并会相互影响。TQM 提升了内部客户和内部供应商的概念。内部供应商为内部客户所做的工作最终会影响提供给外部客户的产品或服务的质量。为了满足外部客户的期望，就必须满足整个经营中每个阶段内部客户的期望。因此内部客户与质量链密切相关。内部客户 A 能够满足内部客户 B，内部客户 B 可以满足内部客户 C，C 最终满足外部客户的需求。

（2）服务水平协议。有些企业通过要求每个内部供应商同其内部客户达成一项服务水平协议来使内部供应商与内部客户的概念书面化。服务水平协议是对服务和供应的标准的一项声明，用于提供给外部客户，包括服务供应商的范围、反应时间和可靠性等方面的问题。责任界定和性能标准也可能包含在这种协议中。

（3）公司的质量文化。企业中的每个人都会影响质量，质量是每个人的责任。这意味着不仅仅是那些直接参与生产和同客户打交道的人，而且每个在后台支持的人员和行政人员都会影响质量。

（4）授权。这是确认员工自身通常是关于如何提高或能否提高质量的最好信息来源。授权包括两个关键方面：①允许员工能够自由决定如何使用掌握的技能和获得成为一个有效的团队成员所必需的新技能来完成必要的工作。②使员工对实现生产目标和质量控制负责。

全面质量管理质量成本模式是基于两个观点：一是预防成本和鉴定费用都服从管理层的影响或控制。在失败发生之前花钱预防比在失败发生之后再去检查产品或服务要好得多。二是内部损失成本和外部损失成本是预防和鉴定方面花费努力的结果。额外的预防努力将会减少内部损失成本，也可以减少外部损失成本。

换句话说，更高的预防成本最终将导致更低的总质量成本，因为评价成本、内部和外部的损失成本都将降低。在开始时就把事情做好，并设计好产品或服务的质量，这才是应该重点关注的。

四、采购战略

采购是指企业取得所用的材料资源和业务服务的过程。采购对企业产品或服务的成本和质量具有重大影响，所有企业都设有采购部门。比如，在制造型企业中，采购部门购买原材料或部件，这样生产部门可以将这些材料或部件加工成产成品并交由营销部门来销售。在零售型企业中，采购方会从制造商处采购衣服、玩具、家具及其他商品，并将其零售给最终消费者。采购的任务在于：识别潜在供应商；对潜在供应商进行评价；招标；报价；对价格及支付事项进行谈判；下订单；跟踪已下达的订单；检查进货，以及对供应商付款。

（一）货源策略

货源策略从使用多个供应商以取得较好的价格，发展到与少数供应商建立战略采购关系。当企业确定应从哪个供应商进行采购时可以考虑以下几个策略：

1. 采购方选择采用单一货源策略

优点：①采购方能与供应商建立较为稳固的关系；②便于信息的保密；③能产生规模经济；④随着与供应商的关系的加深，采购方更可能获得高质量的货源。

缺点：①若无其他供应商，则该供应商的议价能力就会增强；②采购方容易受到供应中断的影响；④供应商容易受到订单量变动的影响。

例如，在一家百货公司，其所有塑料袋都采购自同一家塑料袋生产企业。随着纸袋使用量的增加，社会对塑料袋的需求大幅下降，因此产业内仅有为数不多的几家供应商。由于业内仅有几家供应商，因此这种单一采购的策略可能是合适的。但是，现有的供应商将来能否继续供应的问题无法保证。因此，百货公司的管理层应考虑寻找其他候选供应商来应对这一风险。

2. 采购方选择采用多货源策略

优点：①能够取得更多的知识和专门技术；②一个供应商的供货中断产生的影响较低；③供应商之间的竞争有利于对供应商压价。

缺点：①难以设计出有效的质量保证计划；②供应商的承诺较低；③疏忽了规模经济。

例如，一家面包店选择了多家供应商为其供应面粉。这样做可能会产生质量问题，而面粉的质量又会直接影响所产面包的口味和质量。虽然，面包店的这种做法能确保其主要产品有持续的面粉供应，但是其需要对供应商设定质量标准来维持面粉质量，即如果供应商不能满足这些标准就不能为其供应面粉。这些标准包括面粉的原产地要求等。

3. 由供应商负责交付一个完整的子部件

例如，指定"第一阶"供应商交付子部件，而不是与若干供应商进行交易。例如，PC制造商会将键盘的生产授权给一个供应商。

优点：①允许采用外部专家和外部技术；②可为内部员工安排其他任务；③采购主体能够就规模经济进行谈判。

缺点：①第一阶供应商处于显要地位；②竞争者能够使用相同的外部企业，因此企业在货源上不太可能取得竞争优势。

例如，某超市在超市内划出一个区域专门出售生鲜食品，包括肉类、鱼类、蔬菜、水果等。由于各类生鲜食品的供应商数量繁多，因此很难管理生鲜食品的采购。该超市需要将这些食品的采购外包给专门的第三方进行。这样超市能够节省一部分成本，因为其自己的团队对"干货"食品的采购更有经验，从而能更有效地进行"干货"食品的采购。

（二）采购组合

业务单位的采购策略会因其采用的基本战略而异。采用低成本战略的企业着重于以尽可能低的成本进行采购。大型企业能够通过要求数量折扣以低成本进行采购；采购量在供应商销量中占较大比重的采购方也具有很强的议价能力。小型企业则可以其他的方式实现低成本采购。小型企业的采购趋势是组成产业网络，这是指与同一产业内其他小型企业进行合作以集中其采购要求。该网络使小型企业与单一大型企业一样能够要求数量折扣并利用能以低价提供有限供应量的国内外供应商。在许多情况下，可通过广泛的调查来锁定这些供应商。

应注意的是，低成本并不是采购活动中唯一的考虑要素。更为准确的表达应当是：采用低成本基本战略的企业应寻求"最佳成本"。该最佳成本应尽可能地降低并与所采购的产品或服务的质量相一致。一方面，如果所采购的产品或服务在生产过程中损坏或者无法满足客户需求，那么即便价格低廉也毫无意义。而另一方面，过度地强调质量也会增加不必要的成本并抬高价格。

企业可通过考虑以下四个领域来取得最佳的采购组合：

（1）质量。应向生产部门咨询制造流程所要求的产品质量，并向营销部门咨询客户能接受的产品质量。所采购的部件是产品质量的重要组成部分。

（2）数量。在综合考虑以下两个事项之后确定采购订单的大小和时间：①保有库存的成本——其占用的资本、存储空间、存货变质、保险和偷盗风险。②库存不足导致的生产延误。库存控制系统将确定最佳的订单量，以及在什么情况下需向另一家供应商进行采购；所采购的货品应按时到货以满足需求。

（3）价格。短期有利的价格趋势会影响购买决策，但采购时应时刻关注一段时期内的最佳值，即应考虑质量、交货、订单的紧急度、库存保有要求等。

（4）交货。下达订单与交付订单之间的产品交期对实现有效的库存控制和生产计划至关重要。企业还应评估供应商交货安排的可靠性。

（三）采购经理的职责

当采购具有战略重要性时，最高级别的采购经理应当是董事会成员或者至少应向执行总监报告。采购经理的职责是：①成本控制。确保企业在民期取得与质量相匹配的衡工量值。②管理投入。从供成商处采购企业所有领域的设备，例如，文件柜、文具、企业车辆等。③生产投入。为生产部门提供材料、零部件、组件、消耗品以及固定设备。④供应商管理。定位供应商，并与供应商进行交易，例如，讨论采购条件、规格、交货间隔期以及交易价格等事项。⑤获取有关以下事项的信息，用于评价各种采购方案：可用性、质量、价格、分销以及供应商。⑥维持库存水平。

五、人力资源战略

（一）人力资源战略的作用

企业的经营和职能的有效性在很大程度上取决于其雇佣的员工。所有管理者都希望自己部门的员工是出色的。要确保实现这一点，管理者需要认清有计划的系统性方法对招聘和选择员工的重要性。企业聘用的人员应具备适当的能力、性情和积极性，否则有关激励、授权以及承诺的理论都会变得毫无用处。

阿姆斯特朗对人力资源管理作了以下描述：它是取得、开发、管理和激发企业的关键资源的一种战略性和一贯性方法，企业借此实现可持续竞争优势的目标。人力资源战略需要考虑以下事项：①发展人力资源，以增加产品或服务的价值。②使员工为企业的价值观和目标而努力。③为管理层的利益而不是员工的利益服务。④为人事问题提供战略性解决方法。⑤使人力资源的发展与人力资源策略相联系。

为了发挥人力资源战略的有效作用，人力资源管理应具有清晰一致的政策并鼓励所有员工为企业目标的实现付出努力。人力资源策略必须具有灵活性；能够对内外变化作出回应；能在约束条件与机遇的框架内发挥作用，为实现企业的整体目标作出贡献。

人力资源战略的作用在公司战略中的作用是显而易见的。任何战略的关键成功因素就是确保在适当的时间、适当的地点有可利用的适当的人力资源。例如，如果企业希望转行做出版行业，企业在开始经营之前应确保拥有适当的、可用的相关经验和人员（编辑、校对、作者等），即在开始之前应确定员工的组成结构和员工招聘计划。

有效的人力资源战略应包括现实的计划和程序。应包括如下事项：①精确识别出企业为实现短期、中期和长期的战略目标所需要的人才类型。②通过培训、发展和教育来激发员工潜力。③应尽可能地提高任职早期表现出色的员工在员工总数中所占的比重。④招聘足够的、有潜力成为出色工作者的年轻新就业者。⑤招聘足够的、具备一定经验和成就的人才，并使其迅速适应新的企业文化。⑥确保采取一切可能的措施来防止竞争对手挖走企业的人才。⑦激励有才能的人员实现更高的绩效水平，并激发其对企业的忠诚度。⑧创造企业文化，使人才能在这种文化中得到培育并能够施展才华。这种文化应当能够将不同特点的人才整合在共享价值观的框架内，从而组建出一个金牌团队。

（二）人力资源规划

人力资源规划是指企业为取得、利用、改善和维持企业的人力资源而采取的策略。人才规划为制定人力资源规划提供了良好的开端。人才规划包括四个主要阶段：①分析现有的员工资源。包括优势、劣势、年龄跨度、经验和培训水平等。②估计资源可能发生的变化。包括资源流入企业、资源在企业内流动以及资源流出企业。③估计企业未来的人才需求，包括数量、类型、质量及技能构成等。④确定人才供需之间的缺口，并制定消除该缺口的政策和计划。

人力资源规划流程考虑了更广泛的环境因素（例如，雇员的结构类型、自动化的发展、定性技术的使用等），因而超出了简单的定量分析。该流程也与企业的整体发展有关，该流程应与企业目标和能够实现这些目标的组织结构相关。人力资源规划流程还关系到人员的发展，以使其具备满足未来业务需要的技能。该流程还通过利用适当的激励技术来提高企业内所有员工的绩效。

（三）人力资源计划

人力资源计划旨在消除人才的预期供需之间的缺口。内部人才供应的预期包括人员的数量、技术/能力、经验、年龄、职业、激情以及预期的自然损耗；而人才需求的预期包括所需的新技能、所需的新工作态度、工作职责的增长、缩减以及所需的新技术等。要消除人才供需之间的缺口，企业应关注以下几个方面：①招聘计划。所需招募的员工数量、招聘时间以及招聘渠道。②培训计划。所需的受训人员的数量或现有员工的培训需求。③再发展计划。用于员工的调动和再培训的计划。④生产力计划。用于提高生产力、降低人力成本和确定生产力目标的计划。⑤冗余计划。选择冗余人员、对冗余人员进行再发展、再培训或再分配的政策，以及对冗余人员实行的支付政策。⑥保持计划。为了降低可避免的劳动力浪费和留住人才而采取的行动。

人力资源计划应当包括预算、目标和标准。企业应当分配实施和控制计划的职责（包括报告和监控计划实现的程度）。

（四）招聘与选拔

招聘并没有理想的计划。所有企业都有其自身的招聘方式，并且招聘成功的比例也不尽相同。重要的是，企业应认清过去有用的、成功的招聘和选拔方法，并努力开发出一种适用的、设计良好的体系。

招聘计划包括：说明所招募的职位的准确性质；确定该工作所需的技术、态度和能力；确定该职位理想候选人的要求；以及通过广告或其他手段吸引求职者。

在招聘时，除了要初步确定某项工作是否需要补充人手和初步确定该工作描述和人员说明之外，还应确定是进行企业内部招聘还是企业外部招聘。这两种招聘方式各具优缺点。

1. 内部招聘

由现有员工来补充空缺职位时称为内部招聘，这种方式通常适用于存在某种职业结构的工作，比如具有管理或行政性质的员工。多数企业总是从其底层员工中选拔主管人员。企业采用内部招聘政策具有以下优点：①通过晋升现有员工来进行内部招聘。这种方式能调动员工积极性，培养员工的忠诚度，激发员工的工作热情，并且有助于鼓舞员工的整体士气。②在管理现有员工时，可通过已知数据进行选拔，并且可通过在内部取得反馈来考察员工是否适合该工作。③内部招聘能节约大量的招聘和选拔时间及费用。④如果需要培训，则招聘成本较高；但是，内部招聘通常无须作介绍，并且企业可以仅按照自身要求对员工进行培训。

内部招聘有以下缺点：①未被选拔的员工容易产生负面情绪；或者员工晋升后成为前同事的主管，管理会比较困难。②适合该工作的员工可能在企业外部。③会降低"新视点"进入企业而产生的变化。④由于员工认为晋升只是时间问题，因此内部招聘容易诱发自满情绪。

2. 外部招聘

外部招聘是指由企业外部的员工来补充空缺职位。一般而言，外部招聘的优缺点与内部招聘正好相反，但是应注意以下事项：①当企业无法在内部找到具有特殊技术和技能的员工时，外部招聘必不可少。在某种程度上，外部招聘对于重建人员配备非常有必要。②有必要给企业注入新鲜血液。由于企业外部的人员具有在其他企业中工作的经验，因而通常能给企业带来新的思想和不同的工作方法。但是，应认识到入职新人很可能难以改变其做事方式并且难以适应新技术和新方法。

招聘与选拔流程的目标在于以流程中最低的成本为适当的工作雇用适当的人员。选拔流程的标准步骤为：①填妥工作申请表；②进行初步筛选面试；③进行能力倾向测试；④进行深入的选拔面试；⑤检查申请人的资质和证书；⑥发出工作邀请。

值得注意的是，该流程会因不同企业或同一企业中的不同级别而异。

（五）继任计划

继任计划应当是人力资源计划中不可或缺的一部分，并且应当支持企业所选择的战略。所设计的计划应当能够适应企业经营方式可能发生的任何变化。只有当管理层的发展与企业的发展步调一致的时候，企业的战略目标才有可能实现。

1. 继任计划的益处

①如果各个级别管理者的发展属于继任计划的范围，则会促进其发展。这种计划通过提出与企业需求直接相关的目标来专注于管理层的发展；②容易实现持续性领导，从而减少方法和政策上的不当变动；③通过建立相关标准，改善管理能力的评估结果。

2. 继任计划的基本要求

①计划应当重点关注未来的需求，特别是战略和文化上的要求；②计划应当由高级管理层引导，各级管理层也负有重要责任，不应将继任计划看作是人力资源部门的责任，这一点非常重要；③管理层的发展与管理层的评估和选择同样重要；④评估应当客观，最好有一个以上的评估人对各位管理者进行评估。

（六）激励和奖励机制

人力资源战略最重要的方面是激励员工，确保他们按照企业的目标高效率地进行有效工作。除了员工的类型和素质之外，战略实施还受激励的程度和性质的影响。

积极的员工是指能够自觉投入工作并通过一定努力来获得其重视的事物的员工。他们所重视的事物因人而异。激励员工可以采用多种方法，比如，职业保障；给予物质激励；制订自我实现目标以及制订企业或企业内小组（如团队或质量圈）的发展目标。

激励战略的确定取决于企业的理念。企业应创造性地运用激励技术和奖励机制，并且使其与战略实施中的必要因素和目标紧密相关。领导者需要使其员工赞成这一战略并愿意为实现这一战略付出努力。企业在制定工作实施方面的决策时，应允许员工参与其中；使工作变得有趣，使员工有满足感；将员工个人的努力融入团队和工作小组中，从而方便交流相互的观点并营造出相互支持的氛围；以及确保有意义的激励结果和事业结果与战略构想的成功实施和战略目标的实现相关联。

企业的奖励和评估机制应当反映出企业的价值观和信念。改变员工绩效和奖励之间的关系能够有效地促进战略实施过程中所需的新的价值观和行为的发展。

（七）绩效评估

绩效评估有助于目标的制定，有助于实现整体战略目标。绩效评估还能发现能力差距和业绩差距，并为奖励水平提供相关信息。

有效的评估机制应在结果的计量和行为的计量上寻求一个平衡点。制定企业目标和个人目标仅仅是一个开始。由于企业可能会设定多种目标并采用多种计量标准，因此企业还需要对企业的绩效进行计量。企业可以通过以下几个要素来计量绩效：工作的效果、目标的实现程度和达成效率，以及实现目标过程中的资源利用情况。可以采用以下几种方法对个人进行评估：

（1）员工的等级评定。根据员工的总体绩效为员工评级。这一方法通常带有偏袒性，并且通常不具有反馈价值。

（2）评级量表。这一方法通常将个人绩效拆分成若干特征或绩效领域，比如可接受工作的数量、工作质量以及主动性等。

（3）核对表。采用这种方法时，会提供给评分者一份与工作绩效相关的表述清单。评分者必须为每个员工选择最恰当的表述。

（4）自由报告。这一方法通常是指为每个员工完成一份报告。这一方法可以在评估过程中给予充分的自由度。

（5）评估面谈。这一方法是许多评估机制的一个共同特点，并且通常与上述的评分方法之一结合使用。它能够为员工提供反馈，员工通过这些反馈能够发现自身的优缺点，并能够讨论提高其未来绩效所需采取的措施。因此，评估面谈是评估过程中的一个关键环节。

建立系统化的员工评估体系的益处有：①为员工来年目标的统一提供了一个渠道，确保员工所追求的目标与企业的业务战略相一致；②评估体系提供了概括和应对影响员工绩效的不利因素的机会；③提供反馈，激励员工并促进员工的发展；④确定个人发展需求，使其胜任未来的职位；⑤评估体系确定继任和提拔的候选人。

（八）员工的培训和发展

为确保员工在技术和社交上的能力、促进其职业发展，以及为使其胜任专业部门或管理职位，培训是非常有必要的；并且培训是员工持续发展过程的一个重要部分。

（1）员工培训的定义。员工培训就是指组织为实现自身和员工个人的发展目标，有计划、有系统地为员工提供学习机会或训练，使之提高与工作相关的知识、技能、能力以及态度等素质，以适应并胜任职位工作的战略性人力资本投资活动。

（2）员工培训的特点：①目的性：组织目标、个人目标、选择、留用。②战略性：人力资本投资。③计划性：以组织发展战略为指导，以人力资源规划为依据。④系统性：设计、规划、实施……⑤多样性：层次、类型、内容、形式。

（3）员工培训的构成要素。员工培训的构成要素包括受训学员、培训主题、培训教材、培训师资、培训活动、培训条件。

（4）员工培训的流程。员工培训的流程包括：培训需求分析，培训目标设置，培训计划设计，培训实施，培训评估。

（5）培训需求分析。培训需求分析既是确定培训目标、设计培训规划的前提，也是进行培训评估的基础，因而成为培训活动的首要环节。

① 培训需求分析的层次。包括组织分析、人员分析和任务分析。组织分析是指通过对组织的目标、资源、特质和环境等因素的分析，准确地找出组织存在的问题与问题产生的根源。人员分析是指通过对员工的绩效进行评价来找出存在的问题。任务分析是指分析员工所要完成的工作任务以及成功完成任务所需要的技能和知识。

② 培训需求的分析方法。培训需求的分析方法主要有：a. 观察法；b. 关键人员

谈话法；c. 问卷法。此外，还包括分级讨论法、测试法、文献调查法、记录报告法、自我评价法、工作样本法等。

（6）培训计划的确定：①进行课程描述。②确定培训目标。如自我意识的提高；更新知识，提高技能；使员工增加对组织的认同感和责任感；提高工作效率等。③制订培训计划。④制订培训方案。

（7）培训方法的选择应遵循的原则：①从成人特点出发；②从学员需求出发；③从培训目标出发；④从实际效果出发；⑤从创新开拓出发。

（8）常用的培训模式：①独立办学培训模式；②联合型培训模式；③全面委托型培训模式；④"学习型组织"培训模式，即以美国学者彼得·圣吉（Peter M. Senge）提出的"五项修炼"为基本原则的培训模式。

（9）培训结果的评估。①评估的基本环节：反应，学习，行为迁移，结果。②评估报告的撰写：评估报告的撰写要求，评估报告的撰写结构和内容。

（10）职工生涯规划。职工生涯规划，也称职业规划，就是指一个人对一生的各个阶段所从事的工作、职务或职业发展道路进行的设计或计划。其特点为：①个人性；②完整性；③相关性；④条件性；⑤满意性。

（11）职业生涯发展的理论：

① 霍兰德（John Holland）的入职匹配理论。霍兰德认为，最为理想的职业选择就是个体能够找到与其人格类型相重合的职业环境，在这样的环境中工作，个体容易感到内在的满足，最有可能充分发挥自己的才能。

② 帕森斯（Frank Parsons）的特质因素理论。美国波士顿大学教授帕森斯于1969年在其《选择一个职业》的著作中提出了人与职业相匹配是职业选择的焦点的观点，并阐述了这一经典理论。

③ 施恩（Edgar RSchein）的"职业锚"理论。施恩认为，雇员个人及其职业锚不是固定不变的，但这并不意味着个人将停止变化和发展。施恩提出五种类型职业锚：a. 技术或功能性职业锚；b. 管理型职业锚；c. 创造型职业锚；d. 自主与独立型职业锚；e. 安全型职业锚。

④ 职业发展周期理论。如金斯伯格（Eli Ginzberg）职业发展周期理论、萨柏（Donald E. Super）的职业发展周期理论、格林豪斯（J. R. Greenhaus）的职业生涯发展周期理论等。

（12）影响职业生涯规划的因素：①需求与职业的匹配；②性格与职业的匹配；③兴趣与职业的匹配；④能力与职业的匹配；⑤社会环境与职业的匹配。

六、财务战略

（一）财务战略的确立及其考虑因素

1. 财务战略与财务管理的定义

财务战略是主要涉及财务性质的战略，属于财务管理的范畴。财务战略主要考虑资金的使用和管理的战略问题，并以此与其他性质的战略相区别。财务战略主要考虑财务领域全局的、长期的发展方向问题，并以此与传统的财务管理相区别。财务战略概念的出现，使得企业战略分为财务战略和非财务战略两类，并把非财务战略称为经营战略。如果说经营战略主要强调与外部环境和企业自身能力相适应，那么财务战略则主要强调必须适合企业所处的发展阶段并符合利益相关者的期望。

财务管理为企业战略提供资金支持，是为提高经营活动的价值而进行的管理。财务管理的方式是决定企业战略能否成功的关键。有效的财务管理不一定能使经营灾难转变为企业的成功，失败的财务管理却足以使成功的经营战略一无所获，甚至使优秀的企业毁于一旦。财务管理对于企业的长期生存和健康发展具有重要意义。财务管理应支持企业的总体战略，但并不意味着没有自己的战略。重要的财务决策总是由企业最高层作出的，甚至要经过董事会决议。大多数企业以财务目标作为整个企业的主要目标，两者目标的直接一致使得财务管理不同于其他职能管理。重要的财务决策总会涉及企业的全局，带有战略的性质。

财务管理可以分为资金筹集和资金管理两大部分，相应地，财务战略也可以分为筹资战略和资金管理战略。狭义的财务战略仅指筹资战略，包括资本结构决策、筹资来源决策和股利分配决策等。资金管理涉及的实物资产的购置和使用，是由经营战略而非财务职能指导的。资金管理只是通过建议、评价、计划和控制等手段，促进经营活动创造更多的价值。资金管理的战略主要考虑如何建立和维持有利于创造价值的资金管理体系。股东价值是由企业长期的现金创造能力决定的，而现金创造能力又是由企业对各种因素（包括资金因素）进行管理的方式决定的。

2. 确立财务战略的阻力

企业追求的财务战略应考虑所有相关的环境因素、利益相关者的观点以及对账户和现金流的影响。选择的财务战略应该是可接受的。例如，要实现利益相关者的期望，企业就要选择财务战略，这有助于促进企业的长期繁荣。在制定财务战略的时候，管理层需要了解一些股东价值最大化的限制性因素。

（1）企业的内部约束。企业的内部约束包括董事会对于财务结构的看法、与投资者保持良好关系的必要性以及与整体企业目标匹配的财务战略的必要性。企业的董事会在债务融资上会十分谨慎，因为他们担心企业可能无法偿还债务，即使能够支付利息，企业也可能缺乏在必要时产生额外现金流的资产基础。一些较小的企业可能会被要求由董事提供个人担保而获得债务融资。另外，投资者需要确信企业正在投资于能够产生足够长期回报的项目，弄清企业是否能产生足够的股利来满足投资者的要求。

（2）政府的影响。政府鼓励企业扩展业务，但也会通过法规和税收来限制企业。这反映了不同的政府目标，既要鼓励企业发展以促进国家的繁荣，同时也要对市场的负面效应进行调控。政府并不直接参与企业的经营。但对企业组织事务有很强的间接影响。政府对企业和股东的税收所采用的经济政策，将会影响商业活动。例如，汇率政策会影响出口企业的收入和进口企业的成本。在工业化发达国家，政府已经通过鼓励自由市场来刺激经济。主要措施有：通过消除法规和立法限制来提高市场的自由化程度，减少政府在工商方面的作用，简化税收体制以鼓励企业的商业决策，国有资产私有化，开放国家控股资产，鼓励竞争，消除或降低进口限制等。

（3）法律法规的约束。企业需要了解涉及他们经营的相关法规，包括有关企业经营、税收、员工健康、安全及消费者等方面的法规。这些法规不仅影响企业的行为，而且影响股东、债权人、管理层、员工和社会大众之间的关系。遵循法律可能引起额外的成本，包括符合安全标准的额外程序和必要投资、员工培训成本和诉讼费用。

（4）经济约束。经济约束通常包括通货膨胀、利率和汇率的影响。

① 通货膨胀。面临较高生产成本和较高利率的企业可能通过抬高售价将成本转嫁给顾客。但是，如果企业为了维持现有的需求水平，也可能削减产品或服务的价格，从而只能压缩利润空间、成本和员工薪水。由于行业的需求性质不同，一些企业可能会比其他企业更容易抬高价格。通货膨胀会通过以下几种方式影响资产价值、成本和收入。第一，由于非流动资产和存货的价值将会上升，因此获取相同数量的资产需要更大金额的融资。如果未来通胀率可以预见，管理层就能计算出所需额外融资的金额，并采取一定的措施来获得这部分资金。例如，增加留存收益或借款。如果不能准确预测未来通胀率，管理层应该推测大概的数额，并相应取得额外的融资。同时，还应做一些计划来获得"应急款项"以防通胀率超出预期。第二，通货膨胀意味着更高的成本和更高的售价，从而产生一种螺旋式的成本和售价的上升，并因此削弱境外对本国产品的需求。第三，通货膨胀的结果是以牺牲放款人的利益使借款人从中获益的财富重新分配。存款的真实价值受到侵蚀。通货膨胀导致的收入重新分配，使拥有固定收入的人群蒙受损失，因为这些人缺少议价能力。

② 利率。利率是经济环境中的重要因素，它对企业财务的影响表现在以下几个方面：第一，利率衡量的是借款成本。如果企业想要筹集资金，就必须为借款支付利息。当利率上升后，企业将为其借款支付更多的利息。第二，一个国家的利率会影响到该国货币的价值。第三，利率是企业股东对回报率预期的导向，因为市场利率的变动将会影响其股票价格。第四，利率在企业制定财务决定时相当重要。当利率较低时，企业可能倾向于以下做法：获得更多的借款，最好为固定利率贷款，以此来提高公司的资金杠杆的作用；举借长期贷款而非短期贷款；在企业的能力范围内，还清利率较高的贷款，并以较低利率获得新的贷款。而当利率较高时，企业可能会倾向于以下做法：决定减少其债务融资的金额，并替换为权益融资，比如留存收益；拥有大量现金盈余和用于投资的流动资金的公司可能将其一部分短期投资从权益中转出，变成附息证券；如果预计利率近期可能有所下降，则企业可能会通过筹集短期资金和变动利率债务而不是选择固定利率的长期贷款来融资。

当利率上调时，企业的融资成本也相应增加，企业对其新的资本投资最低回报率的要求也会随之上升。

③ 汇率。汇率是指一种货币在兑换成另一种货币时的比率。全球外汇市场上不同

币种之间的汇率是持续变动的，且数量通常巨大。汇率对于一个企业及其财务管理来说十分重要，因为汇率可以影响进口成本、出口货物价值以及国际借款和贷款的成本和效益。货币价值的变动将会影响进口货物的成本。

货币价值的变动还会影响到企业和家庭的购买成本，因为人们所消费的原材料、部件和产成品有很大一部分是进口的。出于相似的原因，汇率同样会影响到出口企业，这是因为汇率的变动会影响国外顾客购买出口货物的价格。

3. 财务战略的确立

在追求实现企业财务目标的过程中，财务经理必须作出以下方面的决定：筹资来源、资本结构和股利分配政策等。

（1）筹资来源。

① 融资方式。财务资源是资源分析的一个方面。一般来说，企业有四种不同的融资方式：内部融资、股权融资、债权融资和资产销售融资。

内部融资是指企业可以选择使用内部留存利润进行再投资。留存利润是指企业分配给股东红利后剩余的利润。这种融资方式是企业最普遍采用的方式。但企业的一些重大事件，比如并购，仅仅依靠内部融资是远远不够的，还需要其他的资金来源。内部融资的优点在于管理层在做此融资决策时不需要听取任何企业外部组织或个人的意见，例如，并不需要像债权融资那样向银行披露自身的战略计划或者像股权融资那样向资本市场披露相关信息，从而可以节省融资成本。当然不足也是存在的，比如股东根据企业的留存利润会预期下一期或将来的红利，这就要求企业有足够的盈利能力，而对于那些陷入财务危机的企业来说压力是很大的，因而这些企业就没有太大内部融资的空间。

股权融资是指企业为了新的项目而向现在的股东和新股东发行股票来筹集资金。股权融资也可称为权益融资。这种融资经常面对的是企业现在的股东，按照现有股东的投票权比例进行新股发行，新股发行的成功取决于现有股东对企业前景具有较好预期。股权融资的优点在于当企业需要的资金量比较大时（比如并购），股权融资就占很大优势，因为它不像债权融资那样需要定期支付利息和本金，而仅仅需要在企业盈利时向股东支付股利。这种融资方式也有其不足之处，比如股份容易被恶意收购从而引起控制权的变更，并且股权融资方式的成本也比较高。

债权融资大致可以分为贷款和租赁两类。

贷款包括短期贷款与长期贷款。从银行或金融机构贷款是当今许多企业获得资金来源的普遍方式，特别是在银行业对企业的发展起主导作用的国家更是如此。年限少于一年的贷款为短期贷款，年限高于一年的贷款为长期贷款。企业需要定期支付贷款利息，短期贷款利率相对于长期贷款的利率要高些，不过长期贷款通常需要企业的资产作抵押。资产抵押意味着企业如不按期偿还贷款，债权人就有权处置企业所抵押的资产。企业可以选择不同的贷款合同，比如选择固定的或是浮动的利率和贷款期限。一般额度较高的贷款会附加较多的合同条款，条款的苛刻程度取决于企业对贷款的需求程度，这类贷款一般都会要求资产抵押，一旦企业违约，资产的所有权就归债权人所有。也正因为有资产作抵押，债权融资的成本一般会低于股权融资，但是无论企业的盈利状况如何，即便是亏损，企业也需要支付合同规定的利息费用，而股权融资在此时可以选择不发放股利。每个企业的贷款额度都是有限的，债权人会从风险管理的角度来评价需要贷款的企业，从而作出最优的贷款决策。例如，债权人会分析企业过去的经营业绩、未来前景、抵押资产的质量以及与企业长期培养的合作关系。债权融资方式与股权融资相比，融资成本较低、融资的速度较快，并且方式也较为隐蔽。但是不足之处也很明显，当企业陷入财务危机或者企业的战略不具竞争优势时，还款的压力会增加企业的经营风险。

租赁是指企业租用资产一段时期的债务形式，可能拥有在期末的购买期权。比如，运输行业比较倾向于租赁运输工具而不是购买。租赁的优点在于企业可以不需要为购买运输工具进行融资，因为融资的成本是比较高的。此外，租赁很有可能使企业享有更多的税收优惠。租赁可以增加企业的资本回报率，因为它减少了总资本。不足之处在于，企业使用租赁资产的权利是有限的，因为资产的所有权不属于企业。

资产销售融资是指企业销售其部分有价值的资产进行融资，这也被证明是企业进行融资的主要战略。从资源观的角度来讲，这种融资方式显然会给企业带来许多切实的利益。销售资产的优点是简单易行，并且不用稀释股东效益。不足之处在于，这种融资方式比较激进，一旦操作了就无回旋余地，而且如果销售的时机选择得不准，销售的价值就会低于资产本身的价值。

② 不同融资方式的限制。在理解了企业的几种主要融资方式后，管理层还需要了解限制企业融资能力的两个主要方面：一是企业进行债务融资面临的困境。债务融资要求企业按照合同进行利息支付，利率一般是固定的，并且利息的支付还有两个方面的要求：一是利息支付一定优先于股利支付；二是无论企业的盈利状况如何，企业都必须支付利息。因此，如果企业负担不起利息时，就将进入技术破产。这意味着，企业盈利波动的风险由股东承担，而不是由债权人承担。高风险通常与高回报相联系，股东会比债权人要求更高的回报率。按照这个逻辑，企业应该更偏好于选择债权融资。尽管相对于股权融资而言，债权融资的融资成本较低，但是企业不会无限制地举债，因为巨额的债务会加大企业利润的波动，表现为留存利润和红利支付的波动。而企业通常会提前对未来的留存利润进行战略规划，如果留存利润的波动较大企业就不能很好地预期，这样就会影响到企业的战略决策。因此，举债后企业的红利支付水平的波动比没有举债时更大。举债越多，红利支付水平波动越大。因此，即便是在企业加速发展时期，企业也会有限地举债。

债权人不愿意看到企业的资产负债比例高达100%，因为高负债率对企业利润的稳定性要求非常高。然而，当债权融资不能满足企业的增长需求时，企业会寻求其他的途径来实现企业增长的目标。总的来说，企业会权衡债权融资的利弊作出最优的融资决策。

二是企业进行股利支付面临的困境。企业在作出股利支付决策时同样也会遇到两难的境地。如果企业有股东分配较多的股利，那么企业留存的利润就较少，进行内部融资的空间相应缩小。从理论上讲，股利支付水平与留存利润之间应该是比较稳定的关系。然而，实际上企业经常会选择平稳增长的股利支付政策，这样会增强股东对企业的信心，从而起到稳定股价的作用。而且，留存利润也是属于股东的，只是暂时没有分配给股东而要继续为股东增值。但是较稳定的股利政策也有其不足之处，与前述债权融资的思路类似，如果股利支付是稳定的，那么利润的波动就完全反映在留存利润上，不稳定的留存利润不利于企业作出精准的战略决策。同样，企业也会权衡利弊作出最优的股利支付决策。

（2）资本成本与最优资本结构。为了评价各种不同的融资方式，需要考察它们给企业带来的融资成本。下面将分别讨论股权融资与债权融资的资本成本，其中重点内容是估计股权融资成本。此外，下面还将讨论影响最优资本结构的主要因素。估计和计算融资成本有以下四种情况：

① 用资本资产定价模型（CAPM）估计权益资本成本。权益资本是企业股东自己的资金，它不像债务资本那样需要支付利息，因而表面来看权益资本似乎没有成本，但是在企业没有向股东分配利润时，会产生机会成本。无论在理论上还是实践中，企业都不会把全部的资金投资于企业内部的项目，而经常会把部分资金投资于企业外部，特别是处于高风险低回报的行业中，企业会出于分散风险的考虑进行投资。企业投资于内部项目的资金成本最少相当于把这些资金投资于企业外部项目可以获得的收益，但是这并不完全是权益资本的实际成本。资本资产定价模型是估计企业内部权益资本成本的模型。它的核心思想是企业权益资本成本等于无风险资本成本加上企业的风险溢价，因而企业的资本成本可以计算为无风险利得与企业风险溢价之和。

② 用无风险利率估计权益资本成本。企业也通常会使用比 CAPM 简单的无风险利率方法估计权益资本成本，IT 企业就常常使用这种方法。使用这种方法时，企业首先要得到无风险债券的利率值，这在大多数国家都是容易获取的指标，然后企业再综合考虑自身企业的风险在此利率值的基础上加上几个百分点，最后按照这个利率值计算企业的权益资本成本。这种计算方法的困难在于到底加上几个百分点才是合适的。企业可以借鉴商业债券或合同规定的利率来估计。但是到目前为止，并没有估计该利率的固定模式。总的来说，这种估计方法有其简单灵活的优点，但同时估计的客观性和精准性也受到很大的质疑。

③ 长期债务资本成本。债务资本成本相对权益资本的计算较为直接，它等于各种债务利息费用的加权平均数扣除税收的效应。

④ 加权平均资本成本。加权平均资本成本（WACC）是权益资本成本与长期债务资本成本的加权平均。在实务中，企业通常使用现在的融资成本来计算，因为这样计算比使用过去的资本能更准确地反映企业使用资金的成本，从而作出合理的战略决策。

WACC =（长期债务成本 × 长期债务总额 + 权益资本成本 × 权益总额）/总资本

下面讨论最优资本结构。

分析资本成本的最终目的是为企业作出最优的资本结构决策提供帮助。具体来讲，资本结构是权益资本与债务资本的比例。每个企业都有自身的情况，因此资本结构决策不可能像数学公式那样可以按照统一的模式得出。借款会增加债务固定成本而给企业带来财务风险。价格、产品需求以及成本来源的变动都将对使用负债的企业带来更多的影响。由于企业的财务杠杆增加，企业的整体风险也会增加。

代理成本对于企业的实际融资决策也有影响。如果杠杆比率高，管理层和股东的利益将会和债权人的利益发生冲突。例如，管理层可能会作出对高风险项目进行投资的决策，但是债权人可能不赞同这些决策。因此，借款人应当通过引入或增加限制性条款来限制管理层的高风险投资以保护自身的权益。这些限制可能包括：限制企业增加额外债务融资，保障可接受的营运资本数额以及其他一些比率等。但是，作出这些限制可能导致企业效率下降。

除此之外，最重要的是要认识到债务的使用对企业的影响会随着时间发生变化。当现有的长期债务得到清偿时，企业的资本结构会发生改变，除非企业又举借类型相似的新债务。这种可接受的债务目标水平，会由于金融市场的变动而改变。在企业高速发展的时期，可能更倾向于大量举债。

大多数经理倾向于内部融资而不是外部融资。在实务中，这意味着在高盈利的时期，管理层会倾向于通过留存盈余而不是借债来融资。而在盈利比较低的时期，管理层倾向于借债而不是发行新股进行融资。

决定资本结构的其他考虑因素还包括：企业的举债能力、管理层对企业的控制能力、企业的资产结构、增长率、盈利能力以及有关的税收成本。还有一些比较难以量化的因素，包括企业未来战略的经营风险；企业对风险的态度；企业所处行业的风险；竞争对手的资本成本与资本结构（竞争对手可能有更低的融资成本以及对风险不同的态度）；影响利率的潜在因素，比如整个国家的经济状况。

虽然资本成本计算复杂且不确定，但仍有必要进行计算。这是因为企业需要让所有的利益相关者确认自己的付出得到回报，如果这些资金投资在企业外部能得到比投资在该企业更多的收益，企业的利益相关者就会改变自己的投资策略，从而影响企业的融资成本。此外，对企业来说，分析资本成本是企业作出新的战略规划的起点。如果企业即将启动项目的预算收益低于资金的融资成本，那么企业就应该放弃该项目。

（3）股利分配策略。股利分配策略应重点关注两方面的内容：

首先，决定股利分配的因素。决定盈余分配和留存政策也是财务战略的重要组成部分。保留的盈余是企业的一项重要的融资来源，财务经理应当考虑保留盈余和发放股利的比例。大幅的股利波动可能降低投资者的信心，因此企业通常会通过调整盈余的变化来平衡股利支付。企业发放的股利可能被投资者看作是一种信号。在决定向股东支付多少股利时，考虑的重要因素之一就是为了满足融资需要而留存的盈余的数量。留存盈余和发放股利的决策通常会受到以下因素的影响：

①留存供未来使用的利润的需要。它直接关系到企业的资产或未来业务的扩张程度。②分配利润的法定要求。这是指基于经济利润的分配可能反过来影响资本的分配，

股利的发放也将限制留存的盈余。③债务契约中的股利约束。④企业的财务杠杆。如果企业需要额外的融资，应当在权益融资和债务融资之间进行平衡。⑤企业的流动性水平。因为支付现金会导致流动性资产的枯竭。相应地，未来的现金流需要根据未来支付股利的需要来进行计划。⑥即将偿还债务的需要。未来需要偿还的债务越多，企业需要保留的现金就越多。⑦股利对股东和整体金融市场的信号作用。股东经常把企业发放的股利看作是未来成功的信号。稳定、持续的股利会被看作是一个积极的信号，所有者和投资者通常将亏损期间的股利支付看作是暂时亏损的信号。这一点得到了实证结果的支持，实证研究发现，企业的现金股利支付似乎比剩余股利理论中的股利支付更为稳定。企业平衡各个期间的股利，很可能是因为财务经理认为股利支付在资本市场中具有信号作用。

其次，实务中的股利政策。一般而言，实务中的股利政策有四大类：固定股利政策、固定股利支付率政策、零股利政策和剩余股利政策。①固定股利政策。每年支付固定的或者稳定增长的股利，将为投资者提供可预测的现金流量，减少管理层将资金转移到盈利能力差的活动的机会，并为成熟的企业提供稳定的现金流。但是，盈余下降时也可能导致股利发放遇到一些困难。②固定股利支付率政策。股利支付率等于企业发放的每股现金股利除以企业的每股盈余。支付固定比例的股利能保持盈余、再投资率和股利现金流之间的稳定关系，但是投资者无法预测现金流，这种方法也无法表明管理层的意图或者期望，并且如果盈余下降或者出现亏损，这种方法就会出现问题。③零股利政策。这种股利政策是将企业所有剩余盈余都投资回本企业中。在企业成长阶段通常会使用这种股利政策，并将其反映在股价的增长中。但是，当成长阶段已经结束，并且项目不再有正的现金净流量时，就需要积累现金和制定新的股利分配政策。④剩余股利政策。这种股利政策指只有在没有现金净流量为正的项目的时候才会支付股利。这在那些处于成长阶段，不能轻松获得其他融资来源的企业中比较常见。

（二）财务战略的选择

1. 基于发展阶段的财务战略选择

产品的生命周期理论假设产品都要经过导入期、成长期、成熟期和衰退期四个阶段。企业在不同发展阶段的特征见表4-7。

表4-7　企业发展各阶段的特征

	企业的发展阶段			
	导入期	成长期	成熟期	衰退期
经营风险	非常高	高	中等	低
财务风险	非常低	低	中等	高
资本结构	权益融资	主要是权益融资	权益＋债务融资	权益＋债务融资
资金来源	风险资本	权益投资增加	保留盈余＋债务	债务
股利	不分配	分配率很低	分配率高	全部分配
价格/盈余倍数	非常高	高	低	低
股价	迅速增长	增长并波动	稳定	下降并波动

（1）产品生命周期不同阶段的财务战略。

① 导入阶段企业的财务战略。企业生命周期的初始阶段是经营风险最高的阶段。新产品是否有销路，是否被既定客户接受，如果受到发展和成本的制约，市场能否扩大到足够的规模，如果所有这些方面都没有问题，企业能否获得足够的市场份额来判断其在行业中的地位，以上这些都是复杂的风险。经营风险高意味着这一时期的财务风险可能比较低，因此权益融资是最合适的。但是，即便是这种权益投资也不可能对所有准备接受高风险的潜在投资者都具有吸引力。这些投资者期望的可能是高回报率。这种高回报将以资本利得的形式分配给投资者，因为企业负的现金流量使得在起步阶段不可能支付股利。资本利得的优势获得了这种高风险企业的风险资本投资者的关注。如何实现这些资本利得呢？在企业获得正的现金流并开始支付股利之前，他们不希望受到支付股利的限制。因此，一旦企业认为产品在发挥作用并且它的市场潜能使得投资在财务上更有吸引力，就需要在这些权益的价值增加时寻找购买者。

由于风险投资家通常希望他们的投资组合获得更高的回报率，退出是符合各方利益的。由于企业的总风险在从启动到增长的过程中降低了，新的资本回报也必然降低。相应地，原来的风险投资家们可能对未来的融资不感兴趣，因为他们必须支付越来越高的价格。风险投资家要实现他们的利得并将收益投入到更高风险的投资中。

对于风险投资家们而言，最具有吸引力的途径是企业在股票交易所的公开发行。但是，企业家和风险投资家必须理解对方在投资起步阶段的需要：风险投资家的噩梦是其资金被绑定在一个成功的企业中，而企业的所有者或董事们不希望他们退出。很多时候，开办企业要么非常成功要么彻底失败，没有中间阶段，因此，风险投资家的结果要么很好要么很坏。风险投资家们能够通过投资开办企业组合来分散他们的投资风险。这也说明非常高的回报实际上是"要求回报"，是非常不现实的，通常可能会降为零回报。

② 成长阶段的财务战略。一旦新产品或服务成功地进入市场，销售数量就开始快速增长。这不仅代表了产品整体业务风险的降低，而且表明需要调整企业的战略。竞争策略重点强调营销活动，以确保产品销售增长令人满意以及企业增加市场份额和扩大销售量。这些表明企业风险尽管比初始阶段降低了，但在销售额快速增长的阶段仍然很高。因此要控制资金来源的财务风险，需要继续使用权益融资。然而，最初的风险投资家渴望实现资本收益以使他们能启动新的商业投资，这意味着需要识别新的权益投资者来替代原有的风险投资者和提供高速增长阶段所需的资金。最具吸引力的资金来源通常是来自公开发行的股票。

在合理的利润率水平下，产品应当有更高的销量才能产生比初始阶段更强的现金流。企业大力投资市场开发及市场份额发展活动都需要投资来配合日益扩大的经营活动。因此，企业产生的现金如果需要再投资于企业，股利分配率就将保持在一个较低的水平。这对于企业新的权益投资者而言不是问题，因为他们主要是被未来的经济增长前景所吸引。

这种增长前景已经反映在高市盈率中。在计算当前股价时，用收益乘以现有的每股盈余，意味着企业在发展阶段的每股盈余必须有实质性的增长，这一目标应当通过在快速增长的市场中赢得统治地位来实现。在产品生命周期的最初两个阶段中，企业拥有主要发展机会来发展其实质性的竞争优势，并将在以后的、现金流量为正的、成熟的阶段中运用这些优势。

③ 成熟阶段的财务战略。由于产量过剩，非常激烈的价格竞争标志着成长阶段的结束。一旦这个产业已经稳定，销售额很大而且相对稳定、利润也较合理，那么就标志着成熟期的开始。显然，企业风险再次降低了，因为另一个发展阶段已经大功告成，企业应该进入成熟阶段。企业在增长阶段的投资获得了一个非常好的相对市场份额。关键的企业风险在于能否维持这种稳定成熟的阶段，以及企业能否保持它的强大市场价值。

现在战略重点转移到提高效率、保持市场份额上来。这是因为成长期与成熟期之间的过渡是很难管理的。引入债务融资令财务风险增大，但却很有用处，这是因为企业需要获得大量现金净流量来偿还债务。正的现金流和使用债务资金的能力在再投资的过程中也很重要，因为投资者允许该企业支付更高的股利。因此，股利支付率和当前新的每股收益同比例增加，从而显著增加了股利支付。

增加股息率是必需的，因为企业未来发展前景都远远低于生命周期的早期阶段。较低的增长前景主要体现在较低的市盈率上，因此股票价格下跌。每股收益应当较高并且有所增加，以降低市盈率的倍数。最终的结果应该是更稳定的股价，这时候和早期通过资本利得给投资者期望的回报不同，更多的投资回报来自发放的股利。

当减少企业风险和降低相应总体要求的期望回报被加入同一个方程后，很显然，这种转变需要企业和投资者之间的明确沟通。

④ 衰退阶段的财务战略。成熟阶段产生的巨额正的现金流不能永远持续，产品的需求将最终逐步消失，需求导致现金流逐步衰减。尽管在成熟阶段投入的资金没有用来开拓市场或者增加市场份额，但还是有一些费用用于维持这些影响未来销售水平的因素。一旦销售需求开始不可逆转地下降，就不可能花费同样的费用来维持市场活动了。因此，可以通过适当修改企业的战略来维持在早期下跌阶段的净现金流。

尽管会转向衰退和出现不可避免的产品淘汰，但企业风险还是比先前的成熟阶段更低了。其中一个不确定性是成熟阶段的时间长度，这是需要解决的问题。现有的主要风险是经济能够允许企业生存多久。

较低的企业风险应伴随着较高的财务风险。这可以通过高股利支付政策和利用债务融资相结合来实现。在垂死的企业中使用再投资战略可能会降低企业风险，这是因为未来的发展前景堪忧，这会促使高派息政策的出现。在这一阶段支付的红利可能会超过税后利润，股息可能等于利润加上折旧。在衰退的情况下，支付的股利实际上代表了资本的回报。

消极的增长前景表现为衰退阶段较低的市盈率。然而，只要股东知道他们得到的高股利中的一部分是资本的有效回报，股票价值下跌就不会引起过分关注。

（2）财务风险与经营风险的搭配。经营风险的大小是由特定的经营战略决定的，财务风险的大小是由资本结构决定的，它们共同决定了企业的总风险。经营风险与财务风险的结合方式，从逻辑上可以划分为四种类型，如图4-5所示。

图4-5 经营风险与财务风险的搭配

① 高经营风险与高财务风险搭配。这种搭配具有很高的总体风险。例如，一个初创期的高科技企业，假设能够通过借款取得大部分资金，它破产的概率很大，而成功的可能性很小。这种搭配符合风险投资者的要求，他们只需要投入很小的权益资本，就可以开始冒险活动。如果侥幸成功，投资人可以获得极高的收益；如果失败了，他们只损失很小的权益资本。由于风险投资者已经考虑了失败的概率，通过一系列风险投资的组合分散了自己的风险，他们可以承受大部分投资项目失败的后果。

这种搭配不符合债权人的要求。这是因为债权人投入了绝大部分的资金，让企业去从事风险巨大的投资。如果侥幸成功，他们只得到以利息为基础的有限回报，大部分收益归于权益投资人；如果失败，他们将无法收回本金。因此，事实上这种搭配会因找不到债权人而无法实现。

② 高经营风险与低财务风险搭配。这种搭配具有中等程度的总体风险。例如，一个初创期的高科技企业，主要使用权益筹资，较少使用或不使用负债筹资。这种资本结构对于权益投资人有较高的风险，也会有较高的预期报酬，符合他们的要求。权益资本主要由专门从事高风险投资的专业投资机构提供。他们运用投资组合在总体上获得很高的回报，不计较个别项目的完全失败。这种资本结构对于债权人来说风险很小。不超过清算资产价值的债务，债权人通常是可以接受的。因此，高经营风险与低财务风险搭配是一种可以同时符合股东和债权人期望的现实搭配。

值得注意的是，权益筹资对于投资人来说风险大，而对于企业来说风险小。企业没有必须偿还权益投资的法定义务，可以给股东分红也可以不分红，有很大弹性。分红多少可以视企业现金流量的情况而定，是一种酌量成本。债务筹资对于债权人来说风险小，而对于企业来说风险大。企业必须按合同约定偿还债务本金，没有弹性。企业必须按期支付固定的利息，不能根据经营好坏而改变，是一种固定成本。因此，经营风险高的企业，现金流量不稳定，企业经理人员愿意使用权益资本，因为权益筹资具有偿还弹性，股利支付可以根据经营状况酌情改变。

③ 低经营风险与高财务风险搭配。这种搭配具有中等的总体风险。例如，一个成熟的公用企业，大量使用借款筹资。这种资本结构对于权益投资人来说经营风险低，投资资本回报率也低。如果不提高财务风险（充分利用财务杠杆），财务权益报酬率也会较低。权益投资人希望"利用别人的钱来赚钱"，愿意提高负债权益比例，因此可以接受这种风险搭配。对于债权人来说，经营风险低的企业有稳定的经营现金流入，债权人可以为偿债提供保障，可以为其提供较多的贷款。因此，低经营风险与高财务风险是一种可以同时符合股东和债权人期望的现实搭配。

④ 低经营风险与低财务风险搭配。这种搭配具有很低的总体风险。例如，一个成熟的公用企业，只借入很少的债务资本。对于债权人来说，这是一个理想的资本结构，可以放心为它提供贷款。企业有稳定的现金流，而且债务不多，偿还债务有较好的保障。对于权益投资人来说很难认同这种搭配，其投资报酬率和财务杠杆都较低，自然权益报酬率也不会高。更大的问题是，这种资本结构的企业是理想的收购目标，绝大部分成功的收购都以这种企业为对象。收购者购入企业之后，不必改变其经营战略（通常要付出成本并承担较大风险），只要改变财务战略（这一点很容易做到）就可以增加企业价值。只有不明智的管理者才会采用这种风险搭配。因此，低经营风险与低财务风险搭配，不符合权益投资人的期望，是一种不现实的搭配。

综上所述，经营风险与财务风险反向搭配是制定资本结构的一项战略性原则。产品或企业的不同发展阶段有不同的经营风险，企业应采用不同的财务战略。

2. 基于创造价值或增长率的财务战略选择

创造价值是财务管理的目标，也是财务战略管理的目标。如果这个目标是不变的，那么财务战略的问题就只剩下战略路径问题，也就是如何实现这个目标的问题。

从战略上看，管理者为增加企业价值可以操纵的管理杠杆十分有限。这就如同驾驶飞机一样，虽然有很多仪表显示机器复杂的运转状态，但是驾驶员可以操纵的不外乎是方向、速度和高度等有限的变量，正是依靠对主要变量的控制使飞机安全抵达目的地。如果对主要变量的操作失误就会偏离目标，甚至机毁人亡。

为了实现财务目标，必须找到影响创造价值的主要因素，以及它们与创造价值之间的内在联系。

（1）影响价值创造的主要因素。①企业的市场增加值。既然企业的目标是创造价值，那么管理者就需要知道如何计量价值的创造，因为计量是管理的前提。

计量企业价值变动的指标是企业的市场增加值，即特定时点的企业资本（包括所有者权益和债务）的市场价值与占用资本的差额。这个差额是企业活动创造的，是用市场价值衡量的企业价值增加额。

企业市场增加额 = 企业资本市场价值 − 企业占用资本

公式中的"企业资本市场价值"是权益资本和负债资本的市价。如果企业的股票和债券都上市流通，则该数额不难获得。如果企业没有上市，则市场价值需要用另外的方法。

公式中的"企业占用资本"是指同一时点估计的企业占用的资本数额（包括权益资本和债券资本）。它可以根据财务报表数据经过调整来获得。这种调整主要是修正会计准则对经济收入和经济成本的扭曲。调整的主要项目包括坏账准备、商誉摊销、研究与发展费用等。

严格来说，企业的市场价值最大化并不意味着创造价值。企业的市场价值由占用资本和市场增加值两部分组成。股东和债权人投入更多资本，即使没有创造价值，企业的总的资本市场价值也会变得更大。一个大企业的市值很大，一个小企业的市值很小，我们不能认为大企业能创造更多的价值，也不能认为小企业的管理业绩较差，关键是投入的资本是否是由于企业的活动增加了价值。

② 权益增加值与债务增加值。企业的市场增加值可以分解为权益的市场增加值和债务的市场增加值两部分：

企业市场增加值 =（权益市场价值 + 债务市场价值）–（占用权益资本 + 占用债务资本）

= （权益市场价值 – 占用权益资本）+（债务市场价值 – 占用债务资本）

= 权益增加值 + 债务增加值

通常，债务增加值是由利率变化引起的。如果利率水平不变，举借新的债务使占用债务资本和债务市场价值等量增加，则债务增加值为零。在这种情况下，企业市场增加值等于股东权益市场增加值，企业市场增加值最大化等于权益市场增加值最大化。

利率变化是宏观经济变动决定的，管理者无法控制。从管理者的业绩考核角度看，债务增加值不是管理业绩，在考核时应当扣除。管理业绩考核适用的应当是权益的市场增加值。换一个角度即从可控性角度看，由于利率不可控，增加企业价值就等于增加股东价值。正是因为如此，准确的财务目标定位应当是股东财富最大化，让股东权益的市场增加值最大化。严格说来，它不同于企业的市场增加值最大化，更不同于企业市场价值最大化或权益市场价值最大化。

③ 影响企业市场增加值的因素。既然在利率不变的情况下，企业市场增加值最大化与股东财富最大化具有同等意义，那么管理人员就应努力增加企业的市场增加值。影响企业市场增加值的主要因素分析过程如下：

假设企业也是一项资产，可以产生未来现金流量，其价值可以用永续固定增长率模型估计。

企业价值 = 现金流量/（资本成本 – 增长率）

其中：

现金流量 = 息税前利润 ×（1 – 税率）+ 折旧 – 营运资本增加额 – 资本支出

= 税后经营利润 –（营运资本增加额 + 资本支出 – 折旧）

= 税后经营利润 – 投资资本增加额

假设企业价值等于企业的市场价值：

企业市场增加值 = 资产市场价值 − 投资资本

　　　　　= （税后经营利润 − 投资增加额）/（资本成本 − 增长率）− 投资资本

　　　　　=（税后经营利润 − 投资资本增加额 − 资本成本）×（资本成本 − 增长率）/（资本成本 − 增长率）

　　　　　=［（税后经营利润/投资成本 − 投资资本增加额/投资成本 − 资本成本 + 增长率）×投资资本］/（资本成本 − 增长率）

由于增长率是固定的：

　　　　　投资资本增加额/投资资本 = 增长率

　　　　　税后经营利润/投资资本 = 投资资本回报率

所以：

市场增加值 = ［（投资资本回报率 − 资本成本）×投资成本］/（资本成本 − 增长率）

这里的企业市场增加值与经济增加值（即经济利润）有联系。经济增加值是分年计量的，而市场增加值是预期各年经济增加值的现值。

经济增加值 = 税后经营利润 − 资本成本 × 投资资本

　　　　　=（税后营业利润/投资成本 − 资本成本）×投资资本

　　　　　=（投资资本回报率 − 资本成本）×投资资本

因此：

市场增加值 = 经济增加值/（资本成本 − 增长率）

经济增加值与企业市场增加值之间有直接联系，为企业业绩考核奠定了最为合理的基础，可以使激励报酬计划与增加企业价值保持一致。经济增加值与净现值有内在联系。投资的净现值、投资引起的经济增加值现值、投资引起的企业市场增加值三者是相等的。正因为如此，净现值法成为最合理的投资评价方法。

综上所述，影响企业创造价值的因素有三个：第一，投资资本回报率。反映企业的盈利能力，由投资活动和运营活动决定。第二，资本成本。通过加权平均资本成本来计量，反映权益投资人和债权人的期望值，由股东和债权人的期望以及资本结构决定。第三，增长率。用预期增长率计量，由外部环境和企业的竞争能力决定。

值得注意的是，这三个因素对企业增加值的影响是不同的。投资资本的回报率是公式的分子，提高盈利能力有助于增加市场增加值；资本成本同时出现在公式的分子（减项）和分母（加项）中，资本成本增加会减少市场增加值；增长率是分母的减项，提高增长率对市场增加值的影响，要看分子是正值还是负值。当公式分子的"投资资本回报率 − 资本成本"为正值时，提高增长率使市场增加值变大；当"投资资本回报率 − 资本成本"为负值时，提高增长率使市场增加值变小（即市场价值减损更多）。因此，高增长率的企业也可能损害股东价值，低增长率的企业也可以创造价值，关键在于投资资本回报率是否超过资本成本。增长率的高低只影响创造（或减损）价值的多少，而不能决定创造价值还是减损价值的性质。增长率的高低虽然不能决定企业是否创造价值，但却可以决定企业是否需要筹资，是制定财务战略的重要依据。

④ 销售增长率、筹资需求与价值创造。在资产的周转率、销售净利率、资本结构、股利支付率不变并且不增发和回购股份的情况下：首先，销售增长率超过可持续增长率时企业会出现现金短缺。将这种增长状态定义为高速增长。这里的"现金短缺"是指在当期的经营效率和财务政策下产生的现金不足以支持销售增长，需通过提高经营效率、改变财务政策或增发股份来平衡现金流动。其次，销售增长率低于可持续增长率时企业会出现现金剩余。将这种增长状态定义为缓慢增长。这里的"现金剩余"是指在当前的经营效率和财务政策下产生的现金，超过了支持销售增长的需要，剩余的现金需要投资于可以创造价值的项目（包括扩大现有业务的规模或开发新的项目），或者还给股东。最后，销售增长率等于可持续增长率时企业的现金保持平衡。将这种增长状态定义为均衡增长。有序的"现金平衡"是指在当前的经营效率和财务政策下产生的现金，与销售增长的需要可以保持平衡。这是一种理论上的状态，现实中的平衡是不存在的。

从财务的战略目标考虑，必须区分两种现金短缺：一种是创造价值的现金短缺；另一种是减损价值的现金短缺。对于前者，应当设法筹资以支持高增长，创造更多的市场增加值；对于后者，应当提高可持续增长率以减少价值减损。同样道理，也有两种现金剩余：一种是创造价值的现金剩余，企业应当用这些现金提高股东价值增长率，创造更多的价值；另一种是减损价值的现金剩余，企业应当把钱还给股东，避免更多的价值减损。

综上所述，影响价值创造的因素主要有：投资资本回报率；资本成本；增长率；可持续增长率。它们是影响财务战略选择的主要因素，也是管理者为增加企业价值可以操纵的主要内容。

（2）价值创造和增长率矩阵。根据以上的分析，可以通过一个矩阵，把价值创造（投资资本回报率 - 资本成本）和现金余缺（销售增长率 - 可持续增长率）联系起来。该矩阵称为财务战略矩阵，可以作为评价和制定战略的分析工具（见图 4 - 6）。

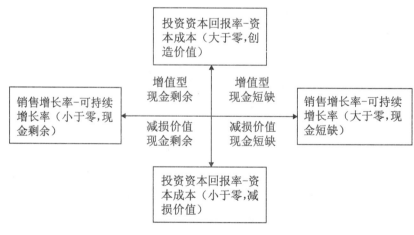

图 4 - 6　财务战略矩阵

财务战略矩阵假设一个企业有一个或多个业务单位。纵坐标是一个业务单位的投资资本回报率与其资本成本的差额。当差值为正数时，该业务单位为股东创造价值。当差值为负数时，该业务单位减损股东价值。横坐标是销售增长率与可持续增长率的差额。当增长率为正数时，企业现金短缺；当增长率差为负数时，企业有剩余现金。

据此建立的矩阵有四个象限：处于第一象限的业务，属于增值型现金短缺业务；处于第二象限的业务，属于增值型现金剩余业务；处于第三象限的业务，属于减损型现金剩余业务；处于第四象限的业务，属于减损型现金短缺业务。处于不同象限的业务单位（或企业）应当选择不同的财务战略。

① 增值型现金短缺。处于第一象限的业务（或企业）可以为股东创造价值，但自身经营产生的现金不足以支持销售增长，会遇到现金短缺的问题。起初，应判明这种高速增长是暂时性的还是长期性的。高速增长是供不应求的反映，会引来许多竞争者。高速增长通常是不可持续的，增长率迟早会下降。如果高速增长是暂时的，企业应通过借款来筹集所需资金，等到销售增长率下降后企业会有多余现金归还借款。如果预计这种情况会持续较长时间，不能用短期周转借款来解决，则企业必须采取战略性措施解决资金短缺问题。长期性高速增长的资金问题有两种解决途径：一是提高可持续增长率，使之向销售增长率靠拢；二是增加权益资本，提供增长所需的资金。有关的财务战略选择如图 4-7 所示。

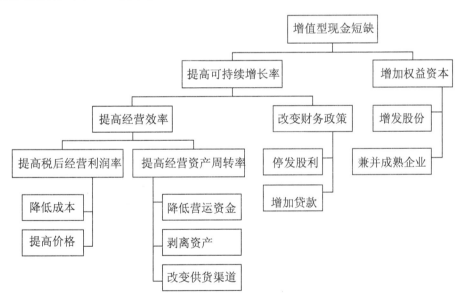

图 4-7 增值型现金短缺的战略选择

第一，提高可持续增长率的方法包括提高经营效率和改变财务政策。a. 提高经营效率。提高经营效率是应对现金短缺的首选战略。它不但可以增加现金流入，还可以减少增长所需的资金数额。但是，通常企业改善经营效率的努力从未停止过，绝大多数企业的经营业绩已经达到现有经营条件下的极限，一般的降低成本或加快资金周转的措施很难解决面临的问题。企业需要改变经营战略，寻求突破性的改善。具体包括：降低成本：进行作业分析，重构作业链，消除无增值作业，提高增值作业的效率；提高价格：改变价格形象，在维持利润的同时抑制销售增长，减少资金需要；降低营运资金：重构价值链，减少资金占用；剥离部分资产：将资产利润率较低的资产剥离出去，用节省出的资金支持核心业务增长；改变供货渠道：增加外购以减少自制，减少资产占用，提高资产周转率。b. 改变财务政策。具体包括：停止支付股利；增加借款的比例。

第二，如果可持续增长率的提高仍不能解决资金短缺问题，就需要设法增加权益资本。不能因为资金短缺就降低增长率，那将不利于创造价值。增加权益资本包括增发股份和兼并成熟企业两种。a. 增发股份。在增发股份的同时按目标资本结构增加借款，以维持目标资本结构。增发股份的必要前提是所筹资金要有更高的回报率，否则不能增加股东的财富。增发股份的缺点是分散了控制权，而且会稀释每股收益。b. 兼并成熟企业。兼并"现金牛"企业，即那些增长缓慢、有多余现金的企业。

② 增值型现金剩余。处于第二象限的业务可以为股东创造价值，但是增长缓慢、自身经营产生的现金超过销售增长的需要时会出现现金剩余。因此，关键的问题是能否利用剩余的现金迅速增长，使增长率接近可持续增长率。有关的战略选择如图 4-8 所示。

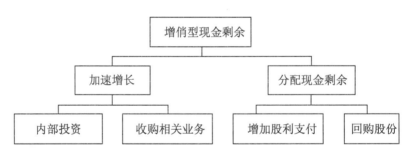

图 4-8　增值型现金剩余的战略选择

第一，由于企业可以创造价值，加速增长可以增加股东财富，因此首选的战略是利用剩余的现金加速增长。加速增长的途径包括：内部投资：扩大产销规模，增加生产线，增加分销渠道等；收购相关业务：收购与该项业务相关的业务，迅速扩大规模。不过，经过几次并购浪潮的盲目乐观之后，逐渐积累的证据表明，购买增长并没有给股东带来多少好处。并购所支付的大笔溢价，使买主得到的只是中等或较差的投资回报。

第二，如果加速增长后仍有剩余现金，找不到进一步投资的机会，则应把多余的钱还给股东。分配剩余现金的途径包括：增加股利支付，陆续把现金还给股东；回购股份，快速把现金还给股东。

③ 减损型现金剩余。减损型现金剩余表明资源未得到充分利用，存在被收购的风险。减损型现金剩余的主要问题是盈利能力差，而不是增长率低，简单的加速增长很

可能有害无益。首先应分析盈利能力差的原因，寻找提高投资资本回报率或降低资本成本的途径，使投资资本回报率超过资本成本。减损型现金剩余的财务战略选择如图4-9所示。

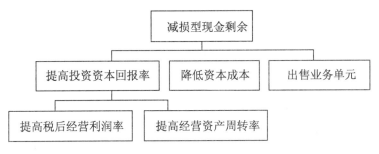

图4-9 减损型现金剩余的战略选择

第一，首选的战略是提高投资资本回报率。应仔细分析经营业绩，寻找提高投资资本回报率的途径。这是一个艰巨的过程，经常要增加开发费用（技术创新），进行矛盾重重的组织结构变动（管理创新）等。提高投资资本回报率的途径有：提高税后经营利润率，包括扩大规模、提高价格、控制成本等；提高经营资产周转率，降低应收账款和存货等资金占用。

第二，在提高投资资本回报率的同时，审查目前的资本结构政策，如果负债比率不当，可以适度调整，以降低平均资本成本。

第三，如果企业不能提高投资资本回报率或者降低资本成本，无法扭转价值减损的状态，就应当把企业出售。

④ 减损型现金短缺。减损型现金短缺的业务单位（或企业）会减损股东财富，并且由于增长缓慢遇到现金短缺问题。这种业务不能通过扩大销售得到改变。由于股东财富和现金都在被吞食，需要快速解决问题。有关的战略选择如图4-10所示。

图4-10 减损型现金短缺的战略

第一，彻底重组。如果盈利能力低是本企业的独有问题，则应在仔细分析经营业绩、寻找价值减损和不能充分增长的内部原因后，对业务进行彻底重组。这样做的风险是，如果重组失败，股东将蒙受更大损失。

第二，出售。如果盈利能力低是整个行业的衰退引起的，企业无法对抗衰退市场的自然结局，应尽快出售以减少损失。即使是企业独有的问题，由于缺乏核心竞争力，无法扭转价值减损的局面，也需要选择出售。在一个衰退行业中挽救一个没有竞争力的业务，成功的概率不大，往往会成为资金的陷阱。

第四节　企业战略应用

前面阐述了公司三个层次战略的具体内容，国际化经营战略是企业在国际市场上对上述三个层次战略的具体应用。同时，国际化经营战略也有其独特性。

一、企业国际化经营外部环境的特征

企业国际化经营不同于一国国内企业，它处于国内、国外和国际三种变化莫测、错综复杂的环境之中，如图4-11所示。

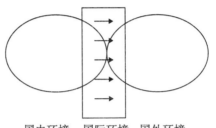

国内环境　国际环境　国外环境

图4-11　跨国公司经营环境示意图

与国内企业相比，企业国际化经营所面对的外部环境有三个显著特征：一是外部环境的多样性，二是外部环境的复杂性，三是外部环境对内部环境的渗透。固然，并非国内企业所面临的环境在这三个方面没有表现，只是企业国际化经营在这三方面的表现更为突出而已。

（一）外部环境的多样性

1. 经济因素

与国内公司相比，在企业跨国投资和经营过程中，有更多的经济因素直接给公司带来重要的影响。例如，如果国内公司向国外市场出口，它只需考虑外国需求变化和本国货币汇率变化对其销路产生的影响，而跨国经营的国外子公司如果在东道国投资设厂生产产品，产品在东道国销售，并向第三国销售，则该公司必须考虑的因素则应加上东道国与母国之间的公司所得税差别，劳动力工资的差别，东道国贷款利率变化，公司系统内部的技术转让，母公司还要考虑母国货币、东道国货币与第三国（即子公司出口对象国）货币之间的汇率变化。可见，在同样的业务范围和规模情况下，企业国际化经营比国内企业所碰到的外部环境的经济因素要多得多。

2. 政治和法律因素

企业国际化经营活动不仅促使东道国、母国及第三国调整国内的政治法律规定，而且各国之间还进行不同程度和范围的政策、法规等方面的协调。因此，企业国际化经营不但受到许多国家国内政治、法规的影响，而且还加上国际社会政治、法律和体制的影响。所以，从不利的一方面看，企业国际化经营比国内企业受更多的政治法律因素的制约。欧美国家的跨国公司之所以大量进行相互投资，其主要原因是因为欧美国家之间政治法律体制高度相似，这就可以减少跨国公司在东道国经营所遇到的制约因素。

如果说经济多样性给企业国际化经营带来的积极影响和消极影响掺半的话，那么政治法律因素的多样性，尤其是政治上的多样性，往往导致企业国际化经营成本的增加。由于政治法律因素的多样性，使企业实现其全球战略目标所必需的公司内部不同程度的集中管理体制的运行受到一定的阻滞，使总部对子公司的投资计划、资金筹措、价格制定及经理的安排等问题所作出的决策难以完全得到实施。例如，在经济因素多样性的环境中，子公司为适应一国经济发展水平变化和不同行业的市场结构变动及行情重大变化等，能作出灵活反应；而面对一国政治形势的重大变动，国际化经营的公司是无能为力的，往往只能作出撤资的抉择。显然，非经济因素所导致的撤资之类的投资结构与投资地区的调整，其所付出的代价一般要比经济因素引起的调整大。

3. 社会文化因素

企业国际化经营所处的文化环境的多样性，比其经济、政治、法律环境因素的多样性还要显著。公司子公司所在东道国越多，公司外部环境文化因素的多样性就越高。

文化因素对企业国际化经营的影响，往往超出公司经理在作出跨国经营决定之前的预料，他们可能忽视不同文化环境给生活在其中的人们以巨大的影响，从而对外部文化环境的多因素的正反两面影响都估计不足。事实上，很难在多种文化因素并存的特点下对某一类经营问题，尤其是营销问题，作出能使各子公司相互一致的决策。

当然，跨国经营本身就是对母国文化的扩散，但是对这种扩散后与东道国文化融合的难度要有充分的估计。至今为止，仍然未见东道国文化同跨国公司母国文化的融合。事实上，不同的社会文化环境对长期生活在其中的人们势必产生深刻而持久的心理定式，产生不相容于异国文化环境下的"偏见"。

（二）外部环境的复杂性

企业国际化经营所处的外部环境，其复杂程度远比国内公司外部环境的复杂程度大。这不但由于其因素多样性比国内公司高，而且还由于跨国公司经营所涉及的相互联系的市场数目很多。

（1）因素多样性使得公司外部环境变得十分复杂。公司经营和投资所涉及的东道国和购销市场所在国越多，对公司起作用的因素增加得越多，且后者的增加速度远远高于东道国、市场所在国个数的增加速度。不妨做一个计算：设一国有不同于别国的外部环境重要因素对公司的子公司起直接的作用，而且各东道国的每一重要因素之间都双双交互影响，这种影响最终又波及母公司身上，那么，用排列组合公式计算，如果母公司在国外设立一个子公司，则该公司受到一种国外重要外部因素的影响；如果母公司在国外两个东道国设立子公司，那么，该公司将受到三种来自东道国的影响。

照此类推，若公司在九个东道国设子公司，则母公司要处理来自东道国的 45 种影响所致的业务问题。

（2）企业国际化经营活动涉及的销售市场数目多，情况复杂，而且这些市场又是互相联系的，因此，在产品多样化方针和某种程度的集权与分权相平衡的组织原则下进行营销的跨国公司，其在各国各地区的外部销售业务活动，势必既有互相配合、协调和补充的一面，又有互相矛盾、渗透和排斥的一面。销售市场的这种复杂性给公司的营销战略管理以及公司内部的生产计划的统筹安排等管理活动带来困难。再者，由于各个外部销售市场所在国的经济因素对销售价格和销售收益水平各有不同的影响，因此，总部对各子公司的绩效评价很难做到客观、合理，从而使公司内部各单位之间的收益分配制度和物质激励制度复杂化。

（三）外部环境对内部环境的渗透

外部环境对国际化经营的公司内部环境的渗透，是指随着公司由国内企业变为国际企业，一些原来纯属外部环境的因素，现在也在企业内部起作用，并在某种程度上成为内部环境因素的一部分。至少有三种因素渗透到国际化经营的公司内部环境中。

1. 货币方面的因素

以汇率为例，对国内企业来说，即使产品出口比例达到 100%，其经营业务所涉及的汇率问题始终是该公司的外部环境因素，尽管受其影响极大，也不至于在下属的两个单位之间考虑货币兑换比率问题。但是，从一家公司在国外投入第一个直接投资项目的那一天开始，公司内部的微观国际收支结算的关键问题——汇率变动，就成为公司会计制度所必须正视的因素，它既是外部因素，又是内部因素。因为该公司的国内部分（如母公司）与国外部分（如国外子公司）之间的账目离不开汇率问题，而国际市场上的汇率变动必然影响到这两部分之间的国际会计处理方法。于是，这种对国内公司来说是外在的因素，对进行跨国经营的企业来说就同时又是内在的因素。

2. 社会文化方面的因素

对于一家国内公司来说，可以说在公司内部的员工中，其文化背景是相同的。该公司虽然也同外国商人甚至还和外国消费者打交道，但这当然构不成公司的内部环境的文化因素。然而，当一家国内公司变成一家跨国企业之后，该公司内部大多数国外员工往往具有不同的文化背景。于是原先属于外部环境因素的异国行为模式、管理习惯、对金钱的社会学价值判断、对女性的社会角色认定等社会文化因素，自然渗透公司内部，成为内部环境因素的一部分。

3. 政治法律方面的因素

当公司纯系国内公司时，与之的业务联系的外国某公司员工反对本国政府的罢工，这当然是该国内公司外部的政治因素。然而，当国内公司兼并上述外国公司以后，再发生类似罢工，则这种政治因素即成为公司内部环境因素。又如，不同法系的差异所致的矛盾和纠纷对于一家国内公司来说，是外都环境因素，然而，如果这种纠纷发生在同一国际化经营的公司所属的两个子公司之间，则外部因素又变成了内部环境因素。

综上所述，上述外部环境的根本特征，意味着企业国际化经营对其外部环境条件的不可控程度，往往比一家纯粹的国内公司要高得多。

二、企业国际化经营动因

对于企业为什么要跨国经营，为什么能够跨国经营，从亚当·斯密（Adam Smith）和大卫·李嘉图（David Ricardo）等先驱者们的自由贸易理论开始就已经为跨国公司的行为理论奠定了基础。经济学家从各个层面和角度探索和研究跨国公司的行为特点及其作用与影响，提出了许多理论和主张。这些理论和主张的研究无非也是沿着两个主要基本思路：一是国际生产要素的组合，二是跨国公司所面临的市场特征（特别是寡头垄断市场特征）。

（一）国际生产要素的最优组合

1. 跨国公司的垄断优势与东道国区位因素的提出

跨国公司对外直接投资首先必须具备两大基础：一是作为投资方跨国公司自身的优势，二是作为受资方东道国的条件。而首先在这两方面作出贡献的：一是美国学者海默（Hymer）；二是索思阿德（Southard）和艾萨德（Isard）。

（1）垄断优势理论。1960 年，美国学者海默在其博士论文《国内企业的国际经营：对外直接投资的研究》中首次提出垄断优势理论。后得到其导师金德尔伯格（Kindlerberg）的支持并加以完善，成为最早研究对外直接投资独立的理论。

垄断优势理论是在批判传统国际资本流动理论中关于各国产品市场和生产要素市场是完全竞争的市场这一假设的基础上形成的。海默认为，传统国际资本流动理论说明的是证券资本的国际移动，它不能解释第二次世界大战后发达国家企业对外直接投资以及发达国家之间直接投资对向流动现象。海默研究了美国企业对外直接投资的产业构成，发现美国从事对外直接投资的企业主要集中在资本集约程度高、技术先进、产品具有差别的一些制造业部门。这些部门都是寡头垄断程度较高的部门。因此，海默主张利用产业组织理论来解释美国企业对外直接投资行为，即从不完全竞争或寡头垄断来解释对外直接投资。

海默和金德尔伯格认为，是市场不完全导致了对外直接投资。正如金德尔伯格在 1969 年所说："直接投资的兴旺必定是因为存在着产品或要素市场的不完全性（包括技术市场不完全性），或是存在着造成市场分割的政府或企业对竞争的某些干预。"一般地讲，市场不完全可以表现为四种类型：①产品和生产要素市场不完全；②由规模经济导致的市场不完全；③由政府干预引起的市场不完全；④由税负与关税引起的市场不完全。跨国企业在不完全竞争下取得了各种垄断优势。这些优势可分为三类：一是来自产品市场不完全的优势，如产品差别、商标、销售技术与操纵价格等；二是来自生产要素市场不完全的优势，包括专利与工业秘诀，资金获得条件的优惠，管理技能等；三是企业拥有的内部规模经济与外部规模经济。金德尔伯格利用收入流量资本化的公式 $C = I/r$（式中 C 表示资产额，I 表示该资产获得的利润，r 表示利率）来说明垄断优势理论的精髓。他指出，证券资本流动是利率差异作用的结果，而直接投资则是对利润差异的反映。但只有在美国企业能够获得高于当地企业的利润时，直接投资才可能发生。利润是竞争能力的反映。一般来说，当地企业由于熟悉本国消费者嗜好，了解当地企业经营的法律与制度，市场信息灵通，决策反应迅速，因而具备有利的竞争条件。美国企业则要承担在国外远距离经营的各种成本以及对当地市场了解发生偏差等引起的额外成本。但是，由于美国企业拥有各种垄断优势，因此可以抵消在海外经营中的不利因素，压倒当地竞争对手，取得高于当地企业的利润。

垄断优势理论还试图解释美国企业选择直接投资，而不是用出口和许可证交易方式来利用其垄断优势的原因。海默认为，美国企业之所以从事直接投资的原因：一是东道国关税壁垒阻碍企业通过出口扩大市场，因此企业必须以直接投资方式绕过关税壁垒，维持并扩大市场；二是技术等资产不能像其他商品那样通过销售获得全部收益，而直接投资可以保证企业对国外经营及技术运用的控制，因此可以获得资产的全部收益。

（2）区位理论。1953年，索思阿德提出区位理论，用以研究国内资源的区域配置问题。后来，艾萨德等用此理论来解释对外直接投资的现象。区位理论认为，市场不完全性不仅存在于一国市场上，同样存在于国际市场上。国际市场的不完全性会导致各国之间的市场差异，即在生产要素价格、市场规模、市场资源供给等方面存在着不同的差异。如果国外市场这些差异为准备投资的一国企业带来了有利的条件，企业就会发生对外直接投资。影响区位优势的主要因素有生产要素、市场定位、贸易壁垒、经营环境等。

区位优势理论可以从供给与需求两个方面加以论述。供给导向的区位优势理论认为，在国内买方市场条件下，企业如果已达到了最大盈利水平，就会到国外寻找生产要素成本最低的地方进行直接投资，以获得供给方面的优势。需求导向的区位优势理论认为，市场需求方面的区位优势与竞争对手分布情况决定企业选择对外直接投资的国家和地区。

2. 产品生命周期理论

1966年，美国哈佛大学教授弗农（Vemon）从技术创新入手，分析国际贸易、对外直接投资与产品寿命周期的关系。事实上，弗农的产品生命周期理论是将垄断因素与区位因素结合起来的动态分析。

与"产业环境分析"中的"产品生命周期"理论有所不同，弗农的产品生命周期理论从产品的研发和生产角度进行考察，他认为，企业的各种优势最终体现在产品上。随着产品寿命周期阶段的变化，企业产品生产的地域也会从一个国家转移到另一个国家，以寻求最佳的区位优势，获得自己的竞争优势。

产品生命周期理论将产品市场运动的普遍现象——产品创新、成熟与标准化三个阶段的变更，用于解释美国企业第二次世界大战后对外直接投资的动机、时机和区位选择。在产品的创新阶段，价格的需求弹性可能相当低，因为发明企业拥有产品特异性或垄断优势；同时在此阶段，为了消除产品问世初期的困难或变更产品的规格、特性等，同顾客和供应商保持密切联系十分必要，因而产品的创新、生产与销售需要在同一个国家，企业有在国内选择生产地点的固有倾向。在产品的成熟阶段，该产品的设计和生产已经有了某些标准化的因素，用确立的技术从事长期生产已变得可能，人们较多地关心起生产成本，特别是当竞争对手已出现时更是如此；此外，随着国外，例如，相对于美国来说，像西欧那样相对先进的国家出现各种机会时，市场范围也会发生变化，此时，发明国要通过出口维持和扩大其国外利益难以实现，它们必须对外投资（投资地区一般是那些收入水平和技术水平与母国相似的地区），并设立子公司，进行就地生产，以便维持和扩大出口市场，保障自己的利益。在产品的标准化阶段，产品和技术都已完全标准化，发明者的技术优势已消失，随着竞争的加剧成本和价格问题变得十分突出，市场知识和信息流通已退居次要地位，其最终结果就是把生产或装配业务转移到劳动力成本低的发展中国家，国外生产的仿制品可能导致原来的发明创造国或国外子公司进口该产品。

弗农随后的著作修正了他最初的理论，而强调了跨国公司的寡头垄断行为，以弥补原产品生命周期理论存在较大的局限性。弗农的寡头垄断产品周期理论将国际生产要素组合与寡头垄断市场特征联系在一起，从而为国际投资决策奠定了理论基础。

3. 内部化理论

为了寻求对企业对外投资行为的解释，1976 年，英国学者巴克利（Buckley）和卡森（Casson）发掘了科斯（Coase）在 1937 年对企业的起源和均衡规模提出的内部化理论。

内部化理论是从市场不完全与垄断优势理论发展起来的。在巴克利等新创的内部化理论中，市场不完全并非是指规模经济、寡头垄断或关税壁垒等，而是指由于某些市场失效，以及由于某些产品的特殊性质或垄断势力的存在，导致企业市场交易成本增加。内部化理论建立在三个基本假设的基础上：①企业在市场不完全的情况下从事经营的目的是追求利润最大化；②当生产要素特别是中间产品市场不完全时，企业有可能统一管理经营活动，以内部市场代替外部市场；③内部化越过国界时就会产生国际企业。

企业能否实现中间产品的内部化，还受到四种因素的影响，这四种因素事实上又是着眼于跨国企业的垄断优势与东道国的区位因素：①行业特有因素，包括中间产品的特性，外部市场结构，规模经济；②地区特有因素，包括地理距离与文化差异；③国家特有因素，包括东道国政府的政治、法律、财政状况；④企业特有因素，包括企业的组织结构、管理经验、控制和协调能力等。内部化理论与垄断优势理论的区别在于，内部化并不是给予企业特殊优势的这种财产本身，而是指这种财产的内部化过程给了跨国企业以特有的优势。

4. 国际生产折中理论

国际生产折中理论，又称国际生产综合理论。1976 年，英国里丁大学教授邓宁（Dunning）首次提出了综合理论学说。以后，邓宁又多次发表论文，系统阐述"综合主义"理论，并将其动态化，从而形成了至今仍然是对跨国公司和对外直接投资研究影响最大的理论框架。

邓宁认为，人们以前研究跨国公司的成果已分别地解决了 4 个"W"：企业拥有优势说明为什么（Why）能到国外办企业；区位优势说明企业到哪里（Where）去办子公司；内部化优势说明企业建立子公司怎样（How）使效益更大；产品寿命周期理论说明企业在什么时候（When）建立子公司。但是，它们之中没有一种理论能单独解释清楚跨国公司的全部行为。所以邓宁主张要把有关部分理论结合起来构成一个整体，综合地对跨国企业作出分析。

邓宁的国际生产综合理论可以概括为一个简单的公式：

所有权优势 + 内部化优势 + 区位优势 = 对外直接投资

邓宁还指出，企业可以根据自己所具备的不同优势，分别采用不同的国际经营方式。企业对外直接投资，必须同时具备所有权优势、内部化优势与区位优势；该企业如果只拥有所有权优势与内部化优势，只能进行出口贸易；企业如果只有所有权优势，则只能考虑采用技术转移的形式，将技术出让给其他企业；如果企业具有上述三种优势，却只采取技术转移的方法，则会丧失内部化优势与区位优势所能带来的收益。

以上介绍的几位代表人物及其研究成果虽然只是关于跨国企业理论探讨的一小部分，但是他们的研究构筑了一个从国际生产要素组合角度研究跨国企业行为理论的框架。各国经济学家关于跨国企业行为的其他研究，有不少是对这一理论框架研究的进一步补充和发展。

（二）寡占市场（即寡头垄断市场）的反应

对企业跨国经营的行为，一些学者更侧重从企业所面临的市场角度，特别是从跨国公司投资产业大都属于寡占市场特征的角度进行研究。

1. 海默论跨国企业的寡头垄断反应行为

对于发达国家之间的对向或交叉直接投资来说，海默认为，必须利用寡占反应行为来加以解释。海默所说的寡占反应行为是指各国寡占企业通过在竞争对手的领土上建立地盘来加强自己在国际竞争中的地位。海默认为对向直接投资只是国内寡占竞争行为在国际范围内的延伸，但基础仍在于各国企业所拥有的技术等垄断优势，各国企业在技术、管理及规模经济方面的相对优势决定了直接投资的流向及多寡，决定了一国是主要的对外直接投资国还是主要的直接投资接受国。海默对跨国公司寡占反应行为的解释还只是作为垄断优势理论的补充，在寡占反应理论上作出较为系统阐述的是美国学者尼克博克（Knickerbocker）。

2. 尼克博克的"寡占反应理论"

尼克博克沿着与海默不同的思路，对美国跨国公司对外直接投资提出了新的解释。他指出，第二次世界大战美国企业对外直接投资主要是由寡占行业少数几家寡头公司进行的，它们的投资又大多在同一时期成批发生。由于这个特点，尼克博克认为，垄断优势理论不能作为全面解释美国企业对外直接投资的决定因素，必须用寡占行为理论加以补充。

尼克博克将对外直接投资区分为"进攻性投资"与"防御性投资"。在国外市场建立第一家子公司的寡头公司的投资是进攻性投资，同一行业其他寡头成员追随率先公司也建立子公司，是防御性投资。尼克博克认为，决定这两类投资的因素是各不相同的，进攻性投资的动因可由弗农的产品周期理论解释，而防御性投资则是由寡占反应行业所决定的。尼克博克的重点是研究防御性投资。决定防御性投资行为的寡占反应，目的在于抵消竞争对手首先采取行动所得到的好处，避免对方的行动给自己带来的风险，保持彼此之间的力量均衡。当国内同一寡占行业的竞争对手率先在某国外市场进行直接投资时，其他寡头企业就会面临严重的风险。这些企业在该地的出口地位与市场份额将会降低，公司收益减少；更重要的是，竞争对手在国外经营中可能获得新的竞争优势与能力，从而可能使其他企业在国内与国外的经营都处于不利地位。为了使风险降低到最小程度，寡头企业的最优战略便是紧随竞争对手，在对方已进入的市场上建立自己的子公司，恢复与竞争对手的竞争均衡。尼克博克认为，这种寡占反应行为解释了美国某些寡占行业中几家大公司在一个很短的时期内集中对某个国家进行直接投资，纷纷建立子公司的原因。西欧对美国的直接投资也有类似情况发生。

尼克博克在其寡占反应理论中还详细分析了与对外直接投资成批性有相关关系的各种因素，他证明，对外直接投资成批性与行业集中程度、行业盈利率及东道国市场容量等因素成正相关，与规模、产品创新、产品差别及产品多样化的程度等因素成负相关。这些结论对寡头垄断市场的深入研究具有较高的价值。

（三）发展中国家企业国际化经营动因

传统的对外投资理论，用于解释发达国家向发展中国家的垂直投资，或发达国家之间的水平投资行为已日臻完善。近年来，为了寻求发展中国家对外投资的理论依据，国际经济学界创立了一些新的理论学说，最具代表性的，是联合国贸易和发展会议（UNCTAD）近年来的研究成果。

2006年，UNCTAD《世界投资报告》对于发展中经济体和转型期经济体日益成为世界重要的对外投资来源这一趋势进行了调查与研究。提出影响发展中国家跨国公司对外投资决策的四大动力和三大竞争优势。

1. 发展中国家跨国公司对外投资的主要动机

（1）寻求市场。联合国贸易和发展会议与伙伴组织关于发展中国家外商投资企业的调查证实，在其外向投资动机中，最重要的是寻求市场型的外国直接投资。与市场有关的因素是推动发展中国家跨国公司走出母国或拉动它们进入东道国的强大力量。例如，以印度的跨国公司为例，为信息技术服务等特长产品寻求客户的需要以及国际联系的缺乏，是其国际化的关键驱动因素。中国的跨国公司同拉丁美洲的跨国公司一样，特别关心如何规避贸易壁垒。发展中国家公司为减少这类风险而向其他国家扩展的事例很多。

以寻求市场为主要动机的投资主要形成区域内和发展中国家内部的外国直接投资。

在这种外向直接投资之内，投资形态因跨国公司的活动而存在差异。例如，消费品和服务方面的外国直接投资往往是区域性的和发展中国家之间的流动，电子部件方面的外国直接投资通常是区域集中型的（这是因为提供产品的公司地点）；在信息技术服务方面，投资往往是区域型的，流向发达国家（关键客户所在的地点）；石油和天然气跨国公司的外国直接投资既面向某些发达国家（仍然是最大的能源市场），也面向区域市场。

广义的市场扩展还包括市场多样化的扩张。个案研究证实，外向直接投资确实使得发展中国家企业能够进入新市场并扩大业务。在白色家电和个人计算机等一系列产业中，一些亚洲跨国公司，诸如 H 公司（中国台湾省）、A 公司（土耳其）、E 公司（中国）及 L 公司（中国），通过外国直接投资成功地扩大市场，成为全球性的企业。

（2）寻求效率。发展中国家外向直接投资第二个重要动机是寻求效率，主要是相对较先进（因而劳动力成本较高）的发展中国家跨国公司进行这种投资。寻求效率的投资又往往是基于两个方面的驱动因素。一是母经济体生产成本上涨，特别是劳动力成本。这是马来西亚、韩国和新加坡等东南亚国家及毛里求斯（该国具有成衣劳动密集型出口产业）跨国公司特别关注的问题。二是发展中国家公司所面临的竞争压力正在推动它们向海外扩展。这些压力包括来自低成本生产商的竞争，特别是来自东亚和东南亚高效率制造商的竞争及国内外经济体中来自国外跨国公司的竞争。

以寻求效率为主要动机的投资一般集中在几个产业（诸如电气和电子产品及成衣和纺织品）。基于这种动机的外国直接投资大多面向发展中国家；面向电气/电子产业的这种投资有很强的区域集中性，而面向成衣业的这种投资则在地域上更为分散。

（3）寻求资源。许多发展中大国，首先是中国和印度，其日新月异的快速增长使它们担忧关键资源和经济扩展的投入将会出现短缺。这类国家的一些跨国公司向外直接投资的战略和政治动机中反映了这点，尤其是在自然资源方面。有些国家的政府鼓励跨国公司设法取得对母国经济至关重要的原材料等投入。例如，中国和印度的跨国公司都在向具有丰富资源的国家投资，特别是在石油和天然气方面（着眼于取得更多供应，而不是像这个产业寻求市场型外国直接投资那样着眼于客户）。在中国的跨国公司为广泛获取各种原材料供应而努力的同时，中国的外交方面也在非洲、中亚、拉丁美洲和加勒比及西亚地区进行着不懈努力。寻求资源型的外国直接投资大多在发展中国家。

以上述的寻求市场、寻求效率、寻求资源为主要动机的投资都属于"资产利用战略"。而以下的寻求现成资产型的投资是一种"资产扩展战略"。

（4）寻求现成资产。寻求现成资产型外向投资主要是发展中国家跨国公司向发达国家投资。其主要动机是主动获取发达国家企业的品牌、先进技术与管理经验等现成资产。例如，中国企业吉利汽车并购沃尔沃的主要动机是有效弥补品牌短板、提升研发能力、获得关键技术、获取全球经销商网络、赢得一流管理团队和技术人才，进而提升企业的国际竞争力。

2. 发展中国家跨国公司对外投资的主要竞争优势

与发达国家跨国公司外向投资相比，发展中国家跨国公司对外直接投资有三个方面的优势，这些优势主要体现在对发展中国家投资的层面上。

（1）发展中国家跨国公司的对外直接投资对发展中东道国的一大优势是具有更大的创造就业机会的潜力。其主要原因在于，发属中国家跨国公司可能比较倾向于劳动力密集型产业，可能更倾向于使用较简单、较为劳动密集型的技术，特别是在制造业。关于平均每个子公司在东道发展中国家创造就业机会情况的经验数据表明，发展中国家跨国公司雇用的人数多于发达国家跨国公司。而且，外国直接投资对工资的作用一般是正面的，因为跨国公司在总体上支付的工资高于当地雇主，至少就熟练劳动力而言，工资水平高于东道国的本国公司。

（2）发展中国家跨国公司的技术和经营模式一般比较接近于发展中东道国公司所用的技术和模式，这意味着有益联系和技术吸收的可能性较大。

（3）发展中国家跨国公司在进入模式上也往往是更多地采取新建投资的方式而不是并购。在发展中东道国的投资尤其如此。就此而言，他们的投资更有可能直接推动提高发展中国家的生产能力。

三、钻石模型分析

1990年，波特在《国家竞争优势》一书中，试图对能够加强国家在产业中的竞争优势的国家特征进行分析。他识别出了国家竞争优势的四个决定因素，并以钻石图来显示（见图4-12）。

钻石模型四要素是：①生产要素——包括人力资源、天然资源、知识资源、资本资源、基础设施。②需求条件——主要是本国市场的需求。③相关与支持性产业——这些产业和相关上游产业是否有国际竞争力。④企业战略、企业结构和竞争对手的表现。

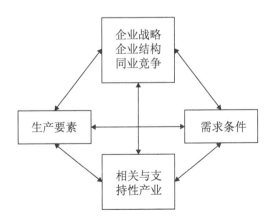

图4-12 用于国家竞争优势分析的钻石图

（一）生产要素

波特将生产要素划分为初级生产要素和高级生产要素，初级生产要素是指天然资源、气候、地理位置、非技术工人、资金等，高级生产要素则是指现代通信、信息、交通等基础设施，受过高等教育的人力、研究机构等。波特认为，初级生产要素重要性越来越低，因为对它的需求在减少，而跨国公司可以通过全球的市场网络来取得（当然初级生产因素对农业和以天然产品为主的产业还是非常重要的）。高级生产要素对获得竞争优势具有不容置疑的重要性。高级生产要素需要先在人力和资本上大量和持续地投资，而作为培养高级生产要素的研究所和教育计划，本身就需要高级的人才。高等级生产要素很难从外部获得，必须自己来投资创造。

从另一个角度，生产要素被分为一般生产要素和专业生产要素。高级专业人才、专业研究机构、专用的软、硬件设施等被归入专业生产要素。越是精致的产业越需要专业生产要素，而拥有专业生产要素的企业也会产生更加精致的竞争优势。

一个国家如果想通过生产要素建立起产业强大而又持久的优势，就必须发展高级生产要素和专业生产要素，这两类生产要素的可获得性与精致程度也决定了竞争优势的质量。如果国家把竞争优势建立在初级与一般生产要素的基础上，它通常是不稳定的。

波特同时指出，在实际竞争中，丰富的资源或廉价的成本因素往往造成没有效率的资源配置；另外，人工短缺、资源不足、地理气候条件恶劣等不利因素，反而会形成一股刺激产业创新的压力，促进企业竞争优势的持久升级。一个国家的竞争优势其实可以从不利的生产要素中形成。

一般认为，资源丰富和劳动力便宜的国家应该发展劳动力密集的产业，但是这类产业对大幅度提高国民收入不会有大的突破，同时仅仅依赖初级生产要素是无法获得全球竞争力的。

（二）需求条件

国内需求市场是产业发展的动力。国内市场与国际市场的不同之处在于企业可以及时发现国内市场的客户需求，这是国外竞争对手所不及的，因此波特认为全球性的竞争并没有减少国内市场的重要性。

波特指出，本地客户的本质非常重要，特别是内行而挑剔的客户。假如本地客户对产品、服务的要求或挑剔程度在国际上数一数二，就会激发出该国企业的竞争优势，这个道理很简单，如果能满足最难缠的顾客，其他客户的要求就不在话下。如日本消费者在汽车消费上的挑剔是全球出名的，欧洲严格的环保要求也使许多欧洲公司的汽车环保性能、节能性能全球一流。

另一个重要方面是预期性需求。如果本地的顾客需求领先于其他国家，这也可以成为本地企业的一种优势，因为先进的产品需要前卫的需求来支持。德国高速公路没有限速，当地汽车工业就非常卖力地满足驾驶人对高速的狂热追求，而超过200公里乃至300公里的时速在其他国家毫无实际意义。有时国家政策会影响预期性需求，如汽车的环保和安全法规、节能法规、税费政策等。

（三）相关与支持性产业

对形成国家竞争优势而言，相关和支持性产业与优势产业是一种休戚与共的关系。波特的研究提醒人们注意"产业集群"这种现象，就是一个优势产业不是单独存在的，它一定是同国内相关强势产业一同崛起。以德国印刷机行业为例，德国印刷机雄霸全球，离不开德国造纸业、油墨业、制版业、机械制造业的强势。美国、德国、日本汽车工业的竞争优势也离不开钢铁、机械、化工、零部件等行业的支持。有的经济学家指出，发展中国家往往采用集中资源配置，优先发展某一产业的政策，孤军深入的结果就是牺牲了其他行业，钟爱的产业也无法"一枝独秀"。

本国供应商是产业创新和升级过程中不可缺少的一环，这也是它最大的优点所在，因为产业要形成竞争优势，就不能缺少世界一流的供应商，也不能缺少上下游产业的密切合作关系。另外，有竞争力的本国产业通常会带动相关产业的竞争力。

波特指出，即使下游产业不在国际上竞争，但只要上游供应商具有国际竞争优势，对整个产业的影响仍然是正面的。

（四）企业战略、企业结构和同业竞争

波特指出，推进企业走向国际化竞争的动力很重要。这种动力可能来自国际需求的拉力，也可能来自本地竞争者的压力或市场的推力。创造与持续产业竞争优势的最大关联因素是国内市场强有力的竞争对手。波特认为，这一点与许多传统的观念相矛盾，例如一般认为，国内竞争太激烈，资源会过度消耗，妨碍规模经济的建立；最佳的国内市场状态是有两到三家企业独大，用规模经济和外商抗衡，并促进内部运作的效率化；还有的观念认为，国际型产业并不需要国内市场的对手。被特指出，在其研究的 10 个国家中，强有力的国内竞争对手普遍存在于具有国际竞争力的产业中。在国际竞争中，成功的产业必然先经过国内市场的搏斗，迫使其进行改进和创新，海外市场则是竞争力的延伸。而在政府的保护和补贴下，放眼国内没有竞争对手的"超级明星企业"通常并不具有国际竞争能力。

四、国际市场进入模式

（一）企业进入国外市场的主要模式

企业进入国外市场的模式一般有出口、股权投资、非股权安排等几种。每一种进入模式都有各自的利与弊。

1. 出口

商品与服务出口贸易是企业国际化经营相对比较简单，也是比较普遍的进入外国市场的方式。企业国际化经营选择出口方式要研究以下问题：

（1）目标市场选择。目标市场选择又涉及两个层面：一是目标市场的区域路径；二是在东道国细分市场的目标客户的定位。

① 目标市场的区域路径。目前存在着两种选择国际市场的方式。第一种是传统方

式。一般情况而言，高新技术产品在发达国家出口的国别路径是先到经济技术发展水平相类似的发达国家，然后再到发展中国家；发展中国家则是先到环境类似的发展中国家，最后再逐步走向发达国家。但发展中国家的农产品、矿产品等初级产品和劳动密集型的低端产品主要流向是发达国家。第二种是新型方式。经济全球化背景下，许多产业中的全球分工体系已经形成，全球同步使用新产品。此时不论是发达国家还是发展中国家，该产业中的高新技术产品出口的国别路径是先到发达国家（特别是美国），以占领世界最大市场，然后再走向发展中国家。

如果用后面第五部分"企业国际化进程及其战略途径"相关理论来解释，上述两种选择国际市场的方式分别为企业国际化过程中的连续和不连续两种模式。

② 选择目标客户。目标客户选择的基础是市场细分，而市场细分有多种标准与方法，其中最重要的两个标准是产品质量和产品特性。一般来说，产品质量越高，或者与众不同的特色越多，生产和营销成本就会越高，价格也越高。

例如，早在 20 世纪 60 年代，日本汽车制造商将目标瞄准低价位市场，它们在美国的目标顾客有三个特点：收入较低；想买第二辆车；注重基本运输能力而非质量或性能。经过一段时间，这些日本厂商开始提高产品档次，开始在较高价位的目标市场中进行竞争。

各国之间的细分市场通常在数量、大小和特点上存在差别。在美国、中国，市场可按地域进行细分，而日本却几乎不存在地域差异。人口众多的国家（如中国和印度）可能会比人口稀少的国家（如加拿大）细分出更多的市场，这是因为人口众多的国家中每个细分市场都对应足够的需求量，使得做市场细分的努力得到回报。通常，不同国家之间细分市场的比例并不相同。对于消费品，人口年龄分布、收入水平和增长，以及收入分配的差异都会影响细分市场的规模及其相对重要性。

对于工业机械和原材料，影响细分市场规模和重要性的因素是工资与科技的水平和分散性及工业产品的结构。高科技、高度自动化及非专用型的机器可将北欧、日本和加拿大作为目标市场；而标准化、大批量生产的机器则适用于新兴的工业化国家；老式的标准化机器适用于发展中国家。

（2）选择进入战略。一旦目标细分市场被选定，下一步就是制定最好的战略打入该细分市场。最重要的战略决策是：应该在全球推广标准化的产品，还是针对不同国家的不同需求修改产品和营销组合？20 世纪 70 年代，不同国家的出口商通常采取三种不同战略中的一种。一般来说，日本厂商倾向于向所有的市场出口同一种标准化产品；美国厂商倾向于采用产品生命周期战略，即先在美国市场上推出一种新产品，然后当其他国家产生相似的需求时，再将这种产品出口；而欧洲厂商则对本地市场状况反应更加敏锐，并把每一个市场都作为独立的实体。

一家公司也可能对同一产品同时采取两种策略，它可能在一些国家销售标准产品，而在另一些国家销售改型产品。同样，一家公司可以对一些产品实行标准产品策略，而对另一些产品实施改造型策略。例如，某可乐公司对可乐实行标准产品策略，而对其中一种饮料实行改造型策略，在某些国家市场上有很多种不同口味的芬达。

选择分销渠道与出口营销。选择分销渠道是确认产品从生产者手中转移到最终消费者手中的途径。连接某国生产者与异国消费者的分销渠道有以下四个特征：

① 一般说来，国际分销渠道比国内分销渠道更复杂，涉及更多的中间环节。一个典型的国内分销渠道为：生产者—批发商—零售商；而国际销售的分销渠道则可能为：生产者—出口代理商—进口代理商—大型批发商—小型批发商—零售商。

② 国际分销渠道的成本通常比国内分销渠道的成本高。因此，通过国际分销渠道到达消费者手中的产品价格比较高，其中主要的成本来自建立分销机构、进入新的市场及国际分销渠道运作的费用。

③ 出口商有时必须通过与国内市场不同的分销渠道向海外市场进行销售。例如，在国内市场上，它的经营范围或与顾客密切联系的重要性也许要求它建立自己的分销系统，并利用这一系统与最终消费者保持联系。然而在海外市场上，在出口量一定的情况下，这样一个系统可能过于昂贵，因而是不可行的。海外市场上当地公司的营销技巧可能比产品本身更重要。

④ 国际分销渠道通常为公司提供海外市场信息，包括产品在市场上的销售情况及其原因。在这种情况下，公司可选择对分销和销售系统做前向整合，并由本公司人员深入海外市场，或者可选择与国外的分销商发展密切的合作关系，进行充分的信息交流。

出口商有许多不同的分销渠道可以选择：经纪人、代理商、制造商的销售代表、出口代理商、批发商、零售商、进口批发商、贸易公司等。这些贸易中介可以从两个方面加以归类和描述。①商品的所有权。代理人代表公司销售商品，收取佣金，但不拥有商品；而分销商则是商品的所有者，先向出口商购买商品，冠以自己的商标，再进行出售。②对销售渠道的控制方法，分为直接法与间接法。直接法是公司拥有并管理分销渠道，而间接法则是分销渠道独立于公司之外。

商品所有权的两种类型和对销售渠道的控制方法的两种类型可以组合出四种基本的组合，分销渠道与出口营销决策要从这四种基本组合中选择一种（其中每种组合中还包括许多不同的机构）是一项艰巨但重要的任务，这一决策要考虑许多因素，例如，出口商的特点（大小、能力以及资源），海外市场战略，愿意承担的风险，现在和未来的销售范围，合并、市场渗透、控制和信息反馈的重要性，以及海外市场与国内市场的差别等。

出口商与独立的（间接的）分销渠道在许多问题上容易产生矛盾。进口商通常希望获得某种产品在此国家的独家进口权。而出口商则希望获得独家产品权，即希望进口商不经营其他厂商的同类竞争性产品。他们之间还可能在广告费与服务费的分摊、利润分配、新产品引进等问题上产生矛盾。利用间接法控制分销渠道的优势是资源成本相对比较低，这些独立的渠道一般拥有海外市场客户情况的第一手资料并和客户有直接接触。而主要的缺点则是出口商的控制能力减弱，公司采取折扣、促销、直销等方法扩大销售的能力有所降低，也无法通过控制广告拉动对产品的需求。与直接法相比，间接法减少了信息的流通，即进口商向公司提供的市场信息可能比较少。直接渠道的优缺点与间接渠道正好相反，在初期阶段，关于市场第一手资料和专业知识比较少，与顾客直接接触少，启动成本较高；但另一方面矛盾减少了，控制增强了，而且信息的流动也更加通畅了。

（3）出口市场上的定价。针对海外市场一般有四种定价策略。

① 定价偏高，以期获得大于国内市场的收益。这种定价策略考虑到海外市场比国内市场的风险要大一些，而且通常会产生一些隐含成本，而这些成本不会被标准的会计制度确认。按照这种观点，海外市场的价格与收益应该比国内市场要高，否则不应出口。

② 制定使海外市场与国内市场收益水平接近的价格。这种定价策略认为海外市场与国内市场没有区别。有经验的出口商通常使用这种策略，因为对他们来说，海外市场与国内市场的差别的确很小。也有一些新手和缺乏经验的出口商采用这种策略，他们对海外市场的态度是"只要有订单，我们就发货"。

③ 在短期内定价较低，即使收益偏低甚至亏损也在所不惜。这种策略把海外市场看成有发展前途的市场。公司若想长期经营下去，就必须占有这些市场。这类积极进取的出口商宁愿承受短期的亏损而抢占市场份额，开发出适合海外市场的产品，从而取得规模经济效益。他们认为，从长远来看，一旦他们确立了在海外市场中的地位，他们的成本会降低，会获得令人满意的收益。但这种策略容易使公司面临出口市场上当地竞争者的反倾销行动，并为此支付反倾销关税。

④ 只要在抵消变动成本之后还能增加利润，就按能把超过国内市场需求量的产品销售出去的价格定价。这种策略是把海外市场看成解决过剩生产能力的倾销场所，尽管这种方法确实给公司带来了利润，但这种公司不能算作真正的出口市场开拓者。

无论公司采取何种定价策略，由于国际分销渠道增加了单位商品的固定成本，因此使公司把价格作为竞争武器的能力减弱。此外，还有一些分销成本与厂商定价有关，如存货成本、代理费用和某些关税等。销售税是以到岸的完税价格为税基的，这些都随价格的不同而不同。但销售税中也有固定的部分，来自单位产品固定的运输费。独立的代理商收取的费用大部分以产品价格为基础，各级分销渠道的收费也以价格为基础逐级加码。无论购买者支付的价格如何随出厂价的变化而变化，与国内市场相比，海外市场上的最终价格中有更大一部分随销量的变化而变化。公司在制定价格策略时，一定要考虑海外市场的这些特点。

2. 对外股权投资

对外股权投资涉及对东道国企业的股权参与，与出口方式相比，是一种控制程度更强、参与程度更大的进入方式。股权投资包括对外证券投资与对外直接投资。

（1）对外证券投资。对外证券投资是指个人或机构取得外国证券，但并不控制该企业或参与管理，购买外国股票可能出于若干重要战略因素考虑：①证券投资可能成为直接投资的前奏。一些跨国公司把证券投资当作一种先发制人的行动，其目的是防止被国内或国外对手兼并。②证券投资可以作为企业长期计划的一部分，因为它可能有助于加强技术、许可证和销售协议。③证券投资也是扩大企业在其他国家利益的一种方法，如为了较长时期地占有、为了多样化经营，或是为了搜集市场信息去建立一个基地。

尽管这些动机以及许多其他动机可以说明在国外从事证券投资的原因，但是制造业企业很少会把它的长期计划建立在这种投资的基础上。与直接投资相比，这种间接投资有两个基本弱点：一是证券投资虽然涉及所有权问题，但很少或没有涉及管理和控制问题，不能管理企业所持有的资产；二是证券投资很难充分发挥该公司的技术或产品的优势。由于这两个基本弱点，证券投资妨碍了企业把它持有的国外资产充分结合起来使用，而直接投资却能做到这一点。

（2）对外直接投资。与出口和证券投资进入方式不同的是，采用对外直接投资进入模式，企业将管理、技术、营销、资金等资源以自己控制企业的形式转移到目标国家（地区），以便能够在目标市场更充分地发挥竞争优势。同出口方式相比，进行对外直接投资缩短了生产和销售的距离，减少了运输成本；可利用当地便宜的劳动力、原材料、能源等生产要素，降低制造成本；能随时获得当地市场的信息和产品的信息反馈，从而可根据市场的需求来调整生产。此外，对外直接投资也使企业跨越东道国政府的各种贸易和非贸易壁垒，有时直接投资还能享受东道国提供的某种优惠。另外，投资进入需要大量的资金、管理和其他资源的投入，这就意味着风险更大，灵活性差。对外直接投资方式可以分为全资子公司与合资两种形式。

① 全资子公司（即独资经营）。即由母公司拥有子公司全部股权和经营权，这意味着企业在国外市场上单独控制着一个企业的生产和营销。全资子公司可以使企业拥有百分之百的控制权，全部利润归自己所有。采用全资子公司的形式进入一国市场主要有两个优点：

第一，管理者可以完全控制子公司在目标市场上的日常经营活动，并确保有价值的技术、工艺和其他一些无形资产都留在子公司。这种完全控制的方式同时还可以减少其他竞争者获取公司竞争优势的机会，尤其是在公司以技术作为其竞争优势的情况下，这一点显得特别重要。另外，管理者对子公司的产出和价格也可以保持完全控制。子公司创造的所有利润也必须上交给母公司。

第二，可以摆脱合资经营在利益、目标等方面的冲突问题，从而使国外子公司的经营战略与企业的总体战略融为一体。公司可以从全球战略的角度出发，把每个国别市场视作相互联系的全球市场的一部分。因此，拥有对全资子公司的完全控制权对于追求全球战略的公司管理者来说更具吸引力。

全资子公司也有三个重要的缺陷：

第一，这种方式可能得耗费大量资金，公司必须在内部集资或在金融市场上融资以获得资金。然而，对于中、小企业来说，要获得足够的资金往往非常困难。一般来说，只有大型企业才有能力建立国际全资子公司。

第二，由于成立全资子公司需要占用公司的大量资源，所以公司面临的风险可能会很高。风险来源之一是目标市场上政治或社会方面的不确定性或者是说不稳定性。这类风险严重时可能会使公司的物质财产和个人安危都受到威胁。全资子公司的所有者可能还得承担消费者拒绝购买公司产品所带来的全部风险。当然，只要在进入目标市场之前充分了解目标市场上的消费者，母公司就能降低这种风险。

第三，由于没有东道国企业的合作与参与，全资子公司难以得到当地的政策与各种经营资源的支持，规避政治风险的能力也明显小于合资经营企业。

② 合资经营。是指协议共同投资的各方各按一定比例的股份出资，共同组成一家具有法人地位，在经济上独立核算，在业务上独立经营的企业。

如图 4-13 所示，创建国际合资企业可以达到以下四个目标之一。即加强该企业现有业务、将该企业现有产品投放新市场、开发可以在该公司现有市场上销售的新产品和经营一新业务。

新市场	将现有产品打入国外市场	经营一种新业务
现有产品	加强现有业务	将国外产品投入国内市场
	现有产品	新产品

图 4-13 形成国际合资企业的动机

创建合资企业一般有以下动因：

第一，加强现有业务。可以采用多种方式利用国际合资企业加强或保护公司现有业务。其中最重要的形式有为达到规模经济而形成的合资企业、为使企业获得所需技术与专有技术而形成的合资企业、为降低主要项目的财务风险而形成的合资企业。后两种形式的合资企业有可能通过消除某一特定产品或特定市场领域的潜在竞争者而获得额外利润。

第二，将现有产品打入国外市场。相信本国产品将会在国外市场取得成功的公司面临着选择。出口不可能导致显著的市场渗透，建立全资子公司非常缓慢而且所要求的资源太多，而许可证方式不能得到足够的财务回报，而创立国际合资企业并将产品贴上本土制造的标签，通常是最吸引力的折中方法。

第三，将国外产品引入国内市场。对于每一个采用国际合资企业方式将其产品投入国外市场的公司来说，至少有一个当地公司将其视为当地产品打入投资国市场的一个很具吸引力的方式。也正是这种利益的互补使合资企业的建立成为可能。在全球分工日益深入的当今世界，这种利益互补更加显著。

第四，一种新业务经营。有些合资公司开发新领域而使一方或双方进入它们鲜有所知的产品和市场。

综上所述，企业采用合资经营这种方式，一方面可以减少国际化经营的资本投入；

另一方面有利于弥补跨国经营经验不足的缺陷，有利于吸引和利用东道国合资方的资源，如东道国合资方在当地市场的信誉、融资与销售渠道、同当地银行和政府官员的公私关系以及他们具有的生产、技术、管理和营销技能等。

合资企业也存在一些缺点。合资经营企业最主要的缺点是：由于合资企业由多方参与投资，因而协调成本可能过大。协调问题又主要表现以下几个方面：

第一，合资各方目标的差异。合资企业存在的一个极普遍的问题是，合作各方的目标在合资企业建立之初是一致的，但随着时间的推移，双方在产品定价、盈利分配、出口方向和数量、原料采购和产品设计等诸多方面将出现分歧。这种分歧可能由于合作各方财富的变动而引起。

第二，合资各方的文化差异。国际合资企业要求具有不同国家文化背景的管理者协同工作。经理们对他们所要接触的文化的特征必须很敏感，否则可能导致误解和严重问题。例如，许多西方经理们对日本缓慢的一致通过式的决策方式感到沮丧，同样地，美国的个人主义式的决策令日本人吃惊，因为决策如此之快，但实施起来却常常很缓慢。

此外，文化差异不一定缘于国籍的不同。例如，小企业在与大企业合作时，经常惊讶于后者肯花费数月而不是几天的时间来批准一项新的计划。又如，当以"任务导向型"为主导文化的发达国家跨国公司与以"角色导向型"为主导文化中国国有企业合作时，在人员的选拔与升迁时是"论功行赏"还是"论资排辈"，就会产生很大的差异。

由于合资各方协调成本过高，有关调查显示，发达国家合资经营企业的失败率高达50%以上，而在工业国与发展中国家之间这一比例更高。

3. 非股权形式

现在国际化经营已不再仅仅涉及直接对外投资和贸易这两个方面。非股权形式日益重要，2010年非股权形式产生了2万多亿美元的销售额，主要是在发展中国家。非股权形式包括合约制造、服务外包、订单农业、特许经营、许可经营、管理合约及其他类型的合约关系，跨国公司通过这些关系协调其在全球价值链的活动并影响东道国公司的管理，而并不拥有其股份。

企业国际化经营首要的核心竞争力是在全球价值链中协调各项活动的能力。企业可以决定在内部进行这类活动（内部化），也可以委托其他企业进行（外部化）——这种选择类似于"制造或购买"的决定。内部化中存在跨境内容时，就成为对外直接投资；外部化的结果可能是产生跨国企业不对其他公司实施控制的公平贸易；也可能是作为一个"中间道路"选项，形成企业间的非股权安排，即通过合同协议和相对议价能力来调节东道国企业的运作和行为（见图4-14）。这种"调节"可以对商业行为产生实质性影响，如要求东道国公司投资设备、改变流程、采用新的程序、改善劳动条件或使用指定供应商。

图 4 – 14　外国直接投资与贸易之间的中间道路——非股权形式

掌握全球价值链的最终所有权和控制配置是跨国企业一套战略性选择的结果。在典型的价值链中，跨国企业管理着从投入品采购、制造业务直到分销、销售和售后这一系列活动（见图 4 – 15）。此外，公司还从事 IT 服务或研发等活动，支持价值链的所有部分（见图 4 – 15 上半部）。

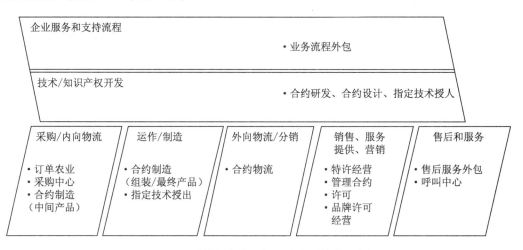

图 4 – 15　价值链中非股权形式类型的若干范例

在一个充分融入价值链的公司中，价值链上述全部环节的活动都在内部完成（内部化），如果活动发生在海外，就产生直接投资。然而，在价值链的所有环节，跨国企业都可以选择以各种非股权形式将活动外部化。例如，跨国企业可以不在东道国设立制造子公司（即直接投资），而将生产外包给合约制造商或允许本地公司在获得许可证后生产。

跨国企业在价值链任意环节中最终选择直接投资还是选择非股权形式（或贸易），要依据其战略、相对成本和效益、相关风险和可用备选方案的可行性。在价值链的某些部分，非股权形式可以替代直接外资，在其他部分，二者可以起到互补作用。

从发展角度来看，非股权形式伙伴关系和外国子公司（即直接外资）都能使东道国融入全球价值链。非股权形式的一个关键优势在于这是与本地公司之间的灵活安排，跨国企业的内在动机是通过传播知识、技术和技能，投资开发其业务伙伴独立发展的能力。这就为东道国经济体提供了相当大的潜力，通过就业、增值、创造出口和技术引进等若干影响发展的重要渠道，进行长期产业能力建设。

在某些情况下，非职权形式可能比对外直接投资更为适宜。例如，在农业领域，

170

订单农业比大规模土地收购更易于解决负责任投资的问题——尊重本地权利、农民的生计和资源的可持续利用。

（二）进入国外市场方式的选择

跨国公司选择进入国外市场的方式是一项重要的战略决策。决定和影响公司对进入方式选择的各种因素，除了各种进入方式本身的特性和它们所共同具有的三个问题：控制、风险和灵活性外，还有两类因素：第一类是跨国公司内在因素；第二类是外部因素。

1. 公司内在因素对进入方式选择的影响

（1）技术水平。企业的技术水平是决定其进入方式选择的最重要的因素之一。国际技术市场是一个高度不完善的市场。这一方面是指在技术市场上技术的泄密现象严重；另一方面，对一项新技术的估价很难找到一个客观标准，也没有国际技术交易所；此外，许可证交易本身也具有一些内在的缺点。因此，拥有先进技术的公司往往倾向于对外直接投资而把外国市场内部化，以此来克服国际技术市场的缺陷和许可证交易本身的缺点。

企业拥有的技术水平越高，就越倾向于采用控制性强的进入方式。但是，对于正处于迅速变化发展过程中的技术，为了迅速地抓住时机取得收益，有些公司也较喜欢采用许可证交易的方式。对于一次性的和小项目技术专利，公司也多采用许可证交易的方式，以避免直接投资固定成本。但是，如果公司在东道国已经有了子公司，而且母公司的新技术属于该子公司的主要业务范围时，那么，即使是一次性的小项目也会在母公司同子公司之间内部转让。在这种情况下，许可证交易常常不会发生。

（2）产品年龄。按照弗农产品生命周期理论，企业对最新产品采取出口为主、对外直接投资为辅的政策；随着产品的成熟，逐渐转向采取对外直接投资或许可证交易为主、出口为辅的政策。

当企业把新产品的生产向国外转移时，它就要在不同股权份额的直接投资和许可证之间作出选择。一般的趋势是：产品越是成熟，企业越是选择控制程度低的进入方式。即对于不成熟的产品，企业倾向于选择全股子公司的方式；对于较为成熟的产品，企业则倾向于选择合资企业或许可证交易。这主要是有以几个原因：①不成熟的产品具有很高的专有技术水平，只有开发该产品的创新企业才能了解这种产品的特性和市场。因此，技术的传递和估价的困难对不成熟产品尤为突出。②不成熟产品收益高，因此，企业希望以全股子公司的方式获得最大的收益。随着产品成熟和收益下降，企业则更愿意选择合资企业和许可证交易。③不成熟产品使企业具有更大的讨价还价能力，迫使东道国让出更多的股权份额和控制。

（3）产品在母公司战略中所占的地位。企业一般对属于其重点发展的产业内产品更多地采用控制性强的进入方式；对于非重点发展的产品，则更多地采用许可证交易，即使进行对外直接投资，也往往更多地采取拥有股权额较少的合资企业方式。因为对非重点发展的产品，企业不想投入大量的资本，从而能将资源集中到重点发展的产品上去。这样不仅是公司经营战略的需要，而且还可以充分利用公司的子公司网络中现有的基础设施，节约投资成本。

（4）品牌与广告开支。具有很高知名度品牌的公司常常选择控制程度较大的进入方式，因为当地合伙者很可能会损害跨国公司品牌的声誉。品牌的知名度除了取决于产品本身的性质外，还取决于广告宣传。因此，品牌的知名度或企业广告开支越大，控制性强的进入方式就越有效。

当通过产品设计、式样、质量和名称的标准化来加强商誉成为企业战略的一部分时，进入者就要求更大的所有权。由于这种战略依靠品牌名称所意味着的商誉，对产品质量的控制就是非常关键的。因此，采取这类战略的跨国公司倾向于通过控制性强的进入方式来控制产品质量，以维护企业的商誉。

（5）对外直接投资的固定成本。这里的固定成本指公司在国外市场上的生产、销售和管理等所需的投资和其他开支。当固定成本相对于跨国公司的规模来说很大时，公司就比较倾向于采用许可证交易或合资企业的方式以减少资本支出；当固定成本较小或能为跨国公司所承担时，跨国公司就倾向于采用全股子公司。

如果公司在一个外国市场已经有了子公司，而且新的投资和现有子公司的行业是相关的，那么母公司对该市场的再次投资所需要的固定成本要低于一个没有子公司存在的外国市场的直接投资所需要的固定成本。这时，公司就比较倾向于采用全股子公司股权方式。而对尚未建立子公司的外国市场，或虽然已经有了子公司但其产业与新的投资不相关的外国市场，公司采取全股子公司的比例就较低。

推行产品多样化战略的公司，常常不能充分利用现有子公司网络的生产设施来减少直接投资的固定成本，因此，采用许可证交易和合资企业的比例就较高。而经营产品范围较窄的跨国公司则较为倾向采取全股子公司。例如，在欧洲，跨国公司的产品多样化程度同对外直接投资的股权水平之间的关系是负向相关的。

（6）企业的国际经营经验。其包括：①跨国公司总部对跨国公司业务管理的规模经济效益；②由于学习曲线效应，跨国公司管理人员经验的增加而带来的利益；③经验导致了不确定性的减少。

新兴的跨国公司最初进行对外直接投资总是谨慎地选择它较为熟悉的邻国或社会文化较为接近的国家，随着经验的积累，则进入较远、较陌生的国家，而且越来越不满足于由合伙者来管理的少数股合资企业。在国际经营上富有经验的跨国公司向往控制程度较强的进入方式，并愿意为此而承担更多的风险。就一般情形而言，公司所选择的进入方式的控制程度同跨国公司所积累的国际经营经验具有正向相关的关系。

2. 外部环境因素对进入方式选择的影响

（1）母国与东道国社会文化的差异。一般情况下，母国与东道国之间的社会文化差异越大，对跨国公司来说不确定性也越大，因而跨国公司就越倾向于控制程度较低的进入方式，以减少资产暴露，增强灵活性。这是因为：第一，跨国公司的经理人员不了解、不适应东道国的政治和商业环境以及东道国企业的经营方式，在环境很不相同的地方，把母公司的管理技术和管理制度引入东道国是很困难的。第二，社会文化差异也导致了很大的信息成本，于是跨国公司就通过少数股合资企业或许可证交易来减少这种信息成本。

（2）东道国的管制。事实上，没有一个东道国愿意让外国公司完全自由自在地在它的国家内活动，然而，也很少有国家走到完全排除外国投资的极端。尽管各东道国对外国直接投资的管制各不相同，但无非都是采取鼓励和限制或禁止两个方面的管制，力图从外国投资中获得最大利益。

东道国常常按不同的产业来对外国投资施加不同的限制。例如，印度曾把它的工业部门分为三大类，外国投资者只允许在第一类行业内直接投资；在第二类行业只能进行许可证交易；第三类行业则不允许外国企业以任何形式进入。东道国对外国直接投资的管制也随着时间的推移而发生变化。在印度和印度尼西亚，随着本国工业自给程度的提高，对外国投资的限制范围一直在扩大。而日本向外国直接投资开放部门的数量从 1967 年的 55 个增加到 1973 年的 228 个，到 1980 年，除了三个部门以外，其他都开放了。

东道国对外国直接投资的审查程序虽然不排除外国投资的可能性，但审查过程和审查机构提出的必要条件常常增加了外国直接投资的成本，以至于对外国直接投资的吸引力相对减弱。因此，在具有严格审查程序的国家，公司更多地采用出口或许可证交易的方式。

（3）公司和东道国谈判地位的演变。东道国（尤其是发展中国家）在同跨国公司打交道的过程中逐步积累着经验，它们的谈判技术和水平也不断提高。联合国有关机构、各国的咨询公司和顾问也对东道国的谈判技术与水平的提高起到了很大的作用。

决定公司和东道国的谈判地位的另一个重要因素是在一个特定产业中从事竞争的跨国公司数量的多少。如果东道国被迫在很少几个跨国公司中作出选择的话，它用一个外国公司来对付另一个外国公司的能力就会受到限制。而当外国公司认识到自己是能向东道国提供某种技术或特定资源的少数几个跨国公司之一的话，它就可能要求得到更为有利的条件；反之亦然。从美国在拉美的有关统计资料中可以清楚地看到，跨国公司之间的竞争和所有权（即股权份额）之间的关系，在一个特定产业中，随着相互竞争的跨国公司的数目增加，跨国公司得到的所有权的水平在逐渐下降。

五、企业国际化进程及其战略途径

随着国际经济环境的不断变化，对于企业国际化进程及其战略途径的理论解释也随之改变。最具代表性的理论是企业国际化过程中的连续和不连续两种模式，以及国际化经营的引力理论。

（一）企业国际化过程的连续模式理论

企业国际化在目标市场的选择上按照环境距离（这里的环境距离指一国与另一国

在地理、文化心理、经济、政治法律等方面的综合差距）由近及远的顺序。在进入方式的选择上按照由易到难的顺序被称为企业国际化过程的连续模式。主要理论包括国际化阶段理论（UPPSALA 模型）和出口行为论。

1. 企业国际化阶段理论（UPPSALA 模型）

（1）UPPSALA 模型的含义。传统企业国际化理论的代表——UPPSALA 模型认为，企业国际化是一个逐渐积累知识、增加投资、缓慢发展的过程。该过程有以下两个典型特点：①企业在进入方式上，按照间接出口——直接出口——设立海外销售分部——海外生产的顺序进行。②在目标市场的选择中，按照邻国市场——地理位置较远市场的顺序来进行。

UPPSALA 学派认为，每一个国际化步骤都不能被视为相互独立的阶段，分析对象是国际化的连续全过程。企业国际化阶段论实质是企业行为理论和企业成长理论。该学派认为，企业国际化的过程是企业渐进地获得、认识和利用国际市场和经营知识的过程，强调"干中学"的重要性。这一观点提出后，得到许多实证研究的支持，直至今天仍被许多研究作为理论基础。

（2）UPPSALA 模型的产生和发展。1975 年，约翰森（Johanson）和瓦伦（Vahlne）通过对瑞典四家制造企业调研后发现，这些企业的海外经营都遵循了偶尔出口活动—通过海外代理商出口——建立海外销售机构——海外生产这样一个逐步升级的顺序。为了更好地解释和说明这一现象，约翰森和瓦伦建立了一个动态模型，即 UPPSALA 模型。其基本假设是国外市场知识的缺乏是阻碍企业国际化的主要因素。模型的关键变量包括市场知识、市场投入、投资决策和经营活动。该模型由市场知识开始，市场知识影响投资决策，投资决策又决定经营活动，经营活动在使企业获得市场知识的同时，降低了可感知的市场风险，增加了对国外市场的投入。这是一个不断获取知识、降低风险、增加投入的循环往复过程。

Forsgren（2002）进一步指出，企业的国际化成长依赖于各种学习机会，包括模仿性学习、与其他企业的合作、引入专业人才等。该学派的不少学者还从学习能力的角度分析了 20 世纪 90 年代后半期跨国兼并与收购频频失败的原因。Haleblian 和 Finkelstein（1999）用行为学理论分析了收购者的收购经验与收购后企业经营业绩的联系。结论是收购者的收购经验越丰富，被收购企业的经营业绩越有可能改善，特别是同行业收购。Very 和 Gchweiger（2001）进一步把兼并与收购过程中的学习分为"收购目标的学习"和"收购经验积累学习"，由于在跨国兼并收购的不同阶段，收购者面临着不同的问题，这些问题加大了跨国兼并与收购的风险，对企业的学习能力提出了更高的要求。

（3）对 UPPSALA 模型的不同看法。自 20 世纪 80 年代以来，UPPSALA 模型遭到了越来越多的质疑。Millington 等人认为，在国际化早期，企业由于缺乏经验，其国际化也许会表现出缓慢而逐渐发展的特点。随着企业国际化经验的积累，在战略分析和信息搜索的基础上，战略计划系统就会发挥重大作用，因而使企业国际化完全有可能超越传统理论提出的阶段顺序而发生跳跃。Pedersen 等人则以对外投资理论为基础，运用丹麦 176 家企业长达 150 年的历史资料进行实证研究后认为，企业国际化是一个不连续的过程。企业进入国际市场、开始国际化进程的第一步，一般准备时间较长，幅度较大；随后的海外扩张则以比较固定的时间间隔进行；在进行海外扩张时，先期进入的市场在文化距离上不一定比后期进入的市场更接近。换言之，企业国际化在选择目标市场时可能首先选择那些发展潜力较大的国家而不必非要从周边国家或环境距离较近的国家起步。

还有人认为，企业国际化阶段理论对中小企业的解释力比较强，但对于大型多元企业而言，由于它们的风险抵抗能力高，所以国际化的阶段性渐进并不明显。此外，该理论对"市场寻求型"的公司比较适用，而对"资源寻求型"、"效率寻求型"、"现成资产寻求型"的公司的适用性比较差。尽管 UPPSALA 学派的国际化理论受到批评，但学术界仍然认为它是这个领域最有影响力的理论。

2. 出口行为论

1977 年，Bilkey 和 Tesar 通过对 423 家中、小型制造企业的出口发展活动研究后认为，企业的出口活动可以根据管理者对海外市场的兴趣划分为六个阶段，即对出口毫无兴趣、接受海外订单、企业积极寻求出口的可能性、开始向邻近国家出口、成为有经验的出口商、努力开拓心理距离与地理位置较远的出口市场。1980 年，卡佛斯格尔（Cavusigil）根据管理者在一段时间内对出口的连续决策行为，把企业出口活动划分为产品国内销售、前出口、获得出口经验、积极从事出口活动和开始从事各种直接投资活动五个阶段。

与 UPPSALA 模型相同，出口行为论的主要概念也是"知识和经验"，也认为企业国际化经营是一个渐进的发展过程。但是不同之处在于，出口行为论是通过大量的企业调研得到的统计结果，而不是纯粹的逻辑演绎，因此与现实更接近，更具有操作性。出口行为论的缺点是只是企业出口阶段的描述性分析，还不能解释企业整个国际化经营的过程。

（二）企业国际化过程的非连续模式理论

20 世纪 80 年代以来，由于企业国际化环境的巨大变化，在企业国际化中出现了许多新的现象。对于这些新现象，传统理论或者解释不了，或者解释不力。这促使越来越多的学者运用不同的理论，从不同的角度研究企业国际化，最终产生了国际创新企业模型、企业国际化的战略管理理论和网络理论等一些新的研究成果。这些研究成果都不同程度上认为企业国际化过程是不连续的，即企业国际化完全不必遵循传统的企业国际化顺序，而采取灵活的，甚至是跳跃式的发展，以达到快速国际化的目的，从而提出了一条与传统理论所提出的连续国际化模式完全不同的企业国际化经营的途径。

1. 国际创新企业模型

近些年来，越来越多的企业国际化经营没有按照连续过程理论所指出的渐进方式进行。对于企业国际化经营过程中的这些新现象，Oviatt 和 McDougall 通过建立国际新企业模型进行解释和说明。他们认为，国际新企业是那些起初就通过利用多国资源与市场来寻求竞争优势的企业。国际新企业模型包括四个要素，即部分交易的内部化，网络以及许可协议等可以选择的控制结构，国外的区位优势和独特的资源。根据模型他们得出结论，由于缺乏资源，那些依赖知识创造价值的小企业在竞争中难以通过聚焦于国内市场而生存和获得成功。因此，这些小企业为了生存和发展从一开始就面向国际市场，就是国际化的企业。这样，这些小企业国际化就拥有不同于传统企业国际化经营的新路径。至于影响小企业国际化成功的因素，Oviatt 和 McDougall 引用许多案例以及前人研究中的一些证据，说明小企业国际化的成功依赖于企业起初就拥有的国际化视野、革新的产品或服务，以及通过网络和有效的组织而在国际市场上销售的能力。

2. 企业国际化的战略管理理论

针对 20 世纪 90 年代以来企业国际化面临的多变的国际经营环境，运用企业战略管理理论来研究和解释企业国际化现象。Mintaberg 和 Mchugh 指出，随着环境中机会和威胁的不断变化，多数企业成长战略表现为企业投入的主动增加或减少，而国际化既可能是企业执行长期战略的结果，也可能是企业发展过程中的应急举措。Millington 和 Baylis 特别关注战略计划在企业国际化过程的作用。他们认为，在国际化的早期，企业由于缺乏经验，其国际化也许会表现出缓慢而逐渐发展的特点。然而，随着企业国际化经验的积累，在战略分析和信息搜索的基础上，战略计划系统就会发挥重大作用。由于企业经验可以在不同市场、不同产品间传递，因而使企业国际化完全有可能超越传统理论提出的阶段顺序而发生跳跃。所以，企业的连续或渐进国际化与其说是一般原则还不如说是特例。

3. 企业国际化的网络理论

自 20 世纪 80 年代末期开始，一些学者又运用产业内网络的概念分析和解释企业国际化的新现象，提出了企业国际化的网络理论。Johanson 和 Mattsson 认为企业国际化过程应从企业间关系网的角度而非传统理论中单个企业的角度来研究，并把企业国际化看成是企业建立和发展与其他国家企业合作关系的过程。因此，一个企业对于国际目标市场和国际市场进入方式的选择就往往会根据其国际网络关系的发展状况确定，而不一定采用传统的连续方式。

（三）企业国际化经营的引力理论

除了上述两种相互对立的理论外，还有一类具有代表性的解释企业国际化进程及其战略途径的理论——国际化经营的引力理论，又称带动论。

1. 订单带动论

从历史实践和大量调查结果来看，多数企业的初始出口带有一定的偶然性；而运费下降、汇率波动、市场环境变化等经济因素对企业的初始出口的直接影响很小。企业最初的出口冲动大多来自海外客户主动送上门来的订单。这种未经企业本身努力而得来的出口机会，常常是企业出口的直接原因。对于从未开展过出口业务的企业来说，一开始就靠自己主动寻找海外市场和客户是走向国际市场最困难的一环。而这种送上门来的订单，大大降低了初始出口的风险，给原先犹豫不决的企业管理人员提供了一种动力，促使他们迈出国际化经营的第一步。

2. 客户带动论

在很多行业，尤其是服务性行业，如银行、保险、广告业，企业的跨国经营通常是受到现有客户的带动。往往是其客户先打入国外市场，在国外站住了脚跟，需要相应的金融、保险、广告和其他服务。为其服务的银行、保险公司、广告商为了不失去这些客户，就必须相应地扩展自身的业务，跟随客户去海外从事国际化经营。

3. 竞争带动论

竞争带动论事实上就是前面所提到的尼克博克的"寡占反应理论"。如果该行业的某个主要企业打入了某一国外市场，其他企业就会很快跟上，也去同一个国家或地区开辟市场。这种"一哄而上"跟随竞争者走向国外市场的情形常常发生在寡头垄断行业。在寡头垄断行业，各主要企业在国内市场的饱和常常发生在同一时期；与此同时，由于寡头行业的特点，任何单一厂商市场份额的大幅上升都会导致整个竞争态势的重大变化。在这种情况下，其他厂商也会跟进，打入同一市场，宁可两败俱伤，也不能让对手独霸一方。

4. 关键企业带动论

关键企业带动论与前面企业国际化的网络理论相类似，但研究角度有所不同。传统的企业竞争理论常常把企业当作独立的决策单位来分析，20 世纪 80 年代发展起来的"网络"理论认为，任何企业都只是在一定的社会关系中才能生存。一个行业就是一个社会关系网络。任何行业中都有"枢纽"企业（核心企业）和"卫星"企业之分。两类企业相互依存，共同发展。关键企业带动论就是用这种行业网络关系理论来解释企业国际化行为，认为众多中小企业的国际化经营就是由其行业中的枢纽企业的国际化经营所带动的，因为这些卫星企业已经与其枢纽企业之间建立了固定的产供销关系网，双方都已经在这一网络中投入了大量的人力、财力、物力，保持这种原有关系比在一个陌生的环境里重新发展新的关系要方便经济得多。因此，枢纽企业打入国际市场后，往往愿意把其在国内的卫星企业带到国外；卫星企业也愿意跟随核心企业开展国际化经营。这不仅保证卫星企业的市场，而且免除了他们独立开展国际化经营的高风险和高成本。

六、国际化经营的战略类型

企业国际化经营的战略基本上有四种类型，即国际战略、多国本土化战略、全球化战略与跨国战略。这四种战略可以通过"全球协作"的程度和"本土独立性和适应能力"的程度所构成的两维坐标上体现出来。如图 4 - 16 所示。

图 4 – 16　国际化的战略类型

（一）国际战略

国际战略是指企业将其具有价值的产品与技能转移到国外的市场，以创造价值的举措。大部分企业采用国际战略，是转移其在母国所开发出的具有竞争优势的产品到海外市场，从而创造价值。在这种情况下，企业多把产品开发的职能留在母国，而在东道国建立制造和营销职能。在大多数的国际化企业中，企业总部一般严格地控制产品与市场战略的决策权。例如，美国 PG 公司过去在美国以外的主要市场上都有工厂。这些工厂只生产由美国母公司开发出来的差异化产品，而且根据美国开发出来的信息从事市场营销。

企业的特殊竞争力如果在国外市场上拥有竞争优势，而且在该市场上降低成本的压力较小时，企业采取国际化战略是非常合理的。但是，如果当地市场要求能够根据当地的情况提供产品与服务，企业采取这种战略就不合适了。同时，由于企业在国外各个生产基地都有厂房设备，形成重复建设，加大了经营成本，这对企业也是不利的。

（二）多国本土化战略

为了满足所在国的市场需求，企业可以采用多国本土化战略。这种战略与国际战略不同的是根据不同国家的不同的市场，提供更能满足当地市场需要的产品和服务。相同的是，这种战略也是将自己国家所开发出的产品和技能转移到国外市场，而且在重要的国家市场上从事生产经营活动。因此，这种战略的成本结构较高，无法获得经验曲线效益和区位效益。

在当地市场强烈要求根据当地需求提供产品和服务，并降低成本时，企业应采取多国本化战略。但是，由于这种战略生产设施重复建设并且成本结构高，在成本压力大的产业中便不适应。同时，过于本土化，会使得在每一个国家的子公司过于独立，企业最终会指挥不动自己的子公司，不能将自己的产品和服务向这些子公司转移。

（三）全球化战略

全球化战略是向全世界的市场推销标准化的产品和服务，并在较有利的国家集中地进行生产经营活动，由此形成经验曲线和规模经济效益，以获得高额利润。企业采取这种战略主要是为了实施成本领先战略。与目前定制化以满足顾客差异化需求不同，实施

"全球化战略"的跨国公司是通过提供标准化的产品来促使不同国家的习俗和偏好趋同。

在成本压力大而当地特殊要求小的情况下，企业采取全球化战略是合理的。但是，在要求提供当地特色的产品的市场上，这种战略是不合适的。

（四）跨国战略

跨国战略是要在全球激烈竞争的情况下，形成以经验为基础的成本效益和区位效益，转移企业内的特殊竞争力，同时注意当地市场的需要。为了避免外部市场的竞争压力，母公司与子公司、子公司与子公司的关系是双向的；不仅母公司向子公司提供产品与技术，子公司也可以向母公司提供产品与技术。企业采取这种战略，能够运用经验曲线的效应，形成区位效益，能够满足当地市场的需求，达到全球学习的效果。

跨国战略是目前为止被认为是跨国公司的最佳战略选择。这种战略充分考虑到东道国的需求，同时也要保证跨国公司的核心目标和技能的实现。"跨国战略"主要通过三个决策实现资产、资源和能力的结合：哪些资源和能力应集中在母国运营？哪些资源可以在母国国外集中运营？哪些资源应在某区域上分散使用？跨国战略试图兼顾全球效率、国别反应和世界性学习效果这三种战略需要。但是，在实践中地区适应性和全球化效率需要的平衡点难以确定，最优平衡是主观的和经常变动的。由于有效执行的困难，跨国战略往往被看成是一种理想化而非现实的形式。

七、新兴市场的企业战略

新兴市场是指一些市场发展潜力巨大的发展中国家。这类国家对世界经济的发展具有较大的推动作用，其进出口贸易在全球贸易中占有越来越重要的地位。全球化竞争中，随着新兴市场国家在世界经济中所占地位的不断提高，这些国家日益成为众多发达国家跨国公司的目标市场。对于新兴市场的消费者来说，众多跨国公司的进入是一个福音，因为他们可以有更多的选择。然而，对于已经习惯于在被保护的市场中占据主导地位的本土企业来说，各方面都更加强大的外国竞争对手的大规模进入无疑形成了巨大的市场压力。在这里我们着重阐述在全球化竞争中，新兴市场中本土企业的战略选择。

（一）按产业特性配置资源

在争夺新兴市场的大战中，强大的跨国公司并非占尽优势。新兴市场上的本土企业都必须关注两个问题：第一，你所在产业面临的全球化的压力有多大？第二，你所在公司优势资源的跨国转移能力怎样？了解所在产业竞争优势的基本情况，可以更准确地评估出跨国竞争对手的真正实力；而知道了在什么地方能够最大限度地发挥自己的优势资源，可以帮助企业了解自己面临的商机。

1. 认识不同行业面临的不同压力

在估计全球化压力所产生的影响时，必须认识到各种不同的产业面临的压力是不同的。例如，减少贸易壁垒可能对计算机产业产生巨大的影响，但它对水泥产业可能只有很小的影响；同样地，远程通信的进步可能会使实施标准化的广告计划更为简单，但对各种各样不同产品的需求在当地文化中仍根深蒂固。在各种产业中，全球化和地方化的压力在强度上也不同。很少有产业承受了极端的全球化或地方化的压力。例如，食品加工产业的许多部门可以通过全球化生产来大幅度降低生产费用，但是该产业的全球化潜力受到了诸如损耗和低价值/重量比的限制，这些问题使运输费用昂贵得无法接受。

图4-17用一个2×2矩阵比较不同产业所面临的全球化与本土化的压力。

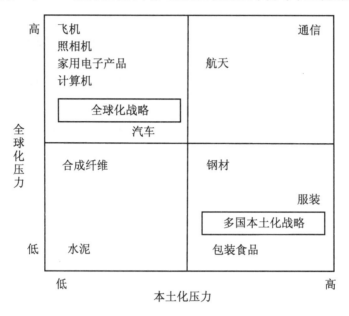

图4-17 全球化对组织的影响

在右边两个象限中，适应本地特点是重要的；而在上边的两个象限中，全球化的压力起决定作用。左上角象限的产业面临情况是，地方差异很小，而全球化所带来的收益是巨大的；右下角则是另一极端，地方差异很大，而全球化带来的好处极少。对于左下角的企业来说，地方差异较小，但全球化受其他因素的制约（如水泥的运输）。当谈到日益增长的全球化压力时，意味着越来越多的产品、产业，正从下面的象限移向上面的象限。

上述分析表明，在不同的产业中发达国家跨国公司在新兴市场显示的竞争优势是大相径庭的，图4-17左上角所展示的产业，如飞机、照相机、家用电子产品、计算机等，这些产业中的企业需要在产品开发、资金筹措、市场营销以及分销上提高的固定成本，而这部分成本只有通过在多个市场上销售产品才能分摊。此外，这些产业在参与全球竞争时都遵循着同一套规则，消费者对由此产生的标准化产品以及市场营销的诉求方式比较满意。

而图4-17右下角所展示的产业，诸如服装、包装食品等，这些产业正好相反，在这些产业中，企业可以通过满足本国消费者的特殊需求取得成功。企业竞争靠的是与消费者建立良好的关系。由于消费者品位不同，或者由于技术标准不一致，市场偏好也不尽相同。此外，高额的运输成本也会阻碍全球化的进程。在这类产业中，企业仅在本土销售产品仍然可以兴旺发达。

当然，大部分产业处于上述两类极端之间。在这些产业中，国际化销售是可以带来一些规模优势，但适应当地市场偏好也非常重要。本土企业可以在这些产业中了解跨国竞争对手的优势和劣势，从而明确自身在产业中合适的定位。

2. 评估企业自身的优势资源

一旦本土企业对自身所处的产业有所了解，接下来要做的就是评估自身的优势资源。新兴市场中的大部分本土企业拥有一些资源，这些资源使其在本土市场上具有竞争优势。例如，这些企业拥有一个本土的销售网络，跨国竞争对手需要多年才能建立起类似的销售网络；又如，本土企业可能与政府官员有着长期紧密的交往，这对于跨国竞争对手而言是难以企及的；再如，本土企业具有符合当地消费者偏好的特色产品，而跨国竞争对手可能无法低成本生产这些产品，等等。诸如此类的优势资源，可以成为本土企业成功捍卫本国市场的后盾。

不仅如此，本土企业的某些优势还可能成为向其他市场扩张的利刃。例如，公司可以利用本国廉价的原材料，降低外销产品的价格；又如，公司还可以运用专门技术在周边欠发达国家多快好省地建造工厂开展业务。此外，一些看来非常本土化的资源，例如，在一些特殊的或者开展难度大的细分市场的服务经验，可能也适用于一些国外市场。事实上，当这些本土企业密切关注那些与本国有着相似市场状况的国家，可能会发现可以移植到国外的资源比想象的还要多。这种资源越多，企业在国外获得成功的机会就越大。

（二）本土企业的战略选择

将产业所面临的全球化压力和新兴市场本土企业可以转移的资源作为两个变量，作出图 4-18，可以用来指导公司战略性的思考。

产业的全球化程度	高	"躲闪者" 通过转向新业务或 缝隙市场避开竞争	"抗衡者" 通过全球竞争发动 进攻
	低	"防御者" 利用国内市场 的优势防卫	"扩张者" 将企业的经验转 移到周边市场
		适合于本国市场	可以向海外移植

图 4-18　本土企业的战略选择

（1）"防御者"。如果企业面临的全球化压力较小，又没有什么可转移的优势资源，那就需要集中力量保护已有的市场份额不被跨国竞争对手侵占，称采取这种战略的企业为"防御者"，其战略定位是利用国内市场的优势防卫。

（2）"扩张者"。如果企业面临的全球化压力不大，而自身的优势资源又可以被移植到海外，那么企业就可以将本土市场的成功经验推广到若干国外的市场，称采取这种战略的企业为"扩张者"，其战略定位是将企业的经验转移到周边市场。

（3）"躲闪者"。如果企业全球化压力大，企业就会面临更大的挑战。如果企业的优势资源只能在本土发挥作用，企业就必须围绕仍有价值的本土资源，对其价值链的某些环节进行重组，以躲避外来竞争对手的冲击，从而保持企业的独立性，这类企业称之为"躲闪者"，其战略定位是通过转向新业务或缝隙市场避开竞争。

（4）"抗衡者"。如果企业全球化压力大，而企业的优势资源可以转移到其他市场，企业有可能与发达国家跨国公司在全球范围内展开正面竞争，称这类企业为"抗衡者"，其战略定位是通过全球化竞争发动进攻。

（三）"防御者"的战略：利用本土优势进行防御

面对来势汹汹且实力雄厚的外国竞争对手，"防御者"要做的就是利用本土优势进行防御。具体做法可以考虑：①把目光集中于喜欢本国产品的客户，而不考虑那些崇尚国际品牌的客户。②频繁地调整产品和服务，以适应客户特别的甚至是独一无二的需求。③加强分销网络的建设和管理，缓解国外竞争对手的竞争压力。

在面临跨国竞争对手的挑战时应当注意：①不要试图赢得所有顾客。②不要一味模仿跨国竞争对手的战略。

（四）"扩张者"战略：向海外延伸本土优势

在某种情况下，本土企业可以不仅仅局限于保住现有市场，它们还可以通过合理运用可移植的优势资源，并以其在本地市场的成功为平台，向其他市场扩张。慎重并有选择地将海外扩张战略用于企业的核心资源，不仅可以增加企业收入，还能促进规模经济，同时也能获得颇有价值的国际化经营的经验。

在向海外延伸本土优势时应当注意寻找在消费者偏好、地缘关系、分销渠道或政府管制方面与本国市场相类似的市场，来最有效地利用自己的资源。例如，移居国外的人就更容易接受产于自己国家的产品。

（五）"躲闪者"战略：避开跨国公司的冲击

在全球化压力很大的产业中，"躲闪者"不能仅仅指望公司的本土资源，还必须重新考虑自身的商业模式。在这种情况下，如果这些企业的资源仅仅在本土才有价值，企业最好的选择可能是以下几个：①与跨国公司建立合资、合作企业。②将企业出售给跨国公司。③重新定义自己的核心业务，避开与跨国公司的直接竞争。④根据自身的本土优势专注于细分市场，将业务重心转向价值链中的某些环节。⑤生产与跨国公司产品互补的产品，或者将其改造为适合本国人口味的产品。

"躲闪者"战略可能是四种战略中最难付诸实施的一种，因为"躲闪者"必须要对其战略进行大手术，而且必须在跨国公司将其淘汰出局时完成。但是，只要"躲闪者"能够谨慎选择突破口，并专心攻克，还是能够利用本土资源拥有一片立足之地。

（六）"抗衡者"战略：在全球范围内对抗

尽管在全球竞争中发达国家跨国公司具备诸多优势，但新兴市场的企业也可以羽翼渐丰，最后成长为跨国公司。这种新兴市场中的"抗衡者"的数量正在稳步上升，不少公司已经成长为世界上大名鼎鼎的品牌企业了。这些公司成功的原因与那些在全球市场上蓬勃发展的其他企业大同小异，只不过作为"抗衡者"，它们通常不得不权衡各种机会和制约因素。

（1）不要拘泥于成本上竞争，而应该比照行业中的领先公司来衡量自己的实力。大部分"抗衡者"来自日用品生产产业，这些产业具有丰富的自然资源和人力资源，可以给企业带来低成本的优势。但是，"抗衡者"不应该仅仅满足于资源优势，而应该比照行业中的领先公司来衡量自己的实力。很多企业会发现自己在产品质量和生产水平上存在明显不足，或者是在服务、运送和包装上存在严重缺陷。这样一来，它们的成本优势就被其他方面劣势抵消了。如果在生产力、产品质量和服务水平上不断追赶来自发达国家的竞争者，新兴市场的本土企业就可以为在长期的竞争中取得成功打下坚实的基础。

（2）找到一个定位明确又易于防守的市场。对于那些可能成为"抗衡者"却又无法获得关键资源的企业来说，找一个定位明确又易于防守的市场缝隙至关重要。一个日益普遍的方法是加入一个发达国家跨国公司主导的战略联盟，联盟中的领导企业掌握着一个地区性或全球性的零件开发商和供应商网络。在一个分布广泛的生产网络中扮演"领头羊"，需要兼具市场形象、协调能力以及创新的技术。而新兴市场中的企业一般很少同时拥有上述三个条件，这些企业中的大部分需要专注于自己产业价值链中的某些特定环节来打造规模和专门技术。

（3）在一个全球化的产业中找到一个合适的突破口。新兴市场中的企业要想在一个全球化的产业中找到一个合适的突破口，通常必须进行大范围的重组。许多企业可能会将那些由于全球化而难以为继的业务剥离，将原先内部生产的零部件外包出去，并投资于新产品和新流程，这是"抗衡者"成为一个专业化和全球化生产商的关键。

（4）学习从发达国家获取资源，以克服自身技能的不足和资本的匮乏。对于"抗衡者"来说，最大的挑战也许是克服自身技能的不足和资本的匮乏。尤其在高科技产业，产品生命周期一般很短，而新兴市场中的企业由于接触不到位于市场前沿的供应商、客户以及竞争者，经常会处于不利地位。再加上新兴市场存在较大的政治和经济风险，"抗衡者"资本成本要远高于它们的跨国竞争对手。所以，成功的"抗衡者"要学习从发达国家获取资源以克服前述缺陷。

思考题

1. 一体化战略与价值链管理存在怎样的关系？在什么情况下宜于（不宜于）采取一体化战略？

2. 多元化战略的风险表现在哪些方面？采取多元化战略时应注意哪些问题？

3. 举例说明成本领先战略和差别化战略的产品经济性。

4. 如何设计市场上能够营销策略？

5. 说明企业国际化经营的战略类型。

6. 说明本土企业的战略选择。

案例分析

一、海立集团基于核心技术的多元化战略

上海海立（集团）股份有限公司成立于 1954 年，1992 年改制为股份有限公司。海立股份的主要产品包括家用空调压缩机、除湿机压缩机、热泵专用压缩机、特种制冷设备、铸造、商用冷柜及汽车起动机等。目前，海立集团主业空调压缩机的年产规模达 1800 万台，占全球份额的 15% 左右，位列全球第二，产品销往世界 40 多个国家和地区，其中，自主"海立"品牌销售份额达 75% 以上。产品也从早期的 2 个系列 7 个品种扩展到目前的 8 个系列 500 多个机种。

海立集团拥有国家级企业技术中心、国家认可实验室，集聚和培养了一大批优秀专业人才。作为核心部件空调压缩机的制造商，海立集团成功闯出了一条"引进技术、消化吸收、联合开发、自主开发、自主创新"的发展路径，形成了较强的技术能力，率先开发与自主开发的变频压缩机、5 匹双转子压缩机、热泵专用压缩机、二氧化碳压缩机等技术水平分别达到了国内领先、国际先进水平。海立及被投资企业先后荣获了全国质量奖、上海市质量奖、出口免验产品、国家知识产权试点企业、国家创新型试点企业、上海市知识产权示范企业等荣誉。

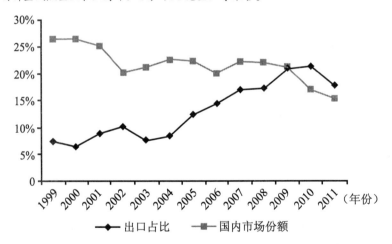

资料来源：根据上市公司年报整理。

图 1 海立空调压缩机国内市场份额与出口占比

一、成长历程

1954 年，上海市提篮桥板箱合作社成立，这是海立集团的前身。此后的十多年时间，板箱合作社一直是上海市合作社的一面红旗，得到政府财力和项目上的支持。后几经改制和转产，企业名称也先后更改为上海浦江家具厂、上海浦江发动机厂。从提篮桥板箱合作社到浦江发动机厂这一时期，大致演绎了依靠政府支持获得成长的早期工业化发展路径。

20 世纪 80 年代中期，改革开放使中国人民对外面世界有了更多了解，发展经济和改善生活的愿望被激起，家电业引起了广泛关注，遍布全国的家电生产厂家纷纷成立。1985 年 6 月，国营上海浦

江发动机厂转产，与日本三菱电机合资合作成立当时中国唯一的生产旋转式压缩机的上海冰箱压缩机厂。与三菱合作生产冰箱压缩机的经验积累使海立集团具备了一定的制冷压缩机的制造技术。

1992年，海立由上海冰箱压缩机厂改制为股份制企业，这一体制上的重大变革为其后的超常规发展带来了契机。1993年，海立利用上市募集的资金和在制冷压缩机领域获得的技术资源，与日本日立合资成立了上海日立电器有限公司。自此，海立进入了空调压缩机业务，专注于"家用制冷压缩机制造"，主要产品包括空调压缩机和冰箱压缩机。

1993年，海立造出了第一台G系列空调压缩机，在日立专家的指导下具备了生产7个机种压缩机以供应市场的能力。同时，海立的生产效率提升效果显著，创造了"当年投产、当年竣工、当年见效"的上海浦东速度，成为当时企业的榜样。

在1997年遭遇的金融危机中，海立遇到了第一个"平台期"，销售量受出口影响而下滑。此时的企业经营已经比较困难，希望寻求日方的帮助，然而关于降低技术提成费和商标费的谈判并不理想。海立当时深刻体会到自主品牌的重要性，认为作为一家强调创新的企业，单靠借助外资品牌来扩大市场规模是不够的，于是下决心注册了"海立"商标，此举也为日后发展铺平了道路。

1997年10月，海立集团开始筹建上海日立企业技术中心，这一举措意义十分重大。2002年投资1000万美元新建了具有国际先进水平的压缩机测试中心（该中心被中国实验室认可委员会认定为国家认可实验室），成为当时国内唯一同时拥有国家级企业技术中心和国家认可实验室的企业。

进入21世纪，遵循世界行业发展趋势与产品技术发展潮流，海立集团将开发节能环保节材产品作为自己的技术研发方向，同时拓展压缩机在制热技术和汽车行业的应用，如热泵热水压缩机、车用压缩机等。在压缩机技术开发方面设计高效节能产品，从源头上提高企业节能减排效能：在压缩机电机、泵体结构、控制、材料、流体分析以及超精加工技术等方面不断创新，提高产品能效比水平。为了跟上技术潮流，不能只是进行转子式压缩机的开发，要更为重视涡轮式压缩机的开发。在已经积累的技术能力基础上，海立集团的产品线由空调压缩机技术向外延伸，开拓在新领域的市场。

二、发展战略

经过多年的探索和发展，海立集团明确了自己的战略定位，即"以发展压缩机等核心零部件及关联产业的战略导向型企业集团"。由于压缩式制冷领域目前尚没有明显的革命性替代技术，技术方向相对稳定，因此海立集团的资产具有继承性，不会面临突然被淘汰的风险。而且可以通过技术进步与工艺、装备的改善不断提高产品性能。产品生命周期也较长，能确保为股东创造可持续的价值。基于以上考虑，海立将产业方向定位为空调压缩机和制冷关联产业，依托空调压缩机专业化，拓展公司多元化发展。

（一）空调压缩机核心主业

自引进空调压缩机生产技术开始，该领域一直是海立集团的核心业务。海立集团以"成为全球第一的空调压缩机供应商"为目标，实施"技术领先、规模最大、绩效优化"战略方针，发展高效、变频、新冷媒等高附加值家用空调压缩机产品。他们相信，面对复杂多变的竞争环境，只有具有技术优势、规模优势和管理先进的空调压缩机制造商，才会在新一轮的竞争中赢得领先地位。

1. 坚持"技术领先"

海立集团具有空调压缩机生产的核心技术和自主开发能力。"技术领先"并非只是一句简单的口号，更不是能够一蹴而就的，而是通过长期的学习和积累才得以实现。海立集团的技术创新之路可以概括为"引进技术、消化吸收、联合开发、自主开发、自主创新"五个阶段。在空调压缩机主业，海立已经能够整合各类要素和技术自主开发产品，形成了独立自主的技术研发体系。

2. 坚持"规模最大"

海立长期以来都是借助规模效益补贴创新投入。1993年，海立空调压缩机的年产量只有25万台，2007年生产空调压缩机1263万台，销售空调压缩机1203万台，产销首次双双突破千万。2007年，海立在南昌投资建设了南昌海立电器有限公司，扩大产能。至2011年，年产量达到1800万台，实现了飞跃式增长。2011年，安徽海立精密铸造有限公司成立，在实现铸造绿色化的同时，扩大了铸造产能，降低了成本。

"十二五"期间，海立集团投资30亿元，进一步扩大总产能。另外还密切关注研究新兴市场机遇，关注寻找兼并收购对象，择机在海外设立生产基地。2013年初，海立电器（印度）有限公司获得成立，在满足印度市场飞速增长的同时，辐射整个东南亚地区。加大与空调厂家合作力度，积极拓展海外市场。

规模上的领先提供了充沛的资金，保证了持续开展技术创新的可能性。技术创新又进一步提升了产品竞争力，从而获取更大的经济利益。技术优势与规模优势形成了良性互动过程。

3. 坚持"绩效优化"

在技术和规模提升的同时，海立集团主要采取三个方面的措施积极寻求实现绩效优化：第一，通过转变增长方式，从专业化产品向模块化集成方向提升。第二，强化成本战略，积极推进企业价值链提升。通过合并森林电器成功地导入六西格玛管理，建立了以围绕企业战略和经营目标的关键绩效评价指标，实施业务流程再造，构建新的组织构架统一管理，提高企业的绩效。第三，充分利用自身行业地位，引导行业形成合理的定价机制。

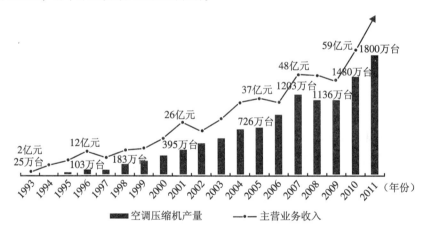

图2　1993—2011年海立空调压缩产量和主营业务收入情况

海立的空调压缩机自主开发能力使其不仅在生产规模上有所突破，在技术上已处于领先水平，这对探索压缩机在其他领域的应用十分关键。在坚持空调压缩机主业的同时，海立集团还积极拓展压缩机新应用领域，开发非家用空调压缩机产品。

（二）发展制冷关联产业

随着世界制造业的转移和近年空调压缩机行业的新一轮扩产，国内空调器厂不断整合，行业集中度以及纵向一体化程度不断加深，使得空调压缩机行业竞争更加激烈。在这种形势下，多元化经营战略的实施对海立集团可持续性发展至关重要。海立集团一方面积极采用合资、新建、扩产、技术改造和收购兼并等多种手段，扩大规模和丰富固有业务的产品种类；另一方面利用海立股份大规模机械制造、电机制造和精密装配的技术平台，以压缩机技术基础发展不同关联产业的机遇，进入制冷关联行业，拓展业务多元化，如冰箱压缩机、商用冷柜、热泵专用压缩机、新能源车用电动压缩机、风电配套冷却装置、干衣机用压缩机等。

1. 冰箱压缩机业务

冰箱压缩机市场面临着高效压缩机技术发展和变频技术应用带来的新的发展机遇，国内各冰箱压缩机厂家不断扩产，竞争日趋激烈。虽然冰箱压缩机是海立集团最早涉及的业务，在现有业务中的发展历史最长，然而，由于股东方的原因，海立集团的冰箱压缩机事业早几年发展较慢。近年海立集团实施一系列重大战略举措使冰箱压缩机事业迎头赶上：2006年，海立股份联合上海航天工业总公司收购了上海扎努西的外方股权，并增资扩大冰箱压缩机规模，使得行业地位有所提升。2007年，海立集团收购了青岛三洋，2008年开始，加大新产品研发力度，狠抓产品质量提升。2009年，成功整合上海珂纳和青岛海立股权，实现了股权统一和资源整合，以提升海立冰箱压缩机事业整体竞争力。

上海、青岛两地工厂统一规划，协同发展，狠抓产品质量，发挥"质量领先"的竞争优势；加大研发投入，发挥技术领先的"竞争优势"；投资发展小型轻量高效变频、大规格商用、高效等高附加值产品，实施差异化竞争，做强做大冰箱压缩机事业。同时利用海立集团在空调压缩机领域的优势，实现资源共享。

2. 商用冷柜业务

海立集团的商用冷柜业务由子公司上海海立中野冷机有限公司承担。海立中野原名"上海双鹿中野冷机有限公司"，成立于1994年8月，是我国最主要的商用制冷、冷藏陈列柜专业制造商之一，最初由上海双鹿电器股份有限公司、日本中野冷机株式会社、茶谷产业株式会社共同投资。2002年，海立集团向双鹿电冰箱有限公司收购了上海双鹿中野冷机有限公司43%的股份，正式进入商用冷柜业务。海立中野主要生产和销售商用冷柜、装配式冷库以及相配套的冷冻机、冷凝器等设备，并提供相应的安装、维修及技术咨询服务，是融设计、开发、制造、安装、维修于一体的高新技术企业，产品在国内占有领先地位，并出口到日本、欧洲、中国香港、新加坡、马来西亚等国家和地区。

3. 热泵业务

20世纪70年代以来，热泵行业进入了黄金时期，世界各国对热泵的研究工作都十分重视，诸如国际能源机构和欧洲共同体，都制订了大型热泵发展计划。热泵新技术层出不穷，热泵的用途也得到不断开拓，广泛应用于空调和工业领域，在节约能源和环境保护方面发挥着重要作用。

2006年，海立集团认识到热泵行业蕴含着巨大的市场潜力。理由有二：一是基于在资源环境紧缺的大环境下，节能性产品未来将得到政策扶持，消费市场潜力巨大；二是空气源热泵热水器压缩机存在技术短板，在系统运行中经常处于高压力运行状态，导致压缩机泵体异常磨耗甚至电机烧毁，大大缩短了空气源热泵系统的运行寿命，阻碍了整个行业的发展。海立集团依托自身制冷压缩机领域的研发实力，用两年的时间开发出"睿能4XPOWER"系列产品。此外，海立集团还研发出以二氧化碳为冷媒的空气源热泵热水器专用压缩机，对保护臭氧层和地球环境具有重大意义。2010年，海立成立热泵事业部，正式宣布进军空气源热泵机组市场；2012年，成立海立睿能环境技术公司。

4. 新能源汽车压缩机业务

传统汽车使用化石燃料，随着化石燃料日渐缺乏，未来汽车将逐步向电动车发展。传统车用空调压缩机依靠发动机皮带轮传动，汽车进入电动时代后发动机将被电动机取代，传统汽车压缩机将无法使用。因此，适应于电动系统的新能源电动压缩机将取代传统汽车压缩机。

2001年6月，海立集团开始了对新能源汽车空调压缩机行业的技术发展路线分析研究，将开发目标定位于汽车空调用电动涡旋压缩机。2006年6月，启动了涡旋压缩机产品开发项目组，正式进入车用电动空调压缩机的产品开发阶段。通过对国际上现有技术壁垒的分析和回避，提出了自主知识产权的结构，2007年1月研制出了大型商用电动涡旋压缩机，2009年10月完成了第一代新能源汽车空调用电动涡旋压缩机的研制测试，同年，该项目被列入上海市高新技术产业化项目，得到了政府的鼓励和支持，产业化进程进一步加快。

2010年，海立集团的车用空调电动涡旋压缩机搭载上汽新能源电动车，亮相上海世博会。2011年，第二代电动车用涡旋压缩机研制成功。2012年2月28日，新能源车用电动涡旋压缩机成功下线，克服新能源汽车空调技术"瓶颈"，让舒适与节能在新能源汽车上得以完美结合。

海立集团的车用电动涡旋压缩机，以其涡旋流体压缩机机械、永磁同步电机、空间矢量变频驱动控制三大领域的尖端技术，产品在环保、舒适性、可靠性方面独领风骚，达到国际领先技术水平。随着局面的打开，海立集团不断收到来自国内各汽车厂商的订单，业务也从设计单体压缩机到对整车安装进行设计。

5. 风电配套冷却装置业务

海立集团风电配套冷却设置首先服务大股东上海电气（集团）总公司的风电事业，逐步面向全国市场，做专、做强。海立特冷多年从事机车、行车特种制冷产品，凭借丰富的抗震动、耐高/低温、防风沙领域技术经验，攻克了关键技术形成自主知识产权，研制出了配套1.25MW、2MW、3.6MW风电设备冷却装置，为上海电气风电公司等企业配套。

(1) 海立集团选择业务组合的原则有哪些？业务组合选择反映其采取了哪些公司层战略？

(2) 分析海立进入新业务的途径，讨论这些新业务所处行业的特征。

(3) 分析海立集团的发展与其技术创新战略之间的关系。

二、腾讯公司的人力资源战略管理

马化腾除了是中国最大互联网公司腾讯的CEO外，还是腾讯公司的人力资源管理执行委员会负责人。从这个身份不难看出马化腾对人力资源管理的重视。马化腾直言："我面临的最大挑战就是人才奇缺，这让人很头痛，我们一直很欢迎优秀的人才加入我们，大家一起闯一番事业。"为解决人才匮乏的问题，腾讯近年来不断引入职业经理人，这些高级人才与腾讯形成互补，弥补腾讯的短板。从2005年起腾讯就开始有意识地寻找职业经理人与马化腾等创始人形成优势互补的效果。例如，擅长产品技术的马化腾匹配擅长企业运营的总裁刘炽平，成为腾讯最为成功的工作搭档。

腾讯针对人力资源的战略管理有三大特色。

一是辅导年计划。所谓辅导年，就是要求各层级的领导运用人力资源团队开发的标准化工具和流程，针对下属的业绩和发展提供教练服务。先从马化腾等最高层领导开始，在总办的核心团队中推行。由于效果良好，随后从高层、中层逐层往下普及。人力资源部为此设计了高层论坛，并定制了辅导课，在内部网上开设了辅导专区。采取这些方法，让公司创始人和高层能够为下级现身说法做辅导。"腾讯有没有重视辅导年，就看老板重不重视，那就看马化腾有没有对其他人进行辅导。"腾讯推行"辅导年"项目收到了很好的效果，不仅为公司储备了领导人才，同时促进腾讯企业文化的发展—领导者应该对员工的发展负责。腾讯近些年的成功，一部分原因正是得益于腾讯自上而下强有力地执行辅导年项目，以及不断强调领导者为团队培养与发展人才的企业文化。

二是测评工具最简化。腾讯对高级人才的能力评估时本着用最简单有效的工具的想法，用雷达图进行综合能力考评。比如，腾讯对高级人才有七个维度的纵向评估，分别是正直诚信、激情、团队管理与人才培养、全局观、前瞻变革、专业决策、关注用户体验；还有四个维度的横向评估，分别是管理自己、管理工作、管理团队、管理战略/变革。在每年的360°能力评估时，邀请被考核人的上级、平级、下级以及跨部门的合作者，从以上维度对被考评者进行360°的全方位评估。最终将横向四大维度、纵向七大维度的评估结果连接起来形成考评结果雷达图。陈双华介绍："比如说，对手进行考评的某一个项目同级别的被考核人会有平均分。如果分数高于平均分，雷达图会告诉你，高出的分数在哪里，带来的好处在哪里，大家是如何评价你的；如果你的分数低于平均分，雷达图也会告诉你，低出的分数在哪里，不好的地方在哪里，大家是如何评价你的。"多维度的综合评价方法让腾讯能够评估人才的综合能力的动态趋势，被考评人本人也能够清晰地知道自己综合能力的变动情况及趋势，看到自身需要努力的方向。

三是匹配高级人才需求。随着高级人才的不断涌入，他们的差异化需求愈加明显，由此带来新的挑战。如何匹配各种需求是决定腾讯能否用好高级人才的关键。需要考虑到各种招聘形式的可能性，运用更灵活的合作模式。以 Steve Gray 为例，Steve Gray 是一位享誉全球的美国知名游戏制作人，其加盟腾讯的形式比较特别。最初，腾讯与 Steve Gray 有长期合作，Steve Gray 经常为腾讯学员授课。"Gray 是全球游戏领域非常有名的人，是《指环王》的艺术总监，在全球范围内有很大的影响力。他给我们上过很多次课，水平真的很高，很符合腾讯的风格，我们由此想到是不是可以给他在腾讯找到一个合适的位置。"陈双华表示。目前，Steve Gray 在腾讯担任腾讯游戏执行制作人以及首席技术主任，主要负责对游戏品质的评审等工作，同时也承担为游戏事业群培养该领域人才的重任。腾讯有很多高级人才来自硅谷或者其他海外国家，他们刚开始时普遍对中国不够了解。为匹配他们的需求，尤其是刚进入腾讯时在工作和生活上的适应，人力资源部往往要做非常多的细节跟进和沟通，如为他们安排资深管理者作为导师，提供与高层深入交流的机会，陪同他们了解深圳的环境、学校和医疗条件等等。腾讯把高级人才作为用户，不断匹配他们的需求，优化其用户体验。腾讯便是以此产品思路来管理人才。

(1) 根据本案例提供的材料，分析腾讯公司的人力资源战略类型。

(2) 结合你对腾讯公司的了解，评价腾讯人力资源战略与其公司战略之间的匹配关系。

第五章　战略实施与控制

本章重点掌握的内容包括：

1. 企业组织结构的构成要素；
2. 纵向分工结构与横向分工结构；
3. 不同结构对战略的影响；
4. 组织结构与战略的关系；
5. 企业文化的类型、文化与绩效、战略稳定性与文化适应性；
6. 战略失效与战略控制以及战略控制的方法。

第一节　企业战略与组织结构

组织结构是波特价值链理论中公司重要的支持活动，组织结构的调整与完善是战略实施的重要环节。本节首先阐述企业组织结构的构成要素，进而阐述纵向分工与横向分工结构，分析不同结构对战略的影响；最后阐述组织结构与战略的关系。

一、组织结构的构成要素

组织结构是组织为实现共同目标而进行的各种分工和协调的系统。它可以平衡企业组织内专业化与整合两个方面的要求，运用集权和分权的手段对企业生产经营活动进行组织和控制。不同产业、不同生产规模的企业结构是不同的。因此，组织结构的基本构成要素是分工与整合。

1. 分工

分工是指企业为创造价值而对其人员和资源的分配方式。一般来讲，企业组织内部不同职能或事业部的数目越多，而且越专业化，企业的分工程度就越高。为了更好地创造效益，企业在组织分工上有两个方面：①纵向分工。企业高层管理人员必须在如何分配组织的决策权上作出选择，以便很好地控制企业创造价值的活动。这种选择就是纵向分工的选择。例如，企业高层管理人员必须决定对事业部的管理人员授予多少权责。②横向分工。企业高层管理人员必须在如何分配人员、职能部门以及事业部方面作出选择，以便增加企业创造价值的能力。这种选择是横向分工选择。例如，企业高层管理应该是设立销售部门与广告等促销部门，还是将两个部门合并为一个实体。

2. 整合

整合是指企业为实现预期的目标而用来协调人员与职能的手段。为此，企业必须建立组织结构，协调不同职能与事业部的生产经营活动，以便有效地执行企业的战略。例如，为了开发新产品，企业可以建立跨职能的团队，使不同部门不同职能的员工一起工作。这就是一般意义上的整合。总之，分工是将企业转化成不同职能及事业部的手段，而整合是要将不同的部门结合起来。

二、纵横向分工结构

（一）纵向分工结构

1. 纵向分工结构的基本类型

纵向分工是指企业高层管理人员为了有效地贯彻执行企业的战略，选择适当的管理层次和正确的控制幅度，并说明连接企业各层管理人员、工作以及各项职能的关系。在纵向分工中，基本有两种形式：一是高长型组织结构；二是扁平型组织结构（见图5－1）。

（1）高长型组织结构。高长型组织结构是指具有一定规模的企业的内部有很多管理层次。在每个层次上，管理人员的控制幅度较窄。这种结构有利于企业内部的控制，但对市场变化的反应较慢。从实际管理来看，拥有3000名员工的企业平均的管理层次一般为7个层次。如果某公司有8个管理层次，则为高长型结构。

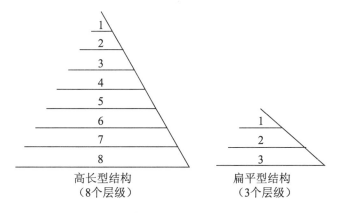

图5－1　高长型与扁平型组织结构

（2）扁平型组织结构。扁平型组织结构是指具有一定规模的企业的内部管理层次较少。在每个层次上，管理人员的控制幅度较宽。例如，在3000名员工的企业中只有3个管理层次，这便是扁平型组织结构。这种结构可以及时地反映市场的变化，并作出相应的反应，但容易造成管理的失控。

企业应根据自己的战略以及战略所需要的职能来选择组织的管理层次。例如，企业为了更及时地满足市场的需求，追求产品的质量与服务，通常采用扁平型组织结构。国外研究表明，在拥有 1000 名员工的公司里，一般有四个管理层次，即总经理、部门的经理、一线的管理人员以及基层的员工。而在有 3000 名员工的公司里，管理层次增加到 8 个。当员工超过 3000 人，甚至超过 10000 人时，管理层次很少增加，一般不超过 9 个或 10 个。这说明当企业达到一定规模时，企业便会使组织的管理层次保持在一定的数目上，尽可能地使组织结构扁平化。企业的管理层次过多，企业的战略难以实施，而且管理费用会大幅度的增加。

2. 纵向分工结构组织内部的管理问题

在讨论组织的层次时，不可避免地要讨论在不同的纵向分工结构中会遇到的管理问题。

（1）集权与分权。在企业组织中，集权与分权各有不同的适用条件，应根据企业的具体情况而定。集权是指企业的高层管理人员拥有最重要的决策权力。在战略管理中，集权型可以使企业高层管理人员比较容易地控制与协调企业的生产经营活动，以达到企业预期的目标。

集权型企业一般拥有多级管理层，并将决策权分配给顶部管理层；其管理幅度比较窄，从而呈现出层级式结构。较为典型的集权型企业包括多个专门小组，如营销、销售、工程、产品、研发、人事和行政小组。产品线数量有限且关系较为密切的企业更适于采用集权型结构，而专业化就意味着收益和节约。然而，当企业产品线数量过多或者专业化并非企业的重要资产时，集权型结构的效果就略为逊色了。

集权型决策的优点：①易于协调各职能间的决策；②易于对上下沟通的形式进行规范（如利用管理账户）；③能与企业的目标达成一致；④危急情况下能够作出快速决策；⑤有助于实现规模经济；⑥这种结构比较适用于由外部机构（如专业的非营利性企业）实施密切监控的企业，因为所有的决策都能得以协调。

集权决策的缺点：①高级管理层可能不会重视个别部门的不同要求；②由于决策时需要通过集权职能的所有层级向上汇报，因此决策时间过长；③对级别较低的管理者而言，其职业发展有限。

分权型结构一般包含更少的管理层次，并将决策权分配到较低的层级，从而具有较宽的管理幅度并呈现出扁平型结构。事业部制结构就是一种以产品或市场分组为基础的分权型结构。每个事业部都具有其自身的职能资源。控股企业型结构就是分权型结构的扩展，其中每个业务单元都是一家独立经营的企业。事业部制结构在企业的成长方面更为灵活。如果一家新事业部的创新比较重要，则可以为其分配新的人员、体制和文化，这一点与母企业组织是不同的。

近年来，组织结构的设计多倾向于分权和员工授权程度更大的结构，而不太采用独裁型和集权型结构。这种转变的基础理念是：企业应当将权力分配给各个决策层级来授权和激励员工，这样企业能对其所在市场作出更快反应。一个比较典型的例子是：

一个企业想要为客户提供高品质的服务，但是却未授权低级别的员工利用其主动性为客户服务。客户联系这家企业时，他会希望处理问题的人能够帮助他。但是，如果客户的所有要求都要报告给高级别的员工来处理，那么这个低级别雇员和客户都会产生敌对情绪。

分权型结构减少了信息沟通的障碍，提高了企业反应能力，能够为决策提供更多的信息并对员工产生激励效应。在分权型业务单元中，将活动按照业务线和产品线进行分类。可以避免在多元化经营中使用职能型结构导致的复杂性，因此分权型结构中的基础构建模块是单一业务企业。

类似地，近年来分权理论提倡将非关键性活动外包出去。采用这一方法的前提是某些情况下由外包者提供服务可以比企业内部提供服务更好、更有效率。当企业需要实施战略控制来培养战略能力并实现竞争优势时，采用外包的方式能够使企业将其资源和精力集中在关键的价值链活动上。这一过程会减少公司内部管理层次，并使组织结构扁平化。但批评的观点认为外包过量会使企业成为皮包企业，从而受到外部供应商的支配，并丧失主宰自身市场地位的技术和能力。

值得注意的是，公司采用集权型还是分权型组织并不是简单依据其采取的组织结构的类型（如是事业部结构还是职能部结构），企业采用以产品为基础的事业部结构而由公司总经理进行所有决策，这样的情况也是屡见不鲜的。比较重要的一点是，企业不仅应选择适当的结构还应对各个级别的权力作出适当的分配。此外，决策度与责任的大小也与企业的文化密切相关。例如，分权型企业要想成功，其员工必须在实际中承担责任，仅仅要求他们承担责任是远远不够的，管理这种文化的变化是一个企业成功的关键要素。

（2）中层管理人员人数。企业在选择组织层次和指挥链时，要根据自己的实际情况。选择高长型结构时，要注意这种结构需要较多的中层管理人员，会增加行政管理费用。企业为了降低成本，使其结构效率化，应尽量减少管理层次。

（3）信息传递。企业内部信息传递是企业组织管理中的一个重要环节。企业内部管理层次越多，信息在传递的过程中就会发生不同程度的扭曲，不可能完整地到达信息传递的目的地。这样，也会增加管理的费用。因此，企业在选择高长型的结构时，应比较慎重。

（4）协调与激励。企业的管理层次过多时，会妨碍内部员工与职能部门间的沟通，增加管理费用。指挥链越长，沟通越困难，会使管理没有弹性。特别是，在新技术的企业里，如果采用高长型结构模式，企业通常会遇到各种障碍，不能有效地完成企业的目标。在这种情况下，企业应当采用扁平化结构。

在激励方面，高长型组织中的管理人员在行使权力时，往往会受到各种限制。结果企业的管理人员容易产生推诿现象，不愿意承担责任。高层管理人员就需要花费大量的时间从事协调工作。而在扁平型结构中，一般管理人员拥有较大的职权，并可对自己的职责负责，效益也可以清楚地看出，并有较好的报酬。因此，扁平型结构比高长型结构更能调动管理人员的积极性。

（二）横向分工结构

1. 横向分工结构的基本类型

从横向分工结构考察，企业组织结构有八种基本类型：创业型组织结构、职能制组织结构、事业部制组织结构、M 型企业组织结构（多部门结构）、战略业务单位组织结构（SBU）、矩阵制组织结构和 H 型结构（控股企业/控股集团组织结构）和国际化经营企业的组织结构。

（1）创业型组织结构。创业型组织结构是多数小型企业的标准组织结构模式。采用这种结构时，企业的所有者或管理者对若干下属实施直接控制，并由其下属执行一系列工作任务。企业的战略计划（若有）由中心人员完成，该中心人员还负责所有重要的经营决策。这一结构类型的弹性较小并缺乏专业分工，其成功主要依赖于该中心人员的个人能力。

这种简单结构通常应用于小型企业。从一定意义上说，简单结构几乎等同于缺乏结构，至少是缺少正式意义上的组织结构。在这种结构中，几乎没有工作描述，并且每个人都参与正在进行的任务。然而，随着企业的发展，所有管理职能都由一个人承担就变得相当困难，因此为了促进企业的发展，应将该结构朝着职能制组织结构进行调整。

例如，一家书店在某地区内拥有数家分店，由创办人一人负责管理。每家分店的数名店员都由他亲自聘用，帮忙打理日常店务。这属于简单的创业型组织结构。最近，创办人得到一名投资者的赏识，投入资金，利用创办人的品牌在全国开设 80 多家连锁书店。随着企业规模的扩大，更多复杂的流水线和一体化机制，使该连锁书店实现从简单结构到职能制/事业部制组织结构的转变。

（2）职能制组织结构。职能制组织结构被大多数人认为是组织结构的典型模式。这一模式表明结构向规范化和专门化又迈进了一步。随着企业经营规模和范围的不断扩张，企业需要将职权和责任分派给专门单元的管理者。这样，中心人物——首席执行官的职责就变得更加细化，这反映了协调职能单元的需要，并更多地关注环境问题和战略问题。这是一个适用于单一业务企业的职能型结构。

如图 5－2 所示，不同的部门有不同的业务职能：营销部负责产品的营销和推广；产品部负责生产销售给客户的所有产品；财务部负责记录所有交易并控制所有与经费和财务相关的活动。理论上，各部门之间相互独立，但是在实务上部门之间通常有一定的相互作用和影响。

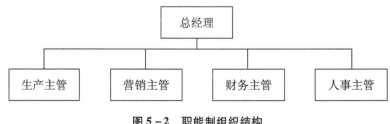

图 5－2　职能制组织结构

职能制组织结构的优点：一是能够通过集中单一部门内所有某一类型的活动来实现规模经济。例如，所有的销售和营销工作都通过销售和营销部门来执行。二是有利于培养职能专家。三是由于任务为常规和重复性任务，因而工作效率得到提高。四是董事会便于监控各个部门。

职能制组织结构的缺点：一是由于对战略重要性的流程进行了过度细分，在协调不同职能时可能出现问题；二是难以确定各项产品产生的盈亏；三是导致职能间发生冲突、各自为政，而不是出于企业整体利益进行相互合作；四是等级层次以及集权化的决策制定机制会放慢反应速度。以下的例子说明一家玩具生产商所采用的职能制组织结构可能面临的挑战。玩具生产商的组织结构如图5-3所示。

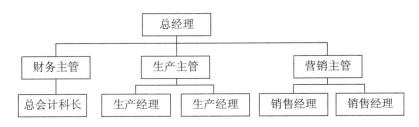

图5-3 玩具生产商的组织结构

总会计科长正在准备和整理来年不同部门的预算资料。生产经理不愿意提供预算数字，因为他们认为只应直接报告给生产主管。这个案例中的问题在于职能制组织结构很容易会使员工狭隘地理解各自的职能，各自为政。而事实上，生产经理的职能应当包括预算信息的提供。该问题的解决办法在于将组织结构图"上"移，然后再向下移，即财务主管（以及总经理，若必要）应先确保生产主管解释整个企业预算信息的重要性，然后再向各部门的主管寻求支持。

（3）事业部制组织结构。当企业逐步成长为有多个产品线之后，或者由于消费者市场迅速扩张企业必须进行跨地区经营时，企业的协调活动就变得比较困难。在这一阶段，事业部制组织结构就应运而生。事业部制结构按照产品、服务、市场或地区定义出不同的事业部。将企业人员划分为不同的事业部被称为事业部制。由于总经理的时间和精力都被过度挤占，对分权化和半自治的需求就被放大了。企业总部负责计划、协调和安排资源。事业部则承担运营和职能责任。随着复杂性的增加，通过多元化，事业部自身的战略规划责任会有所增加。在某些情况下，采用区域事业部结构比较适当；而在其他情况下，采用产品事业部结构效果更好。

事业部制结构强化了这一点，即制定战略并不仅仅是高层管理者和领导者的任务。企业层、业务层和职能层的管理者都应在其各自的层级参与战略制定流程。在事业部制组织结构内可按产品、服务、市场或地区为依据进细分。

①区域事业部制结构。当企业在不同的地理区域开展业务时，区域式结构就是一种较为适当的结构，它按照特殊的地理位置来对企业的活动和人员进行分类。这种结构可用于本地区域（可将城市划分成销售区域）或国家区域（见图5-4）。例如，可

按照北美区域、东南亚区域以及中东区域等进行划分。北美区域负责该地区的所有活动、所有产品以及所有客户。

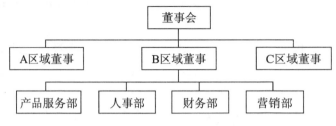

图5-4 区域事业部制结构

区域事业部制结构的优点：一是在企业与其客户的联系上，区域事业部制能实现更好更快的地区决策。二是与一切皆由总部来运作相比，建立地区工厂或办事处会削减成本费用。例如，可以削减差旅和交通费用。三是有利于海外经营企业应对各种环境变化。

区域事业部制结构的缺点：一是管理成本的重复。例如，一个国家企业被划分为10个区域，则每个区域办事处都需要一个财务部门。二是难以处理跨区域的大客户的事务。

②产品/品牌事业部制结构。产品型事业部制结构适用于具有若干生产线的企业。产品事业部结构是以企业产品的种类为基础设立若干个产品部，而不是以职能或以区域为基础进行划分（见图5-5）。该结构可以将总体业务划分为若干战略业务单位。如果将某项工作按产品线划分，则单一的战略业务单位就负责与该特定产品相关的所有方面：产品开发、产品生产、产品营销等。

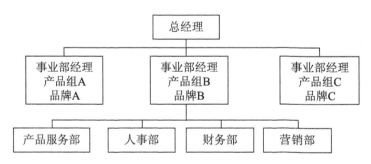

图5-5 产品/品牌事业部制结构

产品型事业部制结构的优点：一是生产与销售不同产品的不同职能活动和工作可以通过事业部/产品经理来予以协调和配合。二是各个事业部都可以集中精力在其自身的区域。这就是说，由于这种结构更具灵活性，因此更有助于企业实施产品差异化。三是易于出售或关闭经营不善的事业部。

采用产品事业部的缺点：一是各个事业部会为了争夺有限资源而产生摩擦。二是各个事业部之间会存在管理成本的重叠和浪费。三是若产品事业部数量较大，则难以协调。四是若产品事业部数量较大，事业部的高级管理层会缺乏整体观念。

品牌是设计的名称，用于区别制造商或供应商提供的产品或服务，并使之与竞争对手的产品或服务相区别。品牌可以表示同一企业生产的不同产品或（通常）类似产品，以便给客户一种感官差异。

品牌代表了一种独特的市场地位。在划分产品事业部制的同时，实行品牌事业部制也变得很有必要。在保留职能事业部制的基础上，品牌经理还负责进行品牌营销，而这会涉及各个职能。品牌事业部制与产品事业部制具有类似的优缺点。具体来说，会增加管理成本和管理结构的复杂性；处理不同的品牌部门与单一的生产部门之间的关系会变得尤为困难。

③客户细分或市场细分事业部制结构。客户事业部制结构通常与销售部门和销售工作相关，批销企业或分包企业也可能采用这种结构，在这些企业中由管理者负责联系主要客户。另一种方式是，将不同类型的市场按照客户进行划分，比如企业客户、零售客户或个人客户等。

图 5-6 是某银行集团按市场细分事业部制来管理的示例。

图 5-6　某银行集团的市场细分事业部

如图 5-6 所示，某银行的零售业务基本上是在消费者集团进行，包括信用卡、保险销售等业务，而私人银行被划归投资管理集团。

（4）M 型企业组织结构（多部门结构）。通过产品线的增加，企业会不断扩张；随着企业规模的扩大，上述结构将不再适用。在这一阶段，具有多个产品线的企业应采用 M 型结构。M 型结构将该企业划分成若干事业部，每一个事业部负责一个或多个产品线。

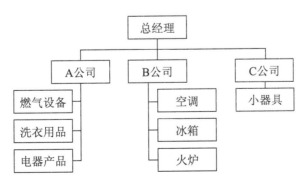

图 5-7　M 型组织结构

图5-7显示某公司（A企业）的例子。该器具企业的组织结构曾经非常简单，仅拥有三个产品事业部：燃气系列产品、洗衣系列产品以及电子系列产品。但是通过收购B公司（一家空调、冰箱和火炉生产商）和C公司（一家小型家电制造商），企业不断扩张产品线。M型结构包含了若干事业部，而每一个事业部都含有一个或多个产品线。

M型组织结构的优点：①便于企业的持续成长。随着新产品线的创建或收购，这些新产品线可能被整合到现有的事业部中，或者作为新开发的事业部的基础。②由于每一个事业部都有其自身的高层战略管理者，因此首席执行官所在的总部员工的工作量会有所减轻。这样，首席执行官就有更多的时间分析各个事业部的经营情况以及进行资源配置。③职权被分派到总部下面的每个事业部，并在每个事业部内部进行再次分派。④能够通过诸如资本回报率等方法对事业部的绩效进行财务评估和比较。

M型组织结构的缺点：①为事业部分配企业的管理成本比较困难并略带主观性。②由于每个事业部都希望取得更多的企业资源，因此经常会在事业部之间滋生功能失调性的竞争和摩擦。③当一个事业部生产另一事业部所需的部件或产品时，确定转移价格也会产生冲突。转移价格是指一个事业部就其向另一事业部提供的产品或部件收取的价格。销售事业部通常希望收取稍高的转移价格来增加利润，而购买事业部则希望支付稍低的价格来降低成本。

（5）战略业务单位组织结构（SBU）。企业的成长最终需要将相关产品线归类为事业部，然后将这些事业部归类为战略业务单位。战略业务单位组织结构尤其适用于规模较大的多元化经营的企业（见图5-8）。

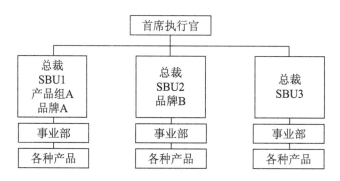

图5-8　战略业务单位组织结构

战略业务单位组织结构的优点：①降低了企业总部的控制跨度。采用这种结构后，企业层的管理者只需控制少数几个战略业务单位而无需控制多个事业部。②由于不同的企业单元都向其上级领导报告其经营情况，因此控制幅度的降低也减轻了总部的信息过度情况。③这种结构使得具有类似使命的产品、市场或技术的事业部之间能够更好地协调。④由于几乎无须在事业部之间分摊成本，因此易于监控每个战略业务单位的绩效（在职能式结构下也如此）。

战略业务单位组织结构的缺点：①由于采用这种结构多了一个垂直管理层，因此总部与事业部和产品层的关系变得更疏远。②战略业务单位经理为了取得更多的企业资源会引发竞争和摩擦，而这些竞争会变成功能性失调并会对企业的总体绩效产生不利影响。

（6）矩阵制组织结构。矩阵制组织结构是为了处理非常复杂项目中的控制问题而设计的。这种结构在职能和产品或项目之间起到了联系的作用。这样，员工就拥有了两个直接上级，其中一名上级负责产品或服务，而另一名负责职能活动，如图 5 – 9 所示。

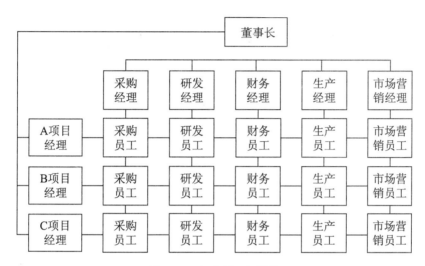

图 5 – 9　矩阵制组织结构

在上述小组中，开发和生产产品 C 的员工不仅对产品 C 的主管负责，还对每个区域的主管负责。矩阵制组织结构的目标就是充分利用企业中专门技术的结合，而普通的分级结构就难以实现这一目标。矩阵制组织结构将个人或单元横向归类为小组，并由小组处理正在进行的战略事务，从而实现这一目标。这一混合制结构在保持职能制结构和 M 型结构的优点方面作出了尝试。简言之，矩阵结构是一种具有两个或多个命令通道的结构，包含两条预算权力线以及两个绩效和奖励来源。

矩阵制组织结构的优点：① 由于项目经理与项目的关系更紧密，因而能更直接地参与到与其产品相关的战略中来，从而激发其成功的动力。②能更加有效地优先考虑关键项目，加强对产品和市场的关注，从而避免职能型结构对产品和市场的关注不足。③与产品主管和区域主管之间的联系更加直接，从而能够作出更有质量的决策。④实现了各个部门之间的协作以及各项技能和专门技术的相互交融。⑤双重权力使得企业具有多重定位，这样职能专家就不会只关注自身的业务范围。

但是，这种结构也存在缺点：①可能导致权力划分不清晰（比如谁来负责预算），并在职能工作和项目工作之间产生冲突。②双重权力容易使管理者之间产生冲突。如果采用混合型结构，非常重要的一点就是确保上级的权力不相互重叠，并清晰地划分权力范围。下属必须知道其工作的各个方面应对哪个上级负责。③管理层可能难以接受混合型结构，并且管理者可能会觉得另一名管理者将争夺其权力，从而产生危机感。④协调所有的产品和地区会增加时间成本和财务成本，从而导致制定决策的时间过长。

（7）H型结构（控股企业/控股集团组织结构）。当企业不断发展时，可能会实施多元化的战略，业务领域涉及多个方面，甚至上升到全球化竞争层面上，这时企业就会成立控股企业。其下属子企业具有独立的法人资格。控股企业可以是对某家企业进行永久投资的企业，主要负责购买和出售业务。在极端形态下，控股企业实际上就是一家投资企业。或者，控股企业只是拥有各种单独的、无联系的企业的股份，并对这些企业实施较小的控制或不实施控制；再者，控股企业是一家自身拥有自主经营的业务单位组合的企业。虽然这些业务单位组合属于母企业的一部分，但是它们都独立经营并可能保留其原本的企业名称。母企业的作用仅限于作出购买或出售这些企业的决策，而很少参与它们的产品或市场战略。

在控股组织结构中，中央企业的员工和服务可能非常有限。控股企业与其他企业类型相区别开来的一个关键特点就是其业务单元的自主性，尤其是业务单元对战略决策的自主性。企业无须负担高额的中央管理费，因为母企业的职员数量很可能非常少；而业务单元能够自负盈亏并从母企业取得较便宜的投资成本，并且在某些国家如果将这些企业看成一个整体，业务单元还能够获得一定的节税收益。控股企业可以将风险分散到多个企业中，但是有时也很容易撤销对个别企业的投资。

（8）国际化经营企业的组织结构。前面阐述了七种企业组织结构的基本类型，国际化经营企业的组织结构也包括在这七种类型之中，只不过是范围扩展至国际市场甚至全球市场。

企业国际化经营的战略基本上有四种类型，即国际战略、多国本土化战略、全球化战略与跨国战略，而这些战略所依托的组织结构如图5-10所示。

	低	高
全球协作程度 高	全球化战略 全球产品 分部结构	跨国战略 跨国结构
低	国际战略 国际部结构	多国本土化战略 全球区域 分部结构

低　　　　　　　高
本土独立性和适应能力

图5-10　国际化经营战略类型及其相对应的组织结构

①"国际战略"相配套的"国际部结构"。"国际战略"是企业国际化经营早期的战略类型。这时企业发挥全球协作程度低，产品对东道国市场的需求的适应能力也比较弱，在这种情况下，企业多把产品开发的职能留在母国，而在东道国建立制造和营销职能。其组织结构往往采用国际部制，如图5-11所示。

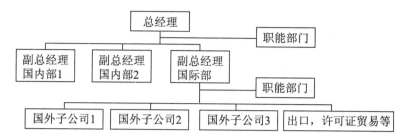

图 5-11　国际部结构

在前面所提及的 8 种基本类型中，国际部也应该是一种事业部制，其事业部的划分可以是按区域划分，也可以是按产品划分，甚至还可能是按区域和产品的混合划分。

②"多国本土化战略"相配套的"全球区域分部结构"。多国本土化战略是根据不同国家的不同的市场，提供更能满足当地市场需要的产品和服务。采用这种类型的企业往往采用"全球区域分部结构"，如图 5-12 所示。

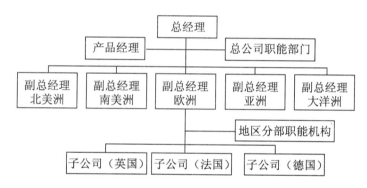

图 5-12　全球区域分部结构

这里的地区分部可以是事业部，也可以是战略业务单位。东道国长期一直使用"袖珍翻牌"来描述传统的多国本土下属公司。用这个词是因为下属公司就像母公司的小型版本，它为较小的"国内"市场规模较少地生产了同样的产品。下属公司的生产成本通常比母公司高，因为它要以相对小的规模生产各种产品。但在很多情况下，贸易壁垒把国际市场隔离开来，使下属公司仍能盈利地运转。图 5-13 描述了传统的多国本土下属公司的结构。

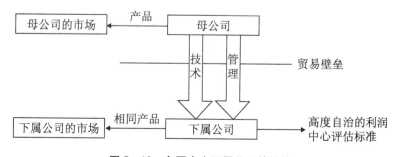

图 5-13　多国本土下属公司的结构

地区分部结构使地区和国家经理有高度的自主权，可以改变本国的产品战略，使它能适应于所在国家或地区的特殊环境。美国的 K 公司就曾对它的地区分部结构下放了很大的权力。K 公司拥有世界上最畅销的 15 个速食谷类食品品牌中的 12 个。但是，生产、销售哪个品牌是由地区决定的。这个公司的 4 个地区经理（欧洲、亚洲、北美、拉美）在营销、生产和原料选择（这些都支持并帮助其建立起世界性品牌）等方面有很大的决策权。

通常，当地情况对消费者需求影响越大，国家经理所获的自主权也应越大。这样做的主要成效是公司获得了本地迅速适应的能力。因此，地区分部结构对追求多国本土化策略的公司最适用。

③ "全球化战略"相配套的"全球产品分部结构"。全球化战略是向全世界的市场推销标准化的产品和服务，并在较有利的国家中集中地进行生产经营活动，由此形成经验曲线和规模经济效益，以获得高额利润。采用这种类型的企业往往采用"全球产品分部结构"，如图 5 - 14 所示。

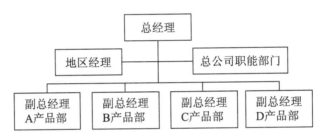

图 5 - 14　全球性产品分部结构

这里的产品分部可以是事业部，也可以是战略业务单位。当公司在全球范围内进行资源寻求时，产品经理可以根据各国成本和技术的差异来设置活动。在全球产品分部结构下，一些活动会被分散进行，如零件加工和装配，而其他活动则集中进行，如研制开发活动。为了降低成本，欧美公司通常是把一些劳动密集型的活动转移到那些工资水平低、拥有熟练技术工人的国家和免税地区。

在全球性产品分部结构下，由企业总部确定企业的总目标和经营战略，各产品部根据总部的经营目标和战略分别制订本部的经营计划。下属公司的运营并没有太大自主权，他们成为全球组织的一个组成部分，下属公司生产的产品是提供整个公司使用的某一模型或部件，产品的设计和说明很少由下属公司来决定，因为它的主要目标不是这个下属公司自己的市场。在这些情况下，母公司和下属公司的协调变得非常关键，通常可以通过委派母公司的执行官员去下属公司工作 3 ~ 5 年的办法来实现。因为专门化是全球性公司战略的核心。因此各下属公司应以服从为重，并被作为一个成本中心来评估。"利润中心"的策略不符合这个战略。全球性的下属公司几乎没有战略自主权，也不采取什么自发行动。

在全球性产品分部结构下运作的下属公司在很大程度上被视为供货的来源。工艺和零部件由母公司或其他下属公司提供，输入到这个纵向控制的结构中进一步加工，部件被精制、装配，再输送回母公司或下属公司的兄弟公司。部门经理控制每一输入品的目的地和售价，一旦最后的装配完成，通常来说，由母公司管理整个国际市场的营销，而下属公司可能会雇用自己市场的营销人员，这些营销人员一般对部门营销经理负责。图 5 - 15 描述了全球性产品结构的下属公司的结构。

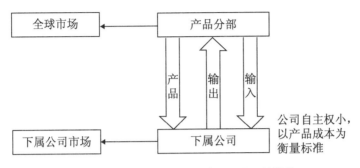

图 5 - 15　全球性产品结构的下属公司的结构

　　④ "跨国战略" 相配套的 "跨国结构"。跨国战略是将全球化战略的高效率与多国本土化的适应能力结合起来的战略类型。采用这种战略的企业试图通过发展混合型的结构来同时获得两种结构的优势，跨国结构因此而产生。跨国结构是从全球性产品—地区混合结构思路出发（见图 5 - 16），从下属公司的功能与权力角度，对组织结构作进一步优化。

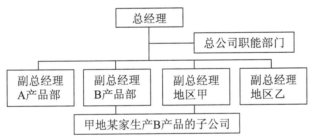

图 5 - 16　全球性混合结构（产品—地区型）

　　全球性产品—地区混合结构也是一种矩阵结构，在这种结构中，产品分部和地区分部都由副总经理负责，企业总部从全球范围来协调各产品分部和地区分部的活动，以取得各种产品的最佳地区合作，管理各子公司的经营活动。公司凭借这种混合结构，能够针对不同产品或劳务的具体特点进行不同程度的集中决策和控制，并尽可能使集中决策和分散决策结合起来。全球性产品—地区混合结构适用于那些产品多样化程度很高、地区分散化程度也很大的跨国公司。尤其是那些销售、计划、财务、人事、研究与开发等职能难以全部下放到产品分部或地区分部，而这些职能又是对各分部以下的子公司之间的协调具有重要意义的企业。

　　跨国结构试图同时获得地区分部结构和产品分部结构的所有优势。为获得这两种好处，企业活动的配置和协调应是相互关联的。下属公司应对某些业务有领导权，而

203

对其他业务提供支持。决策建立在最大限度增大公司的经营技巧和实力的基础上，而不考虑业务的地点及下属公司所处的国家。为了有效和高效地运作，公司总部与分支机构之间、分支机构相互之间的联系要适应迅速的变化，因此，一个具有跨国结构的公司本质上是一个运作网络，其多个总部分布在不同国家。下属公司对本地产品有绝对的控制权，对某些全球化产品提供支持，并且控制其他部分全球化产品。下属公司角色随时间变化，相互了解和资源共享显得更重要了。为了有效地运作，跨国结构强调广泛的横向联系、有效的交流和极度的灵活性，使得不仅公司总部，而且周边的下属公司都能增强对竞争的反应能力。

跨国结构的目的是力求同时最大限度地提高效率、地区适应能力和组织学习能力。下属公司仍可生产一至两种提供给世界市场的产品，但它们不但要起到工厂的作用，还要对其他产品承担世界范围的责任。换句话说，下属公司可在某些地区起类似国内产品分部的作用，而在另一些地区承担全球产品的责任，图5－17给出了跨国结构的这些特征。

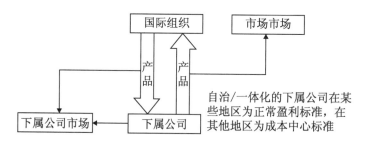

图5－17　跨国下属公司结构

下属公司在跨国结构下依然保持着旺盛的生命力，其原因在于通向世界市场的直接途径，它是通过全球产品授权在专门领域的发展而建立的，全球产品责任代表了由下属公司而非母公司控制的全球性战略。

2. 横向分工结构的基本协调机制

协调机制就是建立在企业的分工与协调之上的制度。企业组织的协调机制基本上有以下六种类型：

（1）相互适应，自行调整。这是一种自我控制方式。组织成员直接通过非正式的、平等的沟通达到协调，相互之间不存在指挥与被指挥的关系，也没有来自外部的干预（见图5－18A）。这种机制适合于最简单的组织结构。在十分复杂的组织里，由于人员构成复杂，工作事务事先不能全部规范化，因而也采用这种协调机制，使组织成员边工作、边调整，互相适应、互相协调。

（2）直接指挥，直接控制。这是指组织的所有活动都按照一个人的决策和指令行事（见图5－18B）。这位负责人发布指示，监督工作。形象地讲，这种协调机制如人的大脑一样，同时协调两只手的活动。

（3）工作过程标准化。这是指组织通过预先制定的工作标准，来协调生产经营活动（见图5－18C）。在生产之前，企业向职工明确工作的内容，或对工作制定出操作规程及其规章制度，然后要求工作过程中所有活动都要按这些标准进行，以实现协调。例如，企业在制定好自动生产流水线的标准以后，工人在生产过程中便根据这个标准，进行生产和检验产品。一旦生产出现问题，管理人员便用这个标准来检查和调整。这样，企业的成员在执行标准的同时，就形成了某种程度的协调。

（4）工作成果标准化。这是指组织通过预先制定的工作成果标准，实现组织中各种活动的协调（见图5－18D）。这种协调只规定最终目标，不限定达到目标的途径、方法、手段和过程。就像书籍装订一样，出版社只要求印刷厂按照一定的质量标准完成任务，而不限制书的内页和封皮在什么地方印刷。

（5）技艺（知识）标准化。这是指组织对其成员所应有的技艺、知识加以标准化。有些组织内的工作专业性强，工作过程和工作成果均无法标准化。例如，外科大夫在给病人进行手术时，需要麻醉师的配合。在手术前配合方案可能已经制订好，但外科大夫在手术台上所遇到的情况往往难以预料，又没有过多的时间与麻醉师讨论，只有凭借他们各人所掌握的知识及经验各自处理自己的职责。因此，这种协调机制主要是依靠组织成员在任职以前就接受了必要的、标准化的训练，成为具有标准化知识和技能的人才。在实际工作中，他们便可以根据自己的知识和技艺，相互配合与协调。这是一种超前的间接协调机制（见图5－18E）。

（6）共同价值观。这是指组织内全体成员要对组织的战略、目标、宗旨、方针有共同的认识和共同的价值观念，充分地了解组织的处境和自己的工作在全局中的地位和作用，互相信任、彼此团结，具有使命感，组织内的协调和控制达到高度完美的状态。鉴于内部条件和外部环境都是在不断变化的，因而，企业对内要及时调整，发挥创新精神，协同效果和整体优势；对外要灵活适应，快速行动（见图5－18F）。

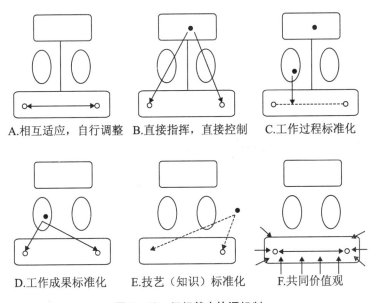

A.相互适应，自行调整　　B.直接指挥，直接控制　　C.工作过程标准化

D.工作成果标准化　　E.技艺（知识）标准化　　F.共同价值观

图5－18　组织基本协调机制

从六种类型的关系来看，企业组织简单时，只需要相互适应、自行调整的协调机制。企业组织扩大后需要某单独执行控制工作时，便产生了直接指挥、直接控制机制。当工作变为更加复杂时，协调机制便趋向标准化。在工作任务相当复杂时，企业便需要采用成果标准化或技艺标准化。在工作极其复杂、难以标准化时，企业往往自行又转回到互相适应调整这种最简单而又最灵活的协调机制上。不过，这不是一种简单的循环，而是螺旋式上升。实际上，企业不可能在一段时间内只依靠一种协调机制，往往根据不同任务的侧重点不同，混合使用这六种协调机制。

三、企业战略与组织结构

（一）组织结构与战略的关系

组织结构的功能在于分工和协调，是保证战略实施的必要手段。通过组织结构，企业的目标和战略转化成一定的体系或制度，融进企业的日常生产经营活动中，发挥指导和协调的作用，以保证企业战略的完成。

在探索战略与结构的关系方面，艾尔弗雷德·钱德勒（Chandler，A. D.）在其经典著作《战略和结构》中，首次提出组织结构服从战略的理论。《战略和结构》一书给出了一系列有关杜邦公司、通用汽车公司、新泽西标准石油公司（后来成为埃克森公司），以及西尔斯公司的组织结构演化的案例研究。发现各个公司在处理战略与结构的关系上有一个共同的特点，即在企业选择一种新的战略以后，由于管理人员在现行结构中拥有既得利益，或不了解经营管理问题以外的情况，或对改变结构的必要性缺乏认识，使得现行结构未能立即适应新的战略而发生变化。直到行政管理出现问题，企业效益下降，企业才将改变结构纳入议事日程。组织结构改变以后，保证了战略的实施，企业的获利能力也大幅度提高。

通用电气公司的企业发展史证明了钱德勒论断的正确性。在20世纪50年代末期，通用电气公司执行的是简单的事业部制，但已开始从事大规模的多种经营战略。到了20世纪60年代，该公司的销售额大幅度提高，而行政管理工作跟不上，造成多种经营失控，影响了利润的增长。在20世纪70年代初，通用电气公司重新设计组织结构，采用了战略业务单位结构，使行政管理滞后的问题得到了解决，妥善地控制了多种经营，利润也相应得到了提高。

钱德勒的组织结构服从战略理论可以从以下两个方面展开：

1. 战略的前导性与结构的滞后性

战略与结构的关系基本上是受产业经济发展制约的。在不同的发展阶段中，企业应有不同的战略，企业的组织结构也相应作出了反应。企业最先对经济发展做出反应的是战略，而不是组织结构，即在反应的过程中存在着战略的前导性和结构的滞后性现象。

（1）战略前导性。这是指企业战略的变化快于组织结构的变化。这是因为，企业一旦意识到外部环境和内部条件的变化提供了新的机会和需求时，首先会在战略上做出反应，以此谋求经济效益的增长。例如，经济的繁荣与萧条、技术革新的发展都会刺激企业发展或减少现有企业的产品或服务。而当企业自我积累了大量的资源以后，企业也会据此提出新的发展战略。当然，一个新的战略需要有一个新的组织结构，至少在一定程度上调整原来的组织结构。如果组织结构未作出相应的变化，新战略也不会使企业获得更大的效益。

（2）结构滞后性。这是指企业组织结构的变化常常慢于战略的变化速度。特别是在经济快速发展时期里更是如此。结果，组织内部机构的职责在变革的过程中常常含糊不清。造成这种现象的原因有两种：一是新、旧结构交替有一定的时间过程。新的战略制定出来以后，原有的结构还有一定的惯性，原有的管理人员仍习惯运用旧的职权和沟通渠道去管理新、旧两种经营活动。二是管理人员的抵制。管理人员在感到组织结构的变化会威胁他们个人的地位、权力，特别是心理上的安全感时，往往会以运用行政管理的方式去抵制需要作出的变革。

从战略的前导性与结构的滞后性可以看到，经济发展时，企业不可错过时机，要制定出与发展相适应的经营战略与发展战略。一旦战略制定出来以后，要正确认识组织结构有一定反应滞后性的特性，不可操之过急。但是，结构反应滞后时间过长将会影响战略实施的效果，企业应努力缩短结构反应滞后的时间，使结构配合战略的实施。

2. 企业发展阶段与结构

钱德勒有关结构跟随战略的理论是从对企业发展阶段与结构的关系的研究入手的。企业发展到一定阶段，其规模、产品和市场都发生了变化。这时，企业会采用合适的战略，并要求组织结构作出相应的反应。从第四章发展战略的各种类型中，可以看到企业在发展中发展阶段的变化，表5-1反映了企业发展阶段与组织结构的关系。

表5-1　企业发展阶段与结构

发展阶段	企业特征	结构类型
1	简单的小型企业。只生产一种产品，或生产一个产品系列，面对一个独特的小型市场	从简单结构到职能结构
2	在较大的或多样化的市场上提供单一的或密切相关的产品与服务系列	从职能结构到事业部结构
3	在多样化的市场上扩展相关的产品系列	从事业部结构到矩阵结构
4	在大型的多元化产品市场进行多种经营，提供不相关的产品与服务	从事业部结构到战略业务单位结构

（1）市场渗透战略。在产业处于发展阶段、外部环境竞争不激烈的条件下，企业着重发展单一产品，试图通过更强的营销手段而获得更大的市场占有率。这时，企业只需采用简单的结构或形式。

（2）市场开发战略。随着产业进一步发展，在一个地区的生产或销售已不能满足企业的发展速度和需要时，则要求企业将产品或服务扩展到其他地区中去。为了协调这些产品和服务形成标准化和专业化，企业组织要求有职能部门结构。

（3）纵向一体化战略。在产业增长阶段后期，竞争更加激烈，为了减少竞争的压力，企业需要拥有一部分原材料的生产能力，或拥有销售产品的渠道。在这种情况下，组织应运用事业部制结构。

（4）多元化经营战略。在产业进入成熟期，企业为了避免投资或经营风险，开发与企业原有产品不相关的新产品系列。这时企业应根据规模和市场的具体情况，分别采用矩阵结构或经营业务单位结构。组织结构服从战略理论已被应用于那些参与国际竞争的企业。前面关于"国际化经营企业的组织结构"的阐述已经展示了这一点。

在国内多元化经营的企业变得越来越大，它们开始向海外扩张，并最初创立了"国际部"来管理在国外的业务，但这种结构却在对国外的业务进行协调时逐渐变得无效，企业战略与风险管理从而导致了企业按多国本土化战略的结构进行重组，即针对不同的国家设立各自独立的部门。

随着多国企业的海外业务的进一步发展，它们面临着来自跨国协调的进一步压力和在国家内部进行专业化分工的问题。这就导致了把全世界都看作是企业利益市场的全球化战略的产生。那些选择全球战略的企业，为了促进在全球的生产和分销活动中实现规模经济而进行了重组。近年来，多国企业发现，它们需要在对当地情况作出快速反应和为获得全球范围内的规模经济而要求的集中之间进行平衡。这就导致了跨国战略的产生，它正逐步与更加灵活的组织形式相联系，这种结构把矩阵结构和网络结构结合到了一起。

（二）组织的战略类型

战略的一个重要特性就是适应性。它强调企业组织要运用已有的资源和可能占有的资源去适应企业组织外部环境和内部条件为企业所发生的相互变化。这种适应是一种复杂的动态的调整过程，要求企业在加强内部管理的同时，不断推出适应环境的有效组织结构。在选择的过程中，企业可以考虑以下四种类型：

1. 防御型战略组织

防御型组织主要是要追求一种稳定的环境，试图通过解决开创性问题来达到自己的稳定性。从防御型组织的角度来看，所谓开创性问题就是要创造一个稳定的经营领域，占领一部分产品市场，即生产有限的一组产品，占领整个潜在市场的一小部分。在这个有限的市场中，防御型组织常采用竞争性定价或高质量产品等经济活动来阻止竞争对手进入它们的领域，保持自己的稳定。

一旦这种狭小的产品与市场选定以后，防御型组织就要运用大量的资源解决自身的工程技术问题，尽可能有效地生产与销售产品或提供服务。一般来说，该组织要创造出一种具有高度成本效率的核心技术。防御型组织要开辟的是一种可以预见的经久不衰的市场，因此，技术效率是组织成功的关键。有的防御型组织通过纵向整合来提高技术效率，即将从原材料供应到最终产品的销售的整个过程合并到一个组织系统里来。

在行政管理上，行政管理是为了保证组织严格地控制效率。为解决这一问题，防御型组织常常采取"机械式"结构机制。这种机制是由生产与成本控制专家形成的高层管理，注重成本和其他效率问题的集约式计划、广泛分工的职能结构、集中控制、正式沟通等。这些内容有利于产生并保持高效率，最终形成明显的稳定性。防御型组织适合于较为稳定的产业。但是，该产业也有潜在的危险，不可能对市场环境做重大的改变。

2. 开拓型战略组织

开拓型组织与防御型组织不同。追求一种更为动态的环境，将其能力表现在探索和发现新产品和市场的机会上。在开拓型组织里，开创性问题是为了寻求和开发产品与市场机会。这就要求开拓型组织在寻求新机会的过程中必须具有一种从整体上把握环境变化的能力。

为了正确地服务于变化着的市场，开拓型组织要求它的技术和行政管理具有很大的灵活性。在工程技术问题上，开拓型组织不是局限在现有的技术能力上，它根据现在和将来的产品结构确定技术能力。因此，开拓型组织的全部工程技术问题就是如何避免长期陷于单一的技术过程，常常通过开发机械化程度很低和例外性的多种技术和标准技术来解决这一问题。

在行政管理方面，开拓型组织奉行的基本原则是灵活性，即在大量分散的单位和目标之间调度和协调资源，不采取集中的计划和控制全部生产的方式。为了实行总体的协调工作，这类组织的结构应采取"有机的"机制。这种机制包括由市场、研究开发方面的专家组成的高层管理，注重产出结果的粗放式计划、分散式控制以及横向和纵向的沟通。

开拓型组织在不断求变当中可以减少环境动荡的影响，但它要冒利润较低与资源分散的风险。在工程技术问题上，该组织由于存在多种技术，很难发挥总体的效率。同样，在行政管理上有时也会出现不能有效地使用，甚至错误地使用组织的人力、物力和财力的问题。总之，开拓型组织缺乏效率性，很难获得最大利润。

3. 分析型战略组织

从以上的论述可以看出，防御型组织与开拓型组织分别处于一个战略调整序列的两个极端。分析型组织处于中间，可以说是开拓型组织与防御型组织的结合体。这种组织总是对各种战略进行理智的选择，试图以最小的风险、最大的机会获得利润。

分析型组织在定义开创性问题时，综合了上述两种组织的特点，即在寻求新的产品和市场机会的同时，保持传统的产品和市场。分析型组织解决开创性问题的方法也带有前两种组织的特点。这类组织只有在新市场被证明具有生命力时，才开始在该市场上活动。就是说，分析型组织的市场转变是通过模仿开拓型组织已开发成功的产品或市场完成的。同时，该组织又保留防御型组织的特征，依靠一批相当稳定的产品和市场保证其收入的主要部分。因此，成功的分析型组织必须紧随领先的开拓型组织，同时又在自己稳定的产品和市场中保持良好的生产效率。

在工程技术问题上，分析型组织的两重性也表现比较突出。这种组织需要在保持技术的灵活性与稳定性之间进行平衡。要达到这种平衡，该组织需要将生产活动分成两部分，形成一个双重的技术核心。分析型组织技术稳定部分与防御型组织的技术极为类似。为了达到良好的成本效益，该组织按职能组织起来，使技术达到高度的标准化、例行化和机械化。技术的灵活部分，则类似于开拓型组织的工程技术问题。在实践中，分析型组织的双重技术核心主要是由具有一定权力的应用研究小组来解决的。在新产品方面，这个小组可以找到解决现有技术能力的方法，不需要像开拓型组织那样要花费大量的费用进行研究开发。

在行政管理方面，分析型组织也带有防御型组织和开拓型组织的两重特点。一般来说，分析型组织在行政管理方面的主要任务是如何区分组织结构的各个方面，以适应既稳定又变动的经营业务，使两种经营业务达到平衡。这个问题可以由分析型组织的矩阵结构解决。这种矩阵结构在市场和生产的各职能部门之间制订集约式的计划，而在新产品应用研究小组和产品经理之间制订粗放式的计划。同时，矩阵结构在职能部门中实行集权控制机制，而对产品开发小组使用分权控制方法。

分析型战略组织并不是完美无缺的。由于其经营业务具有两重性，该组织不得不建立一个双重的技术中心，同时还要管理各种计划系统、控制系统和奖惩系统。这种稳定性与灵活性并存的状态，在一定程度上限制了组织的应变能力。如果分析型组织不能保持战略与结构关系的必要平衡，它最大的危险就是既无效能又无效率。

4. 反应型战略组织

上述三种类型的组织尽管各自的形式不同，但在适应外部环境上都具有主动灵活的特点。从两个极端来看，防御型组织在其现有的经营范围内，不断追求更高的效率，而开拓型组织则不断探索环境的变化，寻求新的机会。随着时间的推移，这些组织对外部环境的反应会形成一定的稳定一致的模式。

反应型组织在对其外部环境的反应上采取一种动荡不定的调整模式，缺少在变化的环境中随机应变的机制。它往往会对环境变化和不确定性作出不适当的反应，随后又会执行不力，对以后的经营行动犹豫不决。结果，反应型组织永远处于不稳定的状态。因此，反应型战略在战略中是一种下策。只有在上述三种战略都无法运用时，企业才可以考虑使用这种方法。

一个企业组织之所以成为反应型组织，主要有三个原因：

（1）决策层没有明文表达企业战略。这是指企业中只有某个负责人掌握企业的战略。在他领导下，企业会有很好的发展。一旦该负责人由于某种原因离开这个企业时，企业便会陷入一种战略空白的状态。此时，如果企业的各个业务单位都卓有成效，它们会为各自的特殊市场和产品利益发生争执。在这种争执的情况下，新选出来的负责人不可能提出一种统一的企业战略，也不可能采取果断一致的行动。

（2）管理层次中没有形成可适用于现有战略的组织结构。在实践中，战略要与具体的经营决策、技术和行政管理决策统一起来。否则，战略只是一句空话，不能成为行动的指南。例如，企业考虑进一步发展某一经营领域，但被指定完成这一任务的事业部采用的是职能结构，又与其他事业部分享成批生产的技术。在这种情况下，该事业部很难对市场机会作出迅速反应。这个例子说明，这个企业的组织结构没有适应战略的要求。

（3）只注重保持现有的战略与结构的关系，忽视了外部环境条件的变化。有的企业在某些市场方面取得了领先地位，逐渐地采用防御战略。为了降低成本、提高效率，该企业将生产经营业务削减为少数几类产品，并将经营业务整合。但是，当企业的市场饱和以后，大多数产品利润已经减少时，这家企业如果还固守防御型战略和结构，不愿作出重大的调整，必然在经营上遭到失败。

总之，一个企业组织如果不是存在于经营垄断或被高度操纵的产业里，就不应采取反应型组织形态。即使采取了这种战略，也要逐步地过渡到防御型、开拓型或分析型战略组织形态。

第二节　企业战略与企业文化

一、企业文化的概念

什么是企业文化？企业界和学术界对于这一概念有多种定义。以下两种定义较为简单明了：一是赫尔雷格尔等人（Hellreigel, D., et al.）在1992年提出的定义：企业文化是企业成员共有的哲学、意识形态、价值观、信仰、假定、期望态度和道德规范。另一个定义则是基于文化的经济学含义，考虑到企业所遵循的价值观、信念和准则这些构成文化基础的东西都很难被观察和测量，因而采用一个更易操作的观点：企业文化代表了企业内部的行为指针，它们不能由契约明确下来，但却制约和规范着企业的管理者和员工。

但是，必须看到，尽管存在着企业文化，然而要将它从其他文化中区别开来却可能很困难。在特定环境下所呈现出来的企业文化实际上可能是国家文化、地方文化、企业文化、子公司文化和团体文化相互交织的结果。此外，在一个大企业中要识别出一种能涵盖所有成员的单一文化是困难的，而且，企业的不同部门可能也有不同的文化。在这里，我们研究企业文化，所关心的只是那些能潜在影响企业经济绩效的方面，特别是主要存在于企业决策制定者中的文化（或亚文化）。

二、企业文化的类型

尽管在企业文化的定义和范围上存在着很大的分歧，也没有两个企业的文化是完全相同的。但是，查尔斯·汉迪（Charles Handy）在1976年提出的关于企业文化的分类至今仍具有相当重要的参考价值。他将文化类型从理论上分为四类：即权力（power）导向型、角色（role）导向型、任务（task）导向型和人员（people）导向型。

（一）权力导向型

这类企业中的掌权人试图对下属保持绝对控制，企业组织结构往往是传统框架。

企业的决策可以很快地作出，但其质量在很大程度上取决于企业经理人员的能力。企业的变革主要由企业中心权力来决定。这类文化是小业主企业的典型模式，它要求相信个人，但在企业运行中明显忽视人的价值和一般福利。这类企业经常被看成是专横和滥用权力的，因此它可能因中层人员的低士气和高流失率而蒙受损失。权力导向型文化通常存在于家族式企业和刚开创企业。

（二）角色导向型

角色导向型企业尽可能追求理性和秩序。与权力文化的独裁截然不同的是，角色文化十分重视合法性、忠诚和责任。这类文化一般是围绕着限定的工作规章和程序建立起来的，理性和逻辑是这一文化的中心，分歧由规章和制度来解决，稳定和体面几乎被看成与能力同等重要。但是，这类企业的权力仍在上层，这类结构十分强调等级和地位，权利和特权是限定的，大家必须遵守。这种企业被称作官僚机构，此类文化最常见于国有企业和公务员机构。

角色导向型文化具有稳定性、持续性的优点，企业的变革往往是循序渐进，而不是突变。在稳定环境中，这类文化可能导致高效率，但是，这类企业不太适合动荡的环境。

（三）任务导向型

在任务导向型文化中管理者关心的是不断地和成功地解决问题，对不同职能和活动的评估完全是依据它们对企业目标做出的贡献。这类企业采用的组织结构往往是矩阵式的，为了对付某一特定问题，企业可以从其他部门暂时抽调人力和其他资源，而一旦问题解决，人员将转向其他任务。所以无连续性是这类企业的一个特征。

实现目标是任务导向型企业的主导思想，不允许有任何事情阻挡目标的实现。企业强调的是速度和灵活性，专长是个人权力和职权的主要来源，并且决定一个人在给定情景中的相对权力。这类文化常见于新兴产业中的企业，特别是一些高科技企业。

这类文化具有很强的适应性，个人能高度控制自己份内的工作，在十分动荡或经常变化的环境中会很成功。但是，这种文化也会给企业带来很高的成本。由于这种文化有赖于不断地试验和学习，所以建立并长期保持这种文化的代价是十分昂贵的。

（四）人员导向型

这类文化完全不同于上述三种。在这种情况下的企业存在的目的主要是为其成员的需要服务，企业是其员工的下属，企业的生存也依赖于员工。这类企业为其专业人员提供他们自己不能为自己提供的服务，职权往往是多余的。员工通过示范和助人精神来互相影响，而不是采用正式的职权。决策中的意见一致是企业所需要的，角色分配的依据是个人的爱好及学习和成长的需要。这一文化常见于俱乐部、协会、专业团体和小型咨询公司。

这类文化中的人员不易管理，企业能给他们施加的影响很小，因而很多企业不能持有这种文化而存在，因为它们往往有超越员工集体目标的企业目标。虽然汉迪关于企业文化的分类可能不能囊括所有的文化类型，而且一个企业内部可能还存在着不同的亚文化群，但是，这四种分类较好地总结了大多数企业的文化状况，可以作为研究企业文化与战略关系重要的分析基础。

三、文化与绩效

总经理们对文化与战略关系的研究最注重的是组织文化是否会影响组织的绩效。但是，要表明两者的直接关系并非易事。文化可能与高绩效相联系，但它又不一定是高绩效的必然原因。下面，我们从三个方面讨论文化与绩效的关系：文化为企业创造价值的途径；文化、惯性和不良绩效；以及企业文化成为维持竞争优势源泉的条件。

（一）企业文化为企业创造价值的途径

企业文化可以通过以下三个途径为企业创造价值：

1. 文化简化了信息处理

企业文化中的价值观、行为准则和相应的符号，可以使员工的活动集中于特定的有范围的安排之中。这使他们没有必要就他们在企业中的工作任务是什么进行讨价还价，因而可以减少决策制定的成本并促进工作的专门化，也使得一起工作的员工分享对他们工作的一系列预期，因而减少了不确定性。同时，共同的文化，使得在一起工作的员工始终存在共同关注的焦点。例如，对于本企业的产品与其他企业的区别，本企业在广告和新产品开发上的风险水平，本企业员工、顾客和利益相关者之间相互作用的方式（包括适当的语言、交换规则及其他），等等，从而提高企业的技术效率。

2. 文化补充了正式控制

文化作为集体价值观和行为准则的集合体，在组织中能发挥一种控制功能。文化对员工行动的控制是基于他们对企业的依附，而不是基于激励和监督。那些在价值观上依附企业文化的员工将会调整他们个人的目标和行为，使之符合企业的目标和行为。如果文化在企业中具有这种功能，那么，员工主动的自我控制、员工间的非正式监督和不涉及具体细节的组织准则结合在一起，员工会比在正式制度下更可能地去服从，从而，控制员工行为将比只有正式控制制度更有效。

威廉姆·奥奇（W. G. Ouchi）引入了一个"团体控制"的概念来阐述文化对于官僚控制或市场控制模式的替代作用。官僚控制的特点是组织的角色和任务具有很高的专业化水平、短期雇佣、个人责任和个人决策；团体控制则是通过组织准则和价值系统的控制，其特征是组织中角色和任务的专业化降低至很低的水平、长期雇佣、个人自我激励与负责和集体决策。这两者又都区别于市场控制，它是建立在市场价格基础上的控制。

奥奇的分析是建立在对日本企业不同于西方企业的管理模式的分析基础之上，詹姆斯·林肯和阿恩·卡莱伯格（J. R. Lincoln and A. L. Kalleberg）对奥奇的理论作了补充，他们认为，对日本企业的团体控制的一种更好的解释是，通过工作保障、员工参与决策、福利设施和必要的补偿，日本企业的管理人员能促进员工满意和忠诚，而不仅仅是依靠日本企业价值观的力量。当然，文化可以影响组织活动、管理活动，也会影响企业的主导价值观。

大多数企业运用市场控制、官僚控制、团体控制三种控制技术的组合。例如，美国 DB 银行具有很强的文化和一个涉及很广的控制系统，它同时也没忽视市场需求。事实上，企业采用利润中心制度，也可以由很强的文化规范来管理；在竞争激烈的市场，很难想象一个团体组织没有正式的组织与控制，却能满足所参与竞争的产品市场的需求。

3. 文化促进合作并减少讨价还价成本

在企业内部，由于各利益相关者讨价还价的权力之争，也会导致市场竞争中可能出现的个体理性与集体理性的矛盾。企业文化通过"相互强化"的道德规范，会减轻企业内权力运动的危害效应，这就使得在市场上利己主义的个人之间不可能出现的多方受益的合作行为在企业内部可能出现。

（二）文化、惯性和不良绩效

但是，也必须看到，文化也可能损害企业的绩效。文化和绩效之间存在明显消极联系的例子几乎与存在积极联系的例子一样普遍。文化与绩效相联系，是因为企业战略成功的一个重要前提是战略与环境相匹配。当战略符合其环境的要求时，文化则支持企业的定位并使之更有效率；而当企业所面对的环境产生了变化，并显著地要求企业对此适应以求得生存时，文化对绩效的负面影响就变得重要起来。尤其是在一个不利的商业环境中，文化的不可管理性将使之成为一种惯性或阻碍变化的来源。管理人员企图阻碍变化而不是解决环境问题，这种不合时宜的决策也将变得十分明显。这种惯性的产生来自多方面的原因：在企业中任职很长的行政人员，可以在企业繁荣时期熟悉他们的工作，却可能对处理变化毫无经验，他们所选择的规划和所运行的工作程序对突然的变化可能是保守的；企业中的权力基础可能使企业中受威胁的团体去阻碍变化，等等。

（三）企业文化成为维持竞争优势源泉的条件

杰伊·巴尼（J. B. Barney）给出了企业文化可以成为维持竞争优势的一个源泉的条件：首先，文化必须为企业创造价值，前面我们已经详细阐述了文化为企业创造价值的三种途径。其次，作为维持竞争优势的一个源泉，公司文化必须是企业所特有的。如果一个企业的文化和市场上大多数的企业是相同的，它往往反映的是国家或地区文化或一系列行业规范的影响，那么它不可能导致相对竞争优势。最后，企业文化必须是很难被模仿的。如果成功的企业文化体现了企业的历史积累，这种复杂性就会让其他企业很难效仿，也使得其他企业的管理者很难从本质上修改他们企业的文化以显著提高绩效。相反，如果企业文化很容易被模仿，那么，一旦该企业成功的话，其他企业都将会模仿它，这将使文化带给企业的优势很快就会消失。

四、战略稳定性与文化适应性

考察战略与文化的关系，除了文化与绩效的关系外，还有一个重要的内容是分析企业战略的稳定性与文化适应性。战略的稳定性反映企业在实施一个新的战略时，企业的结构、技能、共同价值、生产作业程序等各种组织要素所发生的变化程度；文化适应性反映企业所发生的变化与企业目前的文化相一致的程度。处理二者关系可以用下面的矩阵表示（见图5-19）。

图5-19 战略稳定性与文化适应性

（一）以企业使命为基础

在第一象限中，企业实施一个新的战略时，重要的组织要素会发生很大变化。这些变化大多与企业目前的文化有潜在的一致性。这种企业多是那些以往效益好的企业，可以根据自己的实力，寻找可以利用的重大机会，或者试图改变自己的主要产品和市场，以适应新的要求。这种企业由于有企业固有文化的大力支持，实行新战略没有大的困难，一般处于非常有前途的地位。在这种情况下，企业处理战略与文化关系的重点有以下几项：

一是企业在进行重大变革时，必须考虑与企业基本使命的关系。在企业中，企业使命是企业文化的正式基础。高层管理人员在管理的过程中，一定要注意变革与使命内在的不可分割的联系。二是发挥企业现有人员在战略变革中的作用。现有人员之间具有共同的价值观念和行为准则，可以保持企业在文化一致的条件下实施变革。三是在调整企业的奖励系统时，必须注意与企业组织目前的奖励行为保持一致。四是考虑进行与企业组织目前的文化相适应的变革，不要破坏企业已有的行为准则。

（二）加强协调作用

在第二象限中，企业实施一个新的战略时，组织要素发生的变化不大，又多与企业目前的文化相一致。这类情况往往发生在企业采用稳定战略（或维持不变战略）时，处在这种地位的企业应考虑两个主要问题：一是利用目前的有利条件，巩固和加强企业文化；二是利用文化相对稳定的这一时机，根据企业文化的需求，解决企业生产经营中的问题。

（三）根据文化的要求进行管理

在第三象限中，企业实施一个新战略，主要的组织要素变化不大，但多与企业组织目前的文化不大一致。例如，当企业准备推行某种新的激励方式，虽然这种方式与过去的激励方式相比，并没有根本性的变化，但是，某些利益相关者基于对自身利益的考虑，可能会反对实施新的方法。此时，企业需要研究这些变化是否可能给企业带来成功的机会。在这种情况下，企业可以根据经营的需要，在不影响企业总体文化一致的前提下，对某种经营业务实行不同的文化管理。同时企业要对像企业结构这样与企业文化密切相关的因素进行变革时，也需要根据文化进行管理。

（四）重新制定战略

在第四象限中，企业在处理战略与文化的关系时，遇到了极大的挑战。企业在实施一个新战略时，组织的要素会发生重大的变化，又多与企业现有的文化很不一致，或受到现有文化的抵制。对于企业来讲，这是个两难问题。

在这种情况下，企业首先要考察是否有必要推行这个新战略。如果没有必要，企业则需要考虑重新制定战略。反之，在企业外部环境发生重大变化，企业考虑到自身长远利益，必须实施不能迎合业现有的文化的重大变革，企业则必须进行文化管理，使企业文化也作出相应重大的变化。为了处理这种重大的变革，企业需要从四个方面采取管理行动：一是企业的高层管理人员要痛下决心进行变革，并向全体员工讲明变革的意义。二是为了形成新的文化，企业要招聘或从内部提拔一批与新文化相符的人员。三是改变奖励结构，将奖励的重点放在具有新文化意识的事业部或个人的身上，促进企业文化的转变。四是设法让管理人员和员工明确新文化所需要的行为，形成一定的规范，保证新战略的顺利实施。

第三节　企业战略控制与实施

一、战略控制的过程

（一）战略失效与战略控制

1. 战略失效与战略控制的概念

（1）战略失效。在战略实施过程中，不容忽视的就是战略失效。战略失效是指企业战略实施的结果偏离了预定的战略目标或战略管理的理想状态。导致战略失效的原因很多，主要有以下几点：①企业内部缺乏沟通，企业战略未能成为全体员工的共同行动目标，企业成员之间缺乏协作共事的愿望；②战略实施过程中各种信息的传递和反馈受阻；③战略实施所需的资源条件与现实存在的资源条件之间出现较大缺口；④用人不当，主管人员、作业人员不称职或玩忽职守；⑤公司管理者决策错误，使战略目标本身存在严重缺陷或错误；⑥企业外部环境出现了较大变化，而现有战略一时难以适应等。

按照时间顺序，战略失效可分为早期失效、偶然失效和晚期失效三种类型。在战略实施初期，一方面，由于新战略还没有被全体员工理解和接受；另一方面，战略实施者对新的环境、工作还不适应，就有可能导致较高的早期失效率。晚期失效是指当战略推进一段时间之后，之前对战略环境条件的预测与现实变化发展的情况之间的差距，会随着时间的推移变得越来越大，战略所依赖的基础就显得越来越糟，从而使失效率大为提高。在战略实施过程中，偶然会因为一些意想不到的因素导致战略失效，这就是偶然失效。

还应注意的是，一个原始战略是否有效，并不在于它是否能原封不动地运用到底，也不在于它的每个细小目标和环节是否都在实际执行中得以实现，而在于它能否成功地适应不可知的现实，在于能否根据现实情况作出相应的调整和修正，并能最终有效地运用多种资源实现既定的整体目标，这就需要进行战略控制。

（2）战略控制。战略控制是指监督战略实施进程，及时纠正偏差，确保战略有效实施，使战略实施结果符合预期战略目标的必要手段。如果没有达到既定的目标，控制的意向应当是修改企业战略或更好地实施该战略以使企业实现目标的能力能够得到提高。

从企业经营的层面上说，在预算的时候也常遇到控制问题。在预算费用的控制中，一年或者更短的一个期间内，使用定量方法来确定实际费用是否超过了计划支出，重点是内部经营，通常在预算期结束之后采取正确的行动。但是在战略控制中，该期间通常从几年到十几年不等，定性和定量的方法都要采用，且对内部经营和外部环境都要进行评估。表5-2中总结了战略控制和预算控制之间的差异。

表5-2　战略控制和预算控制之间的差异

战略控制	预算控制
期间比较长，从几年到十几年以上	期间通常为一年以下
定性方法和定量方法	定量方法
重点是内部和外部	重点是内部
不断纠正行为	通常在预算期结束之后采用纠正行为

2. 战略控制系统

（1）战略控制系统的步骤。正式的战略控制系统包括下列步骤：

① 执行策略检查。② 根据企业的使命和目标，识别各个阶段业绩的里程碑（战略目标），给诸如市场份额、品质、创新、客户满意等要素进行定量和定性。"里程碑"一般具有如下特征：第一，它是在标出关键性的成功因素之后识别出来的；第二，它应当是长期目标的短期步骤；第三，它能使管理者有效地监视行动（例如，是否启动了一个新项目）及其结果（例如，是否成功启动了项目）。③ 设定目标的实现层次。各层次目标设定不需要专门定量，但必须合理准确，应该包括实现战略目标的具体建议和对策。④ 对战略过程进行正式监控。监控报告不像财务报告披露那么频繁。⑤ 对于有效实现战略目标的业绩给予奖励。虽然有些企业在年终奖的计算中应用对战略业绩的计量，但在大多数系统中，战略目标的实现和奖励制度之间的关系并不明显。

除了正式的战略控制系统，还有很多明确的战略目标或里程碑并未被确定为管理控制程序中的一部分而受到约束和正式监控。这种非正式性能增强灵活性，减少官僚主义，并促进开放性的交流。非正式的控制虽然不会经常发挥作用，但是它会使管理者在执行重大战略问题和选择的时候更加谨慎。

战略控制系统的特点可以通过两个方面来反映：程序的正式程度以及能被识别的业绩评价指标的数目。构建战略控制系统时，应考虑如下方面：① 链接性。如果在重要机构之间架起沟通的桥梁，那么以避免破坏的方式进行合作。② 多样性。如果系统具有多样性，要注意从多样策略控制系统选择适合性较高的控制系统。③ 风险。高风险的企业战略决策状态可能会对整个企业不利。在高风险的企业战略控制系统中，需要包含较多性能标准，以便更容易地把可能存在的问题检测出来。④ 变化。例如，时尚品制造商必须能够迅速地应对战略控制系统环境的变化。⑤ 竞争优势。为控制目标，要有目的地区分两个类型的业务：一是具有较弱竞争优势的业务。在这种情况下，市场份额或质量是成功的源泉。二是具有较强竞争优势的业务。在这种情况下，需要在更多地区获得成功。不过，在这类业务中最大的危险是做一些高成本的无用功。

（2）战略性业绩计量。战略性业绩计量的特征是：① 它重点关注长期的事项，对大多数企业而言可能是股东财富。② 它有助于识别战略成功的动因，如企业是如何长期创造股东价值的。③ 它通过企业提高业绩来支持企业学习。④ 它提供的奖励基础是基于战略性的事项而不仅仅是某年的业绩。

战略性业绩计量必须是可计量的、有意义的、持续计量的、定期重新评估的、战略定义或者与之相关的，并且是可接受的。

3. 战略控制和成功关键因素

成功关键因素是指公司在特定市场获得盈利必须拥有的技能和资产，是对于企业的成功至关重要的少数关键指标。例如："必须做对的事情"。识别成功关键因素具有如下好处：①识别关键性成功要素的过程可以提醒管理层那些需要控制的事项，并显示出次要的事项。②传统的预算控制可能使报告的成本与标准成本存在差异。而成功关键成功因素能够转化为按照相同方式定期报告的关键性业绩指标。③关键成功因素能够保证管理层定期收到有关企业的关键信息，以指导信息系统的发展。④它们能够用于将组织的业绩进行内部对比或者与竞争对手比较。

例如，连锁餐厅的成功关键因素包括餐厅的地点、餐点、形象及知名度、突出特性、服务水准等。

（二）企业经营业绩的衡量

1. 衡量企业业绩的重要性

衡量企业业绩是战略分析中的一个步骤。企业战略关注的是企业目标的实现，因而战略分析中很有必要考察企业的业绩，特别是长期业绩。

业绩衡量可能基于财务信息也可能基于非财务信息。业绩衡量已经公认为企业日常经营中的一部分，以至于有时人们忽视了它的目的。业绩衡量的主要目的有以下几点：①业绩评价是整体控制或者反馈控制系统的一部分，提供了刺激任何必要的控制行为的必要反馈。②业绩评价是与利益相关者群体沟通的重要组成部分。③业绩评价与激励政策以及业绩管理系统紧密相关。④由于管理层追求获得评价为满意的业绩，这会增加管理层的动力。

然而当考虑如何来衡量企业业绩的时候，会发现不同业绩的定义其结果差别相当大，管理人员对于怎样定义业绩好坏也存在不同的认识。

2. 衡量企业业绩的不同观点

（1）股东观。股东观认为企业应基于股东的利益而存在。如果没有股东投入的股本，企业将无法启动，如果没有股东的再投入，企业将会停止运转。这就引出一个结论，即企业是为股东盈利的，因而应该把股东回报率作为企业业绩的指标。股东回报率的计算由两部分组成——资本利得与股利。这是基于市场的方法，这种方法对传统会计方法的有效性提出了质疑：①会计反映的是企业过去的业绩，而市场方法反映的是对企业未来业绩的预期。②会计科目是用来记录交易的，而不是用于评价企业的战略地位。③并不是所有的资产都能反映在财务报表上。④债务政策是变化的。

然而，即使是使用了市场价值的衡量方法，股东价值的衡量也并非易事，关键的问题在于市场是否是理性的。尽管财务理论认为，基于有效市场假说的市场是理性的，但是市场经常会出现一时盛行的股票和产业（比如互联网和生物技术产业），或出现超乎寻常的高市盈率股票，或出现操纵市场的现象。股票价格瞬息万变，那么基于股票价格的业绩衡量方法可能就是不适宜的衡量方法。另外，如果企业没有上市，那么股东回报率应如何计算？如果企业没有相应的市场来估计其资本回报率，那么股东的价值还是需要通过传统的会计指标来计算，比如利润率以及净资产回报率。还有可能存在的问题是：如果企业没有股东，则市场价值法就没有任何意义。例如，非营利组织的成立是出于慈善或其他的非营利目的，而用反映盈利指标的业绩衡量方法来评价组织是与其经营目标相违背的。

（2）利益相关者观。企业利益相关者是指对企业产生影响的或者受企业行为影响的任何团体和个人。除股东之外，企业的利益相关者还包括企业的管理层、雇员、工会、客户、供应商，以及对企业具有影响力的政府机构。每个利益相关者在一定程度上都对该企业具有依赖性，他们会对企业作出相应的要求，这些要求很可能与其他利益相关者的利益相冲突。例如，家族企业的经理人要求高增长率，这样容易稀释现有股东的控制权，这与家族企业的股东更在乎企业的控制权相矛盾。其他常见的利益冲突包括以下内容：①为了企业的成长，企业必须牺牲短期盈利、现金流和工资水平；②如果企业发展需要通过股权融资或债权融资获取资金，则可能要牺牲财务的独立性；③公有制企业要求管理层具有很强的社会责任感。

对于如何衡量企业的业绩，利益相关者观不同于股东观。利益相关者观认为，企业是为所有利益相关者的利益而存在的。这种观点涉及更为复杂的衡量问题，例如，应用哪些衡量方法才是适合每个利益群体的？企业是如何权衡这些衡量方法的？当这些衡量方法之间存在冲突时，企业该怎么做？

3. 关键性业绩指标

从多角度衡量业绩时，应当为每一个成功关键因素建立一个或多个的关键性业绩指标，以便于比较。表5-3列出了一些常用的财务和非财务性的关键业绩指标可作为参考。

表 5 – 3　财务和非财务性的关键业绩指标

活动	关键业绩指标
市场营销	销售数量 毛利率 市场份额
生产	利用能力 质量标准
物流	利用能力 服务水平
新的生产发展	投诉率 回购率
广告计划	了解水平 属性等级 成本水平
管理信息	报告时限 信息准确度

4. 比较业绩

在确定了衡量方法以及按照此方法计算出具体的业绩后，又该怎样评价企业的业绩呢？例如，计算出了企业在过去三年 ROE 的平均值为 10%，或者顾客满意度为 85%，那么这个结果是好还是不好呢？高级管理层需要将业绩与其他因素先进行比较后，才能够回答上述问题。

（1）业绩的比较方法。包括：①在一个时点上的衡量结果需要与相应的值进行比较，比如过去的业绩、内部设定的目标、产业的平均水平、产业最好的水平甚至世界最好的水平。②衡量一段时间内的业绩可以使用趋势分析，结果可能是：改善的、不变的、下降的和不稳定的。衡量一段时间内的业绩也需要与相应的量进行比较。例如，业绩从趋势上来讲可以说成是不断上升的，但仍然低于行业平均水平。

（2）获取信息的途径。内部信息广泛传播于整个企业。在评价一个企业之时，内部信息是最易获取的信息。然而，许多企业特别是私有或家族企业认为内部信息是机密的，不可外泄的，因此会严格控制自己的信息，即便是内部人也不易获得。企业的外部人不容易获取到企业内部的信息，因而很难精准地评价企业的业绩。然而，有不少从外部获取信息的方式，包括：①财务信息。互联网、产业出版刊物、政府官方的统计数据、产业协会和产业顾问以及专家，都是获取信息的来源。②客户信息。市场份额的信息也可从上述财务信息的来源获取。市场研究机构有很多资料，其中一些信息是共享的。③内部管理指标。财务指标，如资产回报率（ROA）以及销售回报率能部分反映内部信息。④管理效率。其他信息也能在年度报告中找到，特别是相对比率，如平均每个员工的销售量以及每个商店的销售量。⑤学习和成长指标。这是最难评估的指标。虽然企业有很多可以表征其前景的领域，比如开发新产品、进军新的市场，以及传播知识的能力等，但是这些都是不容易量化的。

（3）对总体业绩的评价。在对单个部分进行评价后，接下来要做的就是对企业总体业绩的评价。由于要考察的是战略业绩，因此重点应放在企业的长期业绩上，从而应该考察至少三年的信息，并作出相应的趋势分析。然而值得注意的是，这些单个指标的趋势常常不是一个方向的，要作出综合的评价并非易事，但是又必须作出综合评价。

二、战略控制方法

（一）预算与预算控制

1. 预算与预算控制的目的

预算就是财务计划。短期计划试图在长期战略计划的框架内提供一个短期目标。目标通常是用预算的形式来完成的。预算是一个多目标的活动，并在每个企业中广泛应用。

（1）强迫计划。预算迫使管理层向前看，制订详细的计划来实现每个部门、每项业务甚至每个经理的目标，并预计将会出现的问题。

（2）交流思想和计划。需要一个正式的系统以确保计划涉及的每个人意识到自己应该做的事情。沟通可能是单向的，如经理给部下布置任务，也可能是双向的对话。

（3）协调活动。需要整合不同部门的活动，以确保向着共同目标一起努力。这意味着协调是很难实现的。例如，采购部应立足于生产要求编制预算，而生产预算应当基于销售预期。

（4）资源分配。预算过程包括识别将来需要以及能够获得的资源。应当要求预算编制者根据期望的活动层级或者资源水平来判断他们的资源要求，以便最好地加以利用。

（5）提供责任计算框架。预算要求预算中心经理对其预算控制目标负责。

（6）授权。正规的预算应当作为对预算经理发生费用的授权。只要预算中包括费用支出项目，就不需在费用发生之前获得进一步的批准。

（7）建立控制系统。可以通过比较现实结果和预算计划来提供对于实际业绩的控制。背离预算能够被调查，而且应将背离的原因区分为可控和不可控的因素。

（8）提供绩效评估手段。它提供了可以与实际结果比较的目标，以便评估员工的绩效。

（9）激励员工提高业绩。如果存在一个可以让员工了解其工作完成好坏的系统，员工就可以保持其兴趣和投入程度。管理层识别出背离预算的可控原因，为提高未来绩效提供了动力。

然而，不切实际的预算、经理对预算进行缓冲以保证实现目标的预算、仅仅关注目标的实现而没有实际行动的预算都不是好的预算。这些预算都没有关注长期后果。预算控制是一个过程，总预算移交给责任中心，允许对于实际结果和预算的比较进行持续的监控，通过个人行为保证预算目标的实现，或者为修改预算提供基础。例如，市场营销部门得到 500 万元人民币的预算，该部门就要说明这笔资金将怎样使用，如在人员工资、广告促销和展览会等方面开支的比例，这些开支将根据规划定期受到审计。预算集中于资源的有效利用、生产成本和提供服务。应当认识到，成本并不是唯一的成功关键因素，因此预算控制系统通常是和其他绩效管理体系相辅相成的，从而产生了业绩计量的平衡计分卡。预算控制的问题是管理者通常不对是否实现目标负责。预算中，企业作为一个整体的目标，和经理个人的目标以及不同的人在不同阶段适用的控制都未必一致。

2. 预算的类型

编制预算最常用的方法有增量预算和零基预算。

（1）增量预算（incremental budgeting）。这种预算是指新的预算使用以前期间的预算或者实际业绩作为基础来编制，在此基础上增加相应的内容。资源的分配是基于以前期间的资源分配情况。这种方法并没有考虑具体情况的变化。这种预算关注财务结果，而不是定量的业绩计量，并且和员工的业绩并无联系。

增量预算的优点包括：①预算是稳定的，并且变化是循序渐进的；②经理能够在一个稳定的基础上经营他们的部门；③系统相对容易操作和理解；④遇到类似威胁的部门能够避免冲突；⑤容易实现协调预算。

而增量预算的缺点在于：①它假设经营活动以及工作方式都以相同的方式继续下去；②不能拥有启发新观点的动力；③没有降低成本的动力；④它鼓励将预算全部用光以便明年可以保持相同的预算；⑤它可能过期，并且不再和经营活动的层次或者执行工作的类型有关。

（2）零基预算（zero-based budgeting）。这种预算方法是指在每一个新的期间必须重新判断所有的费用。零基预算开始于"零基础"，需要分析企业中每个部门的需求和成本。无论这种预算比以前的预算高还是低，都应当根据未来的需求编制预算。

零基预算通过在企业中的特定部门的试行而在预算过程中实施高层次的战略性目标。此时应当归集成本，然后根据以前的结果和当前的预测进行计量。

零基预算的优点包括：①能够识别和去除不充分或者过时的行动；②能够促进更为有效的资源分配；③需要广泛的参与；④能够应对环境的变化；⑤鼓励管理层寻找替代方法。

而零基预算的缺点在于：①它是一个复杂的、耗费时间的过程；②它可能强调短期利益而忽视长期目标；③管理团队可能缺乏必要的技能。

（二）企业业绩衡量指标

1. 财务衡量指标

（1）盈利能力和回报率指标。

① 毛利率与净利润率。利润通常由成本和收益两部分组成。因此企业的盈利水平与成本和收益两个方面息息相关。反映企业盈利水平和能力的指标主要有毛利率与净利润率。

$$毛利率 =（营业收入 - 销售成本）/营业收入 \times 100\%$$

$$净利润率 =（营业收入 - 销售成本 - 期间费用）/营业收入 \times 100\%$$

如果企业通过比较上年的盈利或亏损来对盈利能力进行明确的考核，毛利率的变化反映销售价格和销售成本之间差距的变化。企业可以综合考察产品销售价格的变化、销售数量的变化、销售成本的变化以及企业的业务范围（如是零售业还是制造业），综合考察企业盈利能力的变化。而与类似的企业相比，如果本企业毛利率较高，这就意味着在控制成本投入方面出现了问题。不论是企业与自己上年比较，还是与类似企业比较，在毛利率变量固定的情况下，净利润率的高低可以判断企业对行政费用、销售费用或利息费用是否进行了严格控制。

② 已动用资本报酬率（ROCE）。已动用资本回报率又称作投资回报率（ROI）或净资产回报率（RONA）。计算公式如下：

$$资本报酬率（ROCE）=息税前利润/当期平均已动用资本 \times 100\%$$

这种测评方法的经济理论是由杜邦企业在 20 世纪初期提出的。该理论认为投资取得的回报应超过企业的资本成本，从而为投资者提供适度的回报。在实务中，这种测评方法非常流行，原因如下：第一，它能得出一个理想的集团 ROCE，即如果所有部门的 ROCE 都是 15%，并假设将所有中心成本和资产都计入部门，那么集团整体的 ROCE 也占 15%。集团 ROCE 的增长也可以刺激集团每股收益的增长，并因而刺激股票价格的增长。第二，它能够对不同规模的部门加以比较，以此识别出创造集团价值或破坏集团价值的部门，并且还可以识别出绩效较高和绩效较低的部门管理者。第三，由于这种方法与利率或其他资产收益率相类似，因此管理层较易理解。第四，由于财务报告系统会计算出利润和资产价值，因此采用这种计算方法成本较低。

（2）股东投资指标

① 每股盈余或市净率。每股盈余或者每股股利是确认企业为股东带来收益的主要指标。没有令人满意的每股盈余或每股股利将导致股东抛售他们的股票。比率的计算方法是：

$$每股盈余 = 净利润/股票数量$$

$$每股股利 = 股利/股数$$

$$市净率 = 每股盈余/每股市价$$

② 股息率。股息率低表示企业保留大量利润进行再投资。股息率通常高于利息率。股东希望价格上升，并希望得到的回报（股息 + 资本利得）超过投资者从固定收益证券中得到的回报。

$$股息率 = 每股股利/每股市价 \times 100\%$$

③ 市盈率。流通市值是指企业在股票市场中的股票总值。在收益和股利很低的情况下，股票的市值也将下降，除非股利成长的前景很好。股东关心他们得到的报酬，以及获得这种报酬需要投资的规模。为了解决这个问题，收益和股利增长应当表示为收到股利加上市值中的资本增加。市盈率表示每股盈余和每股市价之间的关系。市盈

率的计算公式是：

$$市盈率 = 每股市价/每股盈余 \times 100\%$$

市盈率高反映了市场对盈余的高速增长或低风险的信心。市盈率会受到利率变动的影响；利率的增加意味着股票的吸引力下降，这意味着市盈率的下降。市盈率也取决于市场预期和信心。

（3）流动性指标

计量企业提供服务和避免拖欠债务的能力最常用的指标包括：

$$流动比率 = 流动资产/流动负债 \times 100\%$$

$$速动比率 = （流动资产 - 存货）/流动负债 \times 100\%$$

$$存货周转期 = 存货 \times 365/销售成本$$

$$应收账款周转期 = 应收账款借方余额 \times 365/销售收入$$

$$应付账款周转期 = 应付账款贷方余额 \times 365/购买成本$$

（4）负债和杠杆作用

为了评估企业的财务杠杆和评价企业经营所得的现金是否能够满足预计负债未来承诺债务，通常使用下列计量方法：

$$负债率 = 有息负债/股东权益 \times 100\%$$

$$现金流量比率 = 经营现金净流量/（流动负债 + 非流动负债）\times 100\%$$

总体而言，使用比率来进行绩效评价的主要原因有：①通过比较各个时期的相应比率可以很容易发现这些比率的变动。②相对于实物数量或货币价值的绝对数，比率更易于理解。例如，市场占有率分析，一个企业可以致力于其产品或服务获得15%的市场占有率，并衡量与之有关的市场部门和产品或服务的质量，而不仅仅是货币数量。③比率可以进行项目比较并有助于计量绩效。例如，销售利润率计量的是每获得1元的销售收入能够获得多少利润，并表明了销售毛利的多少。④比率可以用作目标。目标可以是投资报酬率、销售利润率、资产周转率、容量和产量。随后管理层决定怎样来实现这些目标。⑤比率提供了总结企业结果的途径，并在类似的企业之间进行比较。

但是比率评价仍有如下局限性：

① 可比信息的可获得性。在和同产业的其他企业进行比较时，产业平均值可能在数字上变动比较大。类似公司的数值可能有比较好的指导作用，但是在识别哪些公司是类似公司以及获得足够详细的信息方面可能还有很多问题。

② 历史信息的使用。如果该企业的股票最近下跌严重，或者即将下跌，或者有其他潜在变动，那么和企业的历史信息进行比较可能就是有局限性的。并且，这种比较也可能受到通货膨胀的影响。

③ 比率不是一成不变的。各行业的理想标准不同，也不是一成不变的。比率远远低于同产业平均水平的企业也有可能很轻松地生存下来。

④ 需要仔细解读。例如，如果比较两个企业的流动性比率，一个企业可能比较高。这也许意味着"好"，但是进一步的研究可能表明这种较高的流动性比率，是由

于营运资本管理较差导致的较高的存货和应收账款所造成的。

⑤ 被扭曲的结果。经过会计的确认、估计与计量过程产生的财务指标本身很可能被扭曲。对财务报告的限制性规定意味着内部财务控制对决策制定的价值是有限的，例如，缺乏对商标中无形资产的评估，以及没有估计存货和交易的机会成本等。

⑥ 鼓励短期行为。过度追求月度、季度及年度的目标可能不符合企业长期战略发展的需要。

⑦ 忽略战略目标。财务控制无法激励高级管理人员去关注更多影响企业成败的重要因素，如顾客服务和创新。

⑧ 无法控制无预算责任的员工。如果执行人员对财务结果不用负任何责任，那么财务指标无法激励员工的行为。

2. 非财务指标

非财务业绩计量是基于非财务信息的业绩计量方法，可能产生于经营部门或者在经营部门使用，以监控非财务方面的活动。非财务业绩计量可能比财务业绩计量提供的业绩信息更为及时，也可能容易受到一些市场因素等不可控变化的影响。具体例子见表5－4。

表5－4　非财务指标

评价的领域	业绩计量
服务质量	诉讼数量 客户等待时间
人力资源	员工周转率 旷工时间 每个员工的培训时间
市场营销效率	销量增长 每个销售人员的客户访问量 客户数量

和传统的财务报告不同，非财务信息计量能够很快地提供给管理层，而且很容易计算和被非财务管理层理解并有效使用。

选择这些非财务指标也有很多问题，并且报告太多这种计量指标也有很多危险。管理层的信息过多其实是无用的，或者传递了矛盾的信号。信息提供者必须和管理层紧密合作，才能使管理层确信他们的需求得到了适当的理解。

（三）平衡计分卡的业绩衡量方法

1. 平衡计分卡的基本概念

卡普兰（Kaplan）和诺顿（Norton）提出了名为平衡计分卡的方法，它是一种平衡4个不同角度的衡量方法。具体而言，平衡计分卡平衡了短期与长期业绩、外部与内部的业绩、财务与非财务业绩以及不同利益相关者的角度，包括：财务角度，顾客角度，内部流程角度，创新与学习角度。

平衡计分卡的定义是：平衡计分卡表明了企业员工需要什么样的知识技能和系统，

分配创新和建立适当的战略优势和效率，使企业能够把特定的价值带给市场，从而最终实现更高的股东价值。图 5-20 是对这四个不同角度进行衡量的应用实例。

（1）财务角度。平衡计分卡在财务角度中包含了股东的价值。企业需要股东提供风险资本，它也同样需要顾客购买产品和服务及需要员工生产这些产品和服务。财务角度主要关注股东对企业的看法，以及企业的财务目标。用来评估这些目标是否已达到的方法主要是考察管理层过去的行为，以及这些行为导致的财务上的结果，通常包括利润、销售增长率、投资回报率以及现金流。

（2）顾客角度。运用平衡计分卡从更广、更平衡的角度来考虑企业的战略目标和绩效考核时，一定要非常重视客户。企业的平衡计分卡最典型的客户角度通常包括：定义目标市场和扩大关键细分市场的市场份额。

客户角度的目标和指针可以包括目标市场的销售额（或市场份额）以及客户保留率、新客户开发率、客户满意度和盈利率。卡普兰和诺顿把这些称为滞后指标。他们建议经理人要明确对客户提供的价值定位。在明确价值定位的过程中，卡普兰和诺顿定义了几个与客户满意度有关的驱动指标：时间、质量、价格、可选性、客户关系和企业形象。他们把这些称为潜在的领先指标，领先指标的设定取决于企业的战略和对目标市场的价值定位。在开发平衡计分卡时，需要考虑到这些领先指标。

高级管理层在设计企业的平衡计分卡的客户目标时要考虑以下三个关键问题：①对目标市场提供的价值定位是什么？②哪些目标最清楚地反映了对客户的承诺？③如果成功兑现了这些承诺，在客户获取率、客户保留率、客户满意度和盈利率这几个方面会取得什么样的绩效？

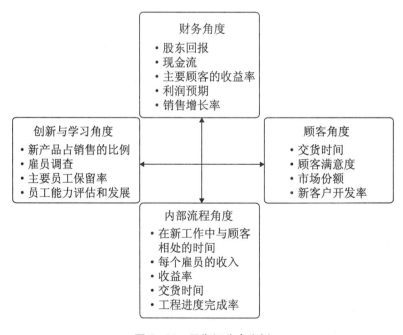

图 5-20　平衡记分卡实例

（3）内部流程角度。把管理重心放在流程再造上将对促进组织改进起到一个十分重要的作用，运用平衡计分卡的一个重要原因就在于它对业务流程的关注。

业务流程角度包括一些驱动目标，它们能够使企业更加专注于客户的满意度，并通过开发新产品和改善客户服务来提高生产力、效率、产品周期与创新。至于重点要放在哪些方面或设定哪些目标，必须以企业战略和价值定位为依据。

高级管理层在设计企业的平衡计分卡的业务流程目标时，要考虑以下两个关键问题：①要在哪些流程上表现优异才能成功实施企业战略？②要在哪些流程上表现优异才能实现关键的财务和客户目标？

（4）创新与学习角度。平衡计分卡最大的优点就是能够把创新与学习列为四个角度中的一个。多年来，知识型领导一直提倡把人力资源管理提升到企业的战略层面。卡普兰和诺顿通过平衡计分卡确定了创新与学习的战略重要性。

创新与学习角度对任何企业能否成功执行战略都起到了举足轻重的作用。平衡计分卡能否成功运用的关键就是能否把企业战略和这个角度很好地衔接起来。很多企业都对人力资源投入了很多精力，但它们没能将企业战略与组织的学习和成长衔接起来。卡普兰和诺顿在对其创立的平衡计分卡工具进行描述时，特别强调了这个问题。

高级管理层在设计企业的平衡计分卡学习和成长目标时要考虑以下几个问题：①经理（和员工）要提高哪些关键能力才能改进核心流程，达到客户和财务目标从而成功执行企业战略？②如何通过改善业务流程，提高员工团队合作、解决问题的能力以及工作主动性来提高员工的积极性和建立有效的组织文化，从而成功地执行企业战略？③应如何通过实施平衡计分卡来创造和支持组织的学习文化并加以持续运用？

企业的成长与员工和企业能力素质的提高是息息相关的，从长远角度来看，企业唯有不断学习与创新，才能实现长远的发展。

2. 平衡计分卡的特点

平衡计分卡方法因为突破了财务作为唯一指标的衡量工具，做到了多个方面的平衡。与传统评价体系比较，平衡计分卡具有如下特点：

（1）平衡计分卡为企业战略管理提供强有力的支持。随着全球经济一体化进程的不断发展，市场竞争的不断加剧，战略管理对企业持续发展而言更为重要。平衡计分卡的评价内容与相关指标和企业战略目标紧密相连，企业战略的实施可以通过对平衡计分卡的全面管理来完成。

（2）平衡计分卡可以提高企业整体管理效率。平衡计分卡所涉及的四项内容，都是企业未来发展成功的关键要素，通过平衡计分卡所提供的管理报告，将看似不相关的要素有机地结合在一起，可以大大节约企业管理者的时间，提高企业管理的整体效率，为企业未来成功发展奠定坚实的基础。

（3）注重团队合作，防止企业管理机能失调。团队精神是一个企业文化的集中表现，平衡计分卡通过对企业各要素的组合，让管理者能同时考虑企业各职能部门在企业整体中的不同作用与功能，使他们认识到某一领域的工作改进可能是以其他领域的退步为代价换来的，促使企业管理部门考虑决策时要从企业出发，慎重选择可行方案。

（4）平衡计分卡可提高企业激励作用，扩大员工的参与意识。传统的业绩评价体系强调管理者希望（或要求）下属采取什么行动，然后通过评价来证实下属是否采取了行动以及行动的结果如何，整个控制系统强调的是对行为结果的控制与考核。而平衡计分卡则强调目标管理，鼓励下属创造性地（而非被动）完成目标，这一管理系统强调的是激励动力。因为在具体管理问题上，企业高层管理者并不一定会比中下层管理人员更了解情况、所作出的决策也不一定比下属更明智。所以由企业高层管理人员规定下属的行为方式是不恰当的。另一方面，目前企业业绩评价体系大多是由财务专业人士设计并监督实施的，但是，由于专业领域的差别，财务专业人士并不清楚企业经营管理、技术创新等方面的关键性问题，因而无法对企业整体经营的业绩进行科学合理的计量与评价。

（5）平衡计分卡可以使企业信息负担降到最少。在当今信息时代，企业很少会因为信息过少而苦恼，随着全员管理的引进，当企业员工或顾问向企业提出建议时，新的信息指标总是不断增加。这样，会导致企业高层决策者处理信息的负担大大加重。而平衡计分卡可以使企业管理者仅仅关注少数而又非常关键的相关指标，在保证满足企业管理需要的同时，尽量减少信息负担成本。

3. 平衡计分卡的作用

（1）平衡计分卡的出现，使得传统的绩效管理从人员考核和评估的工具转变成为战略实施的工具。

（2）平衡计分卡的出现，使得领导者拥有了全面的统筹战略、人员、流程和执行四个关键因素的管理工具。

（3）平衡计分卡的出现，使得领导者拥有了可以平衡长期和短期、内部和外部，确保持续发展的管理工具。

（4）平衡计分卡被誉为近75年来世界上最重要的管理工具和方法。

（四）统计分析与专题报告

1. 统计分析报告

统计分析结果可以通过表格式、图形式和文章式等多种形式表现出来。文章式的主要形式是统计分析报告。它是全部表现形式中最完善的一种。这种形式可以综合而灵活地运用表格、图形等形式；可以表现出表格式、图形式难以充分表现的不确定情况；可以使分析结果鲜明、生动、具体；可以进行深刻的定性分析。

统计分析报告，就是指运用统计资料和统计分析方法，以独特的表达方法和结构特点，表现所研究事物本质和规律性的一种应用文章。.

统计分析报告的特点包括：

（1）统计分析报告是以统计数据为主体。统计分析报告主要以统计数字语言来直观地反映事物之间的各种复杂的联系，以确凿的数据来说明具体时间、地点、条件下社会经济领域的成就和经验、问题与教训、各种矛盾及其解决办法。它是以统计数字为主体，用简洁的文字来分析叙述事物量的方面及其关系，并进行定量分析。

统计分析报告是以科学的指标体系和统计方法来进行分析研究说明的。统计是认识社会的武器，在着眼于社会经济现象总体的量的方面，并在质与量的辩证统一中进行研究。因此，统计分析报告是通过一整套科学的统计指标体系进行的数量研究，进而说明事物的本质。在整个分析研究中，运用一整套科学的方法，进行灵活、具体的分析。

统计分析报告具有独特的表达方式和结构特点。统计分析报告属于应用文体，基本表达方式是叙述事实，让数字说话，在阐述中议论，在议论中分析。表现事物时，不用夸张、虚构、想象等手法，而是用较少的文字，精确的数据，言简意赅，精练准确地表达丰富的内涵。

统计分析报告在结构上的突出特点是脉络清晰、层次分明。一般是先摆数据、事实，进行各种科学的分析，进而揭示问题，亮出观点，最后有针对性地提出建议、办法和措施。统计分析报告的行文，通常是先后有序，主次分明，详略得当，联系紧密，做到统计资料与基本观点统一，结构形式与文章内容统一，数据、情况、问题和建议融为一体。

2. 专题报告

专题报告是根据企业管理人员的要求，指定专人对特定问题进行深入、细致的调查研究，形成包括现状与问题、对策与建议等有关内容的研究报告，以供决策者参考。例如，"关于房地产开发战略的研究"、"关于企业形象战略的研究"、"关于企业市场竞争力的调查报告"等。

专题报告有助于企业对具体问题进行控制，有助于企业管理人员开阔战略视野，有助于企业内外的信息沟通。专题报告可以由企业内部自己完成；也可以用课题、项目的形式委托大学、科研院所或咨询机构的专业人员完成；可以以企业为主，聘请有关专业人员参与来完成；也可以由外部专家牵头，企业有关人员参与来完成。这要视企业的具体情况而定。无论外部还是内部专业人员完成专题报告，都要有一定的投入，但这与因盲目决策而导致的战略失控所造成的损失相比要经济、划算得多。

经验证明，一份好的专题报告，不仅能揭示有关降低成本、提高市场份额或更好地运用资本的奥秘，而且对战略目标的实现、战略时空的选择、战略措施的实施都有很大的益处。

第四节　企业战略管理中的权力与利益相关者

美国管理学家卡斯特（Kast F.）、罗森茨韦克（Rosenzweig J. E.）在其代表作《组织与管理：系统与权变的方法》一书中指出："目标的制定过程基本上是一个政治过程，各不同利益集团之间讨价还价的结果形成了目标。"事实上，公司的使命与目标也是公司主要的利益相关者利益与权力均衡的结果。因此，权力与利益相关者分析是公司战略分析的重要组成部分，公司战略的制定与实施和其各利益相关者利益与权力的均衡密不可分。

利益相关者是指对企业产生影响的，或者受企业行为影响的任何团体和个人。利益相关者理论认为企业各类利益相关者的利益期望、利益冲突、利益均衡以及相对权力是问题的关键。

一、企业主要的利益相关者

企业主要利益相关者可分为内部利益相关者和外部利益相关者。

（一）内部利益相关者及其利益期望

企业内部利益相关者主要有：

1. 向企业投资的利益相关者

包括股东与机构投资者。投资者向企业提供资本，资本不仅是机器设备、厂房建筑、原料动力以及土地资源的一般形式，而且是获得其他生产要素，如一般劳动力、信息技术及管理人才的必要前提，有些投资者直接经营企业，在现代企业制度中，投资者一般不直接经营企业，而是将企业委托经理人员经营。不论投资者是否直接经营企业，他们都要直接参与企业的利益分配。投资者对企业主要的利益期望就是资本收益——股息、红利。

由于股息、红利是以企业利润为基础，按股权进行分配，所以传统理论认为投资者对企业的主要期望就是利润最大化。如果一个企业的投资者不止一方，那么，争得多数股权也是各方股东的利益所在。

2. 经理阶层

一般指对企业经营负责的高、中层管理人员。他们向企业提供管理知识和技能，将各种生产力要素结合成整体。由于现代企业制度中所有权与经营权的相对分离，经理人员可以利用信息不对称控制企业。企业需求预期利润最大化是大多数经济理论的一个假定，然而普遍的感觉是，在现实中企业经理有其他目标。例如，使企业的规模、增长以及管理职位津贴最大化。企业的增长能够给经理人员带来金钱和非金钱方面的好处，例如，增长能够给经理和员工以职业发展的机会，尽管这种增长未必会带来符合股东利益的企业利润的增长。企业增长又主要表现在销售额的增长，所以，经理对企业的主要利益期望是销售额最大化。

3. 企业员工

企业员工是一个包括企业操作层劳动者、专业技术人员、基层管理人员及职员在内的具有相当厚度的阶层。他们向企业提供各种基本要素，是企业的基本力量。企业员工对企业的利益期望是多方面的，但从影响企业目标选择角度看，企业员工主要追求个人收入和职业稳定的极大化。

（二）外部利益相关者及其利益期望

企业外部利益相关者主要有：

1. 政府

政府向企业提供许多公共设施及服务，如道路、通信、教育、安全等，制定各种政策法规，协调国内外各种关系，这些因素都是企业生产经营必不可少的环境条件。政府对企业的期望也是多方面的，例如，政府力图使企业在提供就业、支付税款、履行法律责任、促进经济增长、确保国际支付平衡等多个方面作出贡献。其中最直接的利益期望是政府对企业税收的期望。

2. 购买者和供应者

购买者包括消费者和经销商，他们是企业产品（或服务）的直接承受者，是企业产品实现价值的基本条件。供应者为企业提供必需的生产要素，与企业、购买者一道构成产业价值链中的一个组成部分。购买者与供应者对企业的期望是在他们各自的阶段增加更多的价值。

3. 贷款人

贷款人与投资者一道，向企业提供资金，但与投资者不同的是，企业以偿付贷款本金和利息的方式给予贷款人回报。因此贷款人期望企业有理想的现金流量管理状况，以及较高的偿付贷款和利息的能力。

4. 社会公众

企业是社会经济生活的一部分，它的行为会给社会公众各种影响。社会公众期望企业能够承担一系列的社会责任，包括保护自然环境、赞助和支持社会公益事业等。值得一提的是，对于股票上市公司来说，社会公众中还有相当一批企业的股民，这是企业内部利益相关者与外部利益相关者的交集部分。这些股民对企业的期望除了利润最大化以外，还要求企业对广大股民负责，遵循正确的会计制度，提供公司财务绩效的适当信息，制止包括内幕交易、非法操纵股票和隐瞒财务数据等在内的不道德行为。

二、企业利益相关者的利益矛盾与均衡

企业的发展是企业各种利益实现的根本条件，是企业利益相关者的共同利益所在。但是，由于利益相关者的利益期望不同，他们对企业发展的方向和路径也就有不同的要求，因而会产生利益的矛盾和冲突。这些矛盾和均衡冲突主要表现在以下几方面。

（一）投资者与经理人员的矛盾与均衡

关于投资者与经理人员利益的矛盾与冲突，管理学界已有不少论述。以下的三个模型具有一定的代表性。

1. 鲍莫尔（Baumol W. J.）"销售最大化"模型

鲍莫尔用"销售最大化"模型表达了他对经理人员强调销售额的重要性的理解。作为企业的实际代表，经理总是期望企业获得最大化销售收益，但企业赚得的利润并不一定能满足股东对红利的需求，也不一定能达到资本市场的需求（如果企业要筹集补充资金的话）；另一方面利润最大化的产出点则往往要求企业的经营活动低于其全部生产能力。事实上，往往企业并不会去追求这两种产出量中的任何一种，各方利益均

衡的结果是企业可能在这两种产出量中选择一个中间点，这个产出量反映了代表经理人员利益的销售额最大化与代表股东利益的利润最大化的均衡结果。

2. 马里斯（Marris R. L.）的增长模型

马里斯的增长模型是一种"平衡状态"模型，即企业对它所追求的（以后永远追求的）不变的增长率做一次性的选择。企业经理人员的主要目标是公司规模的增长，但这将受到那些分享某些共同利益的股东们的利益的制约。当然，较高的股票市场价格对经理和股东双方都有利，它有助于新资本证券发行和资产估价，有助于避免被廉价兼并等。事实上，由于市场评价、兼并的风险和其他共同利益，经理与股东利益均衡的结果可能会使企业的增长率确定在双方都可能接受的一个区域内。

3. 威廉森（Williamson O. E.）的管理权限理论和彭罗斯（Penrose E. T.）的最佳投资战略理论

威廉森在他的管理权限理论中也很强调经理人员的管理动机。他的基本论点是：在从事经营活动中，经理们必须有一种非同寻常的理性，经理们必须把他们的个人利益和作为经理本身所作出的决定区别开来。威廉森强调，经理们将按他们各自的最佳利益来使企业运转，他们将力求最大化他们自己的效用函数，从而使他们的权力和声望最大化。这主要体现在三个重要变量中：雇员开支（雇用人员的数量和质量）、酬金开支（支出账目、高质量办公服务等）和可支配的投资开支（超越严格经济动机，反映管理者权力和偏好的投资）。

彭罗斯则从动态角度强调经理的最佳投资战略在决定企业的总体增长中所起的作用。经理将努力在任何计划项目中选择最有利可图的投资，以便从现有的收益中为未来投资提供资金。时期 t 实行这种方法，将保证时期 t + 1 的新投资（假定实行限制股息政策），这又为时期 t + 2 和以后的扩张提供了资金。这个模型中的增长是通过有控制权的经理们的利润留置政策来保证的。在另一种情况下，经理的作用也具有决定性意义。即增长的过程不仅受资金的约束，而且也受经理班子资源的约束。这个管理小组的内聚力、技能和经验在计划和资助一个最佳方案中具有决定性的作用。

威廉森和彭罗斯的模型事实上都反映了企业的经理人员运用自身相对股东的信息优势来实现其对企业的利益追求。特别是那些在市场上具有一定程度垄断力量的大公司，这些大公司大到足以使经理们抵制来自广泛的股东集团要求利润最大化的压力。

（二）企业员工与企业（股东或经理）之间的利益矛盾与均衡

列昂惕夫（Leontief W.）模型描述了企业员工与企业之间的利益的矛盾与均衡。在这个模型中，企业员工代表企业工会决定工资，企业决定就业水平。企业员工追求工资收入最大化和工作稳定（反映在企业就业水平高）；而企业追求利润最大化，就要选择最佳就业水平，在工资水平的约束下以实现企业利润最大化。那么，企业员工与企业讨价还价的博弈结果将在一条直线上实现均衡，而最终均衡点更偏于哪一方的利益，要取决于双方讨价还价的实力大小。

（三）企业利益与社会效益的矛盾与均衡

这里用"社会效益"代表所有企业外部利益相关者的共同利益。企业外部利益者对企业的共同期望是企业应承担一系列社会责任。这些社会责任包括三个方面：

（1）保证企业利益相关者的基本利益要求。例如，履行缴纳国家税金的义务；保证按时按量偿还贷款人的债务；保护广大股民的基本权益；正确处理与供应者、购买者的利益分配；等等。

（2）保护自然环境。例如，处理好与企业生产有关的污水、有毒废料和一般废料；制定安全政策，减少可能引起的灾难性环境问题的事故；珍惜稀缺资源等。

（3）赞助和支持社会公益事业。例如，赞助慈善事业和非营利基金会或协会；积极支持公共卫生和教育事业；反对世界上存在的政治不平等，如种族隔离和独裁政治等；支援落后国家和地区；等等。

但是，企业的社会效益与企业利润最大化原则往往是不一致的。例如，企业要照章纳税，必然会降低企业的盈利水平；企业要保护环境，就需要加大在环保方面的投入，而这些投入与企业的直接效益是背道而驰的；企业要赞助公益事业，无异于从企业收益中拿出一块奉献给社会。

企业如何对待社会效益，被称为"商业伦理"问题。商业伦理的实质是一个企业或组织在社会中应发挥什么作用和负什么责任的问题。这不仅涉及企业外部利益相关者的利益或期望能否得到满足，而且也涉及企业的长远目标能否实现以及一个社会的均衡发展问题。

企业的社会效益目标与企业自身经济目标很难两全其美。弗里德曼（Friedman F.）认为："企业的任务就是经营企业"，"企业的唯一目标就是追求利润最大化。"这种伦理观念认为关心社会问题不是企业的责任，企业关心社会问题会使其对社会做贡献的最主要方式（如上缴税金和利润）受到破坏。因此，政府的主要责任是通过立法来阐明社会对企业追求效益所应施加的约束和限制。应该说，这种伦理观念有一定道理。如在计划经济体制下，国有大中型企业就是因为过多地承担了政府和社会应承担的责任，从而使包袱越来越重，削弱了竞争能力；又如，世界各国以满足社会需要而不以营利为目标的公共服务部门，虽然一般都有一个听起来很神圣的服务宗旨，但实际上，由于组织内部缺乏以利润最大化为目标的激励机制，滋长了官僚习气与懒惰作风，从而大大降低了组织的效率，也降低了组织对社会作贡献的能力。

但是，强调企业自身经济利益绝不意味着企业在追求利润最大化时，可以不负相应的社会责任。例如，一个医疗单位首先应该救死扶伤，其次才是追求经济目标，否则会受到社会公众的谴责；林业生产企业如果只图眼前经济效益，一味大规模砍伐树木，将导致严重的环境问题，最终也将失去自身的经济利益。所以，在社会效益与企业效益之间，企业实际上也总是处于一个讨价还价的均衡点。

以上所讨论的是企业利益相关者利益矛盾与均衡的几个主要方面。如果将利益相关者再进行细分，企业利益相关者的矛盾与均衡问题还涉及许多方面。例如，投资者之间的股权之争，各级经理人员集权与分权的关系，企业员工中专业技术人员与企业的矛盾，政府税收与企业利润最大化的矛盾，等等。在跨国经营的企业中，企业利益相关者的利益矛盾还体现在跨国公司进入东道国市场的利益追求与东道国政府吸引外资目标的差异上，等等。

西尔特（Cyert RM.）和马奇（March J. G.）的论述可作为对以上各利益相关者利益博弈的总结。他们认为，企业在组织上由各种利益集团结合在一起，共同经营，由于成员们承认共存的需要，并有使他们的目标更为接近的欲望（相对于不组成该企业时的情况），从而使企业幸存下来。企业最后确定的各种目标是一种妥协，最终的有效性几乎总是低于最大值，这就是所谓的"组织呆滞"。由于承认这种低效率，上述呆滞导致的额外"支付"由各成员分摊，这个集团才能团结一致。这些支付或许是现金、实物，或是能对政策发生影响的权利。有关谈判进程是在不断的审议之中进行的，因此在企业经营过程中，企业目标会有变化。

1998 年由美国康奈尔大学的翰逊商学院针对美国 250 名公司高级主管的调查表明，近 90% 的高级主管认为，"一个公司领导人的责任是确保最大数量的利益相关者的最大利益。"过去，企业主管们也谈利益相关者，但实际上只关心股东的利益，现在，他们开始认为，着眼于更广泛的利益相关群体，归根结底有利于公司的发展。美国公司主管们的这种变化，并不意味着他们较少关心利润，而是他们用更长远的目光看待利润。

三、权力与战略过程

由于权力（power）和与其相关的术语被广泛地运用于学术界和商业界，因而它们的含义很多且很容易混淆。在这里我们采用一个简单明了的概念：将权力定义为个人或利益相关者能够采取（或者说服其他有关方面采取）某些行动的能力。权力不同于职权（authority），它们主要有以下四点区别：第一，权力的影响力在各个方面；而职权沿着企业的管理层次方向自上而下。第二，受制权力的人不一定能够接受这种权力；而职权一般能够被下属接受。第三，权力来自各个方面；而职权包含在企业指定的职位或功能之内。第四，权力很难识别和标榜；而职权在企业的组织结构图上很容易确定。还应该将权力与政治区别开来。政治是权力的运用，它是由具体的战略和策略组成的。

（一）企业利益相关者的权力来源

1. 对资源的控制与交换的权力

企业的利益相关者由于控制着企业所需的具体资源，而存在着许多交换权力的机会。他们可以利用这些权力争取和保卫自己的利益。如投资者可通过增减资本的投入，劳动者可通过增减单位时间内体力、脑力的支出，经营者可能表现不同的业绩，政府可通过对企业的政策来争取和保卫自己的利益，等等。但是他们争取和保卫利益行动的有效性取决于他们所提供的资源的稀缺程度与企业对这些资源的依赖程度。例如股票价格与资本供求情况有关，在资本过剩的不景气时期，股息自然下跌；职工工资与劳动力供求有关；有卓越经营才能的经理人员和掌握专用技术的专业人员由于掌握关键资源往往可争取到数倍于普通劳动力的薪酬；在波特的五种竞争力模型中，企业对其供应者和购买者的资源越依赖，供应者和购买者讨价还价能力就越强；等等。

米歇尔·克罗泽（M. Crozier）在他著名的法国烟草企业的案例研究中，提供了一个通过控制关键信息而获得权力的生动实例。

2. 在管理层次中的地位

企业管理层次的不同地位使得处在层次高的位置上的人比处于层次低的位置上的人拥有更多的正式权力，这种权力被称为职权。前面我们已经区分过权力与职权两种概念，职权也是权力的一种类型，但权力不一定是职权。由于在管理层次中的地位而获得的权力主要有三个基础：法定权（legitimate power）、奖励权（reward power）和强制权（coercive power）。法定权力意味着通过他或她的职位优势，在作出具体决策时，企业中其他人要遵从。法定权力又来源于对奖励或惩罚的行使。奖励权的行使，会使下属执行命令，因为下属相信他们会因此得到某种金钱上的或者精神上的奖励；强制权（或惩罚权）也会有同样作用，下属由于怕受到惩罚或怕被剥夺奖励而不得不服从命令。奖励权与强制权的区别在于实施者和被实施者之间关系强度的含义不一样。强制权意味着实施者和被实施者之间产生一种敌对关系而且会减少长期合作的预期；而奖励权则更为积极并能发展为一种长期关系。

3. 个人的素质和影响

尽管因正式的职权而有决策权增加了管理者对下属的影响力，但是，来源于组织正式职权的权力是有限的，有两个因素会减弱正式职权的权力。第一，企业中不同部门的劳动分工意味着管理者必须把企业活动的具体细节授权给下属，使这些下属在工作中可以作出自己的判断；第二，存在许多客观因素限制了管理者监督下属的能力。因而，即使有正式的职权，管理人员仍要依靠下属。为维持管理者的权力，需要有组织中正式职位和职务以外的东西。个人的素质和影响就是一种非正式职权的权力的重要来源。约翰·科特（J. Kotter）提出，成功的管理者需要建立起一些基本权力，尤其是榜样权（referent power）和专家权（expert power），这两者比正式职权、奖励权或强制权更具有持久性。榜样权和专家权是个人素质和影响的重要方面。专家权来源于对其他人或作为整体组织而言有价值的特殊知识的占有，它也可以被认为是在特定情景中对专家的理所当然的遵从。榜样权为那些受人尊敬的人所拥有，他们得到尊重是因为他们具有某些特殊的能力或性格特征，或是具有能保证他人服从的个人气质或形象。榜样权与专家权不仅存在于正式组织之中，企业的非正式组织中也大量存在。

4. 参与或影响企业的战略决策与实施过程

参与或影响企业战略决策与实施也会形成一定权力。例如，那些有机会接触决策制定人的人们可以说具有一定的权力，"能够接近那些有权力的人"本身就是一种权力来源。财务专家们经常参与企业战略决策与实施过程，这种参与实际上给了他们运用权力的机会。又如，企业内部那些相外部环境打交道的个人或利益相关者，能够减少、控制或者吸收环境当中的不确定因素而影响战略的制定与实施，往往也因此而具有一定权力。再如，那些支持企业价值链上关键环节的外部利益相关者享有权力，因为这种参与企业内部管理的知识是企业外部利益相关者与企业讨价还价的一种本钱。

5. 利益相关者集中或联合的程度

团结就是力量，这是人所皆知的真理。股东、经理、劳动者影响企业决策的实力与他们自身的联合程度有关。例如，目前通行世界的八小时工作制及法定最低工资制等，就是工人阶级坚持不懈的联合斗争的结果。西欧及北欧由于产业工会强大，他们在与雇主谈判决定工资福利方面发挥着重要作用，导致了这些国家同一产业的企业工资福利差别较小的格局；而日本产业工会对劳动力市场缺乏控制力，因此企业之间工资差别较大。又如，小股东们如果团结一致，运用"用脚投票"的市场机制，能够对不称职的经理形成制约；再如，供应商、购买者的权力在很大程度上受到他们集中程度所影响。他们的集中程度越高，讨价还价的潜力就越大，就越能够争取到较好的协议和合同。

（二）在战略决策与实施过程中的权力运用

权力本身是战略管理过程中的重要基础，制定战略和有效地实施战略需要权力和影响力。战略家应该是一个有效的政治家。下面介绍的是五种一般的政治性策略，代表了企业各方利益相关者在企业战略决策与实施过程中权力的应用。

如果用合作性和坚定性两维坐标来描述企业某一利益相关者在企业战略决策与实施过程中的行为模式，可以分为以下五种类型，如图 5 - 21 所示。

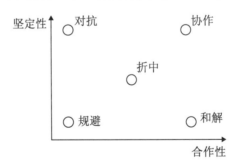

图 5 - 21　对待矛盾与冲突的行为模式

1. 对抗

对抗是坚定行为和不合作行为的组合。企业利益相关者运用这种模式处理矛盾与冲突，目的在于使对方彻底就范，根本不考虑对方的要求，并坚信自己有能力实现所追求的目标。

2. 和解

和解是不坚定行为与合作行为的组合。一方利益相关者面对利益矛盾与冲突时，设法满足对方的要求，目的在于保持或改进现存的关系。和解模式通常表现为默认和让步。

3. 协作

协作是坚定行为与合作行为的组合。在对待利益矛盾与冲突时，既考虑自己利益的满足，也考虑对方的利益，力图寻求相互利益的最佳结合点，并借助于这种合作，使双方的利益都得到满足。

4. 折中

折中是中等程度的坚定性和中等程度的合作性行为的组合。通过各方利益相关者之间的讨价还价，相互作出让步，达成双方都能接受的协议。折中模式既可以采取积极的方式，也可以采取消极的方式。前者是指对冲突的另一方作出承诺，给予一定的补偿，以求得对方的让步；后者则以威胁、惩罚等要挟对方做出让步。多数场合，则是双管齐下。

5. 规避

规避模式是不坚定行为与不合作行为的组合。以时机选择的早晚来区分，这种模式可分为两种情况：一种是当预期将要发生矛盾与冲突时，通过调整来躲避冲突；另一种情况是当矛盾与冲突实际发生时主动或被动撤出。

思考题

1. 从发展的角度哪种组织结构对战略实施最有利？
2. 说明企业战略与组织结构间的关系。
3. 企业文化对企业战略的影响表现在哪些方面？如何匹配？
4. 企业战略控制系统包括哪些？
5. 平衡记分卡如何衡量业绩？
6. 企业利益相关者的矛盾与均衡表现在哪些方面？

案例分析

麦当劳有效实施管理控制

1955年，克洛克在美国开办了第一家麦当劳快餐店，然后迅速发展，在每个州都建立了连锁店，并于1967年在加拿大开办了首家国外分店。至1983年麦当劳在美国国内的分店已超过6000多家，并将业务拓展到了全世界40多个国家，在全球范围内广受欢迎。麦当劳可以说形成了自己的快餐文化，每天都有1800多万人光顾麦当劳。

其实，麦当劳菜单上的品种并不多，都是一些美国人常吃的"汉堡包"、"炸薯片"之类的食品，并无什么特别之处，而且几十年一贯制，在品种上几乎没有什么改变和创新。那么，是什么吸引人们趋之若鹜、百食不厌呢？说起来很简单，人们爱吃快餐，图的就是其快捷方便、价格低廉、新鲜可口、清洁卫生的特点，而麦当劳公司正是以几十年一贯的优质服务，赢得了大众的喜爱。

在快餐业中，保证产品质量和服务水平是成功的关键。道理虽然简单，但其管理和控制的难度很大，尤其是像麦当劳这样的大型连锁店，在世界各地拥有上万家分店，要保证始终如一的优质产品和服务，其管理和控制的难度可想而知。因此，麦当劳在采取连锁经营这种方式实现规模扩张的同时，非常注重对各连锁店的管理和控制工作，制定了一整套周密、完善的管理办法，强调从原料的生产到加工、烹制程序及售卖乃至厨房布置一条龙的标准化严格管理。使麦当劳的顾客，无论在世界各地的哪一家分店，享受的产品和服务都是一样的。

麦当劳公司通过授予特许权的方式开辟连锁，目的是采用这种激励机制，使分店经理人员成为麦当劳的合伙人，分享其经营利润，从而把工作做得更为出色。这种制度在无形中对其扩展的业务产生了约束和控制的作用。

另一方面，麦当劳公司在出售其经营特许权时非常慎重。总是通过充分的调查和了解，选择恰当的人选，对已获得特许权的经理人员，一旦发现不合要求，就当机立断，撤销授权。法国的一家麦当劳分店，就因为在快速服务和卫生方面不合标准，尽管赢利丰厚。还是被撤销了经营权。麦当劳公司认为，如果不采取这样严格的控制，一家分店产生的不良影响会影响其他分店的生意，从而损害整个公司的声誉。

麦当劳公司花费大量的时间和精力，对快餐店的日常工作，如制作汉堡包、炸薯条、清理餐桌等进行了细致的工作分析和研究，找出了各项工作的最佳操作方式，编制成详尽的程序规则和质量控制标准，要求世界各地的麦当劳经营者和员工都严格按照这些规程，进行标准化、规范化的作业。为确保这些规章制度都能得以准确地理解和执行，公司还开办专门的培训中心——汉堡包大学，所有的经营者都要在这里接受为期一个月的培训，然后再对所有工作人员开展培训工作。

为保证每项规章制度都能严格地贯彻执行，麦当劳公司总部的管理人员经常对世界各地的分店进行巡回检查、监督和控制，一旦发现问题，立即解决；另外麦当劳公司还要求各分店及时向总部上报有关成本、利润方面的信息，以便及时掌握各分店的经营状况和出现的问题，并长期对各分店的经营业绩进行考评。

麦当劳还非常注重营造独特的企业文化，他们提出了"质量超群、服务优良、清洁卫生、货真价实"的口号，并使这个口号所体现的价值深入人心，使这个被全体员工认同和遵守的价值观成为公司独特的管理控制手段。这种组织文化的建设活动不仅在各分店上上下下的员工中进行，而且因其文化价值观符合广大顾客的最大利益这一特点，被顾客所接受和津津乐道，从而成为麦当劳公司上下、内外共享的文化价值观，使公司的利益和消费者的利益达成了一致，从而使公司管理控制工作中减少摩擦和阻力的润滑剂。

资料来源：http：//www.xinchou.com.cn/resource/page/49401.asp

（1）结合该案例，分析麦当劳公司战略控制的步骤和重点。
（2）结合该案例，谈谈战略控制应注意的问题。

第六章　企业风险管理

本章重点掌握内容包括：
1. 企业面对的风险种类；
2. 风险管理基本流程；
3. 企业风险管理体系；
4. 风险管理技术与方法；
5. 风险管理成本与效益。

第一节　风险与风险管理概述

一、风险的定义

"风险"（risk）的提出与研究始于 19 世纪末的西方社会，但对风险进行开拓性研究的是美国经济学家奈特（Knight），他在 1921 年出版的《风险、不确定性和利润》中对风险作了经典的定义：风险是可测定的不确定性，是指经济主体的信息虽然不充分，但可以对未来可能出现的各种情况给定一个概率值。与风险相对应，奈特把不可测定的不确定性定义为不确定性（uncertainty）。

美国的阿瑟·威廉姆斯等在《风险管理与保险》一书中，把风险定义为"在给定的情况下和特定的时间内，那些可能发生的结果间的差异。如果肯定只有一个结果发生，则差异为零，风险为零；如果有多种可能结果，则有风险，且差异越大，风险越大"。

国际内部审计师协会对风险的定义是："风险是发生某种影响目标完成的事件的不确定性。"

西方古典经济学派认为风险是经营活动的副产品，经营者的收入是其在经营活动中承担风险的报酬。在现代市场经济中，随着全球贸易以及电子信息技术的发展，企业面临风险的机会大大增多，人们意识到必须重视"风险能够导致变革和机会"，对待风险的看法具有质的不同。随着社会的发展，人们的风险观念发生了转变，如表 6-1。

表6-1 风险观念的改变

	风险内涵	对风险的反应	应对风险机制
现代社会之前	命运、迷信、罪恶	接受、责备	补偿、惩罚、复仇、报应
现代社会	可预测、可度量的负面因素	避免、保护	赔偿、财务
现代市场经济	可管理、可操纵的机会	接受专业的控制建议，并建立自我纠错系统	系统改善

2006年6月，我国国务院国有资产监督管理委员会发布《中央企业全面风险管理指引》，将企业风险（business risk）定义为"未来的不确定性对企业实现其经营目标的影响"。理解这个定义需要从以下几个方面把握：

（1）企业风险与企业战略相关。由于企业风险正是阻碍企业实现战略目标的各种因素和事项，公司经营中战略目标不同，企业面临的风险也就不同。

（2）风险是一系列可能发生的结果，不能简单地理解为最有可能的结果。由于风险的可能结果不是单一的，而是一系列的，所以理解和评估风险时，"范围"这个概念对应了众多的不确定性。

（3）风险既具有客观性，又具有主观性。风险是事件本身的不确定性，但却是在一定具体情况下的风险，可以由人的主观判断来决定选择不同的风险。

（4）风险总是与机遇并存。大多数人只关注风险不利面，如风险带来的竞争失败、经营中断、法律诉讼、商业欺诈、无益开支、资产损失、决策失误等，因而害怕风险。但"风险本身并不是坏事。对于企业发展而言，风险是必需的，失败是我们学习过程的一个重要部分。我们必须学会平衡风险可能导致的相反结果所带来的机遇"。有风险才有机会，风险是机会存在的基础，一味害怕风险并不能解决问题，反而会因未能利用机遇或竞争优势而导致更大的风险。为此，如果要区别风险中的正面和负面，我们可以把负面的风险称为威胁，而把正面的风险称为机会。面对竞争日益加剧的全球经济环境、不断出现的新技术和新的经营模式、变化的消费观、企业的重组兼并以及永不满足的股东预期，人们只有了解并有能力控制其面临的风险，寻求机遇的行为才能够活跃起来。

在风险理念逐步转变的过程中，人们对风险的研究围绕着以下三个基本问题而深化：①什么是风险的真相或它的真实性；②不利的后果包括哪些；③如何规范与测量不确定。根据研究角度的不同，风险理论可归纳总结为两类学派：一是客观实体派的风险理论，该学派主要依据保险精算、工程学、经济学与财务理论进行风险理论研究，认为风险是客观的不确定性，是客观存在的实体，是可以预测的，一般以客观概率的概念规范与测量不确定性。一切不利后果，均以货币观点观察与计价。风险真实性的认定，则以数值的高低作为认定基础。二是主观构建派的风险理论，该学派主要依据心理学、社会学、人类学与哲学进行风险理论研究，认为风险不是测量的问题，它是构建过程的问题。

二、企业面对的风险种类

COSO 的《企业风险管理——整合框架》将企业风险事件划分为内部因素和外部因素两大类：内部因素包含基础设施、人力资源、流程和技术；外部因素包含经济、政治、社会、自然环境、行业、科技等。国资委将企业风险分为战略风险、财务风险、运营风险、市场风险和法律风险五大类。因此，企业面对的主要风险分为两大类：外部风险和内部风险。外部风险主要包括政治风险、法律风险、社会文化风险、技术风险、自然环境风险、市场风险、产业风险等。内部风险主要包括：战略风险、操作风险、运营风险、财务风险等。

（一）外部风险

1. 政治风险

政治风险是指完全或部分由政府官员行使权力和政府组织的行为而产生的不确定性。虽然政治风险更多地与海外市场（尤其是发展中国家）风险有关，但这一定义适用于国内外所有市场。政府的直接干预也可能产生政治风险。直接干预包括：不履行合同、货币不可兑换、不利的税法、关税壁垒、没收资产或限制将利润带回母国。

政治风险也指企业因一国政府或人民的举动而遭受损失的风险。企业目标与东道国的国民愿望之间如存在冲突，则会产生政治风险。显然，政治风险是全球性企业面临的一个特殊问题，因为它们在全球各地都有经营业务，所以要同时面对来自不同国家的政治风险。政府既对发展和增长持鼓励态度，同时又不想本国受跨国企业的剥削。极端的情况是，发生战争或企业被没收时，企业可能会损失它们的资产。最可能出现的问题是，从东道国将现金汇回本国的相关规定出现变化。

政治风险常常表现以下几方面：

（1）外汇管制的规定。通常欠发达国家制定的外汇管制规定更为严格。例如，外币供应实行定量配给，从而限制东道国的企业从外国购买商品和禁止其向外国股东支付股利，这些企业继而可能会陷入资金被冻结的局面。

（2）进口配额和关税。规定进口配额可以限制在东道国内的子公司从其控股公司购买以投放到国内市场上销售的商品数量。子公司可以从控股公司进口商品，但是价格比国内生产的产品要高得多。有些时候东道国会要求征收额外税收，即对外国企业按高于本地企业的税率征税，目的是为本地企业提供优势条件。甚至有可能故意征收超高税率，使得外国企业难以盈利。例如，某国近年来不断提高石油和木材的出口关税，导致该国木材及加工业的外国投资企业遭受重大的损失。

（3）组织结构及要求最低持股比例。凭借要求所有投资必须采取与东道国的公司联营的方式，东道国政府可决定组织结构。最低持股比例是指外资公司的部分股权必须由当地投资人持有。

（4）限制向东道国的银行借款。限制甚至包括禁止外资企业向东道国的银行和发展基金按最低利率借款。某些国家仅向本国的企业提供获取外币的渠道，以迫使外资企业将外币带入本国。

（5）没收资产。出于国家利益的考虑，东道国可能会没收外国财产。国际法认为，这是主权国的权力，但主权国要按照公平的市场价格迅速地以可自由兑换的货币进行赔偿。问题常常出现在"迅速"和"公平"这两个词所代表的准确含义、货币的选择，以及如果对主权国提出的赔偿不满，企业可以采取哪些措施等方面。

2. 法律风险

这里的法律风险是指法律风险与合规风险，它们都是现代企业风险体系中重要的部分，两者各有重又各有侧重。二者都是为了通过加强管理行为来防范可能发生的各类风险、为企业减少风险损失。

法律风险是指企业在经营过程中因自身经营行为的不规范或者外部法律环境发生重大变化而造成的不利法律后果的可能性。通俗来讲，法律风险就是基于法律的原因可能发生的危险及其他不良后果，即在法律上是不安全的。法律风险通常包括以下三方面：一是法律环境因素，包括立法不完备、执法不公正等；二是市场主体自身法律意识淡薄，在经营活动中不考虑法律因素等；三是交易相对方的失信、违约或欺诈等。

合规风险是指因违反法律或监管要求而受到制裁、遭受金融损失以及因未能遵守所有适用法律、法规、行为准则或相关标准而给企业信誉带来损失的可能性。

合规风险和法律风险有时会同时发生，比如银行将会同时面临监管机关的处罚和客户的起诉。但两者有时也会发生分离，比如银行的违规经营被媒体曝光，银行的声誉将面临重大损失，这显然属于合规风险，但其与法律风险无关。需要说明的是，合规风险与法律风险往往不是泾渭分明的，实践中真正把两者区分开较为困难，但有一点是明确的，即合规风险侧重于行政责任和道德责任的承担，而法律风险则侧重于民事责任的承担，行政责任和刑事责任对银行来讲直接损失较小。

此外，合规风险管理因涉及企业内部的操作风险、市场风险等，对合规人员的要求应当较法律风险知识面要广一些。合规风险管理人员不仅要懂法律，同时还要熟悉企业内部监管规定，精通相关业务流程等，合规管理需要的是综合性的人才。而传统的法律风险的要求则相对单一，是法律专业人员即可。

3. 社会文化风险

文化风险是指文化这一不确定性因素的影响给企业经营活动带来损失的可能。马克·赫斯切（Mark Hirschey）认为文化风险产生于那些追求全球投资战略的公司（但这一风险的概念同样适用于在一国市场经营的企业），因不同的社会习惯而存在的产品市场差异，使人们难以预测哪种产品会在外国市场上受欢迎。赫斯切举例说，在美国、加拿大和英国，早餐麦片极受欢迎，是最盈利的行业之一。但是，在法国、德国、意大利以及其他很多国家，早餐麦片就不怎么受欢迎，利润也不高。文化风险存在并作用于企业经营的更深领域，主要表现为：

（1）跨国经营活动引发的文化风险。跨国经营使企业面临东道国文化与母国文化的差异，这种文化的差异直接影响着管理的实践，构成经营中的文化风险。在一种特定文化环境中行之有效的管理方法，应用到另一种文化环境中，也许会产生截然相反的结果。随着经济全球化进程的加快，各国公司、企业跨文化的经济活动日益频繁，大量跨国公司的出现使一个公司内部的跨文化经营管理活动大量增加。由于文化不同，跨国经营管理中产生了许多误会和不必要的摩擦，影响了公司工作的有效运行。文化因素是各国企业特别是跨国经营企业走向经济全球化时面临的巨大挑战，企业必须具备识别和处理文化风险的能力，才能立于不败之地。

（2）企业并购活动引发的文化风险。并购活动导致企业双方文化的直接碰撞与交流。在并购活动中许多企业往往把注意力集中在金融财务和法律方面，很少关注组织文化可能带来的问题。而许多并购案例证明，文化整合恰恰是并购过程中最困难的任务。尤其对于跨国并购而言，面临组织文化与民族文化的双重风险。因为一个组织的文化是其所有成员共同遵循的行为模式，是保证其成员的行为能够确定地指向组织目标的某种思想体系，如果一个组织之中存在两种或两种以上的组织文化，对于任何一个成员来说，识别组织的目标都将是困难的；同样在为达成组织目标而努力时，判断应当针对不同情景作出何种行为也会是困难的。因为在这种情况下，组织的价值观直至其行动惯例都会是模糊不清的。所以企业并购活动中，如何正确评估所面临的文化差异的基本特征及风险，探寻科学有效的管理策略，是企业并购必须面对和解决的一个重要现实问题。

（3）组织内部因素引发的文化风险。组织文化的变革、组织员工队伍的多元文化背景会导致个人层面的文化风险。越来越多的组织从不同的国家和地区招募员工，广泛开展跨国跨地区的经济合作与往来，从而使组织内部的价值观念、经营思想与决策方式不断面临冲击、更新与交替，进而在组织内部引发多种文化的碰撞与交流。即使没有并购和跨国经营，企业也会面临组织文化与地区文化、外来文化的交流问题以及组织文化的更新问题。所以，由于员工队伍多元化、组织文化变革等内部因素引发的文化风险虽然不如并购和跨国经营中的风险显著，但由于其具有潜伏性和持续性，也会给企业的经营活动造成十分重要的影响。

4. 技术风险

技术风险有广义和狭义之分。广义技术风险是指与某一种新技术给某一行业或某些企业带来增长机会的同时，可能对另一行业或另一些企业形成巨大的威胁。例如，晶体管的发明和生产严重危害了真空管行业；高性能塑料和陶瓷材料的研制和开发严重削弱了钢铁业的获利能力。狭义的技术风险就是技术在创新过程中，由于技术本身的复杂性和其他相关因素变化产生的不确定性而导致技术创新遭遇失败的可能性，包括"纯技术风险及其他过程中由于技术方面的因素所造成的风险。"如技术手段的局限性、技术系统内部的复杂性、技术难度过高、产品寿命的不可预测性、替代性技术的缺乏等原因都可能导致技术创新夭折；此外，如果技术创新目标出现较大起伏，企业现有科研水平一旦不能满足新技术目标的需求，那么技术创新就有面临失败的风险，这些风险均属于狭义范畴的技术风险。

从技术活动过程所处的不同阶段考察，技术可以划分为技术设计风险、技术研发风险和技术应用风险。

技术设计风险是指技术在设计阶段，由于技术构思或设想的不全面性致使技术及技术系统存在先天"缺陷"或创新不足而引发的各种风险。如氟利昂技术在设计之初就存在"缺陷"，其产生的氯原子会不断分解大气中的臭氧分子而破坏臭氧层，只是当初设计者并没有考虑到，随着该技术在家用电器、日用化工产品、泡沫塑料及消防器材等领域的广泛使用，终于使臭氧层出现空洞的可能性转变成现实。又如，我国采用模仿创新途径开发的一些技术不能适用中国国情，在设计思路上就存在创新不足引发的风险。

技术研发风险是指在技术研究或开发阶段，由于外界环境变化的不确定性、技术研发项目本身的难度和复杂性、技术研发人员自身知识和能力的有限性都可能导致技术的研发面临着失败的危险。例如，外部环境不具备一个协调规范的产权制度、市场结构、投资管理、政策组成的社会技术创新体系，没有形成一个由社会流动资本、专业技术人员、风险投资者/风险投资公司、筹资/退资渠道组成的高效便利的风险投资体系，或者从微观组织结构看，缺乏灵活的技术开发组织形式，缺乏创新观念和创业理念的企业家精神等，都会由于低水平管理、低效率运行等可能使企业的技术研发活动陷入困境难以实现预期目标。

技术应用风险是指由于技术成果在产品化、产业化的过程中所带来的一系列不确定性的负面影响或效应。例如，外部环境没有良好的社会化服务和技术的聚集效应，缺乏成熟的市场经济体制、规范的市场环境、透明的行业政策等；或市场对新技术的接受程度不高；或他人的技术模仿行为；或由于市场准入的技术门槛较低，大量企业涌入致使竞争激烈；或人为的道德诚信问题等都可能使企业面临技术应用风险。

5. 自然环境风险

自然环境风险是指企业由于其自身或影响其业务的其他方造成的自然环境破坏而承担损失的风险。自然环境风险在近几年来逐渐赢得了广泛关注，这主要源于"绿色行动"的环保者提高了公众的环保意识，并使其更加关心人类行为有意或无意造成的自然环境破坏。

企业需要关注的不仅包括企业自身对自然环境造成的直接影响，还应包括企业与客户和供应商之间的联系而对自然环境造成的间接影响。项目过程可能并不会导致自然环境破坏，但产品本身却可能造成自然环境破坏。

直接的自然环境影响通常比较明显，例如，石油泄漏或排放到河流造成的污染、烟囱产生的空气污染、垃圾处理场的废物倾倒等产生的环境破坏；而间接的自然环境影响就不太明显，例如，公司的产品达到了其使用寿命，则产品的处理就会产生自然环境问题，比如核废弃物。

6. 市场风险

市场风险一般考虑以下几个方面：

（1）产品或服务的价格及供需变化带来的风险。主要产品或服务的价格出人意料地上涨或下跌，可能使业务面临风险。排除人为因素，价格的变化与供需变化直接相关。例如石油公司和农产品公司，经常会受到价格变动的影响。

（2）能源、原材料、配件等物资供应的充足性、稳定性和价格的变化带来的风险。从供应者角度考察产品或服务价格及供需关系的变化就可能带来这一风险。由于能源、原材料、配件等物资供需关系和价格的变化，企业采购成本就会发生变化，相应的，企业生产成本、营业收入也都会发生变化。

（3）主要客户、主要供应商的信用风险。企业生产产品或提供劳务，并将其提供给客户，同时企业会允许客户在一定时间内付款，这一过程被称为赊欠。赊欠会产生不予支付的风险。因而主要客户的信用风险主要体现为对方在账款到期时不予支付的风险。而企业的生产经营需要各种生产要素，如果供应商不能按照双方合同或协议的要求按时、保质、保量地提供这些生产要素，就产生了供应商的信用风险。

（4）税收政策和利率、汇率、股票价格指数的变化带来的风险。税收风险指由于税收政策变化使企业税后利润发生变化产生的风险。利率风险是指因利率提高或降低而产生预期之外损失的风险。汇率风险或货币风险是由汇率变动的可能性，以及一种货币对另一种货币的价值发生变动的可能性导致的。股票价格风险影响企业股票或其他资产的投资者，其表现是与股票价格相联系的。例如，若企业须为员工保持足够的养老基金，则暴露于股票价格风险，因其回报率取决于一系列的股票红利以及股票价格变动产生的资本利得。对该风险的敞口可能是一只股票或几只股票，也可能是一个产业或整个市场。股票价格风险也影响到企业通过出售股票和相关证券进行融资的能力。因此，股权风险与企业获取足够资本或流动资金的能力有关。

（5）潜在进入者、竞争者、与替代品的竞争带来的风险。波特五种竞争力分析模型中的潜在进入者进入威胁、现有企业竞争威胁、替代品的替代威胁也都是引发风险的主要因素。

企业在进行市场风险分析时，应该对这些风险进行综合分析。例如，对于一家工程承包商来说，当对一项完工时间较长的合同进行投标时，必须对利率、汇率和原材料（商品）价格作出相应假设。除非这些价格的所有变化能完全转移到客户身上，否则承包商必须承担这些风险。对大多数风险而言，时间范围越大，越难预测相关价值，对这些风险进行套期的可能性也越小。承接合同的目的是盈利，就算收到付款，而且作出了合理准确的成本估计，承包商仍可能会因接受付款之前所发生的不利的汇率变动而遭受亏损。假定最后一次付款通常是延期的，以涵盖保质期。如果在此期间突然发生贬值，则仍然会较大程度地降低预期回报率。此外，这家工程承包商还必须防范原材料供应、劳动力提供、银行贷款以及客户赊欠等环节可能产生的信用风险。

7. 产业风险

产业风险是指在特定产业中与经营相关的风险。这一风险与企业选择在哪个产业中经营直接相关。在考虑企业可能面对的产业风险时，以下几个因素是非常关键的：

（1）产业生命周期阶段。产业会经历导入期、成长期、成熟期及衰退期。处于不同时期的产业具有不同的产业风险。波特认为，在导入期，产业风险非常高；在成长期因为增长可以弥补风险，所以在此阶段可以冒险；在成熟期，企业面临周期性品牌出现的风险；在衰退期，企业经营主要的悬念是什么时间产品将完全退出市场。

（2）产业波动性。波动性是与变化相关的一个指标。波动性产业是指供需迅速变化上下起伏的产业。波动性产业具有较大的不确定性，使计划和决策变得更难。波动性产业一般包括电子业、软件业、房地产业和建筑业。

（3）产业集中程度。在产业集中度高的产业，在位企业具有竞争优势，特别是在受政府保护的垄断产业中，某些国家公用事业公司或政府所管理的公司面临很小的竞争压力和风险，而在这样的产业中，新进入者就面临着很高的进入障碍和风险。在产业集中度低的产业中，产业内竞争激烈，企业面临着共同的产业风险。而随着大多数国家对垄断产业的改革、国家企业私有化、关税壁垒降低等政策的实施，原本垄断企业的垄断地位被推翻，这些企业就不得不面对新的产业风险。

（二）内部风险

1. 战略风险

战略风险的内涵可以从以下两个方面展开：

从战略风险可能导致的结果来看，有整体性损失和战略目标无法实现两种结果。整体性损失包括经济利益损失和非经济利益损失，非经济利益损失指竞争优势减弱、综合排名降低、战略实施能力削弱等。如果将战略目标分成财务类目标和非财务类目标，实际上整体性损失等同为战略目标无法实现，并且能够比较具体地反映战略风险的影响结果。

从战略风险产生的原因来看，战略风险产生于外部环境和战略管理行为及战略成功的必要条件。外部环境如宏观经济和产业环境也可指未预料的外部事件。战略管理行为指战略性决策行为、战略管理活动中的战略行为或一系列未预料的内部事件。战略成功必要条件指企业资源、能力等。这些都是引起战略风险的可能原因。

我国《企业内部控制应用指引第2号——发展战略》从企业制定与实施发展战略角度阐明企业战略风险具体体现在以下三个方面：①缺乏明确的发展战略或发展战略实施不到位，可能导致企业盲目发展，难以形成竞争优势，丧失发展机遇和动力。②发展战略过于激进，脱离企业实际能力或偏离主业，可能导致企业过度扩张，甚至经营失败。③发展战略因主观原因频繁变动，可能导致资源浪费，甚至危及企业的生存和持续发展。

2. 运营风险

运营风险是指企业在运营过程中，由于外部环境的复杂性和变动性以及主体对环境的认知能力和适应能力的有限性，而导致的运营失败或使运营活动达不到预期的目标的可能性及其损失。营运风险并不是指某一种具体特定的风险，而是包含一系列具体的风险。

运营风险至少要考虑以下几个方面：①企业产品结构、新产品研发方面可能引发的风险；②企业新市场开发，市场营销策略（包括产品或服务定价与销售渠道，市场营销环境状况等）方面可能引发的风险；③企业组织效能、管理现状、企业文化，高、中层管理人员和重要业务流程中专业人员的知识结构、专业经验等方面可能引发的风险；④期货等衍生产品业务中发生失误带来的风险；⑤质量、安全、环保、信息安全等管理中发生失误导致的风险；⑥因企业内、外部人员的道德风险或业务控制系统失灵导致的风险；⑦给企业造成损失的自然灾害等风险；⑧企业现有业务流程和信息系统操作运行情况的监管、运行评价及持续改进能力方面引发的风险。

3. 操作风险

操作风险是指由于员工、过程、基础设施或技术或对运作有影响的类似因素（包括欺诈活动）的失误而导致亏损的风险。

从本质上来说，许多已经识别出的风险是操作方面的。操作风险包括以下几种风险：

（1）员工。员工风险包括员工的雇用、培训和解雇所涉及的风险。主要的问题是要确保有足够的员工，他们有恰当的能力并且愿意执行企业所要求的任务。员工包括确定公司战略方向、控制资源分配的高级管理层和其他各运营部门的中低层员工。

（2）技术。企业是否存在和实施支持经营活动所必需的系统？是否定期为系统进行检查和评估？是否找出系统运行不佳的情况？系统不佳是否导致企业发生亏损？以及企业是如何确保系统是最新和能够应对经营风险的？

（3）舞弊。企业是否拥有保护自身不受舞弊影响的方法。

（4）外部依赖。企业越来越依赖基础设施、电话、交通系统和能源供应商。如果这些供应商出现问题，企业如何保护各部门运作不会受到影响？

（5）过程/程序。企业未能制定程序操作要求，可能会导致员工在运营操作时采取不正确的行动。

（6）外包。外包通常被看做是减少成本和将企业资源集中在"核心业务"的方法。但是，很多企业越来越担心将公司的关键业务过程外包可能会导致失控。

4. 财务风险

财务风险是指公司财务结构不合理、融资不当使公司可能丧失偿债能力而导致投资者预期收益下降和陷入财务困境甚至破产的风险。财务风险是企业在财务管理过程中必须面对的一个现实问题，财务风险是客观存在的，企业管理者对财务风险只有采取有效措施来降低风险，而不可能完全消除风险。

管理失误和公司治理的不完善在公司破产中所扮演的主要角色，通常被强调为公司破产的直接导火索。如果破产归因于治理公司行为程序设计的局限，那么债务违约可能迫使管理者降低产能，并重新考虑公司的运营政策和战略决策。债务违约及破产机制能够帮助财务上陷入困境但经济上可行的公司继续经营，同时也促使无效率公司的退出。

尽管财务困境和破产存在拥有尚未得到经验量化的潜在好处的可能性，但是财务困境和破产程序涉及大量直接的（法律、行政和咨询费用）和间接（机会）的成本，这些成本会消耗公司及其利益相关者的真实资源。在一个高杠杆经营并受到信贷限制的企业中，由宏观环境变化引起的业绩下降可能会对公司的流动性状况以及偿还利息的能力产生不利影响，从而引发债务违约。即使从长远看该公司在经济上是可行的，但由于借贷的限制，它可能不能逃脱短期内的破产。当一个行业是受全行业或整个经济的冲击时，财务困境可能导致该行业出现效率低下的过度清算。当银行未预期对企业贷款所产生的损失时，高清算率将通过逐渐侵蚀银行资本而削弱银行系统，并触发金融危机。

三、风险管理概述

（一）风险管理的起源与发展

人类对风险管理理论的研究始于 20 世纪初。企业风险管理大致分为三个阶段：

第一阶段：以"安全与保险"为特征的风险管理。100 多年前，快速发展的航海业面临的海上风险催生了保险业的迅速发展，最初航运企业风险管理的主要措施就是通过保险把风险转移到保险公司，从而规避自身的风险损失。

第二阶段：以"内部控制和控制纯粹风险"为特征的风险管理。1985 年，美国 COSO（Committee of Sponsoring Organization）开始研究企业如何建立以财务管理为主线的有效的内部控制，1992 年该委员会正式发布《COSO 内部控制——综合框架》，提出内部控制系统是由内控环境、风险评估、内控活动、信息与沟通、监督五要素组成。

第三阶段：以"风险管理战略与企业总体发展战略紧密结合"为特征的全面风险管理。COSO 于 2004 年 9 月出台了《COSO 企业全面风险管理——整合框架》（ERM），ERM 框架有三个维度。2006 年 6 月国资委正式印发《中央企业全面风险管理指引》，标志着我国中央企业建立全面风险管理体系工作的启动。

（二）风险偏好与风险承受度

风险偏好和风险承受度是风险管理概念的重要组成部分。

风险偏好是企业希望承受的风险范围，分析风险偏好要回答的问题是公司希望承担什么风险和承担多少风险。例如：应当与这个公司联盟吗？是否需要套期保值？应当在美国投资吗？应当保持多高的资产负债率？

风险承受度是指企业风险偏好的边界，分析风险承受度可以将其作为企业采取行动的预警指标，企业可以设置若干承受度指标，以显示不同的警示级别。例如：市场表现到什么时候，我们就应当追回投资或一定退出？资产负债率高到什么时候，我们就需要停止投资？

风险偏好和风险承受度概念的提出基于企业风险管理理念的变化。传统风险管理理念认为风险只是灾难，被动地将风险管理作为成本中心；而全面风险管理的理念认为风险具有二重性，风险总是与机遇并存。企业风险管理要在机遇和风险中寻求平衡点，以实现企业价值最大化的目标。因此，风险偏好概念提出的意义在于研究企业风险和收益的关系，明确了企业的风险偏好和风险承受度，就能够把握企业在风险和收益之间的平衡点如何选择。

（三）风险管理的内涵

由上所述，事件可能产生不利影响或者有利影响，也可能两者兼而有之。产生负面影响的事件代表了风险，可以阻碍创造价值或削弱现有的价值。产生正面影响的事件能够抵消不利影响或带来机会。机会是指事件发生的可能性以及对于目标实现、支持创造价值或保持价值的积极影响。

企业风险管理涉及的风险和机会影响价值的创造或保持。它是一个从战略制定到日常经营过程中对待风险的一系列信念与态度，目的是确定可能影响企业的潜在事项，并进行管理，为实现企业的目标提供合理的保证。整体来说，企业风险管理的内涵包括：①一个正在进行并贯穿整个企业的过程；②受到企业各个层次人员的影响；③战略制定时得到应用；④适用于各个级别和单位的企业，包括考虑风险组合；⑤识别能够影响企业及其风险管理的潜在事项；⑥能够对企业的管理层和董事会提供合理保证；⑦致力于实现一个或多个单独但是类别相互重叠的目标。

四、企业风险管理的特征

企业风险管理具有以下特征：

1. 战略性。尽管风险管理渗透到现代企业各项活动中，存在于现代企业管理者对企业的日常管理当中，但它主要运用于企业战略管理层面，站在战略层面整合和管理企业层面风险是全面风险管理的价值所在。

2. 全员化。企业全面风险管理是一个由企业治理层、管理层和所有员工参与的，对企业所有风险进行管理，旨在把风险控制在风险容量以内，增进企业价值的过程。企业风险管理本身并不是一个结果，而是实现结果的一种方式。在这个过程中，只有将风险意识转化为全体员工的共同认识和自觉行动，才能确保风险管理目标的实现。

3. 专业性。要求风险管理的专业人才实施专业化管理。

4. 二重性。企业全面风险管理的商业使命在于：①损失最小化管理；②不确定性管理；③绩效最优化管理。即当风险损失不能避免时，尽量减少损失至最小化；风险损失可能发生也可能不发生时，设法降低风险发生的可能；风险预示着机会时，化风险为增进企业价值的机会。全面风险管理既要管理纯粹的风险，也要管理机会风险。

5. 系统性。全面风险管理必须拥有一套系统的、规范的方法，来确保所有的风险都得到识别，而且所有的风险都得到管理。系统和规范的方法超越了企业自发的管理，它使利益相关者、董事和管理层确信所有的风险都被识别和理解，而且宝贵的资源被主动运用在紧迫的风险领域。

尽管企业全面风险管理不是一种激进、全新的管理方法，它是由其他管理方法进化而来的，但是可以看到，近年来企业对风险的理解和处理都发生了重要转变。风险管理新旧理念之间的差异如表6-2所示。

表 6 - 2　风险管理的新旧理念对比

	传统风险管理	全面风险管理
涉及面	主要是财务会计主管和内部审计等部门负责；就单个风险个体实施风险管理，主要是可保风险和财务风险	在高层的参与下，每个成员都承担与自己行为相关的风险管理责任；从总体上集中考虑和管理所有风险（包括纯企业风险和风险机会）
连续性	只有管理层认为必要时才进行	是企业系统的、有重点的、持续的行为
态度	被动地将风险管理作为成本中心	主动积极地将风险管理作为价值中心
目标	与企业战略联系不紧，目的是转移或避免风险	紧密联系企业战略，目的是寻求风险优化措施
方法	事后反应式的风险管理方法，即先检查和预防经营风险，然后采取应对措施	事前风险防范，事中风险预警和及时处理，事后风险报告、评估、备案及其他相应措施
注意焦点	专注于纯粹和灾害性风险	焦点在所有利益相关者的共同利益最大化上

风险管理理念从传统风险管理到全面风险管理的变化，风险管理的概念、目标、内容以及公司风险管理文化都发生了根本性的变化。

第二节　企业风险管理目标

传统的风险管理与企业战略联系不紧，目标是转移或避免风险，重点放在对公司行为的监督和检查上，因而传统的风险管理目标一般与实现公司战略目标没有关系。而全面风险管理紧密联系企业战略为实现公司整体战略目标寻求风险优化措施，因而风险管理目标的设计要充分体现这一思想。

COSO 认为企业进行全面风险管理应力求实现以下几个目标。

（1）战略（strategic）目标：这是企业的高层次目标，与企业使命相关联并支撑其使命；风险管理目标必须与企业发展的战略目标相辅相成，战略目标的实现可以通过企业风险管理的风险分析、风险控制等途径实现。

（2）经营（operation）目标：指企业应有效和高效率地利用其资源，高效运营。

（3）报告（report）目标：指企业要真实披露企业的经营业绩，确保财务报告真实可靠。

（4）合规（compliance）目标：指企业要遵循相关法律和法规的规定，合规经营。

COSO 的《企业风险管理——整合框架》指出，风险管理目标是指一个企业力图实现什么，而企业风险管理的构成要素则意味着需要什么来实现它们，二者之间有着直接的关系。

我国《中央企业全面风险管理指引》设定了风险管理如下的总体目标，充分体现了这一思想。

企业风险管理的总体目标可以表述为：①确保将风险控制在与公司总体目标相适应并可承受的范围内；②确保内外部，尤其是企业与股东之间实现真实、可靠的信息沟通，包括编制和提供真实、可靠的财务报告；③确保遵守有关法律法规；④确保企业有关规章制度和为实现经营目标而采取重大措施的贯彻执行，保障经营管理的有效性，提高经营活动的效率和效果，降低实现经营目标的不确定性；⑤确保企业建立针对各项重大风险发生后的危机处理计划，保护企业不因灾害性风险或人为失误而遭受重大损失。

第三节　企业风险管理基本流程

风险管理基本流程包括以下主要工作：①收集风险管理初始信息；②进行风险评估；③制定风险管理策略；④提出和实施风险管理解决方案；⑤风险管理的监督与改进。风险评估分为风险辨识、风险分析、风险评价三个步骤；风险管理策略包括风险承担、风险规避、风险转移、风险转换、风险对冲、风险补偿、风险控制七大策略；风险管理解决方案可以分为外部方案和内部方案。

一、收集风险管理初始信息

风险管理基本流程的第一步，要广泛地、持续不断地收集与本企业风险和风险管理相关的内部、外部初始信息，包括历史数据和未来预测。应把收集初始信息的职责分工落实到各有关职能部门和业务单位。

收集初始信息要根据所分析的风险类型具体展开。例如：

1. 分析战略风险。企业应广泛收集国内外企业战略风险失控导致企业蒙受损失的案例，并至少收集与本企业相关的以下重要信息：①国内外宏观经济政策以及经济运行情况、企业所在产业的状况、国家产业政策；②科技进步、技术创新的有关内容；③市场对该企业产品或服务的需求；④与企业战略合作伙伴的关系，未来寻求战略合作伙伴的可能性；⑤该企业主要客户、供应商及竞争对手的有关情况；⑥与主要竞争对手相比，该企业实力与差距；⑦本企业发展战略和规划、投融资计划、年度经营目标、经营战略，以及编制这些战略、规划、计划、目标的有关依据；⑧该企业对外投融资流程中曾发生或易发生错误的业务流程或环节。

2. 分析财务风险。企业应广泛收集国内外企业财务风险失控导致危机的案例，并至少收集本企业的以下重要信息：①负债或有负债、负债率、偿债能力；②现金流、应收账款及其占销售收入的比重、资金周转率；③产品存货及其占销售成本的比重、应付账款及其占购货额的比重；④制造成本和管理费用、财务费用、营业费用；⑤盈利能力；⑥成本核算、资金结算和现金管理业务中曾发生或易发生错误的业务流程或环节；⑦与本企业相关的产业会计政策、会计估算、与国际会计制度的差异与调节（如退休金、递延税项等）等信息。

3. 分析市场风险。企业应广泛收集国内外企业忽视市场风险、缺乏应对措施导致企业蒙受损失的案例，并至少收集与本企业相关的以下重要信息：①产品或服务的价格及供需变化；②能源、原材料、配件等物资供应的充足性、稳定性和价格变化；③主要客户、主要供应商的信用情况；④税收政策和利率、汇率、股票价格指数的变化；⑤潜在竞争者、竞争者及其主要产品、替代品情况。

4. 分析运营风险。企业应至少收集与该企业、本行业相关的以下信息：①产品结构、新产品研发；②新市场开发，市场营销策略，包括产品或服务定价与销售渠道，市场营销环境状况等；③企业组织效能、管理现状、企业文化，高、中层管理人员和重要业务流程中专业人员的知识结构、专业经验；④期货等衍生产品业务中曾发生或易发生失误的流程和环节；⑤质量、安全、环保、信息安全等管理中曾发生或易发生失误的业务流程或环节；⑥因企业内、外部人员的道德风险致使企业遭受损失或业务控制系统失灵；⑦给企业造成损失的自然灾害以及除上述有关情形之外的其他纯粹风险；⑧对现有业务流程和信息系统操作运行情况的监管、运行评价及持续改进能力；⑨企业风险管理的现状和能力。

5. 分析法律风险。企业应广泛收集国内外企业忽视法律法规风险、缺乏应对措施导致企业蒙受损失的案例，并至少收集与该企业相关的以下信息：①国内外与该企业相关的政治、法律环境；②影响企业的新法律法规和政策；③员工道德操守的遵从性；④该企业签订的重大协议和有关贸易合同；⑤该企业发生重大法律纠纷案件的情况；⑥企业和竞争对手的知识产权情况。

企业还要对收集的初始信息进行必要的筛选、提炼、对比、分类、组合，以便进行风险评估。

二、进行风险评估

完成了风险管理初始信息收集之后，企业要对收集的风险管理初始信息和企业各项业务管理及其重要业务流程进行风险评估。风险评估包括风险辨识、风险分析、风险评价三个步骤。

风险辨识是指查找企业各业务单元、各项重要经营活动及其重要业务流程中有无风险，有哪些风险。风险分析是对辨识出的风险及其特征进行明确的定义描述，分析和描述风险发生可能性的高低、风险发生的条件。风险评价是评估风险对企业实现目标的影响程度、风险的价值等。

进行风险辨识、分析、评价，应将定性与定量方法相结合。定性方法可采用问卷调查、集体讨论、专家咨询、情景分析、政策分析、行业标杆比较、管理层访谈、由专人主持的工作访谈和调查研究等。定量方法可采用统计推论（如集中趋势法）、计算机模拟（如蒙特卡洛分析法）、失效模式与影响分析、事件树分析等。进行风险定量评估时，应统一制定各风险的度量单位和风险度量模型，并通过测试等方法，确保评估系统的假设前提、参数、数据来源和定量评估程序的合理性和准确性。要根据环境的变化，定期对假设前提和参数进行复核和修改，并将定量评估系统的估算结果与实际效果进行对比，据此对有关参数进行调整和改进。

风险分析应包括风险之间的关系分析，以便发现各风险之间的自然对冲、风险事件发生的正负相关性等组合效应，从风险策略上对风险进行统一集中管理。企业在评估多项风险时，应根据对风险发生可能性的高低和对目标的影响程度的评估，绘制风险坐标图，对各项风险进行比较，初步确定对各项风险的管理优先顺序和策略。风险评估应由企业组织有关职能部门和业务单位实施，也可聘请有资质、信誉好、风险管理专业能力强的中介机构协助实施。企业应对风险管理信息实行动态管理，定期或不定期实施风险辨识、分析、评价，以便对新的风险和原有风险的变化重新评估。

三、制定风险管理策略

风险管理基本流程的第三步是制定风险管理策略。风险管理策略是指企业根据自身条件和外部环境，围绕企业发展战略，确定风险偏好、风险承受度、风险管理有效性标准，选择风险承担、风险规避、风险转移、风险转换、风险对冲、风险补偿、风险控制等适合的风险管理工具的总体策略，并确定风险管理所需人力和财力资源的配置原则。这些风险管理策略的具体内容在本章下一节展开。

企业在制定风险管理策略时，要根据风险的不同类型选择其适宜的风险管理策略。例如，一般认为，对战略、财务、运营、政治风险、法律风险等，可采取风险承担、风险规避、风险转换、风险控制等方法。对能够通过保险、期货、对冲等金融手段进行理财的风险，可以采用风险转移、风险对冲、风险补偿等方法。

制定风险管理策略的一个关键环节是企业应根据不同业务特点统一确定风险偏好和风险承受度，即企业愿意承担哪些风险，明确风险的最低限度和不能超过的最高限度，并据此确定风险的预警线及相应采取的对策。确定风险偏好和风险承受度，要正确认识和把握风险与收益的平衡，防止和纠正两种错误倾向：一是忽视风险，片面追求收益而不讲条件、范围，认为风险越大、收益越高的观念和做法；二是单纯为规避风险而放弃发展机遇。

在制定风险管理策略时，还应根据风险与收益相平衡的原则以及各风险在风险坐标图上的位置，进一步确定风险管理的优选顺序，明确风险管理成本的资金预算和控制风险的组织体系、人力资源、应对措施等总体安排。

对于已经制定和实施的风险管理策略，企业应定期总结和分析已制定的风险管理策略的有效性和合理性，结合实际不断修订和完善。其中，应重点检查依据风险偏好、风险承受度和风险控制预警线实施的结果是否有效，并提出定性或定量的有效性标准。

四、提出和实施风险管理解决方案

按照风险管理的基本流程，制定风险管理策略后的工作是制订实施风险管理解决方案，也就是执行前一阶段制定的风险管理解决策略，进一步落实风险管理工作。在这一阶段，企业应根据风险管理策略，针对各类风险或每一项重大风险制订风险管理解决方案。方案一般应包括风险解决的具体目标，所需的组织领导，所涉及的管理及业务流程，所需的条件、手段等资源，风险事件发生前、中、后所采取的具体应对措施以及风险管理工具（如关键风险指标管理、损失事件管理等）。

（一）风险管理解决方案的两种类型

风险管理解决方案可以分为外部和内部解决方案。

1. 外部解决方案

外部解决方案一般指外包。企业经营活动外包是利用产业链专业分工，提高运营效率的必要措施。企业许多风险管理工作可以外包出去，如企业使用投资银行、信用评级公司、保险公司、律师事务所、会计师事务所、风险管理咨询公司等专业机构，将有关方面的工作外包，可以降低企业的风险，提高效率。外包可以使企业规避一些风险，但同时可能带来另一些风险，应适当加以控制。

企业制订风险管理解决的外包方案，应注重成本与收益的平衡、外包工作的质量、自身商业秘密的保护以及防止自身对风险解决外包产生依赖性风险等，并制定相应的预防和控制措施。

2. 内部解决方案

内部解决方案是后面要阐述的风险管理体系的运转。在具体实施中，一般是以下几种手段的综合应用：风险管理策略；组织职能；内部控制（简称"内控"），包括政策、制度、程序；信息系统，包括报告体系；风险理财措施。

在内部解决方案中，企业制订风险解决的内控方案，应满足合规的要求，坚持经营战略与风险策略一致、风险控制与运营效率及效果相平衡的原则，针对重大风险所涉及的各管理及业务流程，制定涵盖各个环节的全流程控制措施；对其他风险所涉及的业务流程，要把关键环节作为控制点，采取相应的控制措施。

内部控制是通过有关企业流程的设计和实施的一系列政策、制度、程序和措施，控制影响流程目标的各种风险的过程。内部控制是全面风险管理的重要组成部分，是全面风险管理的基础设施和必要举措。一般说来，内部控制系统针对的风险是可控纯粹风险，其控制对象是企业中的个人，控制目的是规范员工的行为，控制范围是企业的业务和管理流程。

企业制定内控措施，一般至少包括以下内容：

（1）建立内控岗位授权制度。对内控所涉及的各岗位明确规定授权的对象、条件、范围和额度等，任何组织和个人不得超越授权作出风险性决定。

（2）建立内控报告制度。明确规定报告人与接受报告人，报告的时间、内容、频率、传递路线、负责处理报告的部门和人员等。

（3）建立内控批准制度。对内控所涉及的重要事项，明确规定批准的程序、条件、范围和额度、必备文件以及有权批准的部门和人员及其相应责任。

（4）建立内控责任制度。按照权利、义务和责任相统一的原则，明确规定各有关部门和业务单位、岗位、人员应负的责任和奖惩制度。

（5）建立内控审计检查制度。结合内控的有关要求、方法、标准与流程，明确规定审计检查的对象、内容、方式和负责审计检查的部门等。

（6）建立内控考核评价制度。具备条件的企业应把各业务单位风险管理执行情况与绩效薪酬挂钩。

（7）建立重大风险预警制度。对重大风险进行持续不断地监测，及时发布预警信息，制订应急预案，并根据情况变化调整控制措施。

（8）建立健全以总法律顾问制度为核心的企业法律顾问制度。大力加强企业法律风险防范机制建设，形成由企业决策层主导、企业总法律顾问牵头、企业法律顾问提供业务保障、全体员工共同参与的法律风险责任体系。完善企业重大法律纠纷案件的备案管理制度。

（9）建立重要岗位权力制衡制度，明确规定不相容职责的分离。主要包括：授权批准、业务经办、会计记录、财产保管和稽核检查等职责。对内控所涉及的重要岗位可设置一岗双人、双职、双责，相互制约；明确该岗位的上级部门或人员对其应采取的监督措施和应负的监督责任；将该岗位作为内部审计的重点等。

企业应当按照各有关部门和业务单位的职责分工，认真组织实施风险管理解决方案，确保各项措施落实到位。

（二）关键风险指标管理

关键风险指标管理是对引起风险事件发生的关键成因指标进行管理的方法。关键风险指标管理可以管理单项风险的多个关键成因，也可以管理影响企业主要目标的多个主要风险。例如，假设公司现在关心的主要目标是年度盈利指标，那么，影响年度盈利指标的风险因素有许多，包括年度销售额、原材料价格、制造成本、销售成本、投资收入、利息、应收账款等。

1. 关键风险指标管理的步骤

一般分为以下六步：

（1）分析风险成因，从中找出关键成因。

（2）将关键成因量化，确定其度量，分析确定导致风险事件发生（或极有可能发生）时该成因的具体数值。

（3）以该具体数值为基础，以发出风险信息为目的，加上或减去一定数值后形成新的数值，该数值即为关键风险指标。

（4）建立风险预警系统，即当关键成因数值达到关键风险指标时，发出风险预警信息。

（5）制定出现风险预警信息时应采取的风险控制措施。

（6）跟踪监测关键成因的变化，一旦出现预警，即实施风险控制措施。

2. 关键风险指标分解

企业目标的实现要靠企业的各个职能部门和业务单位共同的努力，同样，企业的指标要分解到企业的各个职能部门和业务单位。对于关键风险指标也一样。

但是，对于关键风险指标的分解要注意职能部门和业务单位之间的协调。关键是从企业整体出发和把风险控制在一定范围内。对一个具体单位而言，不可采用"最大化"的说法。比如，信用管理部门负责信用风险的管理，如果其强调最小化信用风险，紧缩信用，则会给负责扩大市场占有率和销量的市场和销售部门造成伤害，从而影响公司整体目标的实现。

对于关键风险指标的分解，要兼顾各职能部门和业务单位的诉求。一个可行的方法是在企业的总体领导和整体战略的指导下进行部门和业务单位间的协调。

（三）落实风险管理解决方案

1. 高度重视，要认识到风险管理是企业时刻不可放松的工作，是企业价值创造的根本源泉。

2. 风险管理是企业全员的分内工作，没有风险的岗位是不创造价值的岗位，没有理由存在。

3. 落实到组织，明确分工和责任，全员进行风险管理。

4. 为确保工作的效果，落实到位，要对风险管理解决方案的实施进行持续监控改进，并与绩效考核联系起来。

五、风险管理的监督与改进

企业应以重大风险、重大事件和重大决策、重要管理及业务流程为重点，对风险管理初始信息、风险评估、风险管理策略、关键控制活动及风险管理解决方案的实施情况进行监督，采用压力测试、返回测试、穿行测试以及风险控制自我评估等方法对风险管理的有效性进行检验，根据变化情况和存在的缺陷及时加以改进。

企业应建立贯穿于整个风险管理基本流程，连接各上下级、各部门和业务单位的风险管理信息沟通渠道，确保信息沟通的及时、准确、完整，为风险管理监督与改进奠定基础。

企业各有关部门和业务单位应定期对风险管理工作进行自查和检验，及时发现缺陷并改进，其检查、检验报告应及时报送企业风险管理职能部门。

企业风险管理职能部门应定期对各部门和业务单位风险管理工作实施情况和有效性进行检查和检验，要根据在制定风险策略时提出的有效性标准的要求对风险管理策略进行评估，对跨部门和业务单位的风险管理解决方案进行评价，提出调整或改进建议，出具评价和建议报告，及时报送企业总经理或其委托分管风险管理工作的高级管理人员。

企业内部审计部门应至少每年一次对包括风险管理职能部门在内的各有关部门和业务单位能否按照有关规定开展风险管理工作及其工作效果进行监督评价，监督评价报告应直接报送董事会或董事会下设的风险管理委员会和审计委员会。此项工作也可结合年度审计、任期审计或专项审计工作一并开展。

企业可聘请有资质、信誉好、风险管理专业能力强的中介机构对企业全面风险管理工作进行评价，出具风险管理评估和建议专项报告。报告一般应包括以下几方面的实施情况、存在缺陷和改进建议：①风险管理基本流程与风险管理策略；②企业重大风险、重大事件和重要管理及业务流程的风险管理及内部控制系统的建设；③风险管理组织体系与信息系统；④全面风险管理总体目标。

第四节　企业风险管理体系

《中央企业全面风险管理指引》指出，企业风险管理体系包括五大体系：①风险管理策略；②风险管理组织体系；③内部控制系统；④风险理财措施；⑤风险管理信息系统。

一、风险管理策略

（一）风险管理策略总体定位与作用

风险管理策略指企业根据自身条件和外部环境，围绕企业发展战略，确定风险偏好、风险承受度、风险管理有效性标准，选择风险承担、风险规避、风险转移、风险转换、风险对冲、风险补偿、风险控制等适合的风险管理工具的总体策略，并确定风险管理所需人力和财力资源的配置原则。

从这一纲领性的指引中不难看到风险管理策略的总体定位：①风险管理策略是根据企业经营战略制定的全面风险管理的总体策略；②风险管理策略在整个风险管理体系中起着统领全局的作用；③风险管理策略在企业战略管理的过程中起着承上启下的作用，制定与企业战略保持一致的风险管理策略减少了企业战略错误的可能性，如图6－1所示。

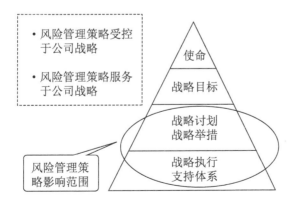

图6－1　企业经营战略到风险管理策略

风险管理策略的总体定位决定了风险管理策略的作用：①为企业的总体战略服务，保证企业经营目标的实现；②连接企业的整体经营战略和运营活动；③指导企业的一切风险管理活动；④分解为各领域的风险管理指导方针。

（二）风险管理策略的组成部分

（1）风险偏好和风险承受度。明确公司要承担什么风险，承担多少。

（2）全面风险管理的有效性标准。明确怎样衡量我们的风险管理工作成效。

（3）风险管理的工具选择。明确怎样管理重大风险。

（4）全面风险管理的资源配置。明确如何安排人力、财力、物资、外部资源等风险管理资源。

（三）风险管理策略的工具

风险管理策略的工具共有七种：风险承担、风险规避、风险转移、风险转换、风险对冲、风险补偿和风险控制。在实施中，企业要注意策略性工具使用的技术、选择合适的手段。

1. 风险承担

风险承担亦称风险保留、风险自留，是指企业对所面临的风险采取接受的态度，从而承担风险带来的后果。企业面临的风险有很多，通常企业能够明确辨识的风险只占全部风险的少数。风险评估的工作结果对于企业是否采用风险承担影响很大。对未能辨识出的风险，企业只能采用风险承担。

对于辨识出的风险，企业也可能由于以下几种原因采用风险承担：①缺乏能力进行主动管理，对这部分风险只能承担；②没有其他备选方案；③从成本效益考虑，这一方案是最适宜的方案。对于企业的重大风险，即影响到企业目标实现的风险，企业一般不应采用风险承担。

2. 风险规避

风险规避是指企业回避、停止或退出蕴含某一风险的商业活动或商业环境，避免成为风险的所有人。例如：退出某一市场以避免激烈竞争；拒绝与信用不好的交易对手进行交易；外包某项对工人健康安全风险较高的工作；停止生产可能有潜在客户安全隐患的产品；禁止各业务单位在金融市场进行投机；不准员工访问某些网站或下载某些内容。

3. 风险转移

风险转移是指企业通过合同将风险转移到第三方，企业对转移后的风险不再拥有所有权。转移风险不会降低其可能的严重程度，只是从一方移除后转移到另一方。例如：①保险：保险合同规定保险公司为预定的损失支付补偿，作为交换，在合同开始时，投保人要向保险公司支付保险费。②非保险型的风险转移：将风险可能导致的财务风险损失负担转移给非保险机构。例如，服务保证书等。③风险证券化：通过证券化保险风险构造的保险连接型证券（ILS）。这种债券的利息支付和本金偿还取决于某个风险事件的发生或严重程度。

4. 风险转换

风险转换指企业通过战略调整等手段将企业面临的风险转换成另一个风险。风险转换的手段包括战略调整和衍生产品等。风险转换一般不会直接降低企业总的风险，其简单形式就是在减少某一风险的同时，增加另一风险。例如，通过放松交易客户信用标准，增加了应收账款，但扩大了销售。企业可以通过风险转换在两个或多个风险之间进行调整，以达到最佳效果。风险转换可以在低成本或者无成本的情况下达到目的。

5. 风险对冲

风险对冲是指采取各种手段，引入多个风险因素或承担多个风险，使得这些风险能够互相对冲，也就是使这些风险的影响互相抵销。常见的情况有资产组合使用、多种外币结算的使用和战略上的多种经营等。在金融资产管理中，对冲也包括使用衍生产品，如利用期货进行套期保值。在企业的风险中，有些风险具有自然对冲的性质，应当加以利用。例如，不同行业的经济周期风险对冲。风险对冲必须涉及风险组合，而不是对单一风险；对于单一风险，只能进行风险规避、风险控制。

6. 风险补偿

风险补偿是指企业对风险可能造成的损失采取适当的措施进行补偿。风险补偿表现在企业主动承担风险，并采取措施以补偿可能的损失。风险补偿的形式有财务补偿、人力补偿、物资补偿等。财务补偿是损失融资，包括企业自身的风险准备金或应急资本等。例如，某公司历史上一直购买灾害保险，但经过数据分析，认为保险公司历年的赔付不足以平衡相应的保险费用支出，而不再续保；同时，为了应付可能发生的灾害性事件，公司与银行签订应急资本协议，规定在灾害发生时，由银行提供资本以保证公司的持续经营。

7. 风险控制

风险控制是指控制风险事件发生的动因、环境、条件等，来达到减轻风险事件发生时的损失或降低风险事件发生的概率的目的。通常影响某一风险的因素有很多。风险控制可以通过控制这些因素中的一个或多个来达到目的，但主要的是风险事件发生的概率和发生后的损失。控制风险事件发生的概率，如室内使用不易燃地毯、山上禁止吸烟等，控制风险事件发生后的损失，如修建水坝防洪、设立质量检查防止次品出厂等。风险控制对象一般是可控风险，包括多数运营风险，如质量、安全和环境风险，以及法律风险中的合规性风险。

传统的风险应对策略只有风险规避、风险承担、风险控制和风险转移，其目的在于风险降低和风险预防。传统风险管理基于风险是负面影响的看法，将每个风险分开管理，手段相当程度上局限在内部控制和风险转移，因此只注意到流程中的风险和灾害性风险，没有与整体战略结合，忽视了战略管理手段。

一般情况下，对战略、财务、运营和法律风险，可采取风险承担、风险规避、风险转换、风险控制等方法。对能够通过保险、期货、对冲等金融手段进行理财的风险，可以采用风险转移、风险对冲、风险补偿等方法。

（四）确定风险偏好和风险承受度

风险偏好和风险承受度是风险管理策略的重要组成部分，《中央企业全面风险管理指引》指出，"确定风险偏好和风险承受度，要正确认识和把握风险与收益的平衡，防止和纠正忽视风险，片面追求收益而不讲条件、范围，认为风险越大、收益越高的观念和做法；同时，也要防止单纯为规避风险而放弃发展机遇"。

确定企业整体风险偏好要考虑以下因素：①风险个体：对每一个风险都可以确定风险偏好和风险承受度。②相互关系：既要考虑同一个风险在各个业务单位或子公司之间的分配，又要考虑不同风险之间的关系。③整体形状：一个企业的整体风险偏好和风险承受度是基于针对每一个风险的风险偏好和风险承受度。④行业因素：同一风险在不同行业风险偏好不同。

一般来讲，风险偏好和风险承受度是针对公司的重大风险制定的，对企业的非重大风险的风险偏好和风险承受度不一定要十分明确，甚至可以先不提出。重大风险的风险偏好是企业的重大决策，应由董事会决定。

（五）风险度量

1. 关键在于量化

风险承受度的表述需要对所针对的风险进行量化描述，风险偏好可以定性，但风险承受度一定要定量。如果不能量化，仅靠直觉的观察或感觉很可能出错，不容易在整个企业统一思想，不能够准确计算成本与收益的关系，也不容易管理，不容易同绩效考核联系起来。很多风险管理手段如风险理财必须有风险的量化描述。

2. 风险度量

风险度量模型是指度量风险的方法。确定合适的企业风险度量模型是建立风险管理策略的需要。企业应该采取统一制定的风险度量模型，对所采取的风险度量取得共识；但不一定在整个企业使用唯一的风险度量模型，允许对不同的风险采取不同的度量方法。所有的风险度量应当在企业层面的风险管理策略中得到评价，比如，对企业战略目标的影响的评价。

3. 风险度量方法

常用的风险度量包括：最大可能损失；概率值：损失发生的概率或可能性；期望值：统计期望值，效用期望值；波动性；方差或均方差；在险值：又称 VaR，以及其他类似的度量。

（1）最大可能损失。最大可能损失指风险事件发生后可能造成的最大损失。企业一般在无法判断发生概率或无须判断概率的时候，使用最大可能损失作为风险的衡量。

（2）概率值。概率值是指风险事件发生的概率或造成损失的概率。在可能的结果只有好坏、对错、是否、输赢、生死等简单情况下，常常使用概率值。在实践中，统计意义上的频率和主观概率的判断都是可以用的，但是要分清不同的场合。有时，人们的主观判断会由于心理上的原因造成失误；同时在许多场合使用频率作为概率值是没有意义的，特别是在缺少数据或者一次性的决策场合。

（3）期望值。期望值通常指的是数学期望，即概率加权平均值。所有事件中，每一事件发生的概率乘以该事件的影响的乘积，然后将这些乘积相加得到和。常用的期望值有统计期望值和效用期望值，期望值的办法综合了概率和最大损失两种方法，如图 6-2 所示。

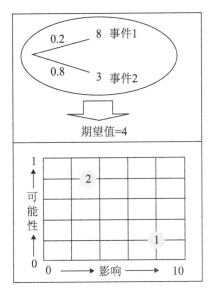

图 6-2 期望值

（4）在险值。在险值又称 VaR，是指在正常的市场条件下，在给定的时间段中，给定的置信区间内，预期可能发生的最大损失，如图 6-3 所示。在险值具有通用、直观、灵活的特点。在险值的局限性是适用的风险范围小，对数据要求严格，计算困难，对肥尾效应无能为力。

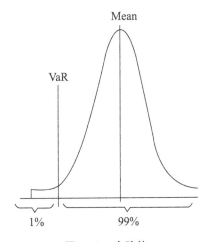

图 6-3 在险值

4. 概率方法与直观方法

以上例子都是建立在概率统计基础上的度量，另外，不依赖于概率统计结果的度量是人们直观的判断，如专家意见。当统计数据不足或需要度量结果包括人们的偏好时，可以使用直观的度量方法，如层次分析法（AHP）等。很多情况下，统计和直观的方法会综合使用。例如，首先使用专家意见来缩小范围，取得初始数据，然后再使用统计的度量方法。

5. 选择适当的度量

对不同种类的风险要使用不同的度量模型。对外部风险的度量包括市场指标、景气指数等。对内部运营风险的度量相对来讲比较容易，如各种质量指标、执行效果、安全指数等。要找到一种普遍性的风险度量是很困难的，也没有必要，因为人们有不同的目的和偏好。

6. 风险量化的困难

方法误差：企业情况很复杂，致使建立的风险度量不能够准确反映企业的实际情况；

数据：在很多情况下，企业的有关风险数据不足，质量不好；

信息系统：企业的信息传递不够理想，导致需要的信息未能及时到达；

整合管理：在数据和管理水平的现实条件下，不能与现存的管理连接而有效应用结果。

（六）风险管理的有效性标准

风险管理的有效性标准是指企业衡量企业风险管理是否有效的标准。风险管理有效性标准的作用是帮助企业了解：①企业现在的风险是否在风险承受度范围之内，即风险是否优化；②企业风险状况的变化是否是所要求的，即风险的变化是否优化。

量化的企业风险管理的有效性标准与企业风险承受度有相同的度量基础。

风险管理有效性标准的原则如下：①风险管理有效性标准要针对企业的重大风险，能够反映企业重大风险管理的现状；②风险管理有效性标准应当对照全面风险管理的总体目标，在所有五个方面保证企业的运营效果；③风险管理有效性标准应当在企业的风险评估中应用，并根据风险的变化随时调整；④风险管理有效性标准应当用于衡量全面风险管理体系的运行效果。

（七）风险管理的资源配置

风险管理的资源包括人才、组织设置、政策、设备、物资、信息、经验、知识、技术、信息系统、资金等。由于全面风险管理覆盖面广，资源的使用一般是多方面的、综合性的。企业应当统筹兼顾，将资源用于需要优先管理的重大风险。企业可以使用内部和外部的资源，许多资源可以从外部获得，如信息、知识、技术等；但要注意，有些资源是不能够从外部得到的，如经验，只能靠内部积累。

（八）确定风险管理的优先顺序

《中央企业全面风险管理指引》指出，企业根据风险与收益相平衡的原则以及个风险在风险坐标图上的位置，进一步确定风险管理的优先顺序，明确风险管理成本的资金预算和控制风险的组织体系、人力资源、应对措施等总体安排。

1. 风险管理的优先顺序

风险管理的优先顺序决定企业优先管理哪些风险，决定企业各方面资源的优先配置。风险管理的优先顺序体现了企业的风险偏好。因此，要找到一种普适性的方法来确定风险管理的优先顺序是很困难的。一个很重要的原则是，风险与收益相平衡的原则，在风险评估结果的基础上，全面考虑风险与收益。要特别重视对企业有影响的重大风险，要首先解决"颠覆性"风险问题，保证企业持续发展。

2. 确定风险管理的优先顺序

根据风险与收益平衡原则，确定风险管理的优先顺序可以考虑以下几个因素：①风险事件发生的可能性和影响；②风险管理的难度；③风险的价值或管理可能带来的收益；④合规的需要；⑤对企业技术准备、人力、资金的需求；⑥利益相关者的要求。

（九）风险管理策略检查

《中央企业全面风险管理指引》指出，企业应定期总结和分析已制定的风险管理策略的有效性和合理性，结合实际不断修订和完善。其中，应重点检查依据风险偏好、风险承受度和风险控制预警线实施的结果是否有效，并提出定性或定量的有效性标准。风险管理策略要随着企业经营状况的变化、经营战略的变化、外部环境风险的变化而调整。

风险管理策略定期检查的频率依赖于企业面临的风险。企业经营战略回顾时应该同时总结和分析风险管理策略。要重新评估风险以便确认风险管理策略的有效性。必要时，调整有效性标准。制定风险管理策略要注意整个全面风险管理体系的配合，如是否有强有力的组织职能支撑，经济上是否划算，技术上能否掌握等等。因此，一个好的风险管理策略往往要到解决方案完善后才能完成。

二、风险管理组织体系

企业风险管理组织体系主要包括规范的公司法人治理结构、风险管理职能部门、内部审计部门和法律事务部门以及其他有关职能部门、业务单位的组织领导机构及其职责。

（一）规范的公司法人治理结构

企业应建立健全规范的公司法人治理结构，股东（大）会、董事会、监事会、经理层依法履行职责，形成高效运转、有效制衡的监督约束体系。对于国有独资企业和国有控股企业应当建立外部董事、独立董事制度，外部董事、独立董事人数应超过董事会全部成员的半数，以保证董事会能够在重大决策、重大风险管理等方面作出独立于经理层的判断和选择。

董事会就全面风险管理工作的有效性对股东（大）会负责。董事会在全面风险管理方面主要履行以下职责：

（1）审议并向股东（大）会提交企业全面风险管理年度工作报告；

（2）确定企业风险管理总体目标、风险偏好、风险承受度，批准风险管理策略和重大风险管理解决方案；

（3）了解和掌握企业面临的各项重大风险及其风险管理现状，作出有效控制风险的决策；

（4）批准重大决策、重大风险、重大事件和重要业务流程的判断标准或判断机制；

（5）批准重大决策的风险评估报告；

（6）批准内部审计部门提交的风险管理监督评价审计报告；

（7）批准风险管理组织机构设置及其职责方案；

（8）批准风险管理措施，纠正和处理任何组织或个人超越风险管理制度作出的风险性决定的行为；

（9）督导企业风险管理文化的培育；

（10）全面风险管理的其他重大事项。

（二）风险管理委员会

具备条件的企业，董事会可下设风险管理委员会。该委员会的召集人应由不兼任总经理的董事长担任；董事长兼任总经理的，召集人应由外部董事或独立董事担任。该委员会成员中需有熟悉企业重要管理及业务流程的董事，以及具备风险管理监管知识或经验、具有一定法律知识的董事。

风险管理委员会对董事会负责，主要履行以下职责：

（1）提交全面风险管理年度报告；

（2）审议风险管理策略和重大风险管理解决方案；

（3）审议重大决策、重大风险、重大事件和重要业务流程的判断标准或判断机制，以及重大决策的风险评估报告；

（4）审议内部审计部门提交的风险管理监督评价审计综合报告；

（5）审议风险管理组织机构设置及其职责方案；

（6）办理董事会授权的有关全面风险管理的其他事项。

企业总经理对全面风险管理工作的有效性向董事会负责。总经理或总经理委托的高级管理人员，负责主持全面风险管理的日常工作，负责组织拟订企业风险管理组织机构设置及其职责方案。

（三）风险管理职能部门

企业应设立专职部门或确定相关职能部门履行全面风险管理的职责。该部门对总经理或其委托的高级管理人员负责，主要履行以下职责：

（1）研究提出全面风险管理工作报告；

（2）研究提出跨职能部门的重大决策、重大风险、重大事件和重要业务流程的判断标准或判断机制；

（3）研究提出跨职能部门的重大决策风险评估报告；

（4）研究提出风险管理策略和跨职能部门的重大风险管理解决方案，并负责该方案的组织实施和对该风险的日常监控；

（5）负责对全面风险管理有效性的评估，研究提出全面风险管理的改进方案；

（6）负责组织建立风险管理信息系统；

（7）负责组织协调全面风险管理日常工作；

（8）负责指导、监督有关职能部门、各业务单位以及全资、控股子企业开展全面风险管理工作；

（9）办理风险管理的其他有关工作。

（四）审计委员会

企业应在董事会下设立审计委员会，企业内部审计部门对审计委员会负责。内部审计部门在风险管理方面，主要负责研究提出全面风险管理监督评价体系，制定监督评价相关制度，开展监督与评价，出具监督评价审计报告。

（五）企业其他职能部门及各业务单位

企业其他职能部门及各业务单位在全面风险管理工作中，应接受风险管理职能部门和内部审计部门的组织、协调、指导和监督，主要履行以下职责：

（1）执行风险管理基本流程；

（2）研究提出本职能部门或业务单位重大决策、重大风险、重大事件和重要业务流程的判断标准或判断机制；

（3）研究提出本职能部门或业务单位的重大决策风险评估报告；

（4）做好本职能部门或业务单位建立风险管理信息系统的工作；

（5）做好培育风险管理文化的有关工作；

（6）建立健全本职能部门或业务单位的风险管理内部控制子系统；

（7）办理风险管理其他有关工作。

（六）下属公司

企业应通过法定程序，指导和监督其全资、控股子企业建立与企业相适应或符合全资、控股子企业自身特点、能有效发挥作用的风险管理组织体系。

三、内部控制系统

内部控制系统是指围绕风险管理策略目标，针对企业战略、规划、产品研发、投融资、市场运营、财务、内部审计、法律事务、人力资源、采购、加工制造、销售、物流、质量、安全生产、环境保护等各项业务管理及其重要业务流程，通过执行风险管理基本流程，制定并执行的规章制度、程序和措施。

四、风险理财措施

风险管理体系中的一个重要部分是风险理财措施。

（一）风险理财的一般定义

风险理财是用金融手段管理风险。例如：①公司为了转移自然灾害可能造成的损失而购买巨灾保险；②公司在对外贸易中产生了大量的外币远期支付或应收账款，为了对冲利率变化可能造成的损失，公司使用了外币套期保值，以降低汇率波动的风险；③公司为了应对原材料价格的波动风险，在金属市场上运用期货进行套期保值；④公司为了应对可能的突发事件造成的资本需求，与银行签订了应急资本合同。

以上这些措施都属于风险理财措施。

1. 风险理财的历史发展

最初的风险理财只是准备金。然后有了保险、期货等金融市场的单一方法。20世纪80年代财产保险和责任保险承保能力的不足，迫使许多公司开始考虑传统保险的替代品，如自保或专属保险公司、对财务损失的应急借款协议等。20世纪80年代开始，随着金融混业经营的发展，金融和保险之间的联系变得越来越密切，特别是90年代以来，投资银行等其他金融机构也通过新的融资安排提供急需的保险。衍生产品的出现和金融市场的管制放松呈现出金融一体化加速的趋势。

20世纪90年代对巨灾保险的需求导致了保险期货和期权的发展。人们开始在投资组合中使用结构化证券，比如利率指数化的债券，大量新型的风险理财产品进入市场。全球经济一体化的发展，全球产业链的再分工，发达国家的产业升级加速，使得大量的、非金融跨国公司进入金融领域。传统产业与金融业的融合，形成新一轮的规模更大的"混业经营"，传统产业链中的许多风险金融化，衍生产品蓬勃发展。

2. 风险理财的必要性

风险理财是全面风险管理的重要组成部分。对于可控的风险，所有的风险控制措施，除了规避风险在特定范畴内完全有效外，其余均无法保证不会发生。因此，即使对于可控风险，如果存在重大损失的可能，只有风险控制而无风险理财，仍然不能提供合理的保证，使人安心。风险理财可以针对不可控的风险。风险理财的发展迅速，形式灵活，覆盖的风险面广，有很多创新，日益成为企业经营中不可回避的重要内容。

3. 风险理财的特点

（1）风险理财的手段既不改变风险事件发生的可能性，也不改变风险事件可能引起的直接损失程度。

（2）风险理财需要判断风险的定价，因此量化的标准较高，即不仅需要风险事件的可能性和损失的分布，更需要量化风险本身的价值。

（3）风险理财的应用范围一般不包括声誉等难以衡量其价值的风险，也难以消除战略失误造成的损失。

（4）风险理财手段技术强，许多风险理财工具本身有着比较复杂的风险特性，使用不当容易造成重大损失。

4. 风险理财与公司理财

风险理财过去被认为是公司财务管理的一部分，现在则认为其在很多情况下超出了公司财务管理的范畴。具体表现在：①风险理财注重风险因素对现金流的影响；②风险理财影响公司资本结构，注意以最低成本获得现金流；③风险理财成为公司战略的有机部分，其风险经营的结果直接影响公司整体价值的提升。

5. 风险理财创造价值

传统的风险理财是损失理财，即为可能发生的损失融资，补偿风险造成的财务损失，如购买保险。传统的风险理财的目的是降低公司承担的风险。与损失理财相反，公司可能通过使用金融工具来承担额外的风险，改善公司的财务状况，创造价值。例如，一家公司在公司应收账款的限度之内，加大一般客户的交易份额，并对其收取较高的信用费用。又如，一家矿产公司在市场上通过期货的方式出卖产品，增加收入的稳定性，提高回报。因此，风险理财对机会的利用是整个经营战略的有机组成部分和战略举措。

（二）风险理财的策略与方案

风险管理策略的七大工具包括：风险承担、风险规避、风险转移、风险转换、风险对冲、风险补偿、风险控制。风险理财是运用金融手段来实施这些策略的。

1. 选择风险理财策略的原则和要求

（1）与公司整体风险管理策略一致。选择风险理财的策略，要与公司整体风险管理策略通盘考虑。应根据公司风险管理整体策略确定的风险偏好和承受度确定风险理财的目标，并量化风险的特性及其价值。要考虑到诸如对公司的资产负债率等方面的影响，以及对诸如"零容忍度"的具体安排等问题。

（2）与公司所面对风险的性质相匹配。本章第一节阐述了公司面对的外部和内部各种类型的风险，这些风险性质差异很大，适宜使用的风险管理手段都不尽相同。要采用与公司所面对风险的性质相匹配的风险理财手段。

（3）选择风险理财工具的要求。风险理财工具有多种，如准备金、保险、应急资本、期货、期权、其他衍生产品等，企业在选择这些风险理财工具时，要考虑如下几点：合规的要求，可操作性，法律法规环境，企业的熟悉程度，风险理财工具的风险特征，不同的风险理财手段可能适用同一风险。

（4）成本与收益的平衡。公司进行风险管理时要注意风险管理的成本与收益的平衡，同样，选择风险理财策略时，也要考虑这一原则。风险理财的基础是对风险的定价，相对于其他的风险手段，风险理财的成本与收益比较容易计算，但是要注意纠正忽视风险价值的心理。

风险理财的方案可以简单，也可以复杂，如下面两个例子，见图6-4与图6-5。

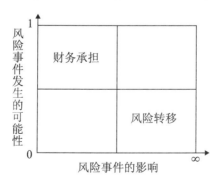

图6-4 简单的风险理财方案

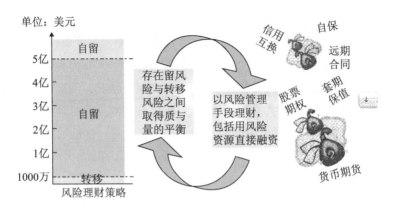

图 6-5 复杂的风险理财方案

企业选择的风险理财方案的复杂程度要考虑风险的性质、企业的资源能力等多方面因素。

2. 对金融衍生品的选择

在企业选择风险理财的策略与方案时，涉及对金融衍生品的选择。

（1）金融衍生品的概念和类型。金融衍生品是其价值决定于一种或多种基础资产或指数的金融合约。常用衍生品包括：远期合约、互换交易、期货、期权等。

① 远期合约（Forward contract）。远期合约指合约双方同意在未来日期按照固定价格交换金融资产的合约，承诺以当前约定的条件在未来进行交易的合约，会指明买卖的商品或金融工具种类、价格及交割结算的日期。远期合约是必须履行的协议，不像可选择不行使权利（即放弃交割）的期权。远期合约亦与期货不同，其合约条件是为买卖双方量身定制的，通过场外交易（OTC）达成，而后者则是在交易所买卖的标准化合约。远期合约规定了将来交换的资产、交换的日期、交换的价格和数量，合约条款因合约双方的需要不同而不同。远期合约主要有远期利率协议、远期外汇合约、远期股票合约。

远期合约是现金交易，买方和卖方达成协议在未来的某一特定日期交割一定质量和数量的商品。价格可以预先确定或在交割时确定。

远期合约是场外交易，如同即期交易一样，交易双方都存在风险。因此，远期合约通常不在交易所内交易。伦敦金属交易所中的标准金属合约是远期合约，它们在交易所大厅中交易。在远期合约签订之时，它没有价值——支付只在合约规定的未来某一日进行。如果即期价格低于远期价格，市场状况被描述为正向市场或溢价（contango）。如果即期价格高于远期价格，市场状况被描述为反向市场或差价（backwardation）。

② 互换交易（Swap transaction，Swaps）。互换交易主要指对相同货币的债务和不同货币的债务通过金融中介进行互换的一种行为。金融互换曾被西方金融界誉为20世纪80年代以来最重要的金融创新。1982年后得到了迅速的发展。目前，许多大型的跨国银行和投资银行机构都提供互换交易服务。其中最大的互换交易市场是伦敦和纽约的国际金融市场。

互换的种类包括利率互换、货币互换、商品互换和其他互换。利率互换：是指双方同意在未来的一定期限内根据同种货币的同样的名义本金交换现金流，其中一方的现金根据浮动利率计算出来，而另一方的现金流根据固定利率计算。货币互换：是指将一种货币的本金和固定利息与另一货币的等价本金和固定利息进行交换。商品互换：是一种特殊类型的金融交易，交易双方为了管理商品价格风险，同意交换与商品价格有关的现金流。它包括固定价格及浮动价格的商品价格互换和商品价格与利率的互换。其他互换：股权互换、信用互换、气候互换和互换期权等。

③ 期货（Futures）。期货是指在约定的将来某个日期按约定的条件（包括价格、交割地点、交割方式）买入或卖出一定标准数量的某种资产。期货合约（Futures contract）是期货交易的买卖对象或标的物，是由期货交易所统一制定的，规定了某一特定的时间和地点交割一定数量和质量商品的标准化合约。期货价格则是通过公开竞价而达成的。

通常期货集中在期货交易所进行买卖，但亦有部分期货合约可通过柜台交易进行买卖。期货是一种衍生性金融商品，按现货标的物的种类，期货可分为商品期货与金融期货两大类。

期货合约的主要类型有商品期货、外汇期货、利率期货和股票指数期货。商品期货是指标的为实物商品的期货；外汇期货的标的物是外汇，如美元、欧元、英镑、日元等；利率期货是标的资产价格依赖于利率水平的期货合约，如长期国债、短期国债、商业汇票和欧洲美元期货；股票指数期货的标的物是股价指数。

④ 期权（Option）。期权是在规定的一段时间内，可以以规定的价格购买或者出卖某种规定的资产的权利。期权是在期货的基础上产生的一种金融工具，这种金融衍生工具的最大魅力在于，可以使期权的买方将风险锁定在一定的范围之内。从其本质上讲，期权实质上是在金融领域中将权利和义务分开进行定价，使得权利的受让人在规定时间内对于是否进行交易行使其权利，而义务方必须履行。在期权交易时，购买期权的合约方称做买方，而出售合约的一方则叫做卖方；买方即是权利的受让人，而卖方则是必须履行买方行使权利的义务人。

按交易主体划分，期权可分为买方期权和卖方期权两类：买方期权，是指赋予期权持有人在期权有效期内按履约价格买进（但不负有必须买进的义务）规定的资产的权利。卖方期权，是指期权持有人在期权有效期内按履约价格卖出（但不负有必须卖出的责任）规定的资产的权利。

期权合约（Option contract）指以金融衍生产品作为行权品种的交易合约。期权指在特定时间内以特定价格买卖一定数量交易品种的权利。期权合约的内容一般包括：标的资产：是指期权能够买入或者卖出的规定资产。执行价格：是指行权时，可以以此价格买入或卖出规定资产的价格。到期日：期权有效期截止的时间。行权方式：如果在到期日之前的任何时间以及到期日都能执行，称这种期权为美式期权。如果只能在到期日执行，称为欧式期权。期权价格：是指为获得该期权，期权的持有人付出的代价。

（2）运用衍生品进行风险管理的主要思路

① 增加自己愿意承担的风险；② 消除或减少自己不愿承担的风险；③ 转换不同的风险。

（3）衍生品的特点

① 优点：准确性；时效；使用方便；成本优势；灵活性；对于管理金融市场等市场风险具有不可替代的作用。②衍生产品的杠杆作用很大，因而风险很大，如用来投机可能会造成巨大损失。

（4）运用衍生品进行风险管理需满足的条件

① 满足合规要求；②与公司的业务和发展战略保持一致；③建立完善的内部控制措施，包括授权、计划、报告、监督、决策等流程和规范；④采用能够准确反映风险状况的风险计量方法，明确头寸、损失、风险限额；⑤完善的信息沟通机制，保证头寸、损失、风险敞口的报告及时可靠；⑥合格的操作人员。

以上阐述了风险理财的基本概念，下面将介绍两类主要的风险理财措施：损失事件管理与套期保值。

（三）损失事件管理

损失事件管理是指对可能给企业造成重大损失的风险事件的事前、事后管理的方法。损失的内容包括企业的资金、声誉、技术、品牌、人才等。

1. 损失融资

损失融资是为风险事件造成的财物损失融资，是从风险理财的角度进行损失事件的事后管理，是损失事件管理中最有共性，也是最重要的部分。企业损失分为预期损失和非预期损失，因此损失事件融资也相应分为预期损失融资和非预期损失融资。预期损失融资一般作为运营资本的一部分，而非预期损失融资则是属于风险资本的范畴。

2. 风险资本

风险资本即除经营所需的资本之外，公司还需要额外的资本用于补偿风险造成的财务损失。传统的风险资本表现形式是风险准备金。风险资本是使一家公司破产的概率低于某一给定水平所需的资金，因此取决于公司的风险偏好。例如，一家公司每年最低运营资本是 5 亿元，但是有 5% 的可能性需要 7.5 亿元维持运营，有 1% 的可能性需要 10 亿元才能维持运营。换句话说，如果风险资本为 2.5 亿元，那么这家公司的生存概率就是 95%，而 5 亿元的风险资本对应的则是 99% 的生存概率，如图 6 - 6 所示。

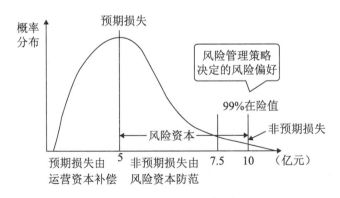

图 6 - 6　风险资本作为风险成本

3. 应急资本

应急资本是风险资本的表现形式之一。应急资本是一个金融合约，规定在某一个时间段内、某个特定事件发生的情况下公司有权从应急资本提供方处募集股本或贷款（或资产负债表上的其他实收资本项目），并为此按时间向资本提供方缴纳权力费，这里特定事件称为触发事件。应急资本费用、利息和额度在合同签订时约定。应急资本最简单的形式是公司为满足特定条件下的经营需要而从银行获得的信贷额度，一般通过与银行签订协议加以明确，比如信用证、循环信用工具等。图6-7显示了某公司应急资本的结构。

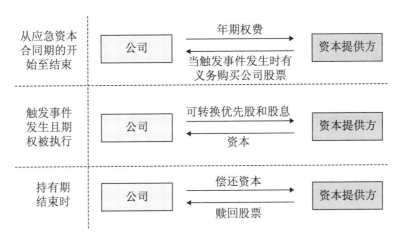

图6-7 某公司应急资本的结构

应急资本具有如下特点：①应急资本的提供方并不承担特定事件发生的风险，而只是在事件发生并造成损失后提供用于弥补损失、持续经营的资金。事后公司要向资本提供者归还这部分资金，并支付相应的利息。②应急资本是一个综合运用保险和资本市场技术设计和定价的产品。与保险不同，应急资本不涉及风险的转移，是企业风险补偿策略的一种方式。③应急资本是一个在一定条件下的融资选择权，公司可以不使用这个权利。④应急资本可以提供经营持续性的保证。

4. 保险

保险是一种金融合约。保险合同规定保险公司应为预定的损失支付补偿（也就是为损失进行融资），作为交换，在合同开始时，购买保险合同的一方要向保险公司支付保险费。保险合同降低了购买保险一方的风险，因为他把损失的风险转移给了保险公司。而保险公司则是通过损失的分散化来降低自己的风险。例如，保险公司可以通过出售大量的涉及多种类型损失的保险合同来降低自己的风险。

保险是风险转移的传统手段，即投保人通过保险把风险可能导致的财务损失负担转移给保险公司。可保风险是纯粹风险：机会风险不可保。表6-3显示了保险的主要类型和适应企业风险的类型。

表 6 – 3　保险的主要类别

风险	保单类型	简要描述
财产	商业财产险	由于火灾、爆炸、暴风雨及其他风险因素造成的直接损失
	企业收入损失险	由于财产损失事件使经营中断而造成的收入损失
	汽车物理损失险	汽车的物理损害和失窃
责任	商业一般责任险	涉及房屋、产品及许多合同化责任风险标的的一般责任保险
	汽车责任险	汽车事故造成的责任
	员工赔偿和雇主责任险	依据法律应支付给受伤或生病雇员的福利；雇主责任险针对的是员工赔偿险中未包括的某些损害赔偿
多种财产	商业综合险	包括财产、责任、汽车及其他的一揽子保单，例如商业一揽子保单和业主保险
海险	海运险	与海关相关的船舶、货物、运营的损失及对他人的责任
	内陆航运险	通过内陆、水路运输的货物损失及对他人的责任
雇员福利	人寿保险	向雇员提供人寿保险给付的团体人寿保险
	医疗保险	向雇员提供医疗费用给付的团体医疗费用保险
	伤残保险	向雇员提供短期或长期伤残给付的团体伤残保险

保险市场的运行结构如图 6 – 8 所示。

运用保险这种工具实施风险转移策略只适合一定的条件。

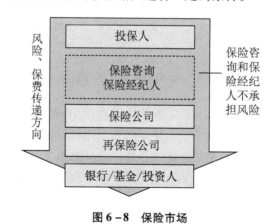

图 6 – 8　保险市场

5. 专业自保

专业自保公司又称专属保险公司，是非保险公司的附属机构，为母公司提供保险，并由其母公司筹集保险费，建立损失储备金。几乎所有的大跨国公司都有专业自保公司。专业自保的特点是：由被保险人所有和控制，要承保其母公司的风险，但可以通过租借的方式承保其他公司的保险，不在保险市场上开展业务。图 6 – 9 显示了纯专业自保公司的结构。

专业自保公司的优点是：降低运营成本，改善公司现金流，保障项目更多，公平的费率等级，保障的稳定性，直接进行再保险，提高服务水平，减少规章的限制，国外课税扣除和流通转移。专业自保公司的缺点是：内部管理成本，资本与投入，管理人员的新核心，损失储备金不足和潜在损失；税收检查，成本增加或减少其他保险的可得性。

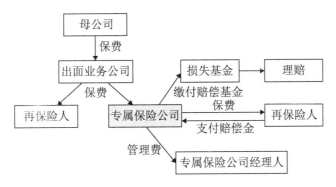

图6-9　纯专业自保公司的结构

（四）套期保值

1. 套期保值与投机

套期保值是指为冲抵风险而买卖相应的衍生品的行为；与套期保值相反的便是投机行为。套期保的目的是降低风险；投机的目的是承担额外的风险以盈利。套期保值的结果是降低了风险；投机的结果是增加了风险。一般来说，不能从衍生品的交易本身判断该交易是否为套期保值或投机，要考虑它的头寸。

2. 期货套期保值

（1）期货价格与现货价格。绝大多数期货合约不会在到期日用标的物兑现。期货价格表现的是市场对标的物的远期预期价格。"基差"用来表示标的物的现货价格与所用合约的期货价格之差。基差在期货合约到期日为零，在此之前可正可负。一般而言，离到期日越近，基差就越小，如图6-10所示。

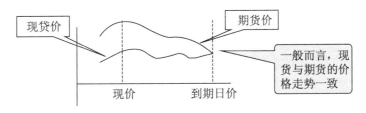

图6-10　基差的变化

（2）期货的套期保值。期货的套期保值亦称为期货对冲，是指为配合现货市场上的交易，而在期货市场上做与现货市场商品相同或相近但交易部位相反的买卖行为，以便将现货市场的价格波动的风险在期货市场上抵消。

期货的套期保值交易之所以有利于回避价格风险，其基本原理就在于某一特定商品的期货价格和现货价格受相同的经济因素影响和制约。利用期货套期保值有两种方式：①空头期货套期保值：如果某公司要在未来某时间出售资产，可以通过持有该资产期货合约的空头来对冲风险。如果到期日资产价格下降，现货出售资产亏损，但期货的空头获利。如果到期日资产价格上升，现货出售获利（相对约签订日期），但期货的空头亏损。②多头套期保值：如果要在未来某时买入某种资产，则可采用持有该资产期货合约的多头来对冲风险。

利用期货套期保值一般涉及两个时间的四个交易。表6-4至表6-7分别显示了商品期货、外汇期货、利率期货、股指期货四种期货空头套期保值和多头套期保值的例子，从中可以看到期货套期保值是怎样降低风险的。

表6-4　商品期货空头套期保值实例

日期	现货市场	期货市场
2015年7月1日	签订合同承诺在12月提供1000桶原油给客户，因此购买现货原油1000桶，每桶价格55美元	在期货交易所卖出12月到期的期铜原油期货1000桶，每桶价格56美元
2015年12月31日	现货市场每桶原油价格是37美元。按现货价格提交客户1000桶原油	当月原油期货价格接近现货价格，为每桶37美元，按此价格买进原油期货1000桶
结果	每桶亏损18美元，共损失18000美元	每桶盈利19美元，共盈利19000美元

表6-5　外汇期货多头套期保值实例

日期	现货	期货
2015年8月1日	买入500000欧元 汇率为1欧元=1.16美元 价值580000美元	开仓卖出20份12月期欧元期货合约，每份合约25000欧元 汇率为1欧元=1.162美元 价值581000美元
2015年12月31日	卖出500000欧元 汇率为1欧元=1.098美元 价值549000美元	平仓买入20份欧元期货合约，每份合约25000欧元 汇率汇率为1欧元=1.10美元 价值：550000美元
结果	亏损31000美元	获利31000美元

表6-6　利率期货多头套期保值实例

日期	现货市场	期货市场
2015年7月1日	贴现率为10%（国库券市场价格为90美元），准备把20000000美元投资于3个月期美国国库券	以89.5美元的价格买进30张3月份到期的美国国库券期货合约
2015年8月1日	收到20000000美元，以93美元的价格买进3个月期的美国国库券	以92美元的价格卖出30张3月份到期的美国国库券期货合约
结果	20000000×（7%-10%）×90/360=-150000亏损150000美元	（92-89.5）×100×25×30=187500获利187500美元

表6-7　股指期货空头套期保值实例

日期	现货市场	期货市场
2015年6月1日	某投资者持有股票市值合计为2000万元，沪深300现货指数5076点	沪深300股指初始保证金12%，每点300元。该投资者开仓卖出IF1509合约10份，成交价格5090点，合约市值为5090×300×109×12%=19992780元

续 表

日期	现货市场	期货市场
2015 年 8 月 31 日	沪深 300 现货指数跌到 3366 点，指数下跌 1710 点，跌幅 1710/5076 = 33.69%，该投资者持有的股票市值减少：2000×33.69% = 673.8 万元	以 3370 点平仓买入 109 手沪深 300 股指 IF1509 合约 10 份，合约价值为 3370×300×109×12% = 13223880 元
结果	股票市值缩水 673.8 万元	获利 676.89 万元（未考虑交易手续费）

（3）期货投机的风险。期货投机是指基于对市场价格走势的预期，为了盈利在期货市场上进行的买卖行为。由于远期市场价格的波动性，与套期保值相反，期货的投机会增加风险。

例如，假设原油市场现价每桶 75 美元，而公司判断原油市场在半年后会大跌至每桶 50 美元。因此公司卖出 100 万桶半年后交割的原油期货，卖出价格每桶 80 美元。如果市场发展如公司预期，因此公司将盈利 3000 万美元。但半年后，原油价格上涨为每桶 100 美元，公司因此亏损 2000 万美元。假设半年后，原油价格涨为每桶 120 美元，则公司亏损将为 4000 万美元。

3. 期权套期保值

（1）利用期权套期保值。期权作为对冲的工具可以起到相似保险的作用。例如，现持有某股票，价格为 100 美元，为了防止该股票价格下降造成的损失，而购进在一定期间内、行权价格为 100 美元的卖方期权。假设成本为 7.5 美元。此时该股票期权组合的收益曲线如图 6－11 所示。从该曲线的形状可以看出期权对冲风险的作用。

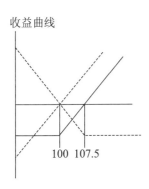

图 6－11　期权套期保值

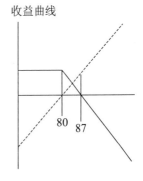

图 6－12　期权投机的风险

（2）期权投机的风险。期权也可以作为投机的工具，但风险更大。例如，公司判断半年内原油价格不会超过每桶 80 美元，因此卖出半年期行权价格为每桶 80 美元的原油期货的买方期权，价格为 7 美元。该期权的收益曲线如图 6－12 所示。如果半年内原油价格不超过 80 美元，交易对手不会行权，公司将盈利每桶 7 美元；如果原油价格高于 80 美元，但不超过 87 美元，对手行权，但公司仍将盈利，盈利小于 7 美元；如果原油价格高于 87 美元，交易对手行权，公司将亏损。且亏损额随原油价格上升而上升，上不封顶。综上所述，运用风险理财措施要明确以下几点：①风险理财是全面风险管理的重要组成部分，在对许多风险的管理上，有着不可替代的地位和作用；②风险理财形式多样，应用灵活，时效性强，具有许多其他手段不可比拟的优点；③风险理财技术性强，需要专门的人才、知识、组织结构、程序和法律环境；④风险理财手段的不当使用，包括策略错误和内控失灵，可能带来巨大的损失。因此风险理财本身的风险管理尤为重要。

五、风险管理信息系统

企业的管理信息系统在风险管理中发挥着至关重要的作用。企业应将信息技术应用于风险管理的各项工作，建立涵盖风险管理基本流程和内部控制系统各环节的风险管理信息系统，包括信息的采集、存储、加工、分析、测试、传递、报告、披露等。企业应采取措施确保向风险管理信息系统输入的业务数据和风险量化值的一致性、准确性、及时性、可用性和完整性。对输入信息系统的数据，未经批准，不得更改。

风险管理信息系统应能够进行对各种风险的计量和定量分析、定量测试；能够实时反映风险矩阵和排序频谱、重大风险和重要业务流程的监控状态；能够对超过风险预警上限的重大风险实施信息报警；能够满足风险管理内部信息报告制度和企业对外信息披露管理制度的要求。

风险管理信息系统应实现信息在各职能部门、业务单位之间的集成与共享，既能满足单项业务风险管理的要求，也能满足企业整体和跨职能部门、业务单位的风险管理综合要求。企业应确保风险管理信息系统的稳定运行和安全，并根据实际需要不断进行改进、完善或更新。

已建立或基本建立企业管理信息系统的企业，应补充、调整、更新已有的管理流程和管理程序，建立完善的风险管理信息系统；尚未建立企业管理信息系统的，应将风险管理与企业各项管理业务流程、管理软件统一规划、统一设计、统一实施、同步运行。

第五节　企业风险识别

企业风险识别很多，既有定性分析，也有定量分析，这取决于不同风险识别技术和方法的特点。风险定性分析往往带有较强的主观性，需要凭借分析者的经验和直觉，或者是以行业标准和惯例为风险各要素的大小或高低程度定性分级。虽然看起来比较容易，但实际上要求分析者具备较高的经验和能力，否则会因操作者经验和直觉的偏差而使分析结果失准。定量分析是对构成风险的各个要素和潜在损失的水平赋予数值或货币金额，当度量风险的所有要素都被赋值，风险分析和评估过程与结果得以量化。定量分析比较客观，但对数据的要求较高，同时还需借助数学工具和计算机程序，其操作难度较大。

企业风险识别同样也可在企业战略分析中使用。本节主要介绍头脑风暴法、德尔菲法（Delphi Method）、失效模式、影响和危害度分析法（FMECA）、流程图分析法（Flow Charts Analysis）、马尔科夫分析法（Markov Analysis）、风险评估系图法、情景分析法、敏感性分析法、事件树分析法（ETA）、决策树法、统计推论法。

一、头脑风暴法

头脑风暴法又称智力激励法、BS法、自由思考法，是指刺激并鼓励一群知识渊博、知悉风险情况的人员畅所欲言，开展集体讨论的方法。头脑风暴法又可分为直接头脑风暴法（通常简称为"头脑风暴法"）和质疑头脑风暴法（也称"反头脑风暴法"）。前者是在专家群体决策，尽可能激发创造性，产生尽可能多的设想的方法，后者则是对前者提出的设想、方案逐一质疑，分析其现实可行性的方法。将头脑风暴法应用于风险识别，就是由指定的主持人提出与风险有关的问题，然后要求小组成员依次在第一时间给出问题的看法，之后由风险管理小组对集体讨论后识别的所有风险进行复核，并且认定核心风险。

（一）适用范围

适用于充分发挥专家意见，在风险识别阶段进行定性分析。

（二）实施步骤

（1）会前准备：参与人、主持人和课题任务落实要讨论识别的风险主题。

（2）风险主题展开探讨：由主持人公布会议主题并介绍与风险主题相关的情况；突破思维惯性，大胆进行联想；主持控制好时间，力争在有限的时间内获得尽可能多的创意性设想。

（3）风险主题探讨意见分类与整理。

（三）主要优点和局限性

主要优点：（1）激发了想象力，有助于发现新的风险和全新的解决方案；（2）让主要的利益相关者参与其中，有助于进行全面沟通；（3）速度较快并易于开展。

局限性：（1）参与者可能缺乏必要的技术及知识，无法提出有效的建议；（2）由于头脑风暴法相对松散，因此较难保证过程的全面性；（3）可能会出现特殊的小组状况，导致某些有重要观点的人保持沉默而其他人成为讨论的主角；（4）实施成本较高，要求参与者有较好的素质，这些因素是否满足会影响头脑风暴法实施的效果。

二、德尔菲法（Delphi Method）

德尔菲法又称专家意见法，是在一组专家中取得可靠共识的程序，其基本特征是专家单独、匿名表达各自的观点，同时随着过程的进展，他们有机会了解其他专家的观点。德尔菲法采用背对背的通信方式征询专家小组成员的意见，专家之间不得互相讨论，不发生横向联系，只能与调查人员发生关系。通过反复填写问卷，搜集各方意见，以形成专家之间的共识。

（一）适用范围

适用于在专家一致性意见的基础上，在风险识别阶段进行定性分析。

（二）实施步骤

（1）组成专家小组。按照课题所需要的知识范围，确定专家。专家人数的多少，可根据预测课题的大小和涉及面的宽窄而定，一般不超过 20 人。

（2）向所有专家提出所要预测的问题及有关要求，并附上有关这个问题的所有背景材料，同时请专家提出还需要什么材料。然后由专家做书面答复。

（3）各个专家根据他们所收到的材料，提出自己的预测意见，并说明自己是怎样利用这些材料并提出预测值的。

（4）将各位专家第一次判断意见汇总，列成图表，进行对比，再分发给各位专家，让专家比较自己同他人的不同意见，修改自己的意见和判断，也可以把各位专家的意见加以整理，或请身份更高的其他专家加以评论，然后把这些意见再分送给各位专家，以便他们参考后修改自己的意见。

（5）将所有专家的修改意见收集起来进行汇总，再次分发给各位专家，以便做第二次修改。逐轮收集意见并为专家反馈信息是德尔菲法的主要环节。收集意见和信息反馈一般要经过三四轮。在向专家进行反馈的时候，只给出各种意见，但并不说明发表各种意见的专家的具体姓名。这一过程重复进行，直到每一个专家不再改变自己的意见。

（6）对专家的意见进行综合处理。

以上 6 个步骤并非一定都发生，如果在第 4 步专家意见就已经达成一致，则不需要第 5、第 6 步。

（三）主要优点和局限性

主要优点：（1）由于观点是匿名的，因此更有可能表达出那些不受欢迎的看法；（2）所有观点有相同的权重，避免重要人物占主导地位的问题；（3）专家不必一次聚集在某个地方，比较方便；（4）这种方法具有广泛的代表性。

局限性：（1）权威人士的意见影响他人的意见；（2）有些专家碍于情面，不愿意发表与其他人不同的意见；（3）出于自尊心而不愿意修改自己原来不全面的意见。德尔菲法的主要缺点是过程比较复杂，花费时间较长。

（四）案例

一家学校的校长正在考虑将饮食服务外包给外部的服务供应商，也就是说，私人企业将接管现有的饮食服务员工及厨师，并承担为学生提供饮食的责任。在评价该项目的风险因素时，学校委托一家专业公司进行调查。该调查公司选择了 30 位相关领域的专家，针对以下几个风险因素编制了调查问卷表：（1）承包商的财务结构不稳定；（2）承包商在为学生提供高品质、健康食物方面可能有不良记录，以及承包商的卫生标准未能达标；（3）学校无法控制绩效（例如，员工能否采纳学校行政组的指导或意见）；（4）食品卫生情况与学生生病或感染传染病之间的关联性或因果关系；（5）公众尤其是家长对饮食外包的敌对情绪。

该调查公司根据上述风险因素编制了 20 个问题，反复征询专家意见，达成对该项目风险的共识。

三、失效模式、影响和危害度分析法（FMECA）

FMECA（Failure Mode Effects and Criticality Analysis），即失效模式、影响及危害度分析法，是一种自下而上的分析方法，可用来分析、审查系统的潜在故障模式。FMECA 按规定的规则记录系统中所有可能存在的影响因素，分析每种因素对系统的工作及状态的影响，将每种影响因素按其影响的严重度及发生概率排序，从而发现系统中潜在的薄弱环节，提出可能采取的预防改进措施，以消除或减少风险发生的可能性，保证系统的可靠性。根据其重要性和危害程度，FMECA 可对每种被识别的失效模式进行排序。FMECA 可协助挑选具有高可靠性的替代性设计方案；确保所有的失效模式及其对运行成功的影响得到分析；列出潜在的故障并识别其影响的严重性；为测试及维修工作的规划提供依据；为定量的可靠性及可用性分析提供依据。FMECA 可以为其他风险方法，例如，定性及定量的故障树分析提供数据支持。

（一）适用范围

适用于对失效模式、影响及危害进行定性或定量分析，还可以对其他风险识别方法提供数据支持。

（二）实施步骤

（1）将系统分成组件或步骤，并确认各部分出现明显失效的方式，造成这些失效模式的具体机制，失效可能产生的影响，失效是无害的还是有破坏性的？故障如何检测？

（2）根据失效后果的严重性，将每个识别出的失效模式进行分类并确定风险等级。通常情况下，风险等级可以通过失效模式后果与失效发生的概率的组合获得，并以定性地、半定量地或定量地表达；

（3）识别风险优先级，这是一种半定量的危害度测量方法，其将失效后果、可能性和发现问题的能力（如果失效很难发现，则认为其优先级较高）进行等级赋值（通常在 1~10 之间）并相乘来获得危险度；

（4）FMECA 将获得一份失效模式、失效机制及其对各组件或者系统或过程步骤影响的清单，该清单将包含系统失效的可能性、失效模式导致的风险程度等结果，如果使用合适的失效率资料和定量后果，FMECA 可以输出定量结果。

（三）主要优点和局限性

主要优点：（1）广泛适用于人力、设备和系统失效模式，以及硬件、软件和程序；（2）识别组件失效模式及其原因和对系统的影响，同时用可读性较强的形式表现出来；（3）通过在设计初期发现问题，从而避免了开支较大的设备改造；（4）识别单点失效模式以及对冗余或安全系统的需要。

局限性：（1）只能识别单个失效模式，无法同时识别多个失效模式；（2）除非得到充分控制并集中充分精力，否则研究工作既耗时且开支较大。

四、流程图分析法（Flow Charts Analysis）

流程图分析法是对流程的每一阶段、每一环节逐一进行调查分析，从中发现潜在风险，找出导致风险发生的因素，分析风险产生后可能造成的损失以及对整个组织可能造成的不利影响。流程图是指使用一些标准符号代表某些类型的动作，直观地描述一个工作过程的具体步骤。流程图法将一项特定的生产或经营活动按步骤或阶段顺序以若干个模块形式组成一个流程图系列，在每个模块中都标示出各种潜在的风险因素或风险事件，从而给决策者一个清晰的总体印象。在企业风险识别过程中，运用流程图绘制企业的经营管理业务流程，可以将与企业各种活动有影响的关键点清晰地表现出来，结合企业中这些关键点的实际情况和相关历史资料，就能够明确企业的风险状况，是一种动态分析。

（一）适用范围

通过业务流程图方法，对企业生产或经营中的风险及其成因进行定性分析。

（二）实施步骤

（1）根据企业实际绘制业务流程图；

（2）识别流程图上各业务节点的风险因素，并予以重点关注；

（3）针对风险及产生原因，提出监控和预防的方法。

（三）主要优点和局限性

主要优点：流程图分析法是识别风险最常用的方法之一。清晰明了，易于操作，且组织规模越大，流程越复杂，流程图分析法就越能体现出优越性。通过业务流程分析，可以更好地发现风险点，从而为防范风险提供支持。

局限性：（1）使用效果依赖于专业人员的水平；（2）不能识别企业面临的一切风险；（3）流程图是否准确，决定着风险管理部门识别风险的准确性；（4）流程图识别风险的管理成本比较高。

（四）案例

财务费用报销流程中各环节及其风险审核点，如表6-8所示。

表6-8　财务费用报销流程风险分析

流程图	风险审核点	责权部门
报销单据整理粘贴	报销人员根据公司费用报销制度要求，整理好需要报销的发票或单据，并进行整齐粘贴。根据报销内容填写《费用报销单》	报销人员
填写《费用报销单》	报销单填写要求不得涂改，不得用铅笔或红色的笔填写，并附上相关的报销发票或单据。若属于出差的费用报销，必须附上经过批准签字的《差旅费报销单》。采购物品报销需附上总经理签字确认的《采购申请表》	报销人员

流程图	风险审核点	责权部门
部门领导审核	《费用报销单》及相关单据准备完成后，报销人员提交给直接主管审核签字，直接主管须对以下方面进行审核： 费用产生开支的原因及真实性 费用的标准性及合理性 费用的控制等 若发现不符合要求，立即退还给相关报销人员重新整理提报	相关部门领导
财务部确认	部门领导审核签字后，报销人员将报销单据提交给财务部，由财务部门会计人员进行报销费用的确认，主要内容包括： 产生的费用是否符合报销标准 财务是否能及时安排此费用 若发现不符合要求，立即退还给相关人员重新整理提报	财务部主管
财务部负责人审查	财务主管审核签字后，报销人员将报销单据提交给财务部负责人，由财务负责人进行报销费用的审查，主要内容包括： 单据或票据是否符合财务规范要求 财务人员是否合理按照报销标准审核 若发现不符合要求，立即退还给相关人员重新整理提报	财务部负责人
副总经理批准	财务部对审核签字后，报销人员将报销单据提交副总经理（总经理助理）由副总经理进行最后核查，主要内容包括： 部门领导审核和公正性 财务部门审核和严谨性 若副总经理发现不符合要求，立即退还给相关人员重新整理提报	副总经理 （总经理助理）
董事长总经理批准	副总经理（总经理助理）对审核要求的报销单签字后，最后由报销人员呈交董事长（总经理），由总经理进行批准签字。签字后报销人员方可去财务部领款	董事长 （总经理）

五、马尔科夫分析法（Markov Analysis）

如果系统未来的状况仅取决于其现在的状况，那么就可以使用马尔科夫分析。这种分析通常用于对那些存在多种状态（包括各种降级使用状态）的可维修复杂系统进行分析。马尔科夫分析是一项定量技术，可以是不连续的（利用状态间变化的概率）或者连续的（利用各状态的变化率）。虽然马尔科夫分析可以手动进行，但是该技术的性质使其更适合于计算机程序。马尔科夫分析方法主要围绕"状态"这个概念展开。随机转移概率矩阵可用来描述状态间的转移，以便计算各种输出结果。

（一）适用范围

适用于对复杂系统中不确定性事件及其状态改变的定量分析。

（二）实施步骤

（1）调查不确定性事件各状态及其变化情况；

（2）建立数学模型；

（3）求解模型，得到风险事件各个状态发生的可能性。

（三）主要优点和局限性

主要优点：能够计算出具有维修能力和多重降级状态的系统的概率。

局限性：①无论是故障还是维修，都假设状态变化的概率是固定的；②所有事项在统计上具有独立性，因此未来的状态独立于一切过去的状态，除非两个状态紧密相连；③需要了解状态变化的各种概率；④有关矩阵运算的知识比较复杂，非专业人士很难看懂。

（四）案例

一种仅存在三种状态的复杂系统。功能、降级和故障将分别界定为状态 S1、状态 S2 以及状态 S3。每天系统都会存在于这三种状态中的某一种。表 6-9 的马尔科夫矩阵说明了系统明天处于状态 Si 的概率（i 分别为 1、2 或 3）。

表 6-9　马尔科夫矩阵

		今天状态		
		S1	S2	S3
明天状态	S1	0.95	0.3	0.2
	S2	0.04	0.65	0.6
	S3	0.01	0.05	0.2

上述概率矩阵称为马尔科夫矩阵，也称转移矩阵。注意：每列数值之和是 1，因为它们是每种情况一切可能结果的总和。这个系统可以用图 6-13 所示的马尔科夫图来表示。其中，圆圈表示状态，箭头表示相应概率的转移。

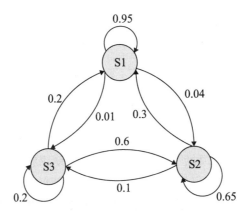

图 6-13　系统马尔科夫图

Pi 表示系统处于状态 i（i 为 1、2、3）的概率，那么需要解下列方程组：

$$P1 = 0.95P1 + 0.30P2 + 0.20P3 \qquad (1)$$
$$P2 = 0.04P1 + 0.65P2 + 0.60P3 \qquad (2)$$
$$P3 = 0.01P1 + 0.05P2 + 0.20P3 \qquad (3)$$

这三个方程并非独立的，无法解出三个未知数。

$$1 = P1 + P2 + P3 \qquad (4)$$

联立上述方程组，解得状态 1、2 及 3 的概率分别是 0.85、0.13 和 0.02，即该系统只在 85% 的时间里能充分发挥功效，13% 的时间内处于降级状态，而 2% 的时间存在故障。现实中的系统状态复杂得多，需联立求解的方程也更为复杂，故需要借助计算机程序来完成。

六、风险评估系图法

用以评估风险影响的常见的定性方法是制作风险评估系图。风险评估系图识别某一风险是否会对企业产生重大影响，并将此结论与风险发生的可能性联系起来，为确定企业风险的优先次序提供框架。

（一）适用范围

适用于对风险初步的定性分析。

（二）实施步骤

如图 6－14 所示，根据企业实际绘制风险评估系图。与影响较小且发生的可能性较低的风险（在图中的点 2）相比，具有重大影响且发生的可能性较高的风险（在图中的点 1）更加亟待关注。然后分析每种风险的重大程度及影响。

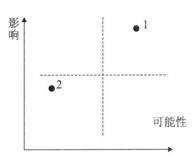

图 6－14　风险评估系图

（三）主要优点和局限性

主要优点：风险评估系图法作为一种简单的定性方法，直观明了。

局限性：如需要进一步探求风险原因，则显得过于简单，缺乏有效的经验证明和数据支持。

七、情景分析法

情景分析可用来预计威胁和机遇可能发生的方式，以及如何将威胁和机遇用于各类长期及短期的风险。在周期较短及数据充分的情况下，可以从现有情景中推断出可能出现的情景。对于周期较长或数据不充分的情况，情景分析的有效性更依赖于合乎情理的想象力。在识别和分析那些反映诸如最佳情景、最差情景及期望情景的多种情景时，可用来识别在特定环境下可能发生的事件并分析潜在的后果及每种情景的可能性。如果积极后果和消极后果的分布存在比较大的差异，情景分析就会有很大用途。

情景分析需要分析的变化可能包括：外部情况的变化（例如技术变化）；不久将要作出的决定，而这些决定可能会产生各种不同的后果；利益相关者的需求以及需求可能的变化方式；宏观环境的变化（如监管及人口统计等）；有些变化是必然的，而有些是不确定的。有时，某种变化可能归因于另一个风险带来的结果。例如，气候变化的风险正在造成与食物链有关的消费需求发生变化，这样会改变哪些食品的出口会盈利，以及哪些食品可能在当地生产更经济。局部及宏观因素或趋势可以按重要性和不确定性进行列举并排序。应特别关注那些最重要、最不确定的因素。可以绘制出关键因素或趋势的图形，以显示情景可以进行开发的区域。

（一）适用范围

通过模拟不确定性情景，对企业面临的风险进行定性和定量分析。

（二）实施步骤

在建立了团队和相关沟通渠道，同时确定了需要处理的问题和事件的背景之后，下一步就是确定可能出现变化的性质。

对主要趋势、趋势变化的可能时机以及对未来的预见进行研究。

（三）主要优点和局限性

主要优点：对于未来变化不大的情况能够给出比较精确的模拟结果。

局限性：（1）在存在较大不确定性的情况下，有些情景可能不够现实；（2）在运用情景分析时，主要的难点涉及数据的有效性以及分析师和决策者开发现实情境的能力，这些难点对结果的分析具有修正作用；（3）如果将情景分析作为一种决策工具，其危险在于所用情景可能缺乏充分的基础，数据可能具有随机性，同时可能无法发现那些不切实际的结果。

（四）案例

以下举例说明一家企业在评估一项投资项目的风险时所进行的情景分析，如表6-10所示。

表6-10 某投资项目未来情景分析

因素		最佳情景	基准情景	最差情景
影响因素	市场需求	不断提升	不变	下降
	经济增长	增长5%~10%	增长<5%	负增长
发生概率		20%	45%	35%
结果		投资项目可在5年达到收支平衡	投资项目可在10~15年达到收支平衡	不确定

八、敏感性分析法

敏感性分析是针对潜在的风险性，研究项目的各种不确定因素变化至一定幅度时，计算其主要经济指标变化率及敏感程度的一种方法。敏感性分析是在确定性分析的基础上，进一步分析不确定性因素对项目最终效果指标的影响及影响程度。敏感性因素一般可选择主要参数（如销售收入、经营成本、生产能力、初始投资、寿命期、建设期、达产期等）进行分析。若某参数的小幅度变化能导致效果指标的较大变化，则参数为敏感性因素，反之则为非敏感性因素。

敏感性分析可以寻找出影响最大、最敏感的主要变量因素，进一步分析、预测或估算其影响程度，找出产生不确定性的根源，采取相应有效措施；通过计算主要变量因素的变化引起项目评价指标变动的范围，使决策者全面了解项目方案可能出现的效益变动情况，以减少和避免不利因素的影响；通过可能出现的最有利与最不利的效益变动范围的分析，为决策者预测可能出现的风险程度，并对原方案采取某些控制措施或寻找可替代方案，为最后确定可行方案提供可靠的决策依据。敏感性分析最常用的显示方式是龙卷风图。龙卷风图有助于比较具有较高不确定性的变量与相对稳定的变量之间的相对重要程度。它因其显示形式像龙卷风一样而得名。

（一）适用范围

适用于对项目不确定性对结果产生的影响进行的定量分析。

（二）实施步骤

（1）选定不确定因素，并设定这些因素的变动范围；

（2）确定分析指标；

（3）进行敏感性分析；

（4）绘制敏感性分析图；

（5）确定变化的临界点。

（三）主要优点和局限性

主要优点：为决策提供有价值的参考信息，可以清晰地为风险分析指明方向，可以帮助企业制订紧急预案。

局限性：主要包括分析所需要的数据经常缺乏，无法提供可靠的参数变化；分析时借助公式计算，没有考虑各种不确定因素在未来发生变动的概率，无法给出各参数的变化情况，因此其分析结果可能和实际相反。

（四）案例

例如，某企业打算在 A 市兴建一座大桥，但这个项目的不确定性因素很多，如项目总投资、银行贷款利率、过桥费收入。这些因素变化的可能性较大：例如，工程设计变更、不可抗力、材料价格上涨，从而导致项目的投资增加；银行贷款利率也会在一定范围内变化，因而会较大地影响本工程贷款金额；能否取得优惠贷款，这对资金成本影响很大，进而对工程经济指标也产生影响；根据 A 市物价局的规定，本大桥开始收费后每三年需要重新报批收费标准，并且过桥车辆数量也会发生增减变化，这些都会导致过桥费收入的变化。这项新建项目总投资、银行贷款利率、过桥费收入都不是投资方所能控制的，因此敏感性分析将这三个因素作为分析对象，分析每一个因素的变化对本大桥内部收益率的影响。

九、事件树分析法（ETA）

事件树（Event Tree Analysis，ETA）是一种表示初始事件发生之后互斥性后果的图解技术，其根据是为减轻其后果而设计的各种系统是否起作用，它可以定性地和定量地应用。

（一）适用范围

适用于对故障发生以后，在各种减轻事件严重性的影响下，对多种可能后果的定性和定量分析。

（二）实施步骤

（1）事件树首先要挑选初始事件。初始事件可能是粉尘爆炸这样的事故或是停电这样的事件。

（2）按序列出那些旨在缓解结果的现有功能或系统。用一条线来表示每个功能或系统成功（用"是"表示）或失败（用"否"表示）。

（3）在每条线上标注一定的失效概率，同时通过专家判断或故障树分析的方法来估算这种条件概率。这样，初始事件的不同途径就得以建模。

注意，事件树的可能性是一种有条件的可能性，例如，启动洒水功能的可能性并不是正常状况下测试得到的可能性，而是爆炸引起火灾状况下的可能性。事件树的每条路径代表着该路径内各种事项发生的可能性。鉴于各种事项都是独立的，结果的概率用单个条件概率与初始事项频率的乘积来表示。

（三）主要优点和局限性

主要优点：（1）ETA以清晰的图形显示了经过分析的初始事项之后的潜在情景，以及缓解系统或功能成败产生的影响；（2）它能说明时机、依赖性，以及故障树模型中很烦琐的多米诺效应；（3）它生动地体现事件的顺序，而使用故障树是不可能表现的。

局限性：（1）为了将ETA作为综合评估的组成部分，一切潜在的初始事项都要进行识别，这可能需要使用其他分析方法（如危害及可操作研究法），但总是有可能错过一些重要的初始事项；（2）事件树只分析了某个系统的成功及故障状况，很难将延迟成功或恢复事项纳入其中；（3）任何路径都取决于路径上以前分支点处发生的事项。因此，要分析各可能路径上的众多从属因素。然而，人们可能会忽视某些从属因素，如常见组件、应用系统以及操作员等。如果不认真处理这些从属因素，就会导致风险评估过于乐观。

（四）案例

如图6-15所示，分析初始事件为爆炸之后，在发生火灾、洒水系统工作、火警出动等不确定性事件下产生各种后果的频率。爆炸发生以后（频率为10^{-2}，即100年发生一次），发生火灾的概率为0.8，不发生火灾的概率为0.2；发生火灾后，洒水系统工作的概率为 0.99，不工作的概率为 0.01；在洒水系统工作下，火警激活的概率为 0.999，不激活的概率为 0.001。因此，爆炸发生以后发生火灾、洒水系统工作，火警激活将产生有报警的可控火灾这一结果，其发生频率为 $10^{-2} \times 0.8 \times 0.99 \times 0.999 = 7.9 \times 10^{-3}$。

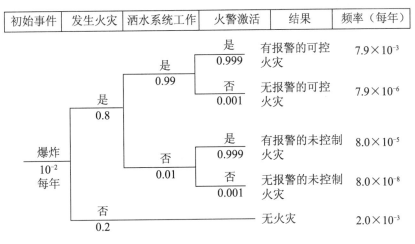

图 6 - 15　火灾事件树分析

图 6 - 15 显示当分支完全独立时对简单事件树的简单的计算。ETA 具有散开的树形结构，可用于初始事件后建模、计算和排列（从风险观点）的不同事故情景。ETA 定性分析，有利于群体对初始事项之后可能出现的情景及依次发生的事项进行集思广益，同时就各种处理方法、障碍或旨在缓解不良结果的控制手段对结果的影响方式提出各种看法；而定量分析，这一方法更有利于分析控制措施的可接受性，主要用于拥有多项安全措施的失效模式。

十、决策树法

决策树（Decision Tree）是考虑到在不确定性的情况下，以序列方式表示决策选择和结果。类似于事件树，决策树开始于初因事项或是最初决策，同时由于可能发生的事项及可能作出的决策，它需要对不同路径和结果进行建模。决策树用于项目风险管理和其他环境中，以便在不确定的情况下选择最佳的行动步骤。图形显示也有助于沟通决策原因。

决策树开始于最初决策，例如继续项目 A，而不是项目 B。随着两种假定项目的继续，不同的事项会发生，同时需要作出不同的可预见性决定，并用树形格式表示。事项发生的可能性能够与路径最终结果的成本或用途一起进行估算。有关最佳决策路径的信息是富有逻辑性的，考虑各条路径上的条件概率和结果值可以产生最高的期望值。决策树显示采取不同选择的风险逻辑分析，同时给出每一个可能路径的预期值计算结果。

（一）适用范围

适用于对不确定性投资方案期望收益的定量分析。

（二）实施步骤

如图 6 - 16 所示，决策树中的方块代表决策节点，从它引出的分枝叫方案分枝。每条分枝代表一个方案，分枝数就是可能的相当方案数。圆圈代表方案的节点，从它引出的概率分枝，每条概率分枝上标明了状态及其发生的概率。概率分枝数反映了该方案面对的可能状态数。根据右端的损益值和概率枝的概率，计算出期望值的大小，确定方案的期望结果，然后根据不同方案的期望结果作出选择。计算完毕后，开始对决策树进行剪枝，在每个决策节点删除了最高期望值以外的其他所有分枝，最后步步推进到第一个决策节点，这时就找到了问题的最佳方案。方案的舍弃叫做修枝，被舍弃的方案用的记号来表示，最后的决策点留下一条树枝，即为最优方案。

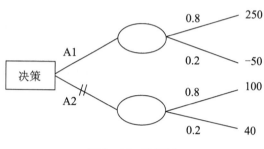

图 6 - 16　决策树

（三）主要优点和局限性

主要优点：①对于决策问题的细节提供了一种清楚的图解说明；②能够计算到达一种情形的最优路径。

局限性：①大的决策树可能过于复杂，不容易与其他人交流；②为了能够用树形图表示，可能有过于简化环境的倾向。

（四）案例

如图 6 - 16 所示，A1、A2 两方案投资分别为 450 万元和 240 万元，经营年限为 5 年，销路好的概率为 0.7，销路差的概率为 0.3。A1 方案销路好年、销路差年的损益值分别为 250 万元和 -50 万元；A2 方案分别为 100 万元和 40 万元。据此绘制决策树如图 6 - 16 所示。

A1 的净收益值 = ［250 × 0.8 + （ -50） × 0.2］ × 5 - 450 = 500 （万元）

A2 的净收益值 = （l00 × 0.8 + 40 × 0.2） × 5 - 240 = 200 （万元）

选择：因为 A1 大于 A2，所以选择 A1 方案。

剪枝：在 A2 方案枝上打杠，表明舍弃。

十一、统计推论法

统计推论是进行项目风险评估和分析的一种十分有效的方法，它可分为前推、后推和旁推三种类型。前推就是根据历史的经验和数据推断出未来事件发生的概率及其后果。如果历史数据具有明显的周期性，就可据此直接对风险作出周期性的评估和分析，如果从历史记录中看不出明显的周期性，就可用曲线或分布函数来拟合这些数据再进行外推，此外还得注意历史数据的不完整性和主观性。后推是在手头没有历史数据可供使用时所采用的一种方法，由于很多项目风险的一次性和不可重复性，所以在这些项目风险评估和分析时常用后推法。后推是把未知的想象的事件及后果与已知事件与后果联系起来，把未来风险事件归结到有数据可查的造成这一风险事件的初始事件上，从而对风险作出评估和分析。旁推法就是利用类似项目的数据进行外推，用某一项目的历史记录对新的类似建设项目可能遇到的风险进行评估和分析，当然这还得充分考虑新环境的各种变化。这三种外推法在项目风险评估和分析中都得到了广泛的采用。

（一）适用范围

适合于各种风险分析预测。

（二）实施步骤

（1）收集并整理与风险相关的历史数据；

（2）选择合适的评估指标并给出数学模型；

（3）根据数学模型和历史数据预测未来风险发生的可能性和损失大小。

（三）主要优点和局限性

主要优点：（1）在数据充足可靠的情况下简单易行；（2）结果准确率高。

局限性：（1）由于历史事件的前提和环境已发生了变化，不一定适用于今天或未来；（2）没有考虑事件的因果关系，使外推结果可能产生较大偏差。为了修正这些偏差，有时必须在历史数据的处理中加入专家或集体的经验修正。

第六节　企业风险管理相关问题

一、风险管理的成本与效益

如前所述，风险具有一项重要的特征，即损失与收益的对称性。人们之所以愿意冒险，最重要的一个原因就是因为风险能带来相应的回报。正确地估计和计量风险，在对各种可能结果进行分析的基础上，趋利防弊，以求以最小的风险谋求最大的收益，就成为企业风险管理的本质所在。因此，在风险管理过程中，必须要进行成本效益分析。

（一）风险管理的效益

企业风险管理价值命题的重点并非是否应当追求风险管理方面的投资，因为健全的风险管理是一项基本的"企业环境"。相反，企业风险管理的价值应建立在证明其益处超出了成本。为了实现这一目标，企业需要确定一个企业风险管理框架，并将对该框架的增量投入所获得的有形和无形的利益联系起来。追求增强企业风险管理能力的好处可能来自许多不同的组织来源。

1. 成本节约

由于来自各种监管机构的冲突或者重叠的监管要求形成了广泛的企业风险管理方法和框架。结果是这些要求分散了企业资源和管理层的注意力。增加项目组合中的内容和企业日常工作中的主动权以及相应的干扰，对于项目经理而言是一个挑战。一个满足监管要求的普遍框架和方法应当在企业风险管理动机的范围之内，并可以由于多重独立的对策成本降低而节省可观的费用。

2. 改进产品和服务的周期

产品或服务的出售和运输是所有组织的生命线。着力加强风险管理能力，能为第一线的管理人员提供与为特定方提供产品或服务有关的风险评估所需的信息。确保产品价格是一个基于信用风险的过程，包含来自整个企业的组合风险，可提供来自完全基于市场、信贷和经营风险分析的新增利益。把风险的成本融入产品定价将会取得更好的风险调整后的业绩，因为来自特定方的真正盈利将变得透明。如果各部门能够更好地理解企业的风险，在量身定制产品来更好地满足客户需求时，就不会带来过多的风险。

3. 对于整体经济资本的更低要求

企业风险管理的重要好处之一就是改进了对于企业资本要求的估计。众所周知，更好地了解整个企业的风险能够清楚地知道支持某一特定风险承受能力所需的资本（如目标信用评级或偿付能力风险）。但是，资本不能代替良好的风险管理，一个企业必须积极主动地管理其风险状况，以确保损失小于其总市值。导致损失的市场管理、经营和治理问题是避免企业破产的唯一途径。支持经济资本框架的企业风险管理的主要好处是先进的风险评估能力和企业投资组合的多样化。这些利益可能会降低对于总的经济资本的要求。在风险调整后的资本回报率的框架中，这种好处将有助于降低分子中的资本费用和提高利润，同时减少总股本，增加风险调整后的报酬。

4. 更好地在业务部门之间进行资源调配

企业风险管理的另一个好处是在业务部门之间更好地进行资源调配，从而建立一个"更为真实的"业绩衡量机制。风险调整后的业绩衡量办法正日益被用来比较盈利能力。随着风险管理能力的增强，企业能够更清楚地了解风险和利润的关系。随着透明度的提高，管理层和董事会可以对混业经营、产品、未来投资以及资本分配作出更明智的决策。

5. 对融资成本的影响

评级机构在对公司治理和风险管理能力的评估过程中，会进行评级，监督企业财务健康状况以及信誉状况。企业风险管理能够提高对公司治理和风险管理的整体评价，信贷评级提升也有利于企业的风险管理。

6. 有风险意识的经营文化和问责制

风险管理的结果、风险模糊不清的所有权、政治问题以及变化的一般惯性都使得帮助企业理解风险管理具有一定的挑战性。就对于企业风险管理好处的定义而言，文化的改变应当是最大的好处之一，有形的或无形的，都是可以实现的，其基础是组织改变了的文化需要引入领导者。上面讨论的很多好处都是基于向一个具有更高问责制的风险意识文化的成功转型。

7. 改进管理的重点

企业风险管理可以使一个公司的管理层和董事会将重点放在重要的潜在问题上，而不是对意外风险作出反应。这些好处包括减少或尽量减少"救火"、危机管理或"清算管理"等一切使管理的注意力集中在过去而不是未来的情况。增加管理层的前瞻性将改善决策和形成更好的竞争姿态。

8. 增强信誉和透明度

增强信誉和透明度，通常可以提高股东、监管者、员工和客户对企业的信心。事实上，许多企业认为，企业风险管理带来的名誉方面的好处仅是更加值得投资。他们认为向投资者表现出强大的风险管理和良好的监督可以成为企业的一种竞争优势。一些组织认为，企业险管理带来的透明度能够提高对结果的预测能力，减少突发事件，从而提高他们在客户中的声誉。

9. 提升利润质量

较小的利润波动可能会带来更好的市场声誉和股票价格的提升。通过降低客户、产品或者业务单元的风险集中度，更好地分配整个企业集团中的风险限制，能够降低利润的波动。成功的企业风险管理的重要结果是增强信誉和透明度、提高收入质量和股东价值。

（二）风险管理的成本

风险管理成本是指在风险管理过程中发生的成本，是公司经营成本的一部分。

1. 以风险为基点的分类

以风险为基点的分类应包括预防成本、纠正成本、惩治成本和损失成本。

预防成本是指为了防止风险的发生，而在组织内部采取目标制定、跟踪监督、事项识别和应对防范措施所花费的成本费用，以及因此增加了控制和管理环节而降低了业务效率所造成的直接、间接损失。

纠正成本是指发现了风险苗头而对其实施检查、追究、处置、复原所花费的成本费用。它是以出现风险先兆为前提的。此时的风险行为尚属管理当局控制范围之中，未造成明显的、重要的损失，对组织整体的经营管理或业务活动未构成直接损害，但是如若不对其进行及时纠正，就可能形成越来越严重的威胁，甚至酿成重大事故，纠正成本是预防成本的追加和补充。

惩治成本是指当风险发生，且对组织内部和外部（包括对社会）造成了现实危害，因而对其进行处理、处罚、整治而支付的成本费用。惩治不同于纠正。纠正是组织自主地对风险的轻微表现进行调节、纠偏。惩治则是当出现了较为严重的风险事实和不良后果时，为警示而采取的一种行为。惩治成本是一种被动的成本费用列支。

损失成本是风险发生后对企业带来的直接的、间接的、有形的、无形的、经济的、社会的、短期的、长远的、现实的和潜在的经济损失。这种损失有的可以准确确认和计量，有的则难以准确计算。

2. 以风险管理为基点的分类

以风险管理为基点的分类包括：进入成本、维持成本、评估成本和处置成本。进入成本是为建立风险管理能力而付出的代价。这种成本主要是为了技术、工具以及训练而发生。维持成本是为了有效维持组织风险管理的能力，保持风险程序在最新状态而发生的成本。例如，增补训练以保持和发展员工的技巧，以及配合最新发展及新途径以更新程序等费用。评估成本是在风险管理过程中对事项识别、风险评估发生的成本，包括在风险辨识讨论会或访谈中所消耗的时间与资源、执行风险评估与分析、参加风险审查以及撰写风险报告等而付出的代价。处置成本涵盖执行风险管理计划的行动成本，这些行动原本不在项目计划中，但被认为是必要的，以便切实地应付被辨识出的风险。

（三）公司风险管理的效益与成本分析

风险损失与收益的对称性要求风险管理在建立利益机制的同时也要考虑风险防范机制，使两者相互制约平衡。建立健全风险管理体系需要考虑投入的人力、物力和财力，以及该系统运行成本能否为企业所承受且达到合理的成本效益比。如果风险管理投入过小，增大了风险发生的可能性或发生后的损失程度；反之，如果风险管理投入过大，又可能导致其带来的收益不足以补偿风险管理的投入，降低了企业价值。这就要求风险管理在成本效益分析中寻找以实现企业价值最大化为目标的平衡点。

从构成风险管理成本的预防成本、纠正成本、惩治成本和损失成本来看，预防成本和纠正成本与惩治成本和损失成本相互之间呈反向运动。在正常情况下，预防成本和纠正成本投入增大，惩治成本和损失成本就会降低。用最小的成本获得最大化的效用是人类一切活动的原则。遵循成本效用原则，需要在这四重成本中寻找一个最优平衡点。在理论上说这个平衡点就是预防成本、纠正成本、惩治成本和损失成本之和的最低点，也是企业的综合利益最大化的最优点。这个最优点是在防范风险与追求效益的矛盾运动中逐步形成的。预防成本、纠正成本与惩治成本、损失成本是方向和走势相反的曲线，其相交点就是其平衡点。

二、风险管理的障碍与关键挑战

（一）实施风险管理的障碍

虽然企业风险管理有很多重要益处，但是仍然存在局限性。由于人为判断决策本身的局限性，应对风险的决策以及建立控制都需要考虑相对成本和效益。可能出现人为自身的失败，如简单失误或错误所造成的故障随时可能发生，两个或两个以上的人串通可以规避控制，并且管理层有能力凌驾于企业风险管理决策之上。这些局限性使得董事会和管理层不可能绝对保证实现企业的目标。

企业风险管理要求对风险的看法和管理方式发生转变。因此，为主要的企业变革带来了挑战。此外，建议一个正确的组织模型本身也是一项艰巨的任务。阻碍实施风险管理的例子或事项有：

（1）企业风险管理的目标有时和企业目标并不一致，在这种情况下，就会产生集体或个人之间的摩擦。

（2）管理层的承诺并不充分。企业风险管理的实施需要来自高级管理层的全力支持。建立一种适当的企业风险管理模式并适应公司的目标是至关重要的。不足或不恰当的模式将不会带来期望的商业利益，甚至会影响整个计划。

（3）统计分析的决策支持、工具和系统不太充分。在一个整体风险管理环境中，实施企业风险管理的最终产品要求有效的统计和分析工具来支持，以便进行明智的决策。如果没有这些工具，就可能无法得到最优决策。

（4）文化有时是不匹配的。企业风险管理面临改变管理的所有挑战。如果这个文化变革没有得到很好的管理，这可能就是一个整体实施的问题。

（二）实施风险管理的关键挑战

世界上大多数组织实施风险管理的关键挑战包括董事会/首席执行官的支持、责任和问责制、风险计量、与企业战略的关联、同良好公司治理的联系以及增加企业价值的挑战、企业风险管理意识、如何获取管理层认同、在控制方面的自我评价、风险报告、与技术的关联。

1. 董事会支持

有时很难获得董事会和管理层的支持。大多数组织认为管理层有必要表明风险管理的有形收益和获得关键的利益相关者支持。董事会必须将风险管理看作是降低成本的途径，而非增加成本。

2. 责任和问责制

管理层应当考虑整合鉴证活动和风险管理以及合规活动的必要性来实施风险管理。这一过程也包括其他职能。此外，首席风险官的存在是非常重要的，因为他/她可以协助管理层监督企业的整体风险，并及时向董事会报告。

3. 风险计量

企业中的风险计量对利益相关者的影响是重要的，因为企业中的具体部门需要估计特定事件发生的概率及其后果。此外，从定性到定量估计的计量方法的转变在企业的风险计量及其影响中非常关键。

4. 与企业战略的关系

独立的风险管理是行不通的，它应与企业战略相结合。有时企业的战略目标是正确的，但没有和经营能力联系起来。事实上，风险管理是自信地接受正确的风险并进行管理进而取得成功的一种途径。

5. 增加企业价值的挑战

管理层应当看到建立将战略风险管理和价值创造/竞争优势相联系的流程的必要

性。这一结果不一定必须是财务上表现出来的，但是必须得到认同。

6. 风险管理意识

为了提高企业中的风险管理意识，管理应该看到沟通和报告一致的必要性，并运用风险管理方法。应以系统的方式进行风险管理。

7. 管理层认同

经营/管理层的认同有利于接受责任和积极参与，并因此减少变革的阻力。此外，企业在进行风险管理的过程中，应当通过使用分析技术识别、评估、管理风险并在适当情况下与利益相关者沟通来记录企业的风险。

8. 与控制自我评价的联系

管理层应该看到，有必要自上而下地整合和比较战略风险管理流程，来完成自下而上的控制/自我评估。他们应确定如何有效地管理和执行这些控制。他们必须确定这些流程是否支持或损害了企业的风险管理能力。

9. 风险报告

在风险管理过程中，有必要设计适当的报告，以协助管理并作出适当考虑风险管理原则的决策。其中一个关键性的挑战是在这个领域获得适当的工具，协助识别和报告风险，以确保数据能够易于用作管理信息。

10. 信息技术

一些管理层忽视了信息技术在风险管理中所起的作用和重要性。

三、风险管理的文化

风险管理最重要的一方面是将风险融合到企业文化和价值观。这也是区分全面风险管理与传统风险管理的主要标志之一。最明显的是，风险应被视为企业战略中一个不可分割的组成部分。风险管理目标应当包含在企业目标之中，并且企业的主要动机应纳入风险评估和风险策略。一方面，由于一个组织的整体文化对于企业的成功至关重要，因此它的风险文化将决定企业如何成功地进行风险管理。疲软的风险文化是指其员工都没有意识到风险管理的重要性以及风险管理的作用。这种文化会向风险妥协，这也许是致命的。另一方面，如果风险管理被看作是日常业务的重要组成部分，很可能会形成强有力的风险文化。这种情况才能进行真正有效的风险管理。

（一）建立风险管理文化的作用

建立风险管理文化的主要作用在于以下三个方面：

1. 沟通。风险管理成功的企业通常都大力强调沟通计划目标。对于改进计划目标的沟通是必不可少的，因为它传达了对于风险管理努力实现和保证与企业整体战略相一致的普遍理解。内部审计流程可以设立一个阶段来确定企业的文化，并为识别企业中的高风险和高成本提供了一个独特的机遇。这样可以让每个员工帮助实施风险管理的优先事项和参与损失控制措施。

2. 协作。把所有的目光集中在同一方向，并对风险和目标形成共同的理解，成为每一位员工的责任。例如，管理人员可以协调他们分歧的优先事项与风险管理计划，而员工可能会更倾向于遵循一定的程序和安全程序，来保证项目的成功。

3. 联系。一个成功的风险管理计划必须建立起所有利益相关者之间的关系，以确保目标的实现。这往往意味着建立一个技术框架，以便能够分担风险管理信息。例如，许多企业通过内部网发送项目政策和程序，或者通过电子邮件给风险管理人员发送警报。通过使用技术平台，允许企业进一步提高其沟通、合作和连接的能力，从而实现整体目标并进一步改善结果。

（二）企业风险管理文化的方针和措施

建立企业风险管理文化的方针和措施应当是：

（1）企业应注重建立具有风险意识的企业文化，促进企业风险管理水平、员工风险管理素质的提升，保障企业风险管理目标的实现。

（2）风险管理文化建设应融入企业文化建设全过程。大力培育和塑造良好的风险管理文化，树立正确的风险管理理念，增强员工风险管理意识，将风险管理意识转化为员工的共同认识和自觉行动，促进企业建立系统、规范、高效的风险管理机制。

（3）企业应在内部各个层面营造风险管理文化氛围。董事会应高度重视风险管理文化的培育，总经理负责培育风险管理文化的日常工作。董事和高级管理人员应在培育风险管理文化中起表率作用。重要管理及业务流程和风险控制点的管理人员和业务操作人员应成为培育风险管理文化的骨干。

（4）企业应大力加强员工法律素质教育，制定员工道德诚信准则，形成人人讲道德诚信、合法合规经营的风险管理文化。对于不遵守国家法律法规和企业规章制度、弄虚作假、徇私舞弊等违法及违反道德诚信准则的行为，企业应严肃查处。

（5）企业全体员工尤其是各级管理人员和业务操作人员应通过多种形式，努力传播企业风险管理文化，牢固树立风险无处不在、风险无时不在、严格防控纯粹风险、审慎处置机会风险、岗位风险管理责任重大等意识和理念。

（6）风险管理文化建设应与薪酬制度和人事制度相结合，有利于增强各级管理人员特别是高级管理人员风险意识，防止盲目扩张、片面追求业绩、忽视风险等行为的发生。

（7）企业应建立重要管理及业务流程、风险控制点的管理人员和业务操作人员岗前风险管理培训制度。采取多种途径和形式，加强对风险管理理念、知识、流程、管控核心内容的培训，培养风险管理人才，培育风险管理文化。

思考题

1. 企业风险包括哪些？
2. 企业风险管理目标是什么？
3. 如何进行风险评估？
4. 风险管理策略有哪些？

5. 企业风险管理体系包括哪些方面？

6. 企业风险识别方法有哪些？各自有何优缺点？

7. 风险管理成本与效益有何关系？

案例分析

顾雏军格林柯尔并购扩张之路

2000 年，顾雏军在开曼群岛注册格林柯尔科技控股有限公司（下称格林柯尔），并在当年 7 月 13 日成功登陆香港创业板。从那时起，顾雏军便进行了一波又一波不规范的并购行动，以缔造自己的公司王国。

2001 年 10 月，顾雏军斥资 5.6 亿元收购时为中国冰箱产业四巨头之一的科龙。这个花白头发、戴宽幅眼镜的陌生商人，被怀疑为"空手道高手"。2001 年国内主要经济类媒体均发表质疑文章，火力集中在顾雏军的理论悬疑、公司业绩、收购资金来源等问题上。

不仅如此，格林柯尔在 2002 年 4 月底遭香港交易所质询，要求对 2001 年底企业格林柯尔与位于天津格林柯尔之间发生的一起关联交易作出解释。格林柯尔的年报显示，这笔总数约 2.3 亿元的款项被用于向天津格林柯尔购买未来所需的制冷剂，而香港联交所要求企业提供交易的更多细节，包括付运日期。

这笔 2.3 亿元的交易发生在 2001 年 12 月，恰恰是在顾雏军宣布以个人资产收购科龙之后，因此引发了市场的种种猜测，即该笔预付款的大部分有可能被用于收购科龙支付的首批款项 1.5 亿元。

不过，在质疑阴影中的顾雏军依然不改初衷，继续进行着其收购的步伐。

2003 年 5 月，顾雏军拥有全资股份的顺德格林柯尔，在合肥和美菱电器达成合作协议，顺德格林柯尔以 2.07 亿元的价格，收购了美菱电器 20.03% 的股份，成为美菱电器最大的股东。

当年 7 月份，格林柯尔旗下的科龙与杭州西泠集团签署协议，收购西泠 70% 的股权。同时，格林柯尔与南京斯威特集团抢食小天鹅，并争购小鸭电器。短短两年，一连串资本运作战绩，使顾雏军一跃成为受人瞩目的"资本狂人"。

顾雏军更将触角伸向汽车业，并加快了其整体收购的速度。在家乡扬州，顾雏军布下进入客车行业的第一颗棋。2003 年 12 月，顾雏军以 4.178 亿元，通过扬州格林柯尔协议收购了亚星客车 11527.3 万股国家股（占总股本的 60.67%），并因此触发要约收购义务。

收购扬州亚星之后，顾雏军马不停蹄地收购了国产汽车轴承第一品牌襄阳轴承。2004 年 4 月，襄阳轴承第一大股东襄轴集团将其持有的 4191 万股国有法人股转让给格林柯尔，转让总价为 1.01 亿元。转让后，格林柯尔将持有该公司 29.84% 的股权，成为第一大股东。

尽管已掌控 4 家 A 股公司和 1 家香港创业板公司，顾雏军的资本运作仍未停歇。2004 年 8 月，格林柯尔以 1.84 亿元的价格收购商丘冰熊冷藏设备有限公司；11 月，顾雏军通过境外子公司 CRC-Capital 全资收购了法国汽车配件生产商汤姆肯斯的子公司盖兹国际在法国莱维斯的汽车管件工厂及英国汽车设计公司 LPD，从而打通了客车从设计到零部件再到整车生产的整个产业链。

在一系列收购完成之后，顾雏军的格林柯尔系已悄然成型，产业顶端是格林柯尔制冷剂，作为产业链的上游资源，一条线路是直接向下游两家电器类企业出口，另一条线路是向两家汽车及其汽车配套类企业产业延伸。

不过，在顾雏军大肆收购的同时，顾雏军和他的格林柯尔始终摆脱不了市场的质疑，特别是在格林柯尔并购的资金来源问题上。2004年8月，香港中文大学金融教授郎咸平以《格林科尔：在"国退民进"的盛宴中狂欢》为题发表演讲，指责顾雏军在"国退民进"过程中席卷国家财富，强烈建议停止以民营化为导向的产权改革。"郎顾之争"的大幕由此拉开，顾雏军由此目标越来越大，行为越抹越黑。

2005年1月，香港联交所发布公告：创业板上市委员会公开谴责格林柯尔包括主席顾雏军、首席执行官兼总裁胡晓辉在内的6名执行董事，谴责原因是公司与天津格林柯尔主厂在2001年的关联交易。由于交易中的有关行为已经超出了联交所授予的在关联交易上的豁免条件，因此违反了创业板上市规则。

2005年2月24日，格林柯尔旗下美菱电器又公布了整改报告。由于中国证监会安徽监管局在2004年9月27日至9月30日对美菱电器进行了巡查，并勒令其进行整改。主要原因，一是资金占用问题，二是2004年重大借贷事项未及时披露，三是财务和管理上的问题。

真正的灾难来自2005年4月。4月27日，科龙电器突然发布预亏公告，公司2004年预计将亏损6000万元。值得注意的是，科龙在2004年1至9月底净利润超过2亿元，每股收益也达到0.2元。而不过三个月时间，科龙的业绩就从天堂掉入地狱。

祸不单行的是，亚星客车4月"日公布了2004年度和2005年第一季度亏损报告。自2005年4月27日起，公司股票简称变更为"＊ST亚星"。

与此同时，4月底有消息称，中国证监会分别下派了广东、江苏、湖北、安徽四地的证券监管部门联合对格林柯尔涉嫌违规挪用其控股的企业科龙电器资金，收购美菱电器、襄阳轴承及亚星客车三家企业的事件展开调查。

5月10日，科龙电器发布公告称，公司因涉嫌违反证券法规已被中国证监会立案调查。与此同时，格林柯尔系的审计师德勤会计师事务所也与其提出"分手"。占公司销售收入近100%的空调和冰箱业务部分生产线已经停产。

7月8日，科龙电器发布公告称，公司三位独立董事陈庇昌、李公民、徐小鲁提出辞呈。7月11日，一场公开的"倒顾运动"开始，作为持有100股科龙电器的小股东，知名律师严义明提议召开科龙电器临时股东大会，罢免董事长顾雏军。

7月20日，证监会调查组撤出科龙电器。据悉，证监会工作人员拉走了整整一车的调查资料。7月26日，美菱电器发布公告称，美菱集团正在与广东格林柯尔洽谈收购其所持股份的相关事宜。格林柯尔系瓦解迹象渐显。

2005年8月1日顾雏军在北京闪电被拘，科龙已由当地政府正式托管。

2005年8月2日扬州格林柯尔创业投资公司持有＊ST亚星的1.15亿股股权被司法冻结。同日襄阳轴承与格林柯尔创业投资有限公司解除收购合同。格林柯尔系正式瓦解。

2006年12月15日接手股权手续办理完毕，海信正式成为科龙最大股东。

2006年12月15日顾雏军正式告别科龙。

（1）顾雏军从资本运作"高手"向产业运作高手转变的失败，是他个人的悲剧还是中资本市场的悲剧？

（2）企业并购扩张之路，可能会面临哪些主要的风险？如何对并购活动进行风险识别？

第七章　公司治理

本章重点掌握的内容包括：

1. 公司治理的有关理论；
2. 公司治理的基本原则；
3. 董事会的职权及其在公司治理中的作用；
4. 董事会与高级管理层的角色分离；
5. 独立董事、审计委员会在公司治理中的作用；
6. 机构投资者的行动主义与公司治理；
7. 信息披露在公司治理中的作用；
8. 注册会计师审计在公司治理中的作用（包括政府及有关监管机构在公司治理中的作用）。

　　寻求外部资金来推进快速成长的公司通常会选择在公开的资本市场上筹集资金，将公司所有权分拆成相等份额（股票）或将公司的债务分拆成相等份额（债券）。随着股票或债券的发售，公众及机构投资者通过购买股票或债券把资金投入到公司中。这些股东并不介入公司的日常经营，而是把经营资源和经营公司的责任委托给公司管理层。由于管理层处在"内部"的位置上，因此他们能够获得比公众及其他机构投资者更多的有关公司财务状况和总体经营的信息。

　　所有者和管理层的这种信息不对称，与贪婪和个人动机相结合，可能会导致管理层为了个人利益而不恰当地利用投入的资源，或者截留或不准确地报告信息。动机、机会、非理性的投资行为以及缺乏有效的公司治理导致了 20 世纪 20 年代灾难性丑闻的爆发，并使之在进入 21 世纪之交再次重演了。2001 年美国安然公司、世界通信公司等全球著名公司宣布破产，使得全球都在关注公司治理失败的问题，以及有效的公司治理应该起到的制止失败的作用，有关国家迅速出台了加强和改进公司治理的法律或建议标准。

　　美国国会随即出台了《萨班斯法案》（2002），英国则随即发布了《希格斯报告》（2003）和《史密斯报告》（2003）。中国证监会亦于 2002 年发布了《上市公司治理准则》。经济合作与发展组织（OECD）亦随后发布了《OECD 公司治理准则》（2004）。在国家和超国家层面上，自发或强制的公司治理准则和政策文件的发布，表明全球各国都在积极推进公司治理改革。本章将主要介绍公司治理的基本理论和基本制度安排，以及如何避免管理层利益在公司中占主导地位，实施有效的治理机制及良好的治理将使公司战略更好地实现股东的利益。

第一节　公司治理的基本理论

"治理"的英文 Governance 来自拉丁语 Gubernare，意思是掌舵，通常是指轮船的操舵，它意味着公司治理的职能是指导而不是控制。

一、公司治理的概念

由于存在资本市场，公司可以方便地筹集到必要的投资资本，以便拓展新市场，提供充足的研发资金，购置生产新产品所需的建筑物、技术和设备。另外，公司的资本需求量通常超出了任何个人或小型投资者全体所拥有的资源或风险偏好。资本市场允许公司出售标准份额的所有权（即股票）或者标准份额的债务（即债券），从而能够从一群投资者和债权人那里筹集到巨额的资本。投资者和债权人之所以参与公开的证券交易市场，是因为他们相信他们能够赚取比选择其他的投资方案更好的风险调整回报。因此，"公众公司"就是把它们的股票或债券销售给公众，从而给公众一份基于公司资源经管所获得的正当利益的公司。公开上市的后果是外部投资者变成"缺席的所有者"，因为他们缺席了公司的日常经营。作为替代，缺席的所有者把公司的日常经营交付给一个执行管理团队，其成员是那些具有经营公司的才能却缺乏足够的财力资源自己创业的管理专家。

由于管理层涉及经营的各个方面从过去的业绩到未来的计划和预测，所以他们拥有的信息远远超过了缺席的所有者可以获得的信息。这种信息数量和质量上的不均衡或不对称，把管理层放到了一个贪婪和自利可能把他引导到错报企业真实业绩和经营状况的位置上。管理层成员有错报的动机，是因为如果他们能够成功地向缺席的所有者和其他市场参与者高报公司的价值，给他们带来的回报将会很大。在 20 世纪 90 年代后期的股票市场泡沫中，管理层中的 CEO 们收到价值数千万乃至数亿美元的报酬是司空见惯的。这些巨额的报酬以股票的形式体现出来，它们在某些情况下会因为执行层通过财务报表或其他沟通方式向市场进行虚假陈述而被高估价值。需要有适当的公司治理政策和程序来确保管理团队为缺席的所有者和整个社会的最大利益而努力。例如，贪婪、缺乏足够的公司治理实务的牵制，就驱使安然公司的管理层在公司崩溃之前通过欺诈性地抬高股票价值而进账数百万。

公司治理成为独立的学科时间较短，理论界、政策制定机构、实务界对其概念目前尚没有统一的定义。现有的公司治理概念可以区分为两大类别，即狭义定义和广义定义。从狭义角度定义看，公司治理是公司及其股东的关系，是监督和控制过程，以保证公司管理层的行为同股东的利益相一致。从广义定义看，公司治理不仅包括了监督和控制公司及其所有者之间的关系，也包括了监督和控制公司与其他广泛的利益相关者的关系，这些利益相关者包括雇员、客户、供应商、债权人，甚至社会公众等。尽管公司治理的定义存在一定的差异，但其含义至少包括了以下三个方面的基本特征：

（1）公司治理是一种规范公司所有者、董事会和管理层的制度安排。公司治理是用来管理利益相关者之间的关系，决定并控制企业战略方向和业绩的一套机制。公司治理的核心是寻找各种方法确保有效地制定战略决策，管理潜在利益冲突的各方之间秩序的一种方式。公司治理是在合法、合理、可持续性的基础上实现股东价值最大化，同时确保公平对待每一个利益相关者，即企业的客户、员工、投资者、供应方合作伙伴、土地管理部门和社区等。因此，公司治理反映了企业的文化、政策、如何处理利益相关者之间的关系及其价值观。

（2）公司治理是一种对公司内部和外部的制衡体系，以保证公司对其所有的利益相关者履行受托责任，并且以一种对社会负责的方式开展各地区的业务经营活动。有效的公司治理使管理层能够成功地解决缺席的所有者和管理层之间信息不对称的矛盾。良好的公司治理创造了一个体制，确保对投入资本的恰当经管和如实报告公司的经营状况和业绩。

（3）公司治理的目的是用来帮助所有人员及其所执行的所有程序和活动，确保公司资产得到恰当经管。公司治理是某些程序的实施和执行，这些程序的目的是确保那些管理公司的人为了缺席的所有者的最大利益而恰当地利用他们的时间、才能和可利用的资源。这些程序包含公司业绩的所有方面，包括风险管理、经营和营销战略、内部控制、符合适用的法律和法规、公共关系、沟通和财务报告。良好的公司治理有一些重要的目标。它通过创造能够激励管理层最大化投资报酬率、提高经营效率和确保产量长期增长的环境来提高企业业绩；通过创造员工、管理层和董事会之间的经营活动中的公平、透明度和问责制来确保企业顺应股东和社会的利益。

长期生存是一个企业成功的重要指标，而良好的治理为公司长期生存和成长提供了必要的环境。公司的成长需要投资，良好的公司治理提高了公众对企业的信心，降低了投资的资本成本。当今，全球资本已经没有国界的限制，可以自由流动。所有国家，包括发达国家和发展中国家之间存在着激烈的竞争，以吸引全球的企业家来创造高质量、高收入的就业机会。这些企业家需要大量的资本流入。他们认识到，一个有效的治理模式能够更好地吸引投资。

公允而准确的财务报告是有效公司治理的一个关键目标。财务报告是内部和外部用来测试有效经营和监督公司战略、管理和资源的一个通用的依据。财务报告的公允性和准确性是一个关键的问责机制，所有者和其他利益相关者通过它来评价对公司治理负有责任的各方履行职责的情况。公司治理各个方面的关系可用如下金字塔形状表示，如图 7 - 1 所示。

财务报告

公共关系
与沟通

符合法律和法规

内部控制

经营与营销策略

风险管理

公司治理：保护所有投资者的利益

图7-1　公司治理的范围

二、委托代理理论

委托代理理论（Principal-agent Theory）产生于20世纪30年代，美国经济学家伯利和米恩斯（Berle and Means）因为洞悉企业所有者兼具经营者的做法存在着极大的弊端，于是提出"委托代理理论"，倡导所有权和经营权分离，企业所有者保留剩余索取权，而将经营权让渡。"委托代理理论"早已成为现代公司治理的逻辑起点。

詹森和麦克林（Jensen & Meckling，1976）第一次对委托代理理论作出了详细的理论阐述。他们定义公司的管理者为"代理人"，股东为"委托人"（在他们的分析中一个股东对应多个"管理者"）。股东是公司的所有者和"委托人"，将公司的日常经营决策权委托给公司董事，即公司的"代理人"。这种公司的所有权体系就导致了这样一种结果：代理人不一定是从委托人的最大利益出发来作出决策。委托代理理论的首要假设就是委托人和代理人的目标有冲突。这与传统的财务理论有很大的差别，即传统的财务理论认为，公司的目标就是使股东财富最大化。但在实践中并不完全如此。公司的高级管理人员可能更喜欢追求个人目标，如获取可能的最高奖金、拥有更多的带薪休假等他们自身确定的个人利益。公司高级管理人员的这种利己主义倾向，可能导致公司专注于那些能够在短期内产生利润的项目和投资（高级管理人员的报酬通常是同这些利润因素相挂钩的），而不是通过长期经营能够在未来使股东财富最大化的项目。

公司高级管理人员的这种选择有时被称为短期行为，短期行为是指缩短用于投资决策的时间维度的倾向，或者提高贴现率，使其高于适合公司资本的机会成本的贴现率水平。

公司的短期压力一般来自于外部主导型的公司，也有的来自于机构投资者团体。机构投资者更关心快速地从投资组合中实现利润，而不关心所投资公司长期的生存和发展。机构投资者为了得到更高的投资回报，无视他们这种行为对高级管理人员的影响，而对管理者施加压力，使其在这种压力下专注于短期的投资回报。

在这种公司治理环境下，高级管理人员试图为自己寻求尽可能多的额外津贴（如带薪休假、豪华办公设备等），以作为他们薪水的补充，这又会导致股东财富的缩减。股东财富的缩减在委托代理理论中被称为"剩余损失"。

因此，产生了一个问题是：股东如何控制公司的管理层。委托代理理论的另一个重要假设是委托人想要检验、核实受托人的行为是困难的，并且这种成本也很高。有许多方式可以协调股东和管理层的利益，但这些方式的成本都是很高昂的。代理成本产生于协调股东和管理层的监管。由于监管包括诸如股东参与之类的主动的行为活动（资源成本高并且很耗费时间），所以股东的监管成本是很昂贵的。激励计划和激励合同就是一些监管方式的例子。

有研究指出，解决代理问题包括要在管理层和公司股东之间建立一条最佳契约的"纽带"（无论是明确的还是暗含的）。这些契约包括管理层的薪酬契约和公司债务契约。这些契约尝试协调管理层和股东的利益冲突。尽管建立这些契约也会产生代理成本，但是成本也来自代理人一方。管理层热衷于向股东证明，在经营中他们是负责的并且遵循股东财富最大化的目标。例如，管理层在公司的年度报告中可能会提供关于风险管理的额外信息，这将使会计过程的成本增加。他们可能为安排同主要股东的会议而增加额外的开支。同这些活动相关的成本，被称为事前约束成本。

代理问题产生的总代理成本包括以下组成部分：委托人的监管成本、代理人的约束成本以及他们的剩余损失。导致委托人所期望的行为同代理人行为之间的分歧的一个主要原因是两者对风险的态度不同。管理层和股东偏好不同的行为方式，因为他们对风险的态度不同，这就会产生一个风险分摊问题。

在委托代理理论之下，股东监管公司管理层以及帮助他们解决代理冲突的直接方式包括：首先，作为公司的所有者，股东可以在年度股东大会上行使表决权来影响公司的运营方式。股东表决权是股东金融资产的一个重要组成部分。通过在年度股东大会上投票，股东可以影响所投资公司的董事会的构成。同样，许多其他方面的问题都可以由股东投票决定。股东的投票行为构成"股东行动主义"。当然，也有机构投资者认为表决权不是一种利益，而是负担。有人指出，现行公司治理体系的弱点，即所有权的责任是由那些不想要这些责任并且也不会要求这些责任的人决定的。我们对某些股票进行投资是因为他们能给我们带好的回报，与此同时，也带来相应的责任。当然也有研究表明，基金经理等机构投资者开始对公司治理产生更大的兴趣，在年度股东大会上行使表决权。

与股东表决权相关的接管机制是另外一种控制公司管理层的方式。接管机制对规范公司管理层的行为方式具有非常重要的意义。如果股东对公司的管理层结构不满意，他们可以通过投票换人来接管公司。显然管理层不愿意丢掉自己的职位，因此接管的威胁本质上是对管理层的一种规范力量。

股东可以采用的协调其与管理层利益的另一种方式是股东决议的通过即所有的股东针对他们不满意的问题共同开展院外活动。这是股东行动主义的一种极端形式。英国的亨廷顿生命科学公司是一家通过动物实验进行科学研究的公司，由于动物保护协会的院外活动压力，英国的机构投资者被迫撤资，随后美国投资者也撤资，在这种情况下，公司主要股东的离开，降低了市场对该公司的信心，更多的股东开始抛售股票，股票价格直线下降，公司最终破产。因此，对管理层而言，为了公司的利益，不仅要吸引潜在的投资者，而且还要留住投资者，要最大限度地消除撤资威胁。

核心机构投资者可以影响其所投资管理层的另外一种方式是一对一会议，即一位来自于投资方的代表和一位来自公司管理层成员之间的会议。这种会议越来越频繁，它似乎正在以一种重要的方式影响公司的行为。

一般而言，机构投资者并不想介入公司经营决策，但这种一对一会议和管理层决策制定之间有着明显的联系。而且，这些会议的内容和结果都涉及重要的法律问题。如果公司管理层把任何价格敏感的信息（例如，那些一旦拿去做交易就会影响股票价格的信息）披露给机构投资者，那么如果这些投资者在信息完全公布之前，将这些信息拿去做交易，就违反了法律，构成了"内幕交易"，从而引起法律纠纷。

如果市场机制和股东表达自己观点的能力不足以监管和控制管理层的行为，那么就需要某种规则或者规范指引。实际上，如果市场是完全有效的，公司能在一个有效的融资市场中竞争，那么旨在改革公司治理的措施则是多余的。因为从长远来看，产品市场的竞争将会迫使公司最大限度地降低成本。作为降低成本的一部分，公司会引入一些规范，包括公司治理机制，使得公司能够以最低的成本增加外部资本，从而通过竞争机制解决公司治理问题。

然而市场并不是完全竞争的，代理问题确实存在于全世界的公司与其股东之间。为了改善公司治理，帮助公司筹集资金，从而使得公司对股东和其他利益相关者履行受托责任，有必要制定相关公司治理的最佳行为准则或相关规则。

三、利益相关者理论

弗里曼（Freeman，1984）出版了《战略管理：利益相关者管理的分析方法》一书，明确提出了利益相关者管理理论。利益相关者管理理论是指企业的经营管理者为综合平衡各个利益相关者的利益要求而进行的管理活动。与传统的股东至上主义相比较，该理论认为任何一个公司的发展都离不开各利益相关者的投入或参与，企业追求的是利益相关者的整体利益，而不仅仅是某些主体的利益。

弗里曼从管理学的角度提出了公司治理的利益相关者理论。该理论指出，随着社会的发展，公司在社会中的角色得到了越来越多的重视，公司对雇员、环境、当地社区以及它们的利益相关者的影响成为争论的焦点。社会和环境方面的院外活动团体已经搜集了商业活动的信息，并关注到那些对利益相关者存在不道德行为的公司。

利益相关者理论是一个广泛的研究领域，融合了哲学、伦理、政治理论、经济学、法律和组织社会学。利益相关者理论的基础是公司的规模庞大，对社会的影响很普遍，因此公司不但要对股东负责，而且还应该对更多的社会部门履行受托责任。

利益相关者包括公司股东、雇员、供应商、客户、债权人、公司附近的社区以及公众，甚至有极端拥护者认为还应该包括环境、动物物种以及人类的后代。利益相关者关系可以看成是一种交换关系，利益相关者团体对公司作出了"贡献"，并且自己的利益能够通过"激励"而被满足。实际上，每个利益相关者都代表了部分隐性和显性的契约关系，正是这些契约关系构成了公司。

公司与利益相关者的关系是当前政治和社会环境中的新问题。社会和环境院外活动团体积极地鼓励公司改善对利益相关者的态度，并在商业运营中承担社会责任。鼓励公司承担社会责任的动机来自于公司完全有道德义务以遵守伦理的方式行事，并假定公司应承担社会责任，以满足所有的利益相关者的利益。

从理论基础来看，委托代理理论与利益相关者理论之间有着明显不同。这导致了两种理论从一开始就是不能相容的。但仍有学者指出两种理论范式可以被置于同一个理论框架下。如把委托代理理论归入通用的公司利益相关者模式。这时的结论包括：

1. 利益相关者理论是委托代理理论的必要结果，因此是一种更适合将公司理论概念化的方式。

2. 经过适当的修订，委托代理理论最多也只是相关利益者理论的一种狭义形式。

3. 委托代理理论隐含的关于人的行为和动机冲突的假设是矛盾的。

4. 所有的关于公司的理论都必须支持一个隐含的最低限度的道德，它包括某种基本权利、原则以及对人的行为的假设，这些假设可能需要对其他传统公司理论进行修改，甚至重新构思。

从长远来看，委托代理理论的最终目标和利益相关者理论的实践结果是一致的。应当指出，一家公司只有同时考虑利益相关者和股东的利益，才能实现长期利润最大化，并最终实现股东财富最大化。

四、公司治理的参与各方

（一）公司内部的公司治理直接参与者

执行管理层、董事会和审计委员会是主要负责公司治理的方面。它们都处在公司内部。

执行管理层。投资者和债权人（公众公司的缺席的所有者）把公司的日常经营和活动都托付给执行管理层。管理层在考虑公司的活动和政策时，有责任按照缺席的所有者的最大利益行事。

董事会。董事会一般由 3～15 人组成。他们集体拥有帮助指引一家公司的专长和经验。董事会成员直接由股东任命，以确保管理层按照缺席的所有者的最大利益行事。董事会作为管理层的重要顾问来运作，但是除了聘任和解聘高级执行官以外，它并不参与公司实际上的日常经营，而是在确定公司经营、财务和营销战略的过程中，利用其专长来帮助管理层。董事会还就沟通和财务报告向管理层提供咨询。如果运作有效，董事会就能够提供清晰、客观的指导，并监督管理层的业绩和行为。

审计委员会。审计委员会是董事会的一个下属委员会。董事会设立审计委员会的目的是监督会计和财务报告过程，以及内部和外部审计师。

（二）公司治理的促进者

鉴于恰当的公司治理是在公众公司内部运作的，所以董事会、审计委员会和执行管理层应当负主要责任；但是，他们并不能实施针对他们自身的公司治理的所有方面。尽管上述各方积极地履行他们的职责，仍需要 4 个关键的促进者来恰当地执行和监控有效的公司治理。这些角色包括内部审计师、外部审计师、交易市场（包括财务分析师）和缺席的所有者。

内部审计师。内部审计师对一个公司的财务系统提供质量控制。在一家公众公司中，内部审计师负责保证内部控制存在且有效地运行。他们在监控和管理公司的经营、信息系统、财务报告和与舞弊有关的风险方面起着重大作用。此外，内部审计职能部门可以证实治理结构和过程在公司指南和外部法规之内有效地运作。调查舞弊和其他违法行为是内部审计师行使的另一项职能。如果得到恰当的实施，内部审计职能可以作为董事会审计委员会和管理层用来保证公司的财务信息得以恰当地搜集和报告的一个主要工具。内部审计师直接向审计委员会报告最为理想。

外部审计师。尽管内部审计部门有助于确保对现行准则和法规的遵守，监管机构还是要求所有公众公司的财务报表都要经过独立的外部审计事务所的审计。外部审计师可以根据内部审计职能的客观和胜任程度适当地依赖内部审计师职能的工作。外部审计师的独立性和客观性有助于他们向投资者提供管理层根据现行准则恰当地编制和制作了财务报表的保证。外部审计师由审计委员会聘任，并直接向其报告。

分析师。证券分析师通过检查财务报告和与公众公司有关的其他信息，以及为这些公司发布盈利预测和股票投资建议（即买入、持有或卖出的具体建议），在证券市场中发挥着重要的作用。

公司的所有者。向公众公司提供资金的投资者和债权人是缺席的所有者，他们把公司管理的所有方面，从战略定位到日常的业务经营，都托付给执行管理团队。尽管缺席的所有者可以对管理层经营企业的能力和诚信度给予相当的信任，但是投资者最终要对他们在作出投资决策时所利用的信息的获取、理解和分析负责。

当今，投资者和债权人需要他们所赖以获取信息的那些人承担更大的责任。一些最有实力的投资者是"机构投资者"，它们积极地跟踪公司的业绩和财务报告。它们提出严格的问题，并且有能力对董事会和管理层施加相当程度的影响。

（三）证券监管机构和准则制定机构

公司治理的适当推行要求各方的共同参与和合作。监管机构、监督委员会和准则制定者，将有助于确保实行公司治理所牵涉的各个方面公允、统一地参与和合作。

证券监管机构。一般而言，为了确保对证券市场的有效监管，各国政府均设立专门的证券监管机构，负责监督和监管所有公开交易的公司和交易市场，该职责的广泛性，一般均直接或间接拥有公司治理的外部监督职能。如美国国会于1934年授权成立了证券交易委员会（SEC），中国证监会成立于1991年等。

财务会计准则制定机构。为了确保公众作出投资决策时能使用统一的财务信息，自1973年开始，各国均成立了专门的财务会计准则制定机构，以使上市公司的财务会计报告实现标准化。

审计准则和审计师职业道德准则制定机构。审计准则制定机构一般为注册会计师协会，或类似机构，由于强制的财务报表披露要求，所有的公众公司都要求经过一家独立的会计师事务所审计。会计师事务所在执行公众公司审计业务时，必须遵守审计准则和职业道德准则，同时亦要求确保公众公司遵循财务会计准则。因此制定审计准则和职业道德守则的注册会计师协会，虽然作为一个行业组织，但仍在公司治理方面发挥着重要的监督作用。

此外，21世纪初发生的震惊全世界的舞弊事件及随后发生的金融危机，部分国家的政府部门又新设了独立的公众公司审计与会计监督机构，以更有效地保护投资者的利益和促进在编制充分、准确和独立的公司审计报告方面的公众利益。例如，美国成立了公众公司会计监督委员会（PCAOB），英国成立了专门的财务报告委员会（FRC）。

五、公司治理的基本原则

公司治理中有一个非常重要的部分是面对责任、受托责任、对股东和其他人的数据披露，审计及控制机制。公司治理的负责人应该遵守各方面的原则。有效的公司治理原则主要包括：（1）建立完善的组织结构；（2）明确董事会的角色和责任；（3）提倡正直及道德行为；（4）维护财务报告的诚信及外部审计的独立性；（5）及时披露信息和提高透明度；（6）鼓励建立内部审计部门；（7）尊重股东的权利；（8）确认利益相关者的合法权益；（9）鼓励提升业绩；（10）公平的薪酬和责任。

（一）建立完善的组织结构

企业治理结构的设计应符合《公司法》及其他法律法规的要求，一般涉及股东（大）会、董事（大）会、监事会和管理层。

确认并公布董事会和管理层各自的作用和责任是奠定企业管理和监督的坚实基础的方法之一。换句话说，公司组织的设计应使董事会能够为企业提供战略指导，并对管理层进行有效的监督，明确董事会成员和高级管理层各自的作用和责任，以促进董事会和管理层对于公司及其股东承担责任，并确保权力的平衡，避免个人权力不受约束。为了奠定管理和监督的坚实基础，应该规范和披露董事会及管理层的职能。

（二）明确董事会的角色和责任

设计一个有效率、规模适当和信守承诺的董事会可以使其充分履行职责和义务。一个有效的董事会有利于履行法律赋予董事的职责，并增加企业价值。这就要求按照上述的方式来设计董事会，使它能够正确理解和解决企业中现有和新出现的问题，可以有效地审查和挑战管理层的业绩及行使独立的判断。董事是由股东选出的，但是董事会及其代表在挑选候选人时发挥着重要的作用。

（三）提倡正直及道德行为

良好的公司治理最终需要诚信的人员。每个企业应该确定自身适用的政策，以影响董事和关键管理人员的适当行为。行为守则是一种引导董事及主要管理人员的有效方式，并能够表明对企业的道德承诺。企业可建立一套行为守则，以指导董事、首席执行官（或相应职务）、首席财务官（或相应职务）及任何其他关键管理人员的行为。如果企业明确声明董事和关键管理人员能够遵守行为守则，投资者的信心就会得到增强。

此外，企业还可以披露董事、经理和员工对公司证券进行交易的政策。如果没有充分了解企业在这方面的政策，公众对该企业的信心就会下降。这项政策的目的是防止拥有内幕信息的人员，包括董事、首席执行官（或相应职位）、首席财务官（或相应职位）、工作人员等利用拥有内幕信息对公司证券进行交易。"内幕信息"是有关企业的财务状况、战略或行动等，如果一经公开就可能会严重影响公司证券价格的信息。

企业应考虑采取适当的遵守标准和程序，以促进实施上述的政策，并建立内部审查机制，以评估遵循情况和有效性。这种审查可能涉及内部审计职能。

（四）维护财务报告的诚信及外部审计的独立性

企业应要求首席执行官（或相应职位）和首席财务官（或相应职位），以书面形式向董事会报告，企业的财务报告在所有重大方面按照有关的会计准则真实公允地反映了企业的财务状况和经营成果。

同时，企业应该设置一个独立的结构以核实和维护企业财务报告的诚信。它要求建立一个审查和授权的结构，以保证企业的财务状况得到真实可靠的披露。该结构应当包括负责审查和审计的审计委员会和一个能够确保外部审计师独立性和胜任能力的程序。

特别是对大型企业而言，审计委员会可能比董事会更加有效地关注有关验证和维护公司财务报告诚信的事项。这样的结构并没有削弱董事会对于确保企业财务报告诚信的最终责任。独立的审计委员会的存在已经被国际公认为良好公司治理的一个重要特征。如果没有审计委员会，企业就更加需要披露替代办法是如何保证财务报表的诚信和外部审计师的独立性，以及为什么没有审计委员会。

审计委员会应审查企业财务报告的诚信和监督外部审计师的独立性。审计委员会应当向董事会报告，报告应包括有关委员会的作用和责任的事项，包括评估外部报告和评估支持外部报告的管理程序，挑选、任命和轮换外部审计师的程序，对聘用和解聘外部审计师的建议，对外部审计师的表现和独立性的评估以及审计委员会是否对由外部审计师提供的非审计服务的独立性感到满意，对业绩和内部审计客观性的评估，对风险管理、内部遵循情况和控制系统的审查结果。

保持外部审计师的独立性就是确定他们在为企业提供审计服务的同时，没有向企业提供某些可以影响其独立性的非审计服务，然而这不一定意味着外部审计师不能从事任何非审计工作。

在某些情况下，可能出现审计师忘记了其作为股东代理人的基本职能，并忽略了自身在公众利益方面的作用。如果投资者不能相信审计的首要责任是审计师的专业标准和市场诚信，那么他们将失去对金融市场的信心。而且失去信心将反映在股票价格下降和资本成本增加上来。因此，在审计监督方面的额外投资，甚至花费更多的审计直接成本是完全值得的。

（五）及时披露信息和提高透明度

所有投资者都享有平等及时地了解公司重大信息的权利。企业应向投资者披露重要信息，提高他们获得董事会运营企业的信息的方便性，这被认为是一个改善公司治理的方式。披露有助于提高公众理解企业的结构和行为、企业的环境政策和业绩以及道德标准及他们在社区中的关系。

（六）鼓励建立内部审计部门

审计委员会应当向董事会就任免内部审计管理人员提供建议。内部审计部门应独立于外部审计师。

内部审计部门应和管理层进行必要沟通，并具有从管理层获得信息和解释的权利。审计委员会应具有监督内部审计范围的权利和在管理层不在场的情况下了解内部审计职能的权利。为了提高内部审计部门的客观性和业绩，内部审计部门应该直接向董事会或者审计委员会负责。

（七）尊重股东的权利

企业应当能够和股东有效沟通，使他们随时能够得到公司客观公正和易于理解的信息以及企业的计划，便于他们参加股东大会。为了尊重股东的权利，企业应当设计和披露沟通政策，以促进和股东之间的有效沟通，并鼓励股东有效地参与股东大会。此外，公布公司的股东沟通政策也将帮助投资者获取信息。企业可以考虑如何更好地利用新技术，提供更多的机会，以便更有效地与股东沟通并解决不能亲自出席会议的股东的问题。

（八）确认利益相关者的合法权益

企业对于非股东的利益相关者，如员工、客户或顾客和社会整体具有很多法律及其他义务。人们越来越接受这样一个观点，即企业可以通过管理自然、人文、社会和其他形式的资本来更好地创造价值。这种情况下，企业对其经营行为中责任的承诺就非常重要。

（九）鼓励提升业绩

董事和主要管理人员应具备有关的知识和信息，他们必须有效地履行职责，而且个人和集体的业绩也需要进行定期和公平的审查。董事会和主要管理人员的业绩应定期通过可计量和定性的指标进行审查。提名委员会应负责评估董事会的业绩。

企业应实施岗前培训计划，让新的董事会成员尽早充分参与决策。新董事在非常熟悉企业及所在行业之后才能发挥效用。岗前培训计划中应当使董事了解有关公司的财务、战略、业务和风险管理立场，他们的权利、义务和责任，以及各个董事委员会的作用。提名委员会应负责确保有效的岗前培训，并应定期审查其有效性。

（十）公平的薪酬和责任

企业应保证薪酬具有充分合理的水平和结构，以及其与公司和个人绩效的关系。这意味着，企业必须采取能够吸引和挽留人才、激励董事及员工的薪酬政策，以促进公司业绩的提高。业绩和薪酬之间具有明确的关系是非常重要的，同时让投资者能够理解管理层的薪酬。

披露企业的薪酬政策，以使投资者了解：（1）这些政策的成本和收益；（2）董事和主要管理人员的薪酬同企业业绩之间的关系。披露薪酬政策是薪酬报告的基本要求。维护股东和市场的利益要求管理层薪酬和其成本效益具有一个透明的易理解的框架。薪酬政策的透明度应当表现为充分有效的披露。

第二节　投资者和董事会在公司治理中的作用

一、所有权结构与公司治理

无论是委托代理理论，还是利益相关者理论所研究的所有权结构基本都是少量的大股东、大量的中小股东的情况，由于大量中小股东的缺席，使得公司的所有权与控制权相分离，从而产生了代理问题，使得公司治理成为股东及其他利益相关者关注的问题。

（一）公司治理应当保护和促进股东权利行使

股权投资者具有当然的所有者权利。一个公众公司的一股股票可以被买进、卖出或转让。一股股票也赋予投资者根据投资数量的有限责任而能够参与企业的利润分享。另外，一个股份的所有权提供了对于企业的知情权和对企业的影响权，而首先是参加股东大会和投票的权利。

在现实中，企业无论如何不可能由股东投票来管理。股东是由利益、目标、投资水平和能力不同的个人和机构组成的。而企业的管理必须能够迅速地作出经营决定。有鉴于在迅速变动和转换的市场中公司事务的复杂性和现实性，股东不可能期望承担起管理企业行为的责任。企业战略和运作的责任明显地落在董事会和一个由董事会选择、推动，在必要由董事会替换的管理团队身上。

股东影响公司的权利集中在一些基本的问题上，比如选择董事会成员，或其他影响公司董事会组成的方法、修改公司的组织文件、批准特别的交易，以及其他基本的问题如说明公司的规章和内部条律。这些部分可以看成是大多数股东基本权利的一个描述，大部分已经有相应的法律规定。另外像选择和批准审计师、直接任命董事会成员、抵押股份的能力、批准利润分配方案等的权力，亦通过公司章程等予以确立。

一般而言，公司治理应使股东的下列权利得到行使：

（1）股东的基本权利。包括：①安全登记所有权的方法；②转让和交易股票；③及时、定期地从公司得到相关和真实的信息资料；④参加股东大会和参与投票表决；⑤选举和撤换董事会成员；⑥分享企业利润。

（2）股东应该具有参与权、充分告知权、有关企业重大变更的决策权。这些重大变更包括：①修改法规、公司章程、其他类似的公司管理文件；②授权增发股份；③特别交易，包括转让全部或大部分资产，而这将造成公司被出售的结果。

（3）股东应具备有效的参与机会、能够在股东大会上投票、应当被告知投票规则包括投票程序，这将决定股东大会的正常举行。

① 股东应当及时收到关于股东大会举行的日期、地点、议程等充分的信息，也包括关于会议决定的事项的充分及时的信息。

② 股东应当有机会对董事会提出问题，包括对于年度审计报告、在股东大会议程中增加项目、对提议的决议案、对于适当的限制条件等问题。

③ 在公司治理决策的关键点上，例如选举和任命董事会成员，有效的股东参与应该被推进。在董事会成员和关键经理人员的薪酬政策上，股东应该能够使得他们的观点被大家知道。对董事会成员和员工的报酬安排的公正程度应当是股东核准的前提。

（4）股东可以亲自投票，也可以缺席投票，两者都赋予投票结果以同等效力。

（5）使某些股东获得与他们所有权不成比例的控制地位的资本结构和安排，应当被披露。

有些资本结构允许一个股东行使超过在公司的所有权比例的控制权。金字塔结构、交叉持股、限制性股份或加倍投票权等，都能够用来减小非控股股东影响公司政策的能力。

除所有权关系外，其他策略也能够影响对公司的控制权。股东协议是股东团体常用的手段，个别股东可能只持有总股数中很少的股份，但一致的行动会组成一个有效的多数、甚至在最后成为一个最大的单一团体股东。股东协议通常给予他们的参与者以协议的优先权，以便在协议的其他参与者想要出售他们的股份时，可以优先购买这些股份。这些协议也可以包括这样的条款，要求这些接受协议的人为了一个指定的时段而暂时不出售他们的股份。股东协议能够涵盖如何选择董事会和董事长这样的问题。协议也能够要求参与者集体投票。一些国家已经建立一些机制，以便在必要时精确地监控这些协议并限制它们的持续时间。

投票上限限制了股东投票的数量，而不管股东可能在实际上持有股份数量的多少。投票上限因而重新分配了对公司的控制权，并可能会影响股东参与股东大会的意愿。

由于这些机制具有重新分配股东影响公司政策的能力，股东有理由期望所有这些资本结构和安排的信息被披露。

（6）公司控制权市场应被允许以有效率和高透明的方式运作。①用来规范在资本市场上获得公司控制权和非常规交易，如并购、公司主要资产的出售等的规则和程序，应该明确制定和披露，以便投资者理解他们的权利和追索权。交易应该在透明的价格和公平的条件下进行，以便所有股东依照他们的类别保护他们的权利。②反并购机制不应作为董事会和管理层免受监督的借口。

（二）公司治理应当保证所有股东得到公平待遇

公司治理结构应当保证所有股东的公平待遇，包括少数股东和国外的股东。所有的股东都应该在他们的权利受损时有获得有效补偿的机会。

投资人对于他们所提供的资金不被公司管理层、董事会成员或控股股东滥用和侵占的信心是资本市场的重要因素。公司董事会、管理层和控股股东有机会从事损害非控股股东的利益而使自己获利的行为。在保护投资者的规定中，一个特征能够有效地区分"事前"和"事后"之间的股东权利。"事前"的权利例如是先发制人的权利和对于某些决策的合格多数。"事后"权利在一旦权利被侵害时准许寻求赔偿。在法律和规章制度执行很弱的地方，一些国家建立了适当强化股东"事前"权利的措施，比如为了在股东大会议程放置条款而降低股份所有权的门槛，或者在某些重要的决策中要求有超过50%的股东通过。公司治理应包括公平对待外国股东和国内股东，但这并不涉及政府如何管理外国直接投资的政策问题。

股东可执行其权利的途径之一是能够对经营管理层和董事会成员发起法律和行政诉讼程序。经验显示，决定股东权利受保护程度的重要因素，是能否找到一个有效的方法，可以用合理的成本并且避免过多拖延地获得被损害权益的补偿。当少数股东有合理的依据相信他们的权利已经受到侵害，法律制度能够提供给他们提起诉讼的机制，这可以强化中小投资者的信心。提供这样的执行机制是立法者和监管者的关键职责。

鼓励投资者在法庭质询公司的行为，这样的法律制度存在着一定的风险，也许会造成滥诉。因而许多法律系统引进了保护经营管理层和董事会成员免受滥诉的规定。包括监测股东申诉的充分性、对管理层和董事会成员行为（如商业判断规则）的所谓安全港，以及信息披露的安全港等。最终必须在允许投资者对所遭受损害的所有权寻求法律救济与防止滥诉之间求得平衡。许多国家发现，其他可供选择的裁决程序，例如在争议的最初阶段，有证券监管机构或其他监管主体举行的听证会或仲裁程序是解决争端的有效方法。

（1）同一类别、同一系列的股东应当得到同样的公平待遇。①在同一类别任何系列内，所有的股份都应该具有同样的权利。所有的投资者在他们购买之前都应该获得有关全部类别和系列股份所赋有的权利的信息。在投票权上的任何改变都应该由受到负面影响的股份类别核准。②对于控股股东滥用行为造成的利益上的直接或间接伤害，小股东应当受到保护，并且应该有有效的补偿方法。③选举应该在有表决权的股权所有者协商同意的方式上由托管人和代理人投票。④对远程投票的妨碍应当被去除。⑤普通股东大会的过程和程序应该对所有股东都公平对待。公司程序不应使得投票过分复杂困难和花费昂贵。

（2）禁止内部交易和滥用的私利交易。当与公司有密切关系的个人，包括控股股东，利用那些关系来损害公司和投资人的利益时，滥用的私利交易就发生了。当内部交易导致操纵资本市场时，将构成证券法律所严格禁止的"内幕交易"。公司治理应当有效禁止此类滥用内部权利的交易。

（3）在直接影响到企业的任何交易或事件中，无论董事会成员和关键经营人员直接、间接或在第三人利益上对于董事会具有实质性利益的都应当被要求公开。

近年来，由于经济的快速发展，公众公司的机构投资者队伍不断发展壮大，公众公司的所有权结构开始从个人转向机构投资者，包括养老基金、人寿保险公司、单位信托基金、投资信托基金等。以1996年英国公众公司的持股统计为例，保险公司和养老基金拥有英国公众公司股权比例合计达53.8%，单位信托基金和投资信托基金为8.5%，银行为0.2%，个人投资者为18%，海外投资者为12.8%。而在1963年，个人投资者的持股比例则高达54%。美国公众公司持股统计情况亦与此相同，机构投资者成为上市公司的主要拥有者。随着机构投资者的实力不断壮大，机构投资者将不可避免地参与到公众公司的管理决策中，公司治理的特征亦发生了很多变化。

二、董事会的职权及其在公司治理中的作用

公司治理结构应确保董事会对公司的战略指导和对经营管理层的有效监督，同时确保董事会对公司和股东的责任和忠诚。

董事会除了指导公司战略，还主要负责监督经营管理层和确保股东回报，同时避免各种利益冲突，平衡各方需求。为了有效地完成以上职责，董事会必须具备客观独立的判断力。董事会另外的重要职责是，监督确保公司运作符合现行法律法规，这些法律法规涵盖多个方面，包括税收、竞争、劳资、环境、公平发展、健康和安全等。

董事会不仅要对公司和股东负责，同时有义务将其利益最大化。董事会还被寄希望于承担起兼顾和公平对待其他利益相关者利益的职责，这些利益相关者包括员工、债权人、客户、供应商和当地社会。在这个范围内，他们还必须遵守环境和社会的标准。

1. 董事会成员的行为应当建立在一个充分可靠信息的基础上，忠实诚信、勤勉尽责，根据公司和股东的最大利益履行职责。董事会应该根据公司利益行事，同时兼顾股东、员工和公共事务等，防止经营管理层侵占公司最大利益。董事会成员履行受托责任的两个重要方面是谨慎义务和忠诚义务。

谨慎义务要求董事会成员基于完全信息，忠实、诚信、勤勉和审慎地履行职责。只要董事会成员没有过分的疏忽，并且勤勉地履行职责，绝大多数法律法规都不把他们在商业决策中的失误和谨慎责任相联系。因此董事会成员必须因此履行完全的信息披露义务，即确保关键的和符合公司实际的信息被原原本本地披露，并加强对管理层的董事会监管职能。

忠诚义务，要求董事会成员平等对待股东、监管关联交易和建立合理的关键的经

营人员及董事会成员的薪酬体制。忠诚义务对在一个集团公司结构内的董事会成员也非常重要，即使一家公司被其他的企业控制，忠诚义务要求董事会成员对本公司和本公司股东负责，而非对控制方负责。忠诚义务至关重要，它是关系到公司治理能否有效实行的前提和基础。

2. 如果董事会的决策可能对不同的股东团体产生不同影响，董事会应平等地对待所有股东。在履行其职责时，董事会不应被视作、也不应被当作不同支持者的个别代表的集合体。尽管个别董事会成员可能确系部分股东提名选出（有时候被其他股东争夺），让董事会成员承担起他们的职责而以一个尊重所有股东的公平方式履行他们的义务，这确实是董事会工作的一个重要作用。如果控股股东存在，而他又能够在事实上选取所有董事会成员，那么该原则就尤为重要。

3. 董事会应该建立高水平的伦理道德标准。董事会在塑造整个公司的道德伦理形象中发挥着关键性作用，他们不仅要身体力行，同时还要约束和监督关键经营人员和整个经营管理层。高水平的道德伦理标准符合公司的长远利益，它会在日常运作和长期合作中为公司赢得信誉和诚信。为了使董事会目标清楚而且切实可行，很多公司建立了基于专业标准和更广泛行为准则的规章制度。

公司的这些规章制度为解决不同股东间的矛盾冲突提供了原则，也为董事会和关键经营人员的行为提供了标准。这些道德伦理规范会明确限制包括在公司股份交易上的某些获取个人利益的行为。尽管法律约束是根本性的约束，但道德伦理行为框架本身已经超越了仅仅遵守法律的界限。

4. 董事会对公司事务应该能够进行客观独立的判断。为了执行其监督经营管理层、防止利益冲突、平衡公司内部各种需求的职能，董事会要有能力作出客观的判断。首先这意味着董事会在组成和结构上，对于经营管理层的独立性和客观性。

董事会的客观性还取决于公司的所有权结构。一个控股股东在董事会和经营管理层的人事安排上有很大的影响力，然而，即使在此种情况下，董事会仍然要对整个公司和包括小股东在内的所有股东恪职尽责。

在不同的国家所具有的不同董事会结构、公司所有权形式和不同的实践方式，需要通过不同的途径达到客观性要求。在很多情况下，为了保证客观性，则要求一定数量的董事会成员不得被本公司或分支机构雇用，不得通过重要商业的、家庭的及其他的连带关系与本公司或其经营管理层发生紧密联系。这并不制止股东成为董事会成员。在其他情况下，尤其是如果小股东的权利被削弱、获得补偿的机会被限制的情况下，相对于控股股东和控股机构的独立性则尤为重要。

（1）董事会应该考虑指派足够数量的、有能力的非执行董事，对潜在的利益冲突的事项行使客观独立判断的任务。这些关键的责任例子是确保财务和非财务报告的完整性、审核关联交易、任命董事会成员、确定关键经营主管人员和董事会的报酬等。

当关于财务报告、薪酬和提名任命等责任集于董事会一身时，独立非执行董事往往可以为市场参与者的利益提供额外保障。董事会还可以成立专门的委员会处理潜在的利益冲突。此委员会中的委员如果不是全部也至少要达到一定数量的非执行成员。在一些国家当中，对提名和选举特殊职能的非执行董事，股东具有直接责任。

（2）当董事会设立专业委员会时，他们的任命、构成和工作程序应该定义明确并由董事会公告。尽管一些特殊的委员会有助于董事会的工作，但是它们也会给董事会和董事会成员带来麻烦。为了评估这些专门委员会，市场需要清晰地了解他们的目标、职责和组成。这些信息的披露尤为重要。董事会部分的和整体的责任应当被区分明确。信息披露不应扩展到委员会提供的商业交易秘密等事项。

（3）董事会成员应该承诺有效地履行他们的职责。在过多的董事会中任职，会影响董事会成员履行职责。公司会考虑董事的多重身份是否会影响董事会的有效运作，并向股东披露有关信息。在一些国家中，董事会成员的数量受到限制，这种限制仍保持着。但这些限制仍不及董事会成员的合法性和在股东眼中的信任重要。公开披露董事参加董事会的记录（他们是否缺席重要的董事会议）、董事作为公司董事会代表的行为以及他们的薪酬情况，都有助于合法性的实现。

为了改善董事会的运作及其成员的绩效，越来越多的公司正在鼓励培训其董事会成员，并在个别公司中鼓励董事会成员进行自我评定。培训包括董事会成员获得适应其职位的技能、熟知法律的变化和规章制度的调整、识别和控制不断变化的商业风险，这些培训有时在内部进行，有时通过外部授课或辅导来实现。

5. 为了履行职责，董事会成员应该有渠道掌握准确、关键、及时的信息。董事会成员需要掌握及时、关键的信息以作出市场决策。非执行董事和重要管理人员相比并不熟知企业信息。让他们和诸如公司秘书、内部审计人员等重要管理者接触，并借助于公司外部对于公司开支的独立建议，则有助于非执行董事发挥作用。为了履行他们的职能，董事会成员要确保其信息的准确、切中要点和及时。

三、董事会与高级管理层的角色分离

董事会与高级管理层的角色分离，基于董事会的独立性要求，以确保董事会履行独立判断的职能。在这种条件下，董事会的独立性要求有足够数量的董事会成员独立于经营管理层，董事会主席和首席执行官的角色分离，或是在不分离的条件下，指定一名非执行管理人员或外部人员为首席董事来召集董事会，以有助于董事会对于经营管理层的独立性和客观性。这种角色分离可以帮助平衡权利，强化董事会的责任和独立于经营管理层的判断能力。

相关法律规定，董事会的一些成员应独立于控股股东，独立性不仅要求董事会不能仅仅作为控股股东利益的代表，而且不能与之有紧密的经济关系。在其他一些情况下，诸如特殊的债权人群体也具有较大的影响力。在对公司有特殊影响的团体存在之处，更要有严格的考核制度来确保董事会的客观决策。

（一）董事会应该履行的关键职能

1. 审查和指导制定公司战略、重要的行动计划、风险对策、年度预算和商业计划、制定绩效目标、监督目标的执行和企业绩效的实现、监督重要的资金支出、收购和出售等行为。风险应对不仅与公司战略密切相关，而且越来越受到董事会的关注。该应对包括确认公司为了达到其目标而能够接受的风险类别和程度，因而对进行风险管理使风险不超出预期水平的管理者来说非常重要。

2. 监控公司的治理实践成效，在需要的时候加以方向上的干预。董事会对公司治理的监督包括：不断的审核公司内部制度，以确保所有管理者的责任清晰。很多国家除了要求定期对公司治理实际情况的监督和公开披露外，还建议甚至规定董事会要对自身运作、董事会成员以及首席执行官或董事长进行评估。

3. 选择、确定报酬、监控关键的经营主管人员，在必要的时候，更换关键的经营主管人员；监督更替计划。在二级结构的董事会中，监督董事会同时负责指定一般情况下由大多数主要经营人员组成的管理董事会。

4. 协调关键经营主管人员和董事会的薪酬，使之与公司和股东长期利益保持一致。在越来越多的国家中，董事会制定和披露董事以及关键经营人员的薪酬政策被视为有益的实践。该薪酬政策明确了管理者业绩和报酬间的关系，同时制定了强调长期利益而非短期绩效的评价标准，在通常情况下，对公司董事从事咨询服务等与董事会无关活动的酬劳，设置了一定的条件。该政策还常常对董事会成员和关键经营人员持有和交易公司股票指定需要遵守的期限，以及明确对期权授予和重定价的过程。在某些国家里，还包含与高管人员解除合同的给付政策。

在越来越多的国家中，由全部或大部分独立董事组成的委员会来管理薪酬政策和对董事和关键经营人员的聘请，这被视为有益的实践。同时，也要求薪酬委员会拒绝不同公司的关键经营人员相互担任对方薪酬委员会委员，因为这将导致利益冲突。

5. 保证董事会的选聘和任命过程的正规化、透明性。这些准则促进了股东在提名和选举董事会成员中的积极作用。董事会在确保提名和选举过程受到普遍认可方面发挥着至关重要的作用。首先，尽管各个国家提名过程有所不同，董事会或提名委员会有特殊的义务确保提名过程透明并受到普遍认可。其次，在发掘具有合适知识水平、竞争力和专业知识，能够为公司增加价值的董事会成员方面，董事会也起到了核心作用。在一些国家，要求在更大的范围内公开寻找合适的被提名者。

6. 监管经营层、董事会成员和股东之间潜在的利益冲突，这包括公司财产的滥用和关联交易中的舞弊行为。监督包含财务报告和公司资产的使用在内的内部控制系统，避免关联交易中的舞弊行为也是董事会的重要职能。该职能有时由直接向董事会负责的内部审计人员来执行。但这也是十分重要的，就是当其他的企业官员有责任提出一般性建议时，他们同样具有像内部审计人员一样向董事会报告相关问题的重要职责。

完成其有效控制的职责，董事会鼓励不怕报复、举报非法和不道德行为将是十分重要的。公司有关道德方面的规章制度应该支持这种举报行为，同时对个人予以法律保护。在很多公司，是由审计委员会或道德委员会直接受理员工关于非法和不道德行为的举报，有时这些报告还关乎财务报告的可信性。

7. 确保公司的会计、财务（包括独立的审计）报告的真实性，确保恰当的控制系统到位，特别是风险管理系统、财务和运作控制，确保按照法律和相关标准执行。为了确保基本报告和监督系统的真实性，董事会要在整个机构内明确和执行清晰的责任义务。董事会也要接受高级管理人员的适当监督。一种方式是通过直接向董事会负责的内部审计系统，内部审计人员直接向董事会的一个独立审计委员会报告，或者向类似协调外部审计关系的机构报告，这些机构有时可以作出和董事会类似的反馈。审计委员会或类似机构审阅并向董事会报告作为财务报告基础的关键会计政策也被视为有益实践，然而，董事会应该对于确保财务报告系统的真实性承担最终责任。一些国家要求董事长对内部控制过程负责。

公司还被鼓励建立一些内部程序，用以强化其遵守法律、法规和相关标准。这还包括 OECD《反腐败协定》规定的禁止向国外官员行贿条款和一些其他的旨在防止行贿受贿的条款。除此之外，还要遵守关于证券、竞争、工作和安全条件等一系列法律法规。这些程序的建立也加强了公司用以强化道德观念的规章制度。为了有效地实施，激励体系一定要给予遵守这些道德观念和职业标准的行为以奖励，让违背者承担后果并受到惩罚。这些内部程序还应尽可能地在子公司实施。

8. 监督信息披露和对外沟通的过程。董事会需要明确建立其自身和经营管理层关于信息披露和交流的职能与责任。在一些公司中，现在已设立直接向董事会汇报的投资关系专员。

（二）董事会和管理层的作用

董事会应该以书面形式明确董事会与管理层之间的权责分工，即董事会保留的职能和其授权管理层代其执行的职能。董事会保留和授权管理层的事项的性质必然取决于企业的规模、复杂程度和所有权结构，以及其传统和企业文化。

披露职责分工有助于那些受公司决策影响的人更好地了解特定公司董事会和管理层各自的责任和贡献。这种理解可以得到进一步加强，例如，披露包括对于董事会主席、主要独立董事及行政总裁之间的责任平衡的解释。企业应当适当定期审查责任平衡，确保职能分工适合于公司的需要。

董事会通常负责监督公司，包括企业控制和问责机制，任免首席执行官或相应职位，批准任免财务总监或相应职位，最终批准管理层关于企业的发展战略和业绩目标，审查和批准风险管理系统以及内部遵循和控制、行为守则和法律的遵守情况，监测高管的业绩和战略的执行情况，并确保他们得到适当的资源，审批和监督主要资本支出、资本管理、并购及资产剥离的过程，审批和监督财务及其他报告。

（三）董事及高级管理人员个人责任的分配

董事及高级管理人员清楚地理解企业对他们的期望是适当的。为此，正式的董事任命书列明了非常有用的关键条款和情况。同样，首席执行官和财务总监也应该有一个正式的职责说明和任命函，以说明他们的任期、职责、权力和责任，并有权终止其职务。

董事会主席负责领导董事会，以便有效地组织和行使董事会的职能，并通报董事会会议中产生的所有有关董事的问题。他能够促进所有董事的有效贡献，并促进董事会成员之间以及董事会和管理层之间的建设性和相互尊重的关系。这意味着董事会主席应当同意并且在必要时制定董事会的议程，确保定期举行董事会议。同时，董事会主席应当确保董事在董事会议召开前获得相关信息，使他们在进行讨论和作出决策前就能够充分了解待议事项的全部情况。

董事会主席的角色还应扩展至配合独立董事的工作，促进执行董事与独立董事之间建立良好的关系，并对企业领导的责任进行明确的分工。董事会主席和首席执行官之间的分工应经过董事会的同意，并记录在一份职责声明中。首席执行官不应该兼任同一家公司的董事会主席。

对于投资者及其他外部的利益相关者或委托人，董事会主席是公司的代表。他常为企业建立"公众形象"，特别是当企业必须公开为自己进行辩解的时候。与此相关的是，董事会主席的角色还包括与股东的沟通。这种沟通是以法定的年报形式进行的。在许多管辖权内，董事会主席必须每年在年度股东大会和股东特别大会上以董事会主席声明的形式向股东致函。

四、独立董事、审计委员会在公司治理中的作用

公司治理实践方面最重要的部分之一就是董事会的独立问题。独立性之所以关键，是因为它可以确保董事会在为利益相关者的最佳利益行动时保持足够的客观性。此外，独立性在确保董事会能够行使其监督或管理的首要责任方面（而不是过分参与企业的日常管理工作）起着关键的作用。

董事会中大部分成员应当是独立董事。独立董事是指独立于公司股东且不在公司内部任职，并与公司或公司经营管理者没有重要的业务联系或专业联系，能对公司事务作出独立判断的董事。应用在上市公司的层面上，独立董事是在上市公司担任独立董事之外不再担任该公司任何其他职务，并与上市公司及其大股东之间不存在妨碍其独立作出客观判断的利害关系的董事。

（一）独立董事的独立性

董事会应根据董事会成员披露的利益定期评估每个董事的独立性，以及将每个独立董事所申报的相关信息在企业年度报告的公司治理部分中作出披露。此外，每位董事的任期对于独立性的评估也是非常重要的，企业也应在年度报告中的公司治理部分披露每位董事的任期及独立董事的变动。下列情形可能会影响独立董事的独立性：

（1）最近5年内曾是公司或控股公司的雇员；

（2）近3年曾经在与公司重要部门有直接或者间接业务联系的公司工作，或者曾在与公司有上述关系的公司担任合伙人、股东、董事或者高级管理人员。

（3）曾经收取过公司除董事津贴以外的额外薪酬，参与过公司的股票期权计划、绩效计划或者是公司的养老金计划的成员。

（4）直系亲属担任公司的顾问、董事或高级管理人员；

（5）与其他董事通过其他公司存在交叉任职或者有重要关系；

（6）代表公司的某个重要股东；

（7）在董事会第一次选举时起在董事会中的任职超过9年。

如果董事会在某名董事在存在上述关系或环境的情况下，仍将其确定为独立董事，则董事会应当说明确定的具体原因。

（二）独立董事的角色

独立董事的职责可以分为四种不同的角色，即战略角色、监督或绩效角色、风险角色和人事管理角色。战略角色是指独立董事是董事会的正式成员，因此有权利也有责任为企业的战略成功作出贡献，从而保护股东的利益。企业中管理层必须具有清晰的战略方向，而独立董事应当利用他们从生活阅历，特别是商业经历中得出的大量经验，来确保已选定的战略是稳健的。就该角色而言，在他们认为合适的情况下，可能会对战略的任何方面提出挑战，并提供建议帮助制定成功的战略。

监督或绩效角色是指独立董事应当使执行董事对已制定的决策和企业业绩承担责任。在这方面，他们应当代表股东的利益，并致力于消除因代理问题使股东价值降低的可能性。风险角色是指独立董事应当确保企业设有充分的内部控制系统和风险管理系统。

人事管理角色是指独立董事应对董事会执行成员管理的有关责任进行监督。这一般涉及公司董事、高级管理人员等的任命和薪酬问题，也可能包括合同或纪律方面的问题及接班人计划。

（三）审计委员会在公司治理中的作用

一般来说，审计委员会是董事会下设的专门委员会之一，其组成成员应全部由独立、非执行董事组成，他们至少拥有相关的财务经验。审计委员会负责人应当具备相应的独立性、良好的职业操守和专业胜任能力。

审计委员会应承担就任命、重新任命或解聘、外聘审计师向董事会提出建议的主要责任，监督新审计师的选择过程，批准外聘审计师的业务条款及审计服务的报酬。审计委员会应复核审计师的审计工作范畴，并确信该审计范畴是充分的，并确保于每次年审开始之时已为审计制订了适当的计划。审计委员会执行审计工作完成后的复核。

审计委员会订立了年度程序，以确保外聘审计师的独立性和客观性。审计委员会确信本企业未雇用审计小组成员的家庭成员，审计师及其员工与本企业无财务、雇用、投资或业务关系。另外，审计委员会还从审计师处获取信息，以维持独立性及对相关专业规定的遵守情况进行监察，包括关于轮换审计合伙人。

审计委员会与董事会达成一致，对企业关于雇用外聘会计师事务所原雇员的政策进行监察。审计委员会应监察有多少外聘会计师事务所原雇员现在在本企业担任高级职务。如果这是恰当的，应结合情况考虑这是否损害了审计师在本次审计中应保持的独立性。

审计委员会还应为企业制定关于由外聘审计师提供非审计服务的政策，并向董事会提出相关建议。提供非审计服务时，不得损害审计师的独立性或客观性。审计委员会应制定一项政策，明确外聘审计师不得提供的服务类型，并且说明外聘审计师能够提供的无须请示审计委员会的服务。

同时，由于会计师事务所与审计委员会之间存在有组织的沟通问题，因此企业管理层更愿意将问题及时汇报给审计委员会和董事会，以避免其感觉"意外"，这样也加强了信息在审计委员会和董事会中的流通。

如果董事会没有采纳审计委员会对聘用、续聘和解聘会计师事务所的意见和建议，公司应当在年度报告中作出说明，并在推荐或续聘的文件中解释董事会作出其他选择的说明。如果会计师事务所同时提供非审计服务，则应在年度报告中就如何保证注册会计师的客观性和独立性向股东作出解释说明。

五、机构投资者的行动主义与公司治理

一般而言，公司所有者中的机构投资者希望获得公司较为稳定的利润分配，并不谋求控制公司的发展战略与经营政策。考虑到行使所有权的成本和收益，早期的机构投资者一般很少参与公司的经营决策过程。这是导致公司出现代理问题的一个重要原因。

（一）机构投资者行动主义的内涵

随着公司股东中机构投资者规模的扩大，机构投资者的所有权不再被视作是被动的，而通过参与股东大会表决参与公司的管理，这就形成了机构投资者的行动主义，从而使公司治理变得更加有效。机构投资者的行动主义内涵包括如下内容：（1）机构投资者与所投资公司董事会举行一对一的例会，即参与和对话过程。（2）机构投资者积极在股东大会中行使表决权。（3）机构投资者积极关注所投资公司的董事会成员构成。（4）机构投资者联合向公司管理层提出公司战略和经营建议。

机构投资者行动主义可以有效改善公司治理。机构投资者行动主义的目的是影响所投资公司的未来发展，包括公司战略、公司经营绩效、公司兼并或转让战略、非执行董事未能使管理层准确地遵守契约和承诺、内部控制失效、未能合理地遵守公司治理原则、不恰当的薪酬计划、公司履行社会责任的方式等。

（二）机构投资者行动主义改善公司治理的方式

经济合作组织（OECD）建议机构投资者应按以下方式改善公司治理：

1. 机构投资者以受托人地位行使的表决权应当披露他们涉及投资的全部公司治理和投票的策略，包括决定使用他们投票权的适当程序。机构投资者持有公众公司股份的情况日益普遍。公司治理和公司监管的有效性和可靠性将更多依靠机构投资者，他们能够得到对于他们股东权益更有用的信息、更有效地在其所投资公司行使所有权的职能。机构投资者应当披露其行使所有权职能基于何种成本效益考虑。对于在担任受托人地位的机构投资者，如个人养老基金、集体的投资安排和人寿保险公司，其行使

投票权时可能已经部分或全部考量了其所承担的客户利益价值。错误地行使所有权可能导致某些投资者的损失，但这些投资者应当了解其所跟从的机构投资者采取的投票策略。机构投资者参与公司管理，应当披露以下信息。公司治理政策对市场的公开性要求是相当细致的，包括：（1）涉及环境的外在策略要求；（2）介入公司管理的方法；（3）如何评估投票权策略的效果等。此外，机构投资者还可以在股东大会上与公司建立持续对话的机制，尽管公司应当公平地对待所有的投资者，以及不对机构投资者泄露可用于市场的信息，但机构投资者和公司之间的对话通常可以更加清楚地了解常规的背景、关于公司正在运作和将来的经营远景等市场信息。

当作为受托的机构投资者已经揭示和披露公司治理政策时，有效地执行就需要他们留出适当的人选和财物资源，按照他们的收益人和资产组合公司期望的方式来推动这个政策。

2. 机构投资者以受托人地位行使投票权，应当披露如何应对影响其行使关键表决权的利益冲突情形。以其持有的股份投票和行使关键表决权时，机构投资者的动机在某些场合可能不同于直接的所有者。这种不同有时可能有其商业上的合理性，但也有可能源于利益上的冲突。在受托人机构是一个子公司，或者是另一个金融机构的关联企业，特别是一个完整的金融集团时，这种利益的冲突就表现得非常明显。当该种利益冲突产生于实质性的商业关系时，机构投资者应当予以确认和披露，如通过协议管理证券公司的基金等。机构投资者应同时披露其在行使关键表决权时，采取了哪些最大限度地降低潜在负面影响的措施，如剥离给基金管理层的红利与来自该机构投资者之外的新经营收益之间的关系。

3. 在不滥用的情况下，大股东、机构投资者和个人投资者可以对有关股东的基本权利进行相互协商。在公司所有权分散的情况下，由于小股东持有股份太少，其采取股东行动主义监控公司治理的作用有限，且成本较高。而且，小股东采取的监控行为发挥作用时，其他没有投入的股东也会有收益（即"搭便车"者，free riders），因此小股东通常处于公司治理中的较低监控地位。对于机构投资者，特别是处于受托人地位的金融机构而言，由于其可以在股权投资的数量上和多样化投资方面具有很大的选择权，其在公司治理中的监控地位显然较高。

然而，机构投资者持有某家公司大量股份的其他监控成本依然很高，甚至有些机构投资者可能无法行使对公司的监控功能，或者因谨慎性要求不能在单个公司中资产投资过多。要克服这种有利于多样化的不对称，应该允许不同的机构投资者在提名和选举董事会成员、在董事会议程中提出建议，与公司就公司治理问题直接讨论等方面进行合作，甚至采取一致行动，也就是应当允许股东之间相互交流而不拘泥于委托代理的形式。

当然必须注意到，投资者之间的合作很可能导致操纵市场、不受任何并购规则取得公司的控制权，甚至规避竞争法律约束。因此大多数国家均禁止或限制机构投资者之间在投票策略上的合作，并严密监控股东之间的协议。因此，机构投资者之间在投票策略上的必要合作，必须满足如下条件：（1）合作不涉及公司控制问题；（2）合作不会与公司的市场效益和公平相抵触；（3）合作不涉及操纵市场；（4）机构投资者与其他方面的投资者之间的合作必须公开。

第三节　信息披露和外部监督在公司治理中的作用

透明度是动作良好的公司治理体系的基本要素。面向利益相关者的公司信息披露是实现公司透明度的主要手段。

一、信息披露在公司治理中的作用

信息披露对有效的资本市场职能是重要的。信息披露是指公司所提供的一系列不同形式的信息，如董事会报告、管理层讨论与分析，包括利润表、资产负债表、现金流量表、股东权益变动表以及其他规定项目在内的年度报告，还包括自发的公司与其利益相关者的沟通形式，如管理预测、分析师报告、股东大会、新闻快讯、公司网站上的信息以及其他诸如独立的环境或社会报告书等公司报告。

自愿的信息披露被定为规定的最低限度之上的任何信息披露。改进信息披露会带来透明度的改善，而透明度则是全球公司治理改革的最重要目的之一。

（一）信息披露在公司治理中的基本作用

资本市场的生命线是信息，而相关信息流动不通畅反映了市场的不完善，因此，公司的活动越透明，其证券的估值越精确。提高和改进信息披露，可以使公司向股东提供更有价值的信息，减少信息不对称，从而有效节约代理成本。

委托代理理论认为信息不对称的存在导致管理层比现在和潜在的投资者更加了解公司的活动和财务状况。利益相关者理论同样指出，由于不充分的信息使得包括股东在内的所有利益相关者处于信息不对称的地位。没有结构化的信息披露体系，尤其是财务报告，股东很难得到投资公司合适而可靠的信息。这种信息不对称导致了道德风险和逆向选择问题。

只要能够保证经常的和相关的公司信息被披露，股东就可以更好地监管公司的管理。会计和审计职能是动作良好的公司治理体系的基本要素。会计和审计自1853年英国南海公司事件发生后就被认为是监管股东和管理层关系的重要手段，并且发展成为一种监管机制，投资者需要根据公司的财务信息来作出决策，公司的财务报告已经成为减少公司与投资者之间信息不对称的重要手段。

在公司治理中，会计信息披露是监管公司与管理层契约的核心，成为约束管理层行为的必要手段。而市场中充斥大量的无效信息，决定了必须有强制性的信息披露要求。由于现有股东已经实际上为会计信息的产生支付了费用，但却不能向潜在的股东、债权人以及其他利益相关者收取相关的费用，从而使公司会计信息披露具有了公共利益的性质。

公司财务会计信息披露在公司治理中发挥了控制机制的作用。财务会计信息可以帮助外部投资者约束其所投资公司的管理层，激励他们为股东的利益服务，在实践中，财务会计信息是由公司管理层编制的，很可能被管理层所操纵，如安然公司对表外工具的利用。在这种情况下，蓄意操纵的财务会计信息，掩盖了公司的实际情况，反而起到了加剧代理问题的作用。因此，"诚实"的信息披露将会形成更加透明的组织，从而有效降低代理成本。正是在这种观点的支持下，公司信息披露是立法强制要求的。在较为严格的法律环境下，董事会和管理层都必须对公司的信息披露承担更多的责任。

（二）信息披露对公司治理的作用机制

财务会计信息帮助股东监督和控制公司管理层的作用机制，是通过公司绩效和管理层薪酬的直接联系实现的。委托代理理论指出，减少代理问题的一种方法是要求股东以及其他资金提供者与公司管理层签订明确（或隐含）的契约，管理层按要求披露契约的履行情况相关的信息，从而使股东能够评估管理层利用公司资源为股东及其他资金提供者利益服务的程度，进而实现监管作用。

在实践中，公司管理层的薪酬是由公司绩效决定的，甚至有些公司绩效的测量方法已经用于衡量管理层的绩效。在这种情况下，公司股东与管理层之间的薪酬合同，更显著地依赖于公司所公开披露的财务会计信息。

（三）信息披露的基本要求

1. 信息应该按照高质量的会计、财务和非财务公告的标准制作和披露。高质量的信息披露标准的采用使公司提供可靠性、可比性更强的报告，使投资者可以深入了解公司的业绩，从而提高了投资者对公司的监管能力。信息披露的质量很大程度上依赖于信息编制、披露的标准。目前全球各国正在致力于发展高质量、国际承认的信息标准，这些标准可以提高不同国家财务报表的透明性和可比性。这些标准的编制过程应该是公开、独立、公众化的，私营部门和其他利益团体，如行业协会和独立专家都应参与到这一编制过程中来。各国国内的信息质量标准可以在与国际承认的会计准则一致的基础上编制。

2. 信息传播的途径应确保信息使用者能够平等、及时、便捷地获取信息。信息的传播渠道与信息本身同等重要。信息的披露通常有法可依，然而将信息归档及获取信息却可能成为麻烦和成本高昂的问题。随着信息技术的普及，信息传播开始采用电子化信息存档和数据修复系统储存公司的法定公告，XBRL 语言的应用，可以将包括股东情况的公司各种信息整合后存档。互联网和其他信息科技提供了增进信息传播的速度和针对性。

此外，为了增强公司治理的持续性，很多国家都规定了持续性信息披露要求，包括定期的信息披露和在特别的基点上被明确规定的持续的或即时的信息披露。对于持续性、即时性信息披露，无论表述为"尽可能快的"或是规定一个最大时间期限，最好的方法是"立即"披露所有重大事态发展。国际证监会组织（IOSCO）《关于上市公司持续性披露及重大事态发展报告的原则》阐明了上市公司对持续性披露及重大事态发展报告的一般性原则。

3. 公司治理结构应当采用提供和推广分析报告，或者由分析员、经纪人、评估中介等提供建议方式作为有效的补充信息披露方法。由于这些分析报告和建议关系到投资者的决策，因此在其中不应该出现有损于其公正性的重大利益冲突。除了对审计师的独立性和专业能力的要求、信息发布的及时便捷以外，在很多国家还同时采取措施确保相关专业服务的真实可信，这包括专业化的和活跃的对市场分析和建议报告等专业服务。如果这些专业服务诚实守信，并且在利益冲突中保持中立，则会有力地激励和促进公司董事会遵循良好的公司治理原则。

但是，应该注意到，利益冲突经常发生，并且影响到决策判断，比如提供意见的人还想争取到该公司更多的业务，或者是他们与该公司或其竞争对手存在直接的重大利益，同时也发现，公司和企业的信息披露与透明度常常是为了迎合证券市场分析师、评级机构、投资银行的专业标准。

经验表明，最好的解决办法是披露所有的利益冲突和处理过程。尤其重要的是，披露为了消除利益冲突而对员工采取的激励措施。这些披露使投资者得以判断在市场建议报告和信息中潜在的风险和可能存在的偏差。国际证监会组织（IOSCO）已经制定了关于分析师和评级机构的原则框架，即国际证监会组织（IOSCO）《关于销售方证券分析人员利益冲突的处理准则》和《关于信用评级机构行为的指导准则》。

二、信息披露的内容

信息披露的内容包括但不限于三大部分：一是财务会计信息，包括企业的财务状况、经营成果、股权结构及其变动、现金流量等。财务会计信息主要被用来评价公司的获利能力和经营状况。二是非财务会计信息，包括企业经营状况、企业目标、政策、董事会成员和关键管理人员及其薪酬、重要可预见的风险因素、公司治理结构及原则等。非财务会计信息主要被用来评价公司治理的科学性和有效性。三是审计信息，包括注册会计师的审计报告、监事会报告、内部控制制度评估等。审计信息主要被用于评价财务会计信息的可信度及公司治理制衡状况。向投资者披露信息的最主要方法之一就是通过企业的年度报告。此外，良好的公司治理披露通常还包括超过最低法定或者监管要求的自愿性披露。加强公司治理披露，可以通过下列途径实现：

（1）为了告知股东公司治理结构、政策和执行的力度，上市公司及大型非上市公司可在其年度报告中提供一份公司治理的声明。这份有关公司治理的声明应当在年度报告中单独列报，并给予和董事报告同样的重视。

（2）为了提高董事薪酬的可比性和透明度，尤其是薪酬与企业业绩的关联程度，应当在"绩效基础"和"非绩效基础"之间分析董事的薪酬，并披露有关董事股票期权的资料。

公司应当至少披露以下重要信息：

（1）公司财务和业绩状况。审计后的财务报表（一般包括资产负债表、利润表、现金流量表、股东权益变动表以及财务报表注释）显示了公司的财务业绩和财务状况，是最为广泛使用的企业信息来源。就现行的财务报表形式，应用财务报表有两个主要的目标：一是使开展合理的监管成为可能；二是提供证券估价的基础。管理层对公司运营情况的讨论和分析通常在年报中予以叙述，如果结合相应的财务报表对此进行分析阅读，这些信息十分有用。投资者尤其对那些可能预示公司前景的信息感兴趣。

事实表明，公司治理的失败通常与披露的信息未能展示企业全貌有关，尤其是在用资产负债表外的项目为关联企业提供担保或类似的委托事项的情况。因此在高质量的财务会计标准下对与整个集团公司相关的交易情况予以披露十分重要，其中包括披露或有负债、表外交易、特殊利益实体的信息。

（2）公司经营目标。除公司的商业目标以外，鼓励公司披露与商业道德、环境及其他与公众责任相关的政策。这些信息可能使投资者和其他信息使用者更好地评价公司在为实现经营目标所做的努力中与其所在的社会之间的关系。

（3）主要股权和投票权。投资者的一项基本权利是了解公司的所有权结构和他们与其他股权所有者权利的相对关系。这项知情权可以扩展到对一个集团公司结构以及集团内部关系的了解。这些信息的披露可以保证集团的经营目标、性质和结构透明公开。国家通常规定在某些所有权变更时披露所有权信息，包括披露主要股东及其他对公司有控制力，或可能通过特别投票权、股东协议、持有大量股权、具有重大交叉持股关系或交叉担保等方式直接或间接控制公司的股东。

为确保投资者的上述权利，并为发现潜在的利益冲突及相关的关联交易和内部交易，历史股权记录必须包含由于股权变更而受益的股权所有者信息。对于主要股权由中介机构持有的情况，有关受益的股权所有者的信息应该至少可以通过制定规章的机构或执行机构，或通过评判裁决过程获取。对于希望获得受益股权所有者信息的国家来说，OECD 的格式样本《获得有利的所有权及控制信息的选择性》是他们进行自我评价的有效工具。

（4）对董事会成员和关键经营人员的薪酬政策和董事会成员的信息。包括他们的资格、选择程序、在其他公司兼任董事情况以及他们是否被董事会确认为独立董事。

投资者需要了解董事会成员和主要经营人员的情况来评估他们的经验、资格并判断他们之间是否存在潜在的可能影响判断力的利益冲突。对于董事会成员来说，还应披露他们的资格、在公司的股份、是否兼任其他公司董事以及公司是否确认他们是独立董事。披露是否兼任其他公司董事是非常重要的，它不仅表明了该董事会成员经验资历和其安排时间时可能受到的限制，同时也显示了潜在的利益冲突，以及在何种程度上各公司的董事会间存在关联。这些信息必须在股东大会作出任何决定之前予以披露，当情况有重要变化时应该追踪披露。

董事会成员和经营人员的报酬也是股东关心的问题，尤其受到关注的是他们的报酬和公司业绩之间的联系。公司一般会披露董事会成员和主要经营人员的薪酬信息，这样投资者可以评判薪酬计划的成本收益性以及激励政策，例如期权计划、业绩评估。个人情况的披露（包括合约期满和退休的规定）也是非常必要的，包括披露高级管理人员以及某些特定职位人员的报酬。

（5）关联交易。对于市场来说，了解公司在经营过程中是否平等对待所有股东的利益很重要。为此公司必须向市场全面披露所有个人性质或集团性质的关联交易，包括这些交易是以内部价格成交还是以一般市场价格为基础。一些地方甚至将此列为法律规定。关联方包括对公司达到控制或共同控制的实体、重要股东及其家庭成员以及主要管理人员。

涉及主要股东（或其密切的家庭成员）的交易，无论是直接交易还是间接交易，是最难处理的交易类型。披露的信息内容应该包括控制关系的性质，关联交易及类似交易的性质和规模。由于许多交易的不透明性，可能需要交易的受益方向董事会通告交易，再由董事会向市场披露。董事会的一项重要任务是防止公司躲避自我监督。

（6）可预期的风险因素。财务信息的使用者和市场参与者需要合理预期重大风险的信息，包括行业及地域的特定风险；对经营产品的依赖性的风险；金融市场的风险，包括利率和汇率；与衍生产品和表外交易有关的风险；对环境责任的相关风险。当然，公司披露的信息不宜过多，只要可以使投资者充分了解企业重大的可预见风险即可。符合行业特殊性的风险披露是最有效的。对监管系统的风险的披露越来越被重视。

（7）关于员工和其他利益相关者的问题。公司应当对外提供那些可能对公司业绩有重大影响的、与员工和其他利益相关者有关的重大事件的信息。披露的信息应包括经营管理层和员工的关系，与其他利益相关者的关系，如贷款人、供货商和当地其他社会团体。公司应当披露人力资源管理的信息，包括人力资源管理政策，如人力资源发展和培训的计划、员工轮换的速度，以及员工持股计划等，这些可以传递公司与其市场竞争者之间竞争力强弱的相关信息。

（8）治理结构和政策，包括公司治理规范或政策的详细内容，以及它们实施的程序。公司应该披露其公司治理方法。对公司治理结构和制度的披露，特别对权利在股东、经营管理层和董事会成员间的分布情况的披露，对评价公司的治理水平非常重要。根据透明性原则，股东大会的举办程序应该保证选票恰当的计数和记录，并保证选举结果及时公开。

三、注册会计师审计在公司治理中的作用

公司治理体系中，注册会计师审计提供了一种必不可少的制衡机制，帮助股东及利益相关者有效监督公司的管理活动，从而提高公司信息披露的透明度。

1. 年度审计报告应当由独立的、有能力的、有资格的注册会计师制作，以便给董事会和股东提供一个外部的客观保证

财务报告应在尊重事实的基础上公正地反映公司的财务状况和业绩。审计报告可以证明财务报表是否真实地反映了公司的财务状况，除此之外，审计报告中还应陈述其对公司编制撰写财务报表方法的看法。这可以给公司提供一个良好的管理环境。

从委托代理理论分析，审计职能是公司治理机制的重要组成部分。对公司编制和披露的财务报表，由注册会计师每年进行外部的和客观的审计，可以有效提高公司信息披露的质量和可靠性，从而增强股东及利益相关者对公司透明度的信任。在这个意义上说，年度财务报表的注册会计师审计制度是公司治理的基石。

许多国家引进了不同的方法来增强审计人员的独立性和其对股东而言的可信度。其中一些通过引入其他独立机构或人员来加强对审计人员的监督。国际证监会组织（IOSCO）2002年发布的《审计人员监督准则》认为有效的审计人员监督工作应包括互相制约的机制，"……需要代表公众利益的一方对审计的质量和执行情况进行监督，并提供评判的职业道德标准以及审计质量控制环境"；以及"……要求审计人员必须遵从审计监督机构制定的规章，该监督机构可以视为独立的审计行业从业者，或者是一个如监管机构的专业机构，同时被独立机构所监管。"上述审计监督机构最好能代表公众的利益，由适当的成员组成，具有完善的责任权利的规定和不受审计方面控制的充足资金，以便其更好地开展工作。

随着注册会计师对公司审计制度的发展和应用，公众及利益相关者逐渐意识到，保证审计人员具备足够的专业能力成为一种迫切的需要。在一些情况下，需要一个注册过程帮助审计人员确认他们的资格。然而仍需要后续的培训以及工作经历的监控来保证审计人员具备适当水准的专业能力以胜任其职业。

2. 外部注册会计师应对股东负责，并对公司负有义务，在审计中具备专业审慎的素养

外部审计人员由董事会所属的独立审计委员会或与之相当的机构推荐并由其或由股东大会直接任命是一种很好的方法，因为它可以明确外部审计人员应对股东负责。它同时强调了外部审计人员应具备应有的职业素养和谨慎态度，这是其对公司负有的义务，而不是对可能与其工作上接触或合作的公司经营管理层或具体管理者。

注册会计师对公司财务报表的年度审计不是对公司财务报表数据的正确性提供绝对的保证，也不保证公司能够持续经营，而是对年度财务报表是否真实、公允披露发表意见。这是因为注册会计师并不负责公司财务报表的编制工作。因此，注册会计师与公司股东之间形成了审计期望差距，如何降低审计期望差距，防止审计职能失效成为提高公司信息披露透明度的重要课题。

3. 注册会计师在审计中的独立性

越来越普遍的情况是，外部审计人员由董事会所属的独立审计委员会或与之相当的机构推荐，并由那个委员会/机构任命或者由股东直接任命。国际证监会组织（IOSCO）《关于审计人员独立性及公司治理在监督审计人员独立性中作用的准则》中有如下叙述："应构建一个有关审计人员独立性标准的框架，其中包括各种禁令、限制

和其他的程序、制度和披露方法，以防止下述可能威胁审计人员独立性的因素：个人利益、自我监督、热心主张、亲密关系及恐吓威胁。"

审计委员会或与之相当的机构的职责在于监督内部审计工作，并负责公司与外部审计人员的总体关系，其中包括外部审计人员向公司提供的非审计性服务。外部审计人员向公司提供非审计性服务可能会显著削弱其独立性并影响到其审计工作。为防止审计人员可能产生的这种不良倾向，一些国家现在要求披露向外部审计人员支付的非审计性服务报酬。另一些加强审计人员独立性条款的例子包括：全面禁止或严格控制审计人员向其客户提供非审计性工作，强制性的轮换审计人员（为其合作伙伴，或一些情况下是其合伙的审计企业），被审计公司暂时不能雇用其外部审计者，禁止审计者及其家属收受公司的经济好处或在公司担当管理职务。一些国家制定了更直接的规定，限制审计人员从某一客户获得的非审计性收入的比例，或限制其审计收入中来自某单一客户的比例。

在审计公司财务报表过程中，注册会计师不可避免地与公司管理层之间形成亲密关系，甚至形成与公司管理层发展更多合作关系的愿望。这种情况下，必须保持注册会计师的独立性，以使注册会计师与公司管理层之间达成一种平衡：注册会计师与公司管理层之间进行合作而不是对立，与此同时注册会计师又必须以对股东服务作为基本立场和出发点。

公司股东及利益相关者非常关注承担公司审计的注册会计师的独立性。在《萨班斯法案》颁布前的 2001 年底，美国迪士尼（Disney）公司开始注意到公司股东及利益相关者对公司与其注册会计师之间的咨询协议的争论。股东关心的是迪士尼支付给注册会计师的咨询费是财务报表审计费的 5 倍左右（2001 年迪士尼支付的审计费是 870 万美元，而支付的非审计服务费则高达 4300 万美元）。咨询收入的规模使一些投资者质疑注册会计师是否能独立地和持怀疑态度地审核该公司的财务报表。最终迪士尼公司在 2002 年 1 月宣称不再与承担其财务报表审计的注册会计师签订新的咨询合约。

注册会计师对公司提供的审计服务，一般只构成了注册会计师与其客户公司的部分交易，非审计服务是另外一个重要的组成部分。由于安然事件的发生，各国都对注册会计师同时提供非审计服务作出了更多的限制规定。例如，美国规定，禁止注册会计师为所审计公司提供信息系统设计、内部控制设计、内部审计等相关服务，并全面披露注册会计师为其所审计公司提供的全部非审计服务的合同内容、工作目标以及相关的服务收费信息等。同时要求公司审计委员会履行监督和审核注册会计师的独立性、有效性和客观性，并预先制定和实施注册会计师提供非审计服务的政策等。

与此同时，有学者提出通过注册会计师轮换的措施，甚至是会计师事务所的轮换，以避免注册会计师与其所审计公司形成过分亲密关系。也有学者提出，消除注册会计师与其所审计公司的亲密关系，可能需要增加新任注册会计师对公司事务的深入了解的成本，由于轮换所增加的收益甚至不足以弥补潜在增加的审计成本。此外，会计师事务所的轮换可能导致注册会计师和会计师事务所与其所审计公司之间形成信任不足的状态。

四、政府及有关监管机构在公司治理中的作用

政府及有关监管机构一直在公司治理中扮演着极其重要的推动作用和促进作用。一个有效的公司治理结构所要确保的必要条件是：所有市场参与者在建立他们私人的契约关系时都是可信赖的，适当和有效的法律、规章和制度都构筑于这个基础之上。一个典型的公司治理结构包括法律的基本原理、规章制度、自律机制、主动的承诺，以及由一个国家特殊的环境、历史和传统形成的商业习惯。

（一）通过制定法律法规规范公司治理参与各方的权利、责任和义务

公司治理的法律、规章、自律、自发的标准等，将新的经验的积累增长和商业环境的变化迁移，公司治理结构的内容和构造就可能需要调整。

1. 在一定范围内划分不同职权的责任，应该是明确无误的并确保公众利益的实现。公司治理的要求和实践，明显受到一系列法律的影响，包括公司法、证券法、会计和审计标准、破产法、合同法、劳工法以及税法等。在这样的环境下，法律变化的影响可能招致无意识的重叠，甚至是冲突，这样的风险可能阻碍对于公司治理的关键目标的推进。政府及监管机构在制定相关法规时必须充分识别与此相关的风险，并在法规制定过程中采取措施予以预防。

有效地执行需要在不同的政府及有关监管机构清晰划分监控、实施和执行的责任，以使有相互补充关系的政府及有关监管机构得到相互尊重，并有助于提高效率。同时，必须在国家的法规权限之间，有效避免重叠和可能的矛盾，以防止出现法律规章的真空地带（例如在没有权限赋予明确的责任中造成的疏漏问题），并有效降低多重监管和遵守的成本。

2. 在一定的范围内影响到公司治理结构实践的法律和规章要求，应当在法律规定、透明度、可操作性上协调一致。如果新的法律和规章是必需的，应该制定针对所有的团体的有效的强制执行方式。在制定相关规定时，立法机构应充分征求向政府和其他公司监管机构和其他利益相关者的意见，确保建立保护不同团体权力的机制。相关法律政策措施应充分考虑全部成本收益原则，以有效避免法律规则无法实施和可能妨碍或扭曲市场动力的无意结果，并规定对公司不诚实行为和违反法规者的处罚措施不力等。

公司治理的目标也可以根据实际先拟订相关的自愿标准，待该种标准在改善公司治理安排中具有重要作用时，再通过法律法规形式上升为法律规章条款。

（二）通过制定信息披露制度保障公司的透明度

信息披露制度，是上市公司为保障投资者利益、接受社会公众的监督而依照法律规定必须将其自身的财务变化、经营状况等信息和资料向政府监管部门报告，并向社会公开或公告，以便使投资者充分了解情况的制度。

一个强有力的披露制度是以市场为基础的监督企业行为的关键特征，是股东有效行使其表决权能力的先决条件。拥有规模庞大且交易活跃的股票市场的国家的经验表

明，披露可能是影响企业行为也是保护投资者的强大工具。一个强有力的披露制度也能够帮助吸引资本和保持资本市场的信心。股东及潜在投资者需要获得充分详细的持续、可靠和可比的资料，以评估管理层的领导能力和对估值、所有权和投票权作出明智决策的能力。不足或不明确的信息可能会妨碍市场的功能，增加资本成本和导致错误的资源分配。我国《证券法》规定，发行人、上市公司依法披露的信息，必须真实、准确、完整，不得有虚假记载、误导性陈述或者重大遗漏，并据此制定了比较详细的上市公司信息披露管理办法。

同时，作为公司信息披露的核心，也制定了针对财务报表的会计准则和与此相关的审计准则。并在全球推动旨在提高公司透明度的总体目标下，进一步完善高质量的全球通用会计准则。

作为经济行为的组织形式的公司，是经济增长的强大推动力。政府及有关监管机构制定的公司信息披露制度，必须灵活适用于广泛的、不同环境的公司运营的需要，并有利于股东和其他利益相关者推动公司最有效地使用资源、发现新的机会创造价值。与此同时，通过激励结构、自律机制，实现透明有效的市场，从而提升公司、所有者及利益相关方的责任性。

（三）通过执行法律法规促进公司治理的不断改善

政府及有关监管部门通常以保持和巩固它对市场诚信及经济效能的贡献为目标监控公司治理的不断完善。政府及相关监管部门通过执行已经制定的法律法规，促进公司治理的不断完善。

一是通过规范董事会的运作，强调发挥董事会在监督管理层的行为和保证给投资者的信息的可靠性方面发挥关键作用。二是通过对公司财务报告的监管，阻止公司发布不完善的信息，中止和处罚违反财务会计准则和审计准则的会计师事务所和上市公司，确保终结公司的任何不恰当信息，以有效保护投资者及公众的利益。三是执行信息披露制度，规范上市公司除财务报告以外的其他信息，充分防范选择性信息披露和内幕交易，确保信息的公开披露，维护公平的信息传递。

随着公众公司越来越多，公司事件和披露信息的数量增长迅速，监管、制定规则和执行部门需要配备更多能够提供有效监管且具有适当调查能力的合格工作人员。吸收更多的此类工作人员争议案件的能力将会增强公司治理监管的质量与独立性。

信息不完全是指决策所依赖的信息在总量上是不充分的、在交易主体之间的分布是不均匀的、与客观事实存在偏差的情况，具体可分为信息不充分、信息不对称和信息不准确的情形。信息的不完全性是市场经济的一般问题。信息完全是完全竞争市场的一个重要理想假设。但现实的资本市场很难完全满足有效市场的所有理论前提。"信息的不完全性"和相应发生的"信息成本"会影响到市场机制运行的结果，影响到市场均衡状态和经济效率，甚至是市场失灵。信息不完全还会引发"道德风险"（如偷懒和机会主义），即鼓励代理人的懈怠行为，导致资本市场的低效率。因此，政府必须建立强制性的资本市场信息披露制度，使发行公司公开的资料真实、及时而且完整，并及时提供给投资者参考。而且这种强制信息披露制度随着客观条件的变化及时进行修订。

"逆向选择"是指在某种程度上，证券的购买者无法区分高价值证券和低价值证券，主要原因是难以全面收集和分析相关的全部信息。甚至在某些时候为取得信息所花费的成本已经超过了因能作出正确区分而获得的利益。这在经济学上被称为"搜寻成本"。降低搜寻成本的途径只有要求各市场主体提供更多的信息，并且增强信息披露的准确性。市场的信心是建立在更多信息和更准确信息的基础上的。资本市场监管的目的是实现保障投资者和促进资源配置，必须以增强市场的公众信心。为了实现这一目标，必须采用信息披露制度。提供充分信息可以增强对高价值证券的识别能力，也增强对高价值证券的资源配置。

思考题

1. 简述委托代理理论与利益相关者理论。
2. 说明董事会和投资者在公司治理中的作用。
3. 试述信息披露在公司治理中的作用及信息披露的内容。
4. 说明注册会计师审计在公司治理中的作用。

第八章　企业风险管理下的内部控制

本章重点掌握的内容包括：

1. 内部控制的要素；
2. 内部控制应用指引；
3. 内部控制自我评价；
4. 审计委员会在内部控制中的作用；
5. 风险管理、内部控制、公司治理三者的关系。

第一节　内部控制概述

一、COSO 关于内部控制的定义与框架

成立于 1985 年的 COSO（Committee of Sponsoring Organization）为美国全国舞弊报告委员会提供支持。该组织包括美国会计协会和美国注册会计师协会。COSO 负责制定有关大型和小型企业实施内部控制系统的指南。

COSO 对内部控制的定义是"公司的董事会、管理层及其他人士为实现以下目标提供合理保证而实施的程序：运营的效益和效率，财务报告的可靠性和遵守适用的法律法规。"

COSO 的上述定义对内部控制的基本概念提供了一些深入的见解，并特别指出：

（1）内部控制是一个实现目标的程序及方法，而其本身并非目标；

（2）内部控制只提供合理保证，而非绝对保证；

（3）内部控制要由企业中各级人员实施和配合。

1992 年 9 月，COSO 提出了《内部控制——整合框架》，1994 年、2003 年和 2013 年又进行了增补和修订，简称《内部控制框架》，即 COSO 内部控制框架。

《内部控制——整合框架》提出了内部控制的三项目标和五大要素，如图 8 - 1 所示。

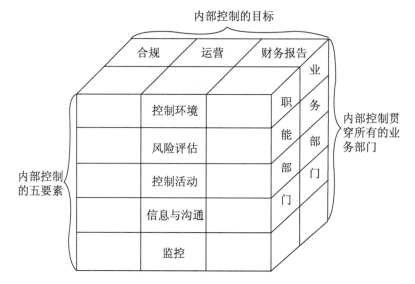

图 8-1　COSO 内部控制整体框架图

内部控制的三项目标包括：取得经营的效率和有效性；确保财务报告的可靠性；遵循适用的法律法规。

内部控制的五大要素包括：（1）控制环境（包括员工的正直、道德、价值观和能力，管理当局的理念和经营风格，管理当局的权威性和责任，组织和开发员工的方法等）；（2）风险评估（为了达成组织目标而对相关风险所进行的辨别与分析）；（3）控制活动（为了确保实现管理当局的目标而采取的政策和程序，包括审批、授权、验证、确认、经营业绩的复核、资产的安全性等）；（4）信息与沟通（为了保证员工履行职责而必须识别、获取的信息及其沟通）；（5）监控（对内部控制实施质量的评价，主要包括经营过程中的持续监控，即日常管理和监督、员工履行职责的行动等，也包括个别评价，或者是两者的结合）。这些要素从管理当局运营的业务中衍生出来，并整合在管理过程中。

COSO 提出的《内部控制——整合框架》被称为最广泛认可的关于内部控制整体框架的国际标准。2013 年 5 月，COSO 发布其最新的内部控制框架，其中一个重大变化是基于原有的 COSO 五个要素提出了 17 条核心内控原则，从而大幅度增强了五个要素的可操作性。

二、我国内部控制规范体系

2008 年 6 月 28 日，财政部会同证监会、审计署、银监会、保监会制定并印发了《企业内部控制〈基本规范〉》（以下简称《基本规范》）；2010 年 4 月 26 日，财政部、证监会、审计署、银监会及保监会联合发布了《企业内部控制配套指引》（下称《配套指引》），其中包括 18 项《企业内部控制应用指引》（下称《应用指引》）、《企业内部控制评价指引》（下称《评价指引》）和《企业内部控制审计指引》（下称《审计指引》)。《基本规范》与《应用指引》、《评价指引》及《审计指引》三个类别构成一个相辅相成的整体，标志着适应我国企业实际情况、融合国际先进经验的中国企业内部控制规范体系基本建成。

（一）《企业内部控制基本规范》

《企业内部控制基本规范》规定内部控制的目标、要素、原则和总体要求，是内部控制的总体框架，在内部控制标准体系中起统领作用。

《基本规范》要求企业建立内部控制体系时应符合以下目标：合理保证企业经营管理合法合规、资产安全、财务报告及相关信息真实完整；提高经营效率和效果；促进企业实现发展战略。

《基本规范》借鉴了 COSO 内部控制整合报告为代表的国际内部控制框架，并结合中国国情，要求企业所建立与实施的内部控制，应当包括下列五个要素：（1）内部环境；（2）风险评估；（3）控制活动；（4）信息与沟通；（5）内部监督。

（二）《企业内部控制应用指引》

《企业内部控制应用指引》是对企业按照内部控制原则和内部控制"五要素"建立健全本企业内部控制所提供的指引，在配套指引乃至整个内部控制规范体系中占主体地位。

《应用指引》针对组织结构、发展战略、人力资源、社会责任、企业文化、资金活动、采购业务、资产管理、销售业务、研究与开发、工程项目、担保业务、业务外包、财务报告、全面预算、合同管理、内部信息传递、信息系统共18项企业主要业务的内控领域或内控手段，提出了建议性的应用指引，为企业以及外部审核人建立与评价内控体系提供了参照性标准。

（三）《企业内部控制评价指引》和《企业内部控制审计指引》

《企业内部控制评价指引》和《企业内部控制审计指引》是对企业按照内部控制原则和内部控制"五要素"建立健全本企业"事后控制"的指引，是对企业贯彻《基本规范》和《应用指引》效果的评价与检验。

《评价指引》为企业对内部控制的有效性进行全面评价，并为形成评价结论、出具评价报告提供指引。该《评价指引》明确内部控制评价应围绕内部环境、风险评估、控制活动、信息与沟通、内部监督等要素，企业应当确定评价的具体内容及对内部控制设计与运行情况进行全面评价。同时，《评价指引》对内部控制评价的内容、程序、缺陷的认定、评价报告、工作底稿要求、评估基准日等方面作出了规定。

《审计指引》为会计师事务所对特定基准日与财务报告相关内部控制设计与执行有效性进行审计提供指引。它明确提出注册会计师应对财务报告内部控制的有效性发表审计意见，并对内部控制审计过程中注意到的非财务报告内部控制的重大缺陷予以披露。同时，就审计计划工作、审计实施、如何评价控制缺陷、审计期后事项、审计报告的内容和方法以及审计工作底稿作出了规定。

第二节　内部控制的要素

一、控制环境

（一）COSO《内部控制框架》关于控制环境要素的要求和原则

COSO《内部控制框架》关于控制环境要素的要求为：控制环境决定了企业的基调，直接影响企业员工的控制意识。控制环境提供了内部控制的基本规则和构架，是其他四个要素的基础。控制环境包括：员工的诚信度、职业道德和才能；管理哲学和经营风格；权责分配方法、人事政策；董事会的经营重点和目标等。

根据 2013 年修订发布的 COSO 内部控制框架，控制环境要素应当坚持以下原则：①企业对诚信和道德价值观作出承诺。②董事会独立于管理层，对内部控制的制定及其绩效实施监控。③管理层在董事会的监控下，建立目标实现过程中所涉及的组织架构、报告路径以及适当的权力和责任。④企业致力于吸引、发展和留住优秀人才，以配合企业目标的达成。⑤根据企业目标，使员工各自担负起内部控制的相关责任。

（二）我国《企业内部控制基本规范》关于内部环境要素的要求

（1）企业应当根据国家有关法律法规和企业章程，建立规范的公司治理结构和议事规则，明确决策、执行、监督等方面的职责权限，形成科学有效的职责分工和制衡机制。

（2）董事会负责内部控制的建立健全和有效实施。监事会对董事会建立与实施内部控制进行监督。经理层负责组织领导企业内部控制的日常运行。企业应当成立专门机构或者指定适当的机构具体负责组织协调内部控制的建立实施及日常工作。

（3）企业应当在董事会下设立审计委员会。审计委员会负责审查企业内部控制，监督内部控制的有效实施和内部控制自我评价情况，协调内部控制审计及其他相关事宜等。审计委员会负责人应当具备相应的独立性、良好的职业操守和专业胜任能力。

（4）企业应当结合业务特点和内部控制要求设置内部机构，明确职责权限，将权力与责任落实到各责任单位。企业应当通过编制内部管理手册，使全体员工掌握内部机构设置、岗位职责、业务流程等情况，明确权责分配，正确行使职权。

（5）企业应当加强内部审计工作，保证内部审计机构设置、人员配备和工作的独立性。内部审计机构应当结合内部审计监督，对内部控制的有效性进行监督检查。内部审计机构对监督检查中发现的内部控制缺陷，应当按照企业内部审计工作程序进行报告；对监督检查中发现的内部控制重大缺陷，有权直接向董事会及其审计委员会、监事会报告。

（6）企业应当制定和实施有利于企业可持续发展的人力资源政策。人力资源政策应当包括下列内容：①员工的聘用、培训、辞退与辞职；②员工的薪酬、考核、晋升与奖惩；③关键岗位员工的强制休假制度和定期岗位轮换制度；④掌握国家秘密或重要商业秘密的员工离岗的限制性规定；⑤有关人力资源管理的其他政策。

（7）企业应当将职业道德修养和专业胜任能力作为选拔和聘用员工的重要标准，切实加强员工培训和继续教育，不断提升员工素质。

（8）企业应当加强文化建设，培育积极向上的价值观和社会责任感，倡导诚实守信、爱岗敬业、开拓创新和团队协作精神，树立现代管理理念，强化风险意识。董事、监事、经理及其他高级管理人员应当在企业文化建设中发挥主导作用。企业员工应当遵守员工行为守则，认真履行岗位职责。

（9）企业应当加强法制教育，增强董事、监事、经理及其他高级管理人员和员工的法制观念，严格依法决策、依法办事、依法监督，建立健全法律顾问制度和重大法律纠纷案件备案制。

二、风险评估

（一）COSO《内部控制框架》关于风险评估要素的要求和原则

COSO《内部控制框架》关于风险评估要素的要求为：

每个企业都面临诸多来自内部和外部的有待评估的风险。风险评估的前提是使经营目标在不同层次上相互衔接，保持一致。风险评估指识别、分析相关风险以实现既定目标，从而形成风险管理的基础。由于经济、产业、法规和经营环境的不断变化，需要确立一套机制来识别和应对由这些变化带来的风险。

根据2013年修订发布的COSO内部控制框架，风险评估要素应当坚持以下原则：

（1）企业制定足够清晰的目标，以便识别和评估有关目标所涉及的风险。

（2）企业从整个企业的角度来识别实现目标所涉及的风险，分析风险，并据此决定应如何管理这些风险。

（3）企业在评估影响目标实现的风险时，考虑潜在的舞弊行为。

（4）企业识别并评估可能会对内部控制系统产生重大影响的变更。

（二）我国《企业内部控制基本规范》关于风险评估要素的要求

（1）企业应当根据设定的控制目标，全面系统持续地收集相关信息，结合实际情况，及时进行风险评估。

（2）企业开展风险评估，应当准确识别与实现控制目标相关的内部风险和外部风险，确定相应的风险承受度。风险承受度是企业能够承担的风险限度，包括整体风险承受能力和业务层面的可接受风险水平。

（3）企业识别内部风险，应当关注下列因素：①董事、监事、经理及其他高级管理人员的职业操守、员工专业胜任能力等人力资源因素；②组织机构、经营方式、资产管理、业务流程等管理因素；③研究开发、技术投入、信息技术运用等自主创新因素；④财务状况、经营成果、现金流量等财务因素；⑤营运安全、员工健康、环境保护等安全环保因素；⑥其他有关的内部风险因素。

（4）企业识别外部风险，应当关注下列因素：①经济形势、产业政策、融资环境、市场竞争、资源供给等经济因素；②法律法规、监管要求等法律因素；③安全稳定、文化传统、社会信用、教育水平、消费者行为等社会因素；④技术进步、工艺改进等科学技术因素；⑤自然灾害、环境状况等自然环境因素；⑥其他有关的外部风险因素。

（5）企业应当采用定性与定量相结合的方法，按照风险发生的可能性及其影响程度等，对识别的风险进行分析和排序，确定关注重点和优先控制的风险。企业进行风险分析，应当充分吸收专业人员，组成风险分析团队，按照严格规范的程序开展工作，确保风险分析结果的准确性。

（6）企业应当根据风险分析的结果，结合风险承受度，权衡风险与收益，确定风险应对策略。企业应当合理分析并准确掌握董事、经理及其他高级管理人员和关键岗位员工的风险偏好，采取适当的控制措施，避免因个人风险偏好给企业经营带来重大损失。

（7）企业应当综合运用风险规避、风险降低、风险分担和风险承受等风险应对策略，实现对风险的有效控制。

（8）企业应当结合不同发展阶段和业务拓展情况，持续收集与风险变化相关的信息，进行风险识别和风险分析，及时调整风险应对策略。

三、控制活动

（一）COSO《内部控制框架》关于控制活动要素的要求和原则

COSO《内部控制框架》关于控制活动要素的要求为：

控制活动指那些有助于管理层决策顺利实施的政策和程序。控制行为有助于确保实施必要的措施以管理风险，实现经营目标。控制行为体现在整个企业的不同层次和不同部门中。它们包括诸如批准、授权、查证、核对、复核经营业绩、资产保护和职责分工等活动。

根据2013年修订发布的COSO内部控制框架，控制活动要素应当坚持以下原则：①企业选择并制定有助于将目标实现风险降低至可接受水平的控制活动。②企业为用以支持目标实现的技术选择并制定一般控制政策。③企业通过政策和程序来部署控制活动：政策用来确定所期望的目标；程序则将政策付诸行动。

（二）我国《企业内部控制基本规范》关于控制活动要素的要求

（1）企业应当结合风险评估结果，通过手工控制与自动控制、预防性控制与发现性控制相结合的方法，运用相应的控制措施，将风险控制在可承受度之内。控制措施一般包括：不相容职务分离控制、授权审批控制、会计系统控制、财产保护控制、预算控制、运营分析控制和绩效考评控制等。

（2）不相容职务分离控制要求企业全面系统地分析、梳理业务流程中所涉及的不相容职务，实施相应的分离措施，形成各司其职、各负其责、相互制约的工作机制。

（3）授权审批控制要求企业根据常规授权和特别授权的规定，明确各岗位办理业务和事项的权限范围、审批程序和相应责任。企业应当编制常规授权的权限指引，规范特别授权的范围、权限、程序和责任，严格控制特别授权。常规授权是指企业在日常经营管理活动中按照既定的职责和程序进行的授权。特别授权是指企业在特殊情况、特定条件下进行的授权。企业各级管理人员应当在授权范围内行使职权和承担责任。企业对于重大的业务和事项，应当实行集体决策审批或者联签制度，任何个人不得单独进行决策或者擅自改变集体决策。

（4）会计系统控制要求企业严格执行国家统一的会计准则制度，加强会计基础工作，明确会计凭证、会计账簿和财务会计报告的处理程序，保证会计资料真实、完整。企业应当依法设置会计机构，配备会计从业人员。从事会计工作的人员，必须取得会计从业资格证书。会计机构负责人应当具备会计师以上专业技术职务资格。大中型企业应当设置总会计师。设置总会计师的企业，不得设置与其职权重叠的副职。

（5）财产保护控制要求企业建立财产日常管理制度和定期清查制度，采取财产记录、实物保管、定期盘点、账实核对等措施，确保财产安全。企业应当严格限制未经授权的人员接触和处置财产。

（6）预算控制要求企业实施全面预算管理制度，明确各责任单位在预算管理中的职责权限，规范预算的编制、审定、下达和执行程序，强化预算约束。

（7）运营分析控制要求企业建立运营情况分析制度，经理层应当综合运用生产、购销、投资、筹资、财务等方面的信息，通过因素分析、对比分析、趋势分析等方法，定期开展运营情况分析，发现存在的问题，及时查明原因并加以改进。

（8）绩效考评控制要求企业建立和实施绩效考评制度，科学设置考核指标体系，对企业内部各责任单位和全体员工的业绩进行定期考核和客观评价，将考评结果作为确定员工薪酬以及职务晋升、评优、降级、调岗、辞退等的依据。

（9）企业应当根据内部控制目标，结合风险应对策略，综合运用控制措施，对各种业务和事项实施有效控制。

（10）企业应当建立重大风险预警机制和突发事件应急处理机制，明确风险预警标准，对可能发生的重大风险或突发事件，制定应急预案、明确责任人员、规范处置程序，确保突发事件得到及时妥善处理。

四、信息与沟通

（一）COSO《内部控制框架》关于信息与沟通要素的要求和原则

COSO《内部控制框架》关于信息与沟通要素的要求为：

公允的信息必须被确认、捕获并以一定形式及时传递，以便员工履行职责。信息系统产出涵盖经营、财务和遵循性信息的报告，以助于经营和控制企业。信息系统不仅处理内部产生的信息，还包括与企业经营决策和对外报告相关的外部事件、行为和条件等。有效的沟通从广义上说是信息的自上而下、自下而上以及横向之间的传递。所有员工必须从管理层得到清楚的信息，认真履行控制职责。员工必须理解自身在整个内控系统中的位置，理解个人行为与其他员工工作的相关性。员工必须有向上传递重要信息的途径。同时，与外部（诸如客户、供应商、管理当局和股东）之间也需要有效的沟通。

根据 2013 年修订发布的 COSO 内部控制框架，信息与沟通要素应当坚持以下原则：①企业获取或生成和使用相关的高质量信息，以支持内部控制其他要素发挥效用。②企业关于内部沟通的内部控制信息，包括内部控制目标和职责范围，必须能够支持内部控制的其他要素发挥效用。③企业就影响内部控制其他要素发挥效用的事项与外部方进行沟通。

（二）我国《企业内部控制基本规范》关于信息与沟通要素的要求

（1）企业应当建立信息与沟通制度，明确内部控制相关信息的收集、处理和传递程序，确保信息及时沟通，促进内部控制有效运行。

（2）企业应当对收集的各种内部信息和外部信息进行合理筛选、核对、整合，提高信息的有用性。企业可以通过财务会计资料、经营管理资料、调研报告、专项信息、内部刊物、办公网络等渠道，获取内部信息；可以通过行业协会组织、社会中介机构、业务往来单位、市场调查、来信来访、网络媒体以及有关监管部门等渠道，获取外部信息。

（3）企业应当将内部控制相关信息在企业内部各管理级次、责任单位、业务环节之间，以及企业与外部投资者、债权人、客户、供应商、中介机构和监管部门等有关方面之间进行沟通和反馈。信息沟通过程中发现的问题，应当及时报告并加以解决。重要信息应当及时传递给董事会、监事会和经理层。

（4）企业应当利用信息技术促进信息的集成与共享，充分发挥信息技术在信息沟通中的作用。企业应当加强对信息系统开发与维护、访问与变更、数据输入与输出、文件储存与保管、网络安全等方面的控制，保证信息系统安全稳定运行。

（5）企业应当建立反舞弊机制，坚持惩防并举、重在预防的原则，明确反舞弊工作的重点领域、关键环节和有关机构在反舞弊工作中的职责权限，规范舞弊案件的举报、调查、处理、报告和补救程序。企业至少应当将下列情形作为反舞弊工作的重点：①未经授权或者采取其他不法方式侵占、挪用企业资产，谋取不当利益；②在财务会计报告和信息披露等方面存在虚假记载、误导性陈述或者重大遗漏等；③董事、监事、经理及其他高级管理人员滥用职权；④相关机构或人员串通舞弊。

（6）企业应当建立举报投诉制度和举报人保护制度，设置举报专线，明确举报投诉处理程序、办理时限和办结要求，确保举报、投诉成为企业有效掌握信息的重要途径。举报投诉制度和举报人保护制度应当及时传达至全体员工。

五、监控

（一）COSO《内部控制框架》关于监控要素的要求与原则

COSO《内部控制框架》关于监控要素的要求为：内部控制系统需要被监控，即对该系统有效性进行评估的全过程。可以通过持续性的监控行为、独立评估或两者的结合来实现对内控系统的监控。持续性的监控行为发生在企业的日常经营过程中，包括企业的日常管理和监督行为，员工履行各自职责的行为。独立评估活动的广度和频度有赖于风险预估和日常监控程序的有效性。内部控制的缺陷应该自下而上进行汇报，性质严重的应上报最高管理层和董事会。

根据 2013 年修订发布的 COSO《内部控制框架》，监控要素应当坚持以下原则：①企业选择、制定并实行持续及/或单独的评估，以判定内部控制各要素是否存在且发挥效用。②企业及时评估内部控制缺陷，并将有关缺陷及时通报给负责整改措施的相关方，包括高级管理层和董事会（如适当）。

（二）我国《企业内部控制基本规范》关于内部监督要素的要求

（1）企业应当根据本规范及其配套办法，制定内部控制监督制度，明确内部审计机构（或经授权的其他监督机构）和其他内部机构在内部监督中的职责权限，规范内部监督的程序、方法和要求。内部监督分为日常监督和专项监督。日常监督是指企业对建立与实施内部控制的情况进行常规、持缓的监督检查；专项监督是指在企业发展战略、组织结构、经营活动、业务流程、关键岗位员工等发生较大调整或变化的情况下，对内部控制的某一或者某些方面进行针对性的监督检查。专项监督的范围和频率应当根据风险评估结果以及日常监督的有效性等予以确定。

（2）企业应当制定内部控制缺陷认定标准，对监督过程中发现的内部控制缺陷，应当分析缺陷的性质和产生的原因，提出整改方案，采取适当的形式及时向董事会、监事会或者经理层报告。内部控制缺陷包括设计缺陷和运行缺陷。企业应当跟踪内部控制缺陷整改情况，并就内部监督中发现的重大缺陷，追究相关责任单位或者责任人的责任。

（3）企业应当结合内部监督情况，定期对内部控制的有效性进行自我评价，出具内部控制自我评价报告。内部控制自我评价的方式、范围、程序和频率，由企业根据经营业务调整、经营环境变化、业务发展状况、实际风险水平等自行确定。国家有关法律法规另有规定的，从其规定。

（4）企业应当以书面或者其他适当的形式，妥善保存内部控制建立与实施过程中的相关记录或者资料，确保内部控制建立与实施过程的可验证性。

第三节　内部控制的应用

一、组织架构

《企业内部控制应用指引第 1 号——组织架构》所称组织架构是指企业按照国家有关法律法规、股东（大）会决议和企业章程，结合本企业实际，明确股东（大）会、董事会、监事会、经理层和企业内部各层级机构设置、职责权限、人员编制、工作程序和相关要求的制度安排。

（一）组织架构设计与运行中需关注的主要风险

（1）治理结构形同虚设，缺乏科学决策、良性运行机制和执行力，可能导致企业经营失败，难以实现发展战略。

（2）内部机构设计不科学，权责分配不合理，可能导致机构重叠、职能交叉或缺失、推诿扯皮，运行效率低下。

（二）内部控制要求与措施

1. 组织架构的设计

（1）企业应当根据国家有关法律法规的规定，明确董事会、监事会和经理层的职责权限、任职条件、议事规则和工作程序，确保决策、执行和监督相互分离，形成制衡。

董事会对股东（大）会负责，依法行使企业的经营决策权。可按照股东（大）会的有关决议，设立战略、审计、提名、薪酬与考核等专门委员会，明确各专门委员会的职责权限、任职资格、议事规则和工作程序，为董事会科学决策提供支持。监事会对股东（大）会负责，监督企业董事、经理和其他高级管理人员依法履行职责。经理层对董事会负责，主持企业的生产经营管理工作。经理和其他高级管理人员的职责分工应当明确。董事会、监事会和经理层的产生程序应当合法合规，其人员构成、知识结构、能力素质应当满足履行职责的要求。

（2）企业的重大决策、重大事项、重要人事任免及大额资金支付业务等，应当按照规定的权限和程序实行集体决策审批或者联签制度。任何个人不得单独进行决策或者擅自改变集体决策意见。重大决策、重大事项、重要人事任免及大额资金支付业务的具体标准由企业自行确定。

（3）企业应当按照科学、精简、高效、透明、制衡的原则，综合考虑企业性质、发展战略、文化理念和管理要求等因素，合理设置内部职能机构，明确各机构的职责权限，避免职能交叉、缺失或权责过于集中，形成各司其职、各负其责、相互制约、相互协调的工作机制。

（4）企业应当对各机构的职能进行科学合理的分解，确定具体岗位的名称、职责和工作要求等，明确各个岗位的权限和相互关系。企业在确定职权和岗位分工过程中，应当体现不相容职务相互分离的要求。不相容职务通常包括：可行性研究与决策审批；决策审批与执行；执行与监督检查等。

（5）企业应当制定组织结构图、业务流程图、岗（职）位说明书和权限指引等内部管理制度或相关文件，使员工了解和掌握组织架构设计及权责分配情况，正确履行职责。

2. 组织架构的运行

（1）企业应当根据组织架构的设计规范，对现有治理结构和内部机构设置进行全面梳理，确保本企业治理结构、内部机构设置和运行机制等符合现代企业制度要求。

企业梳理治理结构，应当重点关注董事、监事、经理及其他高级管理人员的任职资格和履职情况，以及董事会、监事会和经理层的运行效果。治理结构存在问题的，应当采取有效措施加以改进。

企业梳理内部机构设置，应当重点关注内部机构设置的合理性和运行的高效性等。内部机构设置和运行中存在职能交叉、缺失或运行效率低下的，应当及时解决。

（2）企业拥有子公司的，应当建立科学的投资管控制度，通过合法有效的形式履行出资人职责、维护出资人权益，重点关注子公司特别是异地、境外子公司的发展战略、年度财务预决算、重大投融资、重大担保、大额资金使用、主要资产处置、重要人事任免、内部控制体系建设等重要事项。

（3）企业应当定期对组织架构设计与运行的效率和效果进行全面评估，发现组织架构设计与运行中存在缺陷的，应当进行优化调整。企业组织架构调整应当充分听取董事、监事、高级管理人员和其他员工的意见，按照规定的权限和程序进行决策审批。

二、发展战略

《企业内部控制应用指引第 2 号——发展战略》所称发展战略是指企业在对现实状况和未来趋势进行综合分析和科学预测的基础上，制定并实施的长远发展目标与战略规划。

（一）制定与实施发展战略需关注的主要风险

（1）缺乏明确的发展战略或发展战略实施不到位，可能导致企业盲目发展，难以形成竞争优势，丧失发展机遇和动力。

（2）发展战略过于激进，脱离企业实际能力或偏离主业，可能导致企业过度扩张，甚至经营失败。

（3）发展战略因主观原因频繁变动，可能导致资源浪费，甚至危及企业的生存和持续发展。

（二）内部控制要求与措施

1. 发展战略的制定

（1）企业应当在充分调查研究、科学分析预测和广泛征求意见的基础上制定发展目标。企业在制定发展目标过程中，应当综合考虑宏观经济政策、国内外市场需求变化、技术发展趋势、行业及竞争对手状况、可利用资源水平和自身优势与劣势等影响因素。

（2）企业应当根据发展目标制定战略规划。战略规划应当明确发展的阶段性和发展程度，确定每个发展阶段的具体目标、工作任务和实施路径。

（3）企业应当在董事会下设立战略委员会，或指定相关机构负责发展战略管理工作，履行相应职责。企业应当明确战略委员会的职责和议事规则，对战略委员会会议的召开程序、表决方式、提案审议、保密要求和会议记录等作出规定，确保议事过程规范透明、决策程序科学民主。战略委员会应当组织有关部门对发展目标和战略规划进行可行性研究和科学论证，形成发展战略建议方案；必要时，可借助中介机构和外部专家的力量为其履行职责提供专业咨询意见。战略委员会成员应当具有较强的综合素质和实践经验，其任职资格和选任程序应当符合有关法律法规和企业章程的规定。

（4）董事会应当严格审议战略委员会提交的发展战略方案，重点关注其全局性、长期性和可行性。董事会在审议方案中如果发现重大问题，应当责成战略委员会对方案作出调整。企业的发展战略方案经董事会审议通过后，报经股东（大）会批准实施。

2．发展战略的实施

（1）企业应当根据发展战略，制订年度工作计划，编制全面预算，将年度目标分解、落实；同时完善发展战略管理制度，确保发展战略有效实施。

（2）企业应当重视发展战略的宣传工作，通过内部各层级会议和教育培训等有效方式，将发展战略及其分解落实情况传递到内部各管理层级和全体员工。

（3）战略委员会应当加强对发展战略实施情况的监控，定期收集和分析相关信息，对于明显偏离发展战略的情况，应当及时报告。

（4）由于经济形势、产业政策、技术进步、行业状况以及不可抗力等因素发生重大变化，确需对发展战略作出调整的，应当按照规定权限和程序调整发展战略。

三、人力资源

《企业内部控制应用指引第3号——人力资源》所称人力资源是指企业组织生产经营活动而录（任）用的各种人员，包括董事、监事、高级管理人员和全体员工。

（一）人力资源管理需关注的主要风险

（1）人力资源缺乏或过剩、结构不合理、开发机制不健全，可能导致企业发展战略难以实现。

（2）人力资源激励约束制度不合理、关键岗位人员管理不完善，可能导致人才流失、经营效率低下或关键技术、商业秘密和国家机密泄露。

（3）人力资源退出机制不当，可能导致法律诉讼或企业声誉受损。

（二）内部控制要求与措施

企业应当重视人力资源建设，根据发展战略，结合人力资源现状和未来需求预测，建立人力资源发展目标，制定人力资源总体规划和能力框架体系，优化人力资源整体布局，明确人力资源的引进、开发、使用、培养、考核、激励、退出等管理要求，实现人力资源的合理配置，全面提升企业核心竞争力。

1．人力资源的引进与开发

（1）企业应当根据人力资源总体规划，结合生产经营实际需要，制订年度人力资源需求计划。完善人力资源引进制度，规范工作流程。按照计划、制度和程序组织人力资源引进工作。

（2）企业应当根据人力资源能力框架要求，明确各岗位的职责权限、任职条件和工作要求，遵循德才兼备、以德为先和公开、公平、公正的原则，通过公开招聘、竞争上岗等多种方式选聘优秀人才，重点关注选聘对象的价值取向和责任意识。企业选拔高级管理人员和聘用中层及以下员工，应当切实做到因事设岗、以岗选人，避免因人设事或设岗，确保选聘人员能够胜任岗位职责要求。企业选聘人员应当实行岗位回避制度。

（3）企业确定选聘人员后，应当依法签订劳动合同，建立劳动用工关系。企业对于在产品技术、市场、管理等方面掌握或涉及关键技术、知识产权、商业秘密或国家机密的工作岗位，应当与该岗位员工签订有关岗位保密协议，明确保密义务。

（4）企业应当建立选聘人员试用期和岗前培训制度，对试用人员进行严格考察，促进选聘员工全面了解岗位职责，掌握岗位基本技能，适应工作要求。试用期满考核合格后，方可正式上岗；试用期满考核不合格者，应当及时解除劳动关系。

（5）企业应当重视人力资源开发工作，建立员工培训长效机制，营造尊重知识、尊重人才和关心员工职业发展的文化氛围。做好后备人才队伍建设，促进全体员工的知识、技能持续更新，不断提升员工的服务效能。

2. 人力资源的使用与退出

（1）企业应当建立和完善人力资源的激励约束机制，设置科学的业绩考核指标体系，对各级管理人员和全体员工进行严格考核与评价，以此作为确定员工薪酬、职级调整和解除劳动合同等的重要依据，确保员工队伍处于持续优化状态。

（2）企业应当制定与业绩考核挂钩的薪酬制度，切实做到薪酬安排与员工贡献相协调，体现效率优先、兼顾公平。

（3）企业应当制定各级管理人员和关键岗位员工的轮岗制度，明确轮岗范围、轮岗周期、轮岗方式等，形成相关岗位员工的有序持续流动，全面提升员工素质。

（4）企业应当按照有关法律法规规定，结合企业实际，建立健全员工退出（辞职、解除劳动合同、退休等）机制，明确退出的条件和程序，确保员工退出机制得到有效实施。企业对考核不能胜任岗位要求的员工，应当及时暂停其工作，安排再培训，或调整工作岗位，安排转岗培训；仍不能满足岗位职责要求的，应当按照规定的权限和程序解除劳动合同。企业应当与退出员工依法约定保守关键技术、商业秘密、国家安全机密和竞业限制的期限，确保知识产权、商业秘密和国家机密的企业关键岗位人员离职前，根据有关法律法规的规定进行工作交接或离任审计。

（5）企业应当定期对年度人力资源计划执行情况进行评估，总结人力资源管理经验，分析存在的主要缺陷和不足，完善人力资源政策，促进企业整体团队充满生机和活力。

四、社会责任

《企业内部控制应用指引第4号——社会责任》所称社会责任是指企业在经营发展过程中应当履行的社会职责和义务，主要包括安全生产、产品质量（含服务）、环境保护、资源节约、促进就业、员工权益保护等。

（一）履行社会责任方面需关注的主要风险

（1）安全生产措施不到位，责任不落实，可能导致企业发生安全事故。

（2）产品质量低劣，侵害消费者利益，可能导致企业巨额赔偿、形象受损，甚至破产。

（3）环境保护投入不足，资源耗费大，造成环境污染或资源枯竭，可能导致企业巨额赔偿、缺乏发展后劲，甚至停业。

（4）促进就业和员工权益保护不够，可能导致员工积极性受挫，影响企业发展和社会稳定。

（二）内部控制要求与措施

企业应当重视履行社会责任，切实做到经济效益与社会效益、短期利益与长远利益、自身发展与社会发展相互协调，实现企业与员工、企业与社会、企业与环境的健康和谐发展。

1. 安全生产

（1）企业应当根据国家有关安全生产的规定，结合本企业实际情况，建立严格的安全生产管理体系、操作规范和应急预案，强化安全生产责任追究制度，切实做到安全生产。企业应当设立安全管理部门和安全监控机构，负责企业安全生产的日常监控管理工作。

（2）企业应当重视安全生产投入，在人力、物力、资金、技术等方面提供必要的保障，健全检查监控机制，确保各项安全措施落实到位，不得随意降低保障标准和要求。

（3）企业应当贯彻预防为主的原则，采用多种形式增强员工安全意识，重视岗位培训，对于特殊岗位实行资格认证制度。企业应当加强生产设备的经常性维护管理，及时排除安全隐患。

（4）企业如果发生生产安全事故，应当按照安全生产管理制度妥善处理，排除故障，减轻损失，追究责任。重大生产安全事故应当启动应急预案，同时按照国家有关规定及时报告，严禁迟报、谎报和瞒报。

2. 产品质量

（1）企业应当根据国家和行业相关产品质量的要求，从事生产经营活动，切实提高产品质量和服务水平，努力为社会提供优质安全健康的产品和服务，最大限度地满足消费者的需求，对社会和公众负责，接受社会监控，承担社会责任。

（2）企业应当规范生产流程，建立严格的产品质量控制和检验制度，严把质量关，禁止缺乏质量保障、危害人民生命健康的产品流向社会。

（3）企业应当加强产品的售后服务。售后发现存在严重质量缺陷、隐患的产品，应当及时召回或采取其他有效措施，最大限度地降低或消除缺陷、隐患产品对社会的危害。企业应当妥善处理消费者提出的投诉和建议，切实保护消费者权益。

3. 环境保护与资源节约

（1）企业应当按照国家有关环境保护与资源节约的规定，结合本企业实际情况，建立环境保护与资源节约制度，认真落实节能减排责任，积极开发和使用节能产品，发展循环经济，降低污染物排放，提高资源综合利用效率。企业应当通过宣传教育等有效形式，不断提高员工的环境保护和资源节约意识。

（2）企业应当重视生态保护，加大对环保工作的人力、物力、财力的投入和技术支持，不断改进工艺流程，降低能耗和污染物排放水平，实现清洁生产。企业应当加强对废气、废水、废渣的综合治理，建立废料回收和循环利用制度。

（3）企业应当重视资源节约和资源保护，着力开发利用可再生资源，防止对不可再生资源进行掠夺性或毁灭性开发。企业应当重视国家产业结构相关政策，特别关注产业结构调整的发展要求，加快高新技术开发和传统产业改造，切实转变发展方式，实现低投入、低消耗、低排放和高效率。

（4）企业应当建立环境保护和资源节约的监控制度，定期开展监控检查，发现问题，及时采取措施予以纠正。污染物排放超过国家有关规定的，企业应当承担治理或相关法律责任。发生紧急、重大环境污染事件时，应当启动应急机制，及时报告和处理，并依法追究相关责任人的责任。

4. 促进就业与员工权益保护

（1）企业应当依法保护员工的合法权益，贯彻人力资源政策，保护员工依法享有劳动权利和履行劳动义务，保持工作岗位相对稳定，积极促进充分就业，切实履行社会责任。企业应当避免在正常经营情况下批量辞退员工，增加社会负担。

（2）企业应当与员工签订并履行劳动合同，遵循按劳分配、同工同酬的原则，建立科学的员工薪酬制度和激励机制，不得克扣或无故拖欠员工薪酬。企业应当建立高级管理人员与员工薪酬的正常增长机制，切实保持合理水平，维护社会公平。

（3）企业应当及时办理员工社会保险，足额缴纳社会保险费，保障员工依法享受社会保险待遇。企业应当按照有关规定做好健康管理工作，预防、控制和消除职业危害；按期对员工进行非职业性健康监护，对从事有职业危害作业的员工进行职业性健康监护。企业应当遵守法定的劳动时间和休息休假制度，确保员工的休息休假权利。

（4）企业应当加强职工代表大会和工会组织建设，维护员工合法权益，积极开展员工职业教育培训，创造平等发展机会。企业应当尊重员工人格，维护员工尊严，杜绝性别、民族、宗教、年龄等各种歧视，保障员工身心健康。

（5）企业应当按照产学研用相结合的社会需求，积极创建实习基地，大力支持社会有关方面培养、锻炼社会需要的应用型人才。

（6）企业应当积极履行社会公益方面的责任和义务，关心帮助社会弱势群体，支持慈善事业。

五、企业文化

《企业内部控制应用指引第 5 号——企业文化》所称企业文化是指企业在生产经

营实践中逐步形成的，为整体团队所认同并遵守的价值观、经营理念和企业精神，以及在此基础上形成的行为规范的总称。

（一）企业文化建设需关注的主要风险

（1）缺乏积极向上的企业文化，可能导致员工丧失对企业的信心和认同感，企业缺乏凝聚力和竞争力。

（2）缺乏开拓创新、团队协作和风险意识，可能导致企业发展目标难以实现，影响可持续发展。

（3）缺乏诚实守信的经营理念，可能导致舞弊事件的发生，造成企业损失，影响企业信誉。

（4）忽视企业间的文化差异和理念冲突，可能导致并购重组失败。

（二）内部控制要求与措施

1. 企业文化的建设

（1）企业应当采取切实有效的措施，积极培育具有自身特色的企业文化，引导和规范员工行为，打造以主业为核心的企业品牌，形成整体团队的向心力，促进企业长远发展。

（2）企业应当培育体现企业特色的发展愿景、积极向上的价值观、诚实守信的经营理念、履行社会责任和开拓创新的企业精神，以及团队协作和风险防范意识。企业应当重视并购重组后的企业文化建设，平等对待被并购方的员工，促进并购双方的文化融合。

（3）企业应当根据发展战略和实际情况，总结优良传统，挖掘文化底蕴，提炼核心价值，确定文化建设的目标和内容，形成企业文化规范，使其构成员工行为守则的重要组成部分。

（4）董事、监事、经理和其他高级管理人员应当在企业文化建设中发挥主导和垂范作用，以自身的优秀品格和脚踏实地的工作作风，带动影响整个团队，共同营造积极向上的企业文化环境。

（5）企业应当促进文化建设在内部各层级的有效沟通，加强企业文化的宣传贯彻，确保全体员工共同遵守。

（6）企业文化建设应当融入生产经营全过程，切实做到文化建设与发展战略的有机结合，增强员工的责任感和使命感，规范员工行为方式，使员工自身价值在企业发展中得到充分体现。企业应当加强对员工的文化教育和熏陶，全面提升员工的文化修养和内在素质。

2. 企业文化的评估

（1）企业应当建立企业文化评估制度，明确评估的内容、程序和方法，落实评估责任制，避免企业文化建设流于形式。

（2）企业文化评估，应当重点关注董事、监事、经理和其他高级管理人员在企业文化建设中的责任履行情况、全体员工对企业核心价值观的认同感、企业经营管理行为与企业文化的一致性、企业品牌的社会影响力、参与企业并购重组各方文化的融合度，以及员工对企业未来发展的信心。

（3）企业应当重视企业文化的评估结果，巩固和发扬成果，针对评估过程中发现的问题，研究影响企业文化建设的因素，分析深层次的原因，及时采取措施加以改进。

六、资金活动

《企业内部控制应用指引第 6 号——资金活动》所称资金活动是指企业筹资、投资和资金营运等活动的总称。

（一）资金活动需关注的主要风险

（1）筹资决策不当，引发资本结构不合理或无效融资，可能导致企业筹资成本过高或债务危机。

（2）投资决策失误，引发盲目扩张或丧失发展机遇，可能导致资金链断裂或资金使用效益低下。

（3）资金调度不合理、营运不畅，可能导致企业陷入财务困境或资金冗余。

（4）资金活动管控不严，可能导致资金被挪用、侵占、抽逃或遭受欺诈。

（二）内部控制要求与措施

企业应当根据自身发展战略，科学确定投融资目标和规划，完善严格的资金授权、批准、审验等相关管理制度，加强资金活动的集中归口管理，明确筹资、投资、营运等各环节的职责权限和岗位分离要求，定期或不定期检查和评价资金活动情况，落实责任追究制度，确保资金安全和有效运行。企业财会部门负责资金活动的日常管理，参与投融资方案等可行性研究。总会计师或分管会计工作的负责人应当参与投融资决策过程。企业有子公司的，应当采取合法有效措施，强化对子公司资金业务的统一监控。有条件的企业集团，应当探索财务公司、资金结算中心等资金集中管控模式。

1. 筹资

（1）企业应当根据筹资目标和规划，结合年度全面预算，拟订筹资方案，明确筹资用途、规模、结构和方式等相关内容，对筹资成本和潜在风险作出充分估计。境外筹资还应考虑所在地的政治、经济、法律、市场等因素。

（2）企业应当对筹资方案进行科学论证，不得依据未经论证的方案开展筹资活动。重大筹资方案应当形成可行性研究报告，全面反映风险评估情况。企业可以根据实际需要，聘请具有相应资质的专业机构进行可行性研究。

（3）企业应当对筹资方案进行严格审批，重点关注筹资用途的可行性和相应的偿债能力。重大筹资方案，应当按照规定的权限和程序实行集体决策或者联签制度。筹资方案需经有关部门批准的，应当履行相应的报批程序。筹资方案发生重大变更的，应当重新进行可行性研究并履行相应审批程序。

（4）企业应当根据批准的筹资方案，严格按照规定权限和程序筹集资金。银行借款或发行债券，应当重点关注利率风险、筹资成本、偿还能力以及流动性风险等；发行股票应当重点关注发行风险、市场风险、政策风险以及公司控制权风险等。企业通过银行借款方式筹资的，应当与有关金融机构进行洽谈，明确借款规模、利率、期限、担保、还款安排、相关的权利义务和违约责任等内容。双方达成一致意见后签署借款合同，据此办理相关借款业务。企业通过发行债券方式筹资的，应当合理选择债券种类，对还本付息方案作出系统安排，确保按期、足额偿还到期本金和利息。企业通过发行股票方式筹资的，应当依照《中华人民共和国证券法》等有关法律法规和证券监管部门的规定，优化企业组织架构，进行业务整合，并选择具备相应资质的中介机构协助企业做好相关工作，确保符合股票发行条件和要求。

（5）企业应当严格按照筹资方案确定的用途使用资金。筹资用于投资的，应当分别按照本指引后面"投资"与《企业内部控制应用指引第 11 号——工程项目》规定，防范和控制资金使用的风险。由于市场环境变化等确需改变资金用途的，应当履行相应的审批程序。严禁擅自改变资金用途。

（6）企业应当加强债务偿还和股利支付环节的管理，对偿还本息和支付股利等作出适当安排。企业应当按照筹资方案或合同约定的本金、利率、期限、汇率及币种，准确计算应付利息，与债权人核对无误后按期支付。企业应当选择合理的股利分配政策，兼顾投资者近期和长远利益，避免分配过度或不足。股利分配方案应当经过股东（大）会批准，并按规定履行披露义务。

（7）企业应当加强筹资业务的会计系统控制，建立筹资业务的记录、凭证和账簿，按照国家统一会计准则制度，正确核算和监控资金筹集、本息偿还、股利支付等相关业务，妥善保管筹资合同或协议、收款凭证、入库凭证等资料，定期与资金提供方进行账务核对，确保筹资活动符合筹资方案的要求。

2. 投资

（1）企业应当根据投资目标和规划，合理安排资金投放结构，科学确定投资项目，拟订投资方案，重点关注投资项目的收益和风险。企业选择投资项目应当突出主业，谨慎从事股票投资或衍生金融产品等高风险投资。境外投资还应考虑政治、经济、法律、市场等因素的影响。企业采用并购方式进行投资的，应当严格控制并购风险，重点关注并购对象的隐性债务、承诺事项、可持续发展能力、员工状况及其与本企业治理层及管理层的关联关系，合理确定支付对价，确保实现并购目标。

（2）企业应当加强对投资方案的可行性研究，重点对投资目标、规模、方式、资金来源、风险与收益等作出客观评价。企业根据实际需要，可以委托具备相应资质的专业机构进行可行性研究，提供独立的可行性研究报告。

（3）企业应当按照规定的权限和程序对投资项目进行决策审批，重点审查投资方案是否可行、投资项目是否符合国家产业政策及相关法律法规的规定，是否符合企业投资战略目标和规划、是否具有相应的资金能力、投入资金能否按时收回、预期收益能否实现，以及投资和并购风险是否可控等。重大投资项目，应当按照规定的权限和程序实行集体决策或者联签制度。投资方案需经有关管理部门批准的，应当履行相应的报批程序。投资方案发生重大变更的，应当重新进行可行性研究并履行相应审批程序。

（4）企业应当根据批准的投资方案，与被投资方签订投资合同或协议，明确出资时间、金额、方式、双方权利义务和违约责任等内容，按规定的权限和程序审批后履行投资合同或协议。企业应当指定专门机构或人员对投资项目进行跟踪管理，及时收集被投资方经审计的财务报告等相关资料，定期组织投资效益分析，关注被投资方的财务状况、经营成果、现金流量以及投资合同履行情况，发现异常情况，应当及时报告并妥善处理。

（5）企业应当加强对投资项目的会计系统控制，根据对被投资方的影响程度，合理确定投资会计政策，建立投资管理台账，详细记录投资对象、金额、持股比例、期限、收益等事项，妥善保管投资合同或协议、出资证明等资料。企业财会部门对于被投资方出现财务状况恶化、市价当期大幅下跌等情形的，应当根据国家统一的会计准则制度规定，合理计提减值准备、确认减值损失。

（6）企业应当加强投资收回和处置环节的控制，对投资收回、转让、核销等决策和审批程序作出明确规定。企业应当重视投资到期本金的回收。转让投资应当由相关机构或人员合理确定转让价格，报授权批准部门批准，必要时可委托具有相应资质的专门机构进行评估。核销投资应当取得不能收回投资的法律文书和相关证明文件。企业对于到期无法收回的投资，应当建立责任追究制度。

3. 营运

（1）企业应当加强资金营运全过程的管理，统筹协调内部各机构在生产经营过程中的资金需求，切实做好资金在采购、生产、销售等各环节的综合平衡，全面提升资金营运效率。

（2）企业应当充分发挥全面预算管理在资金综合平衡中的作用，严格按照预算要求组织协调资金调度，确保资金及时收付，实现资金的合理占用和营运良性循环。企业应当严禁资金的体外循环，切实防范资金营运中的风险。

（3）企业应当定期组织召开资金调度会或资金安全检查，对资金预算执行情况进行综合分析，发现异常情况，及时采取措施妥善处理，避免资金冗余或资金链断裂。企业在营运过程中出现临时性资金短缺的，可以通过短期融资等方式获取资金。资金出现短期闲置的，在保证安全性和流动性的前提下，可以通过购买国债等多种方式，提高资金效益。

（4）企业应当加强对营运资金的会计系统控制，严格规范资金的收支条件、程序和审批权限。企业在生产经营及其他业务活动中取得的资金收入应当及时入账，不得账外设账，严禁收款不入账、设立"小金库"。企业办理资金支付业务，应当明确支出款项的用途、金额、预算、限额、支付方式等内容，并附原始单据或相关证明、履行严格的授权审批程序后，方可安排资金支出。企业办理资金收付业务，应当遵守现金和银行存款管理的有关规定，不得由一人办理货币资金全过程业务，严禁将办理资金支付业务的相关印章和票据集中一人保管。

七、采购业务

《企业内部控制应用指引第7号——采购业务》所称采购业务是指购买物资（或接受劳务）及支付款项等相关活动。

（一）采购业务需关注的主要风险

（1）采购计划安排不合理，市场变化趋势预测不准确，造成库存短缺或积压，可能导致企业生产停滞或资源浪费。

（2）供应商选择不当，采购方式不合理，招投标或定价机制不科学，授权审批不规范，可能导致采购物资质次价高，出现舞弊或遭受欺诈。

（3）采购验收不规范，付款审核不严，可能导致采购物资、资金损失或信用受损。

（二）内部控制要求与措施

企业应当结合实际情况，全面梳理采购业务流程，完善采购业务相关管理制度，统筹安排采购计划，明确请购、审批、购买、验收、付款、采购后评估等环节的职责和审批权限，按照规定的审批权限和程序办理采购业务，建立价格监控机制，定期检查和评价采购过程中的薄弱环节，采取有效控制措施，确保物资采购满足企业生产经营需要。

1. 购买

（1）企业的采购业务应当集中，避免多头采购或分散采购，以提高采购业务效率，降低采购成本，堵塞管理漏洞。企业应当对办理采购业务的人员定期进行岗位轮换。重要和技术性较强的采购业务应当组织相关专家进行论证，实行集体决策和审批。企业除小额零星物资或服务外，不得安排同一机构办理采购业务全过程。

（2）企业应当建立采购申请制度，依据购买物资或接受劳务的类型，确定归口管理部门，授予相应的请购权，明确相关部门或人员的职责权限及相应的请购和审批程序。企业可以根据实际需要设置专门的请购部门，对需求部门提出的采购需求进行审核，并进行归类汇总，统筹安排企业的采购计划。具有请购权的部门对于预算内采购项目，应当严格按照预算执行进度办理请购手续，并根据市场变化提出合理采购申请。对于超预算和预算外采购项目，应先履行预算调整程序，由具备相应审批权限的部门或人员审批后，再行办理请购手续。

（3）企业应当建立科学的供应商评估和准入制度，确定合格供应商清单，与选定的供应商签订质量保证协议，建立供应商管理信息系统，对供应商提供物资或劳务的质量、价格、交货及时性、供货条件及其资信、经营状况等进行实时管理和综合评价，根据评价结果对供应商进行合理选择和调整。企业可委托具有相应资质的中介机构对供应商进行资信调查。

（4）企业应当根据市场情况和采购计划合理选择采购方式。大宗采购应当采用招标方式，合理确定招投标的范围、标准、实施程序和评标规则；一般物资或劳务等的采购可以采用询价或定向采购的方式并签订合同协议；小额零星物资或劳务等的采购可以采用直接购买等方式。

（5）企业应当建立采购物资定价机制，采取协议采购、招标采购、谈判采购、询比价采购等多种方式合理确定采购价格，最大限度地减小市场变化对企业采购价格的影响。大宗采购等应当采用招投标方式确定采购价格，其他商品或劳务的采购，应当根据市场行情制定最高采购限价，并对最高采购限价适时调整。

（6）企业应当根据确定的供应商、采购方式、采购价格等情况拟订采购合同，准确描述合同条款，明确双方权利、义务和违约责任，按照规定权限签订采购合同。企业应当根据生产建设进度和采购物资特性，选择合理的运输工具和运输方式，办理运输、投保等事宜。

（7）企业应当建立严格的采购验收制度，确定检验方式，由专门的验收机构或验收人员对采购项目的品种、规格、数量、质量等相关内容进行验收，并出具验收证明。涉及大宗和新、特物资采购的，还应进行专业测试。验收过程中发现异常情况，负责验收的机构或人员应当立即向企业有权管理的相关机构报告，相关机构应当查明原因并及时处理。

（8）企业应当加强对物资采购供应过程的管理，依据采购合同中确定的主要条款跟踪合同履行情况，对有可能影响生产或工程进度的异常情况，应出具书面报告并及时提出解决方案。企业应当做好采购业务各环节的记录，实行全过程的采购登记制度或信息化管理，确保采购过程的可追溯性。

2. 付款

（1）企业应当加强采购付款的管理，完善付款流程，明确付款审核人的责任和权力，严格审核采购预算、合同、相关单据凭证、审批程序等相关内容，审核无误后按照合同规定及时办理付款。企业在付款过程中，应当严格审查采购发票的真实性、合法性和有效性。发现虚假发票的应查明原因，及时报告处理。企业应当重视采购付款的过程控制和跟踪管理，发现异常情况的应当拒绝付款，避免出现资金损失和信用受损。企业应当合理选择付款方式并严格遵循合同规定，防范付款方式不当带来的法律风险，保证资金安全。

（2）企业应当加强预付账款和订金的管理。涉及大额或长期的预付款项，应当定期进行追踪核查，综合分析预付账款的期限、占用款项的合理性、不可收回风险等情况，发现有疑问的预付款项，应当及时采取措施。

（3）企业应当加强对购买、验收、付款业务的会计系统控制，详细记录供应商情况、请购申请、采购合同、采购通知、验收证明、入库凭证、商业票据、款项支付等，确保会计记录、采购记录与仓储记录核对一致。企业应当指定专人通过函证等方式，定期与供应商核对应付账款、应付票据、预付账款等往来款项。

（4）企业应当建立退货管理制度，对退货条件、退货手续、货物出库、退货货款回收等作出明确规定，并在与供应商的合同中明确退货事宜，及时收回退货货款。涉及符合索赔条件的退货，应在索赔期内及时办理索赔。

八、资产管理

《企业内部控制应用指引第 8 号——资产管理》所称资产是指企业拥有或控制的存货、固定资产和无形资产。

（一）资产管理需关注的主要风险

（1）存货积压或短缺，可能导致流动资金占用过量、存货价值贬损或生产中断。

（2）固定资产更新改造不够、使用效能低下、维护不当、产能过剩，可能导致企业缺乏竞争力、资产价值贬损、安全事故频发或资源浪费。

（3）无形资产缺乏核心技术、权属不清、技术落后、存在重大技术安全隐患，可能导致企业法律纠纷、缺乏可持续发展能力。

（二）内部控制要求与措施

企业应当加强各项资产管理，全面梳理资产管理流程，及时发现资产管理中的薄弱环节，切实采取有效措施加以改进，并关注资产减值迹象，合理确认资产减值损失，不断提高企业资产管理水平。企业应当重视和加强各项资产的投保工作，采用招标等方式确定保险人，降低资产损失风险，防范资产投保舞弊。

1. 存货

（1）企业应当采用先进的存货管理技术和方法，规范存货管理流程，明确存货取得、验收入库、原料加工、仓储保管、领用发出、盘点处置等环节的管理要求，充分利用信息系统，强化会计、出入库等相关记录，确保存货管理全过程的风险得到有效控制。

（2）企业应当建立存货管理岗位责任制，明确内部相关部门和岗位的职责权限，切实做到不相容岗位相互分离、制约和监控。企业内部除存货管理、监控部门及仓储人员外，其他部门和人员接触存货，应当经过相关部门特别授权。

（3）企业应当重视存货验收工作，规范存货验收程序和方法，对入库存货的数量、质量、技术规格等方面进行查验，验收无误方可入库。外购存货的验收，应当重点关注合同、发票等原始单据与存货的数量、质量、规格等核对一致。涉及技术含量较高的货物，必要时可委托具有检验资质的机构或聘请外部专家协助验收。自制存货的验收，应当重点关注产品质量，通过检验合格的半成品、产成品才能办理入库手续，不合格品应及时查明原因、落实责任、报告处理。其他方式取得存货的验收，应当重点关注存货来源、质量状况、实际价值是否符合有关合同或协议的约定。

（4）企业应当建立存货保管制度，定期对存货进行检查，重点关注下列事项：①存货在不同仓库之间流动时应当办理出入库手续。②应当按仓储物资所要求的储存条件储存，并健全防火、防洪、防盗、防潮、防病虫害和防变质等管理规范。③加强生产现场的材料、周转材料、半成品等物资的管理，防止浪费、被盗和流失。④对代管、代销、暂存、受托加工的存货，应单独存放和记录，避免与本单位存货混淆。⑤结合企业实际情况，加强存货的保险投保，保证存货安全，合理降低存货意外损失风险。

（5）企业应当明确存货发出和领用的审批权限，大批存货、贵重商品或危险品的发出应当实行特别授权。仓储部门应当根据经审批的销售（出库）通知单发出货物。

（6）企业仓储部门应当详细记录存货入库、出库及库存情况，做到存货记录与实际库存相符，并定期与财会部门、存货管理部门进行核对。

（7）企业应当根据各种存货采购间隔期和当前库存，综合考虑企业生产经营计划、市场供求等因素，充分利用信息系统，合理确定存货采购日期和数量，确保存货处于最佳库存状态。

（8）企业应当建立存货盘点清查制度，结合本企业实际情况确定盘点周期、盘点流程等相关内容，核查存货数量，及时发现存货减值迹象。企业至少应当于每年年终开展全面盘点清查，盘点清查结果应当形成书面报告。盘点清查中发现的存货盘盈、盘亏、毁损、闲置以及需要报废的存货，应当查明原因、落实并追究责任，按照规定权限批准后处置。

2. 固定资产

（1）企业应当加强对房屋建筑物、机器设备等各类固定资产的管理，重视固定资产维护和更新改造，不断提升固定资产的使用效能，积极促进固定资产处于良好运行状态。

（2）企业应当制定固定资产目录，对每项固定资产进行编号，按照单项资产建立固定资产卡片，详细记录各项固定资产的来源、验收、使用地点、责任单位和责任人、运转、维修、改造、折旧、盘点等相关内容。企业应当严格格执行固定资产日常维修和大修理计划，定期对固定资产进行维护保养，切实消除安全隐患。企业应当强化对生产线等关键设备运转的监控，严格操作流程，实行岗前培训和岗位许可制度，确保设备安全运转。

（3）企业应当根据发展战略，充分利用国家有关自主创新政策，加大技改投入，不断促进固定资产技术升级，淘汰落后设备，切实做到保持本企业固定资产技术的先进性和企业发展的可持续性。

（4）企业应当严格执行固定资产投保政策，对应投保的固定资产项目按规定程序进行审批，及时办理投保手续。

（5）企业应当规范固定资产抵押管理，确定固定资产抵押程序和审批权限等。企业将固定资产用做抵押的，应由相关部门提出申请，经企业授权部门或人员批准后，由资产管理部门办理抵押手续。企业应当加强对所接收的抵押资产的管理，并编制专门的资产目录，合理评估抵押资产的价值。

（6）企业应当建立固定资产清查制度，至少每年进行全面清查。对固定资产清查中发现的问题，应当查明原因，追究责任，妥善处理。企业应当加强固定资产处置的控制，关注固定资产处置中的关联交易和处置定价，以防范资产流失。

3. 无形资产

（1）企业应当加强对品牌、商标、专利、专有技术、土地使用权等无形资产的管理，分类制定无形资产管理办法，落实无形资产管理责任制，促进无形资产有效利用，充分发挥无形资产对提升企业核心竞争力的作用。

（2）企业应当全面梳理外购、自行开发以及其他方式取得的各类无形资产的权属关系，加强无形资产权益保护，防范侵权行为和法律风险。无形资产具有保密性质的，应当采取保密措施，严防泄露商业秘密。企业购入或者以支付土地出让金等方式取得的土地使用权，应当取得土地使用权等有效证明文件。

（3）企业应当定期对专利、专有技术等无形资产的先进性进行评估，淘汰落后技术，加大研发投入，促进技术更新换代，不断提升自主创新能力，努力做到核心技术处于同行业领先水平。

（4）企业应当重视品牌建设，加强商誉管理，通过提供高质量产品和优质服务等多种方式，不断打造和培育主业品牌，切实维护和提升企业品牌的社会认可度。

九、销售业务

《企业内部控制应用指引第 9 号——销售业务》所称销售是指企业出售商品（或提供劳务）及收取款项等相关活动。

（一）销售业务需关注的主要风险

（1）销售政策和策略不当，市场预测不准确，销售渠道管理不当等，可能导致销售不畅、库存积压、经营难以为继。

（2）客户信用管理不到位，结算方式选择不当，账款回收不力等，可能导致销售款项不能收回或遭受欺诈。

（3）销售过程存在舞弊行为，可能导致企业利益受损。

（二）内部控制要求与规范

企业应当结合实际情况，全面梳理销售业务流程，完善销售业务相关管理制度，确定适当的销售政策和策略，明确销售、发货、收款等环节的职责和审批权限，按照规定的权限和程序办理销售业务，定期检查分析销售过程中的薄弱环节，采取有效控制措施，确保实现销售目标。

1. 销售

（1）企业应当加强市场调查，合理确定定价机制和信用方式，根据市场变化及时调整销售策略，灵活运用销售折扣、销售折让、信用销售、代销和广告宣传等多种策略和营销方式，促进销售目标实现，不断提高市场占有率。企业应当健全客户信用档案，关注重要客户资信变动情况，采取有效措施，防范信用风险。企业对于境外客户和新开发客户，应当建立严格的信用保证制度。

（2）企业在销售合同订立前，应当与客户进行业务洽谈、磋商或谈判，关注客户信用状况、销售定价、结算方式等相关内容。重大的销售业务谈判应当吸收财会、法律等专业人员参加，并形成完整的书面记录。销售合同应当明确双方的权利和义务，审批人员应当对销售合同草案进行严格审核。重要的销售合同，应当征询法律顾问或专家的意见。

（3）企业销售部门应当按照经批准的销售合同开具相关销售通知。发货和仓储部门应当对销售通知进行审核，严格按照所列项目组织发货，确保货物的安全发运。企业应当加强销售退回管理，分析销售退回原因，并及时妥善处理。企业应当严格按照发票管理规定开具销售发票。严禁开具虚假发票。

（4）企业应当做好销售业务各环节的记录，填制相应的凭证，设置销售台账，实行全过程的销售登记制度。

（5）企业应当完善客户服务制度，加强客户服务和跟踪，提升客户满意度和忠诚度，不断改进产品质量和服务水平。

2. 收款

（1）企业应当完善应收款项管理制度，严格考核，实行奖惩。销售部门负责应收款项的催收，催收记录（包括往来函电）应妥善保存；财会部门负责办理资金结算并监控款项回收。

（2）企业应当加强商业票据管理，明确商业票据的受理范围，严格审查商业票据的真实性和合法性，防止票据欺诈。企业应当关注商业票据的取得、贴现和背书，对已贴现但仍承担收款风险的票据以及逾期票据，应当进行追索监控和跟踪管理。

（3）企业应当加强对销售、发货、收款业务的会计系统控制，详细记录销售客户、销售合同、销售通知、发运凭证、商业票据、款项收回等情况，确保会计记录、销售记录与仓储记录核对一致。企业应当指定专人通过函证等方式，定期与客户核对应收账款、应收票据、预收账款等往来款项。企业应当加强应收款项坏账的管理。应收款项全部或部分无法收回的，应当查明原因，明确责任，并严格履行审批程序，按照国家统一的会计准则制度进行处理。

十、研究与开发

《企业内部控制应用指引第 10 号——研究与开发》所称研究与开发是指企业为获取新产品、新技术、新工艺等所开展的各种研发活动。

（一）开展研发活动需关注的主要风险

（1）研究项目未经科学论证或论证不充分，可能导致创新不足或资源浪费。

（2）研发人员配备不合理或研发过程管理不善，可能导致研发成本过高、舞弊或研发失败。

（3）研究成果转应用不足、保护措施不力，可能导致企业利益受损。

（二）内部控制要求与措施

企业应当重视研发工作，根据发展战略，结合市场开拓和技术进步要求，科学制订研发计划，强化研发全过程管理，规范研发行为，促进研发成果的转化和有效利用，不断提升企业自主创新能力。

1. 立项与研究

（1）企业应当根据实际需要，结合研发计划，提出研究项目立项申请，开展可行性研究，编制可行性研究报告。企业可以组织独立于申请及立项审批之外的专业机构和人员进行评估论证，并出具评估意见。

（2）研究项目应当按照规定的权限和程序进行审批，重大研究项目应当报经董事会或类似权力机构集体审议决策。审批过程中，应当重点关注研究项目促进企业发展的必要性、技术的先进性以及成果转化的可行性。

（3）企业应当加强对研究过程的管理，合理配备专业人员，严格落实岗位责任制，确保研究过程高效、可控。企业应当跟踪检查研究项目进展情况，评估各阶段研究成果，提供足够的经费支持，确保项目按期、保质完成，有效规避研究失败风险。企业研究项目委托外单位承担的，应当采用招标、协议等适当方式确定受托单位，签订外包合同，约定研究成果的产权归属、研究进度和质量标准等相关内容。

（4）企业与其他单位合作进行研究的，应当对合作单位进行尽职调查，签订书面合作研究合同，明确双方投资、分工、权利义务、研究成果产权归属等。

（5）企业应当建立和完善研究成果验收制度，组织专业人员对研究成果进行独立评审和验收。企业对于通过验收的研究成果，可以委托相关机构进行审查，确认是否申请专利或作为非专利技术、商业秘密等进行管理。企业对于需要申请专利的研究成果，应当及时办理有关专利申请手续。

（6）企业应当建立严格的核心研究人员管理制度，明确界定核心研究人员范围和名册清单，签署符合国家有关法律法规要求的保密协议。企业与核心研究人员签订劳动合同时，应当特别约定研究成果归属、离职条件、离职移交程序、离职后保密义务、离职后竞业限制年限及违约责任等内容。

2. 开发与保护

（1）企业应当加强研究成果的开发，形成科研、生产、市场一体化的自主创新机制，促进研究成果转化。研究成果的开发应当分步推进，通过试生产充分验证产品性能，在获得市场认可后方可进行批量生产。

（2）企业应当建立研究成果保护制度，加强对专利权、非专利技术、商业秘密及研发过程中形成的各类涉密图纸、程序、资料的管理，严格按照制度规定借阅和使用。禁止无关人员接触研究成果。

（3）企业应当建立研发活动评估制度，加强对立项与研究、开发与保护等过程的全面评估，认真总结研发管理经验，分析存在的薄弱环节，完善相关制度和办法，不断改进和提升研发活动的管理水平。

十一、工程项目

《企业内部控制应用指引第 11 号——工程项目》所称工程项目是指企业自行或者

委托其他单位所进行的建造、安装工程。

（一）工程项目需关注的主要风险

（1）立项缺乏可行性研究或者可行性研究流于形式，决策不当，盲目上马，可能导致难以实现预期效益或项目失败。

（2）项目招标"暗箱操作"，存在商业贿赂，可能导致中标人实质上难以承担工程项目、中标价格失实及相关人员涉案。

（3）工程造价信息不对称，技术方案不落实，概预算脱离实际，可能导致项目投资失控。

（4）工程物资质次价高，工程监理不到位，项目资金不落实，可能导致工程质量低劣，进度延迟或中断。

（5）竣工验收不规范，最终把关不严，可能导致工程交付使用后存在重大隐患。

（二）内部控制要求与规范

企业应当建立和完善工程项目各项管理制度，全面梳理各个环节可能存在的风险点，规范工程立项、招标、造价、建设、验收等环节的工作流程，明确相关部门和岗位的职责权限，做到可行性研究与决策、概预算编制与审核、项目实施与价款支付、竣工决算与审计等不相容职务相互分离，强化工程建设全过程的监控，确保工程项目的质量、进度和资金安全。

1. 工程立项

（1）企业应当指定专门机构归口管理工程项目，根据发展战略和年度投资计划，提出项目建议书，开展可行性研究，编制可行性研究报告。

项目建议书的主要内容包括：项目的必要性和依据、产品方案、拟建规模、建设地点、投资估算、资金筹措、项目进度安排、经济效果和社会效益的估计、环境影响的初步评价等。

可行性研究报告的内容主要包括：项目概况，项目建设的必要性，市场预测，项目建设选址及建设条件论证，建设规模和建设内容，项目外部配套建设，环境保护，劳动保护与卫生防疫，消防、节能、节水，总投资及资金来源，经济、社会效益，项目建设周期及进度安排，招投标法规定的相关内容等。

企业可以委托具有相应资质的专业机构开展可行性研究，并按照有关要求形成可行性研究报告。

（2）企业应当组织规划、工程、技术、财会、法律等部门的专家对项目建议书和可行性研究报告进行充分论证和评审，出具评审意见，作为项目决策的重要依据。在项目评审过程中，应当重点关注项目投资方案、投资规模、资金筹措、生产规模、投资效益、布局选址、技术、安全、设备、环境保护等方面，核实相关资料的来源和取得途径是否真实、可靠和完整。企业可以委托具有相应资质的专业机构对可行性研究报告进行评审，出具评审意见。从事项目可行性研究的专业机构不得再从事可行性研究报告的评审。

（3）企业应当按照规定的权限和程序对工程项目进行决策，决策过程应有完整的书面记录。重大工程项目的立项，应当报经董事会或类似权力机构集体审议批准。总会计师或分管会计工作的负责人应当参与项目决策。任何个人不得单独决策或者擅自改变集体决策意见。工程项目决策失误应当实行责任追究制度。

（4）企业应当在工程项目立项后、正式施工前，依法取得建设用地、城市规划、环境保护、安全、施工等方面的许可。

2. 工程招标

（1）企业的工程项目一般应当采用公开招标的方式，择优选择具有相应资质的承包单位和监理单位。

在选择承包单位时，企业可以将工程的勘察、设计、施工、设备采购一并发包给一个项目总承包单位，也可以将其中的一项或者多项发包给一个工程总承包单位，但不得违背工程施工组织设计和招标设计计划，将应由一个承包单位完成的工程肢解为若干部分发包给几个承包单位。

企业应当依照国家招投标法的规定，遵循公开、公正、平等竞争的原则，发布招标公告，提供载有招标工程的主要技术要求、主要合同条款、评标的标准和方法，以及开标、评标、定标的程序等内容的招标文件。

企业可以根据项目特点决定是否编制标底。需要编制标底的，标底编制过程和标底应当严格保密。

在确定中标人前，企业不得与投标人就投标价格、投标方案等实质性内容进行谈判。

（2）企业应当依法组织工程招标的开标、评标和定标，并接受有关部门的监控。

（3）企业应当依法组建评标委员会。评标委员会由企业代表和有关技术、经济方面的专家组成。评标委员会应当客观公正地履行职务、遵守职业道德，对所提出的评审意见承担责任。企业应当采取必要的措施，保证评标在严格保密的情况下进行。评标委员会应当按照招标文件确定的标准和方法，对投标文件进行评审和比较，择优选择中标候选人。

（4）评标委员会成员和参与评标的有关工作人员不得透露对投标文件的评审和比较、中标候选人的推荐情况以及与评标有关的其他情况，不得私下接触投标人，不得收受投标人的财物或者其他好处。

（5）企业应当按照规定的权限和程序从中标候选人中确定中标人，及时向中标人发出中标通知书，在规定的期限内与中标人订立书面合同，明确双方的权利、义务和违约责任。企业和中标人不得再行订立背离合同实质性内容的其他协议。

3. 工程造价

（1）企业应当加强工程造价管理，明确初步设计概算和施工图预算的编制方法，按照规定的权限和程序进行审核批准，确保概预算科学合理。企业可以委托具备相应资质的中介机构开展工程造价咨询工作。

（2）企业应当向招标确定的设计单位提供详细的设计要求和基础资料，进行有效的技术、经济交流。初步设计应当在技术、经济交流的基础上，采用先进的设计管理实务技术，进行多方案比选。施工图设计深度及图纸交付进度应当符合项目要求，防止因设计深度不足、设计缺陷，造成施工组织、工期、工程质量、投资失控以及生产运行成本过高等问题。

（3）企业应当建立设计变更管理制度。设计单位应当提供全面及时的现场服务。因过失造成设计变更的，应当实行责任追究制度。

（4）企业应当组织工程、技术、财会等部门的相关专业人员或委托具有相应资质的中介机构对编制的概预算进行审核，重点审查编制依据、项目内容、工程量的计算、定额套用等是否真实、完整和准确。工程项目概预算按照规定的权限和程序审核批准后执行。

4. 工程建设

（1）企业应当加强对工程建设过程的监控，实行严格的概预算管理，切实做到及时备料，科学施工，保障资金，落实责任，确保工程项目达到设计要求。

（2）按照合同约定，企业自行采购工程物资的，应当按照《企业内部控制应用指引第7号——采购业务》等相关指引的规定，组织工程物资采购、验收和付款；由承包单位采购工程物资的，企业应当加强监控，确保工程物资采购符合设计标准和合同要求。严禁不合格工程物资投入工程项目建设。重大设备和大宗材料的采购应当根据有关招标采购的规定执行。

（3）企业应当实行严格的工程监理制度，委托经过招标确定的监理单位进行监理。工程监理单位应当依照国家法律法规及相关技术标准、设计文件和工程承包合同，在施工质量、工期、进度、安全和资金使用等方面对承包单位实施监控。工程监理人员应当具备良好的职业操守，客观公正地执行监理任务，发现工程施工不符合设计要求、施工技术标准和合同约定的，应当要求承包单位改正；发现工程设计不符合建筑工程质量标准或者合同约定的质量要求的，应当报告企业要求设计单位改正。未经工程监理人员签字，工程物资不得在工程上使用或者安装，不得进行下一道施工工序，不得拨付工程价款，不得进行竣工验收。

（4）企业财会部门应当加强与承包单位的沟通，准确掌握工程进度，根据合同约定，按照规定的审批权限和程序办理工程价款结算，不得无故拖欠。

（5）企业应当严格控制工程变更，确需变更的，应当按照规定的权限和程序进行审批。重大的项目变更应当按照项目决策和概预算控制的有关程序和要求重新履行审批手续。因工程变更等原因造成价款支付方式及金额发生变动的，应当提供完整的书面文件和其他相关资料，并对工程变更价款的支付进行严格审核。

5. 工程验收

（1）企业收到承包单位的工程竣工报告后，应当及时编制竣工决算，开展竣工决算审计，组织设计、施工、监理等有关单位进行竣工验收。

（2）企业应当组织审核竣工决算，重点审查决算依据是否完备，相关文件资料是否齐全，竣工清理是否完成，决算编制是否正确。企业应当加强竣工决算审计，未实施竣工决算审计的工程项目，不得办理竣工验收手续。

（3）企业应当及时组织工程项目竣工验收。交付竣工验收的工程项目，应当符合规定的质量标准，有完整的工程技术经济资料，并具备国家规定的其他竣工条件。验收合格的工程项目，应当编制交付使用财产清单，及时办理交付使用手续。

（4）企业应当按照国家有关档案管理的规定，及时收集、整理工程建设各环节的文件资料，建立完整的工程项目档案。

（5）企业应当建立完工项目后评估制度，重点评价工程项目预期目标的实现情况和项目投资效益等，并以此作为绩效考核和责任追究的依据。

十二、担保业务

《企业内部控制应用指引第 12 号——担保业务》所称担保是指企业作为担保人按照公平、自愿、互利的原则与债权人约定，当债务人不履行债务时，依照法律规定和合同协议承担相应法律责任的行为。

（一）办理担保业务需关注的主要风险

（1）对担保申请人的资信状况调查不深。审批不严或越权审批，可能导致企业担保决策失误或遭受欺诈。

（2）对被担保人出现财务困难或经营陷入困境等状况监控不力，应对措施不当，可能导致企业承担法律责任。

（3）担保过程中存在舞弊行为，可能导致经办审批等相关人员涉案或企业利益受损。

（二）内部控制要求与措施

企业应当依法制定和完善担保业务政策及相关管理制度，明确担保的对象、范围、方式、条件、程序、担保限额和禁止担保等事项，规范调查评估、审核批准、担保执行等环节的工作流程，按照政策、制度、流程办理担保业务，定期检查担保政策的执行情况及效果，切实防范担保业务风险。

1. 调查评估与审批

（1）企业应当指定相关部门负责办理担保业务，对担保申请人进行资信调查和风险评估，评估结果应出具书面报告。企业也可委托中介机构对担保业务进行资信调查和风险评估工作。企业在对担保申请人进行资信调查和风险评估时，应当重点关注以下事项：①担保业务是否符合国家法律法规和本企业担保政策等相关要求。②担保申请人的资信状况，一般包括：基本情况、资产质量、经营情况、偿债能力、盈利水平、信用程度和行业前景等。③担保申请人用于担保和第三方担保的资产状况及其权利归属。④企业要求担保申请人提供反担保的，还应当对与反担保有关的资产状况进行评估。

（2）企业对担保申请人出现以下情形之一的，不得提供担保：①担保项目不符合国家法律法规和本企业担保政策的。②已进入重组、托管、兼并或破产清算程序的。③财务状况恶化、资不抵债、管理混乱、经营风险较大的。④与其他企业存在较大经济纠纷，面临法律诉讼且可能承担较大赔偿责任的。⑤与本企业已经发生过担保纠纷且仍未妥善解决的，或不能及时足额缴纳担保费用的。

（3）企业应当建立担保授权和审批制度，规定担保业务的授权批准方式、权限、程序、责任和相关控制措施，在授权范围内进行审批，不得超越权限审批。重大担保业务，应当报经董事会或类似权力机构批准。经办人员应当在职责范围内，按照审批人员的批准意见办理担保业务。对于审批人超越权限审批的担保业务，经办人员应当拒绝办理。

（4）企业应当采取合法有效的措施加强对子公司担保业务的统一监控。企业内设机构未经授权不得办理担保业务。企业为关联方提供担保的，与关联方存在经济利益或近亲属关系的有关人员在评估与审批环节应当回避。对境外企业进行担保的，应当遵守外汇管理规定，并关注被担保人所在国家的政治、经济、法律等因素。

（5）被担保人要求变更担保事项的，企业应当重新履行调查评估与审批程序。

2. 执行与监控

（1）企业应当根据审核批准的担保业务订立担保合同。担保合同应明确被担保人的权利、义务、违约责任等相关内容，并要求被担保人定期提供财务报告和有关资料，及时通报担保事项的实施情况。担保申请人同时向多方申请担保的，企业应当在担保合同中明确约定本企业的担保份额和相应的责任。

（2）企业担保经办部门应当加强担保合同的日常管理，定期监测被担保人的经营情况和财务状况，对被担保人进行跟踪和监控，了解担保项目的执行、资金的使用、贷款的归还、财务运行及风险等情况，确保担保合同有效履行。担保合同履行过程中，如果被担保人出现异常情况，应当及时报告，妥善处理。对于被担保人未按有关法律效力的合同条款偿付债务或履行相关合同项下的义务的，企业应当按照担保合同履行义务，同时主张对被担保人的追索权。

（3）企业应当加强对担保业务的会计系统控制，及时足额收取担保费用，建立担保事项台账，详细记录担保对象、金额、期限、用于抵押和质押的物品或权利以及其他有关事项。企业财会部门应当及时收集、分析被担保人担保期内经审计的财务报告等相关资料，持续关注被担保人的财务状况、经营成果、现金流量以及担保合同的履行情况，积极配合担保经办部门防范担保业务风险。对于被担保人出现财务状况恶化、资不抵债、破产清算等情形的，企业应当根据国家统一的会计准则制度规定，合理确认预计负债和损失。

（4）企业应当加强对反担保财产的管理，妥善保管被担保人用于反担保的权利凭证，定期核实财产的存续状况和价值，发现问题及时处理，确保反担保财产安全完整。

（5）企业应当建立担保业务责任追究制度，对在担保中出现重大决策失误、未履行集体审批程序或不按规定管理担保业务的部门及人员，应当严格追究相应的责任。

（6）企业应当在担保合同到期时，全面清查用于担保的财产、权利凭证，按照合同约定及时终止担保关系。企业应当妥善保管担保合同、与担保合同相关的主合同、反担保函或反担保合同，以及抵押、质押的权利凭证和有关原始资料，切实做到担保业务档案完整无缺。

十三、业务外包

《企业内部控制应用指引第 13 号——业务外包》所称业务外包是指企业利用专业化分工优势，将日常经营中的部分业务委托给本企业以外的专业服务机构或其他经济组织（以下简称"承包方"）完成的经营行为。本指引不涉及工程项目外包。

企业应当对外包业务实施分类管理，通常划分为重大外包业务和一般外包业务。重大外包业务是指对企业生产经营有重大影响的外包业务。

外包业务通常包括：研发、资信调查、可行性研究、委托加工、物业管理、客户服务、IT 服务等。

（一）企业的业务外包需关注的主要风险

（1）外包范围和价格确定不合理，承包方选择不当，可能导致企业遭受损失。

（2）业务外包监控不严、服务质量低劣，可能导致企业难以发挥业务外包的优势。

（3）业务外包存在商业贿赂等舞弊行为，可能导致企业相关人员涉案。

（二）内部控制要求与措施

企业应当建立和完善业务外包管理制度，规定业务外包的范围、方式、条件、程序和实施等相关内容，明确相关部门和岗位的职责权限，强化业务外包全过程的监控，防范外包风险，充分发挥业务外包的优势。企业应当权衡利弊，避免核心业务外包。

1. 承包方选择

（1）企业应当根据年度生产经营计划和业务外包管理制度，结合确定的业务外包范围，拟订实施方案，按照规定的权限和程序审核批准。总会计师或分管会计工作的负责人应当参与重大业务外包的决策。重大业务外包方案应当提交董事会或类似权力机构审批。

（2）企业应当按照批准的业务外包实施方案选择承包方。承包方至少应当具备下列条件：①承包方是依法成立和合法经营的专业服务机构或其他经济组织，具有相应的经营范围和固定的办公场所。②承包方应当具备相应的专业资质，其从业人员符合岗位要求和任职条件，并具有相应的专业技术资格。③承包方的技术及经验水平符合本企业业务外包的要求。

（3）企业应当综合考虑内外部因素，合理确定外包价格，严格控制业务外包成本，切实做到符合成本效益原则。

（4）企业应当引入竞争机制，遵循公开、公平、公正的原则，采用适当方式，择优选择外包业务的承包方。采用招标方式选择承包方的，应当符合招投标法的相关规定。企业及相关人员在选择承包方的过程中，不得收受贿赂、回扣或者索取其他好处。承包方及其工作人员不得利用向企业及其工作人员行贿、提供回扣或者给予其他好处等不正当手段承揽业务。

（5）企业应当按照规定的权限和程序从候选承包方中确定最终承包方，并签订业务外包合同。业务外包合同内容主要包括：外包业务的内容和范围，双方权利和义务，服务和质量标准，保密事项，费用结算标准和违约责任等事项。

（6）企业外包业务需要保密的，应当在业务外包合同或者另行签订的保密协议中明确规定承包方的保密义务和责任，要求承包方向其从业人员提示保密要求和应承担的责任。

2. 业务外包实施

（1）企业应当加强业务外包实施的管理，严格按照业务外包制度、工作流程和相关要求，组织开展业务外包，并采取有效的控制措施，确保承包方严格履行业务外包合同。

（2）企业应当做好与承包方的对接工作，加强与承包方的沟通与协调，及时搜集相关信息，发现和解决外包业务日常管理中存在的问题。对于重大业务外包，企业应当密切关注承包方的履约能力，建立相应的应急机制，避免业务外包失败造成本企业生产经营活动中断。

（3）企业应当根据国家统一的会计准则制度，加强对外包业务的核算与监控，做好业务外包费用结算工作。

（4）企业应当对承包方的履约能力进行持续评估，有确凿证据表明承包方存在重大违约行为，导致业务外包合同无法履行的，应当及时终止合同。承包方违约并造成企业损失的，企业应当按照合同对承包方进行索赔，并追究责任人责任。

（5）业务外包合同执行完成后需要验收的，企业应当组织相关部门或人员对完成的业务外包合同进行验收，出具验收证明。验收过程中发现异常情况，应当立即报告，查明原因，及时处理。

十四、财务报告

《企业内部控制应用指引第14号——财务报告》所称财务报告是指反映企业某一特定日期财务状况和某一会计期间经营成果、现金流量的文件。

（一）编制、对外提供和分析利用财务报告需关注的主要风险

（1）编制财务报告违反会计法律法规和国家统一的会计准则制度，可能导致企业承担法律责任和声誉受损。

（2）提供虚假财务报告，误导财务报告使用者，造成决策失误，干扰市场秩序。

（3）不能有效利用财务报告，难以及时发现企业经营管理中存在的问题，可能导致企业财务和经营风险失控。

（二）内部控制要求与措施

企业应当严格执行会计法律法规和国家统一的会计准则制度，加强对财务报告编制、对外提供和分析利用全过程的管理，明确相关工作流程和要求，落实责任制，确保财务报告合法合规、真实完整和有效利用。总会计师或分管会计工作的负责人负责组织领导财务报告的编制、对外提供和分析利用等相关工作。企业负责人对财务报告的真实性、完整性负责。

1. 财务报告的编制

（1）企业编制财务报告，应当重点关注会计政策和会计估计，对财务报告产生重大影响的交易和事项的处理应当按照规定的权限和程序进行审批。企业在编制年度财务报告前，应当进行必要的资产清查、减值测试和债权债务核实。

（2）企业应当按照国家统一的会计准则制度规定，根据登记完整、核对无误的会计账簿记录和其他有关资料编制财务报告，做到内容完整、数字真实、计算准确，不得漏报或者随意进行取舍。

（3）企业财务报告列示的资产、负债、所有者权益金额应当真实可靠。各项资产计价方法不得随意变更，如有减值，应当合理计提减值准备，严禁虚增或虚减资产。各项负债应当反映企业的现时义务，不得提前、推迟或不确认负债，严禁虚增或虚减负债。所有者权益应当反映企业资产扣除负债后由所有者享有的剩余权益，由实收资本、资本公积、留存收益等构成。企业应当做好所有者权益保值、增值工作，严禁虚假出资、抽逃出资、资本不实。

（4）企业财务报告应当如实列示当期收入、费用和利润。各项收入的确认应当遵循规定的标准，不得虚列或者隐瞒收入，推迟或提前确认收入。各项费用、成本的确认应当符合规定，不得随意改变费用、成本的确认标准或计量方法，虚列、多列、不列或者少列费用、成本。利润由收入减去费用后的净额、直接计入当期利润的利得和损失等构成。不得随意调整利润的计算、分配方法，编造虚假利润。

（5）企业财务报告列示的各种现金流量由经营活动、投资活动和筹资活动的现金流量构成，应当按照规定划清各类交易和事项的现金流量的界限。

（6）附注是财务报告的重要组成部分，对反映企业财务状况、经营成果、现金流量的报表中需要说明的事项，应作出真实、完整、清晰的说明。企业应当按照国家统一的会计准则制度编制附注。

（7）企业集团应当编制合并财务报表，明确合并财务报表的合并范围和合并方法，如实反映企业集团的财务状况、经营成果和现金流量。

（8）企业编制财务报告，应当充分利用信息技术，提高工作效率和工作质量，减少或避免编制差错和人为调整因素。

2. 财务报告的对外提供

（1）企业应当依照法律法规和国家统一的会计准则制度的规定，及时对外提供财务报告。

（2）企业财务报告编制完成后，应当装订成册，加盖公章，由企业负责人、总会计师或分管会计工作的负责人、财会部门负责人签名并盖章。

（3）财务报告须经注册会计师审计的，注册会计师及其所在的事务所出具的审计报告，应当随同财务报告一并提供。企业对外提供的财务报告应当及时整理归档，并按有关规定妥善保存。

3. 财务报告的分析利用

（1）企业应当重视财务报告分析工作，定期召开财务分析会议，充分利用财务报告反映的综合信息，全面分析企业的经营管理状况和存在的问题，不断提高经营管理水平。企业财务分析会议应吸收有关部门负责人参加。总会计师或分管会计工作的负责人应当在财务分析和利用工作中发挥主导作用。

（2）企业应当分析企业的资产分布、负债水平和所有者权益结构，通过资产负债率、流动比率、资产周转率等指标分析企业的偿债能力和营运能力；分析企业净资产的增减变化，了解和掌握企业规模和净资产的不断变化过程。

（3）企业应当分析各项收入、费用的构成及其增减变动情况，通过净资产收益率、每股收益等指标，分析企业的盈利能力和发展能力，了解和掌握当期利润增减变化的原因和未来发展趋势。

（4）企业应当分析经营活动、投资活动、筹资活动现金流量的运转情况，重点关注现金流量能否保证生产经营过程的正常运行，防止现金短缺或闲置。

（5）企业定期的财务分析应当形成分析报告，构成内部报告的组成部分。财务分析报告结果应当及时传递给企业内部有关管理层级，以充分发挥财务报告在企业生产经营管理中的重要作用。

十五、全面预算

《企业内部控制应用指引第 15 号——全面预算》所称全面预算是指企业对一定期间经营活动、投资活动、财务活动等作出的预算安排。

（一）实行全面预算管理需关注的主要风险

（1）不编制预算或预算不健全，可能导致企业经营缺乏约束或盲目经营。

（2）预算目标不合理、编制不科学，可能导致企业资源浪费或发展战略难以实现。

（3）预算缺乏刚性、执行不力、考核不严，可能导致预算管理流于形式。

（二）内部控制要求与措施

企业应当加强全面预算工作的组织领导，明确预算管理体制以及各预算执行单位的职责权限、授权批准程序和工作协调机制。

企业应当设立预算管理委员会履行全面预算管理职责，其成员由企业负责人及内部相关部门负责人组成。

预算管理委员会主要负责拟订预算目标和预算政策，制定预算管理的具体措施和办法，组织编制、平衡预算草案，下达经批准的预算，协调解决预算编制和执行中的问题，考核预算执行情况，督促完成预算目标。预算管理委员会下设预算管理工作机构，由其履行日常管理职责。预算管理工作机构一般设在财会部门。

总会计师或分管会计工作的负责人应当协助企业负责人负责企业全面预算管理工作的组织领导。

1. 预算编制

（1）企业应当建立和完善预算编制工作制度，明确编制依据、编制程序、编制方法等内容，确保预算编制依据合理、程序适当、方法科学，避免预算指标过高或过低。企业应当在预算年度开始前完成全面预算草案的编制工作。

（2）企业应当根据发展战略和年度生产经营计划，综合考虑预算期内经济政策、市场环境等因素，按照上下结合、分级编制、逐级汇总的程序，编制年度全面预算。企业可以选择或综合运用固定预算、弹性预算、滚动预算等方法编制预算。

（3）企业预算管理委员会应当对预算管理工作机构在综合平衡基础上提交的预算方案进行研究论证，从企业发展全局角度提出建议，形成全面预算草案，并提交董事会。

（4）企业董事会审核全面预算草案，应当重点关注预算科学性和可行性，确保全面预算与企业发展战略、年度生产经营计划相协调。企业全面预算应当按照相关法律法规及企业章程的规定报经审议批准。批准后，应当以文件形式下达执行。

2. 预算执行

（1）企业应当加强对预算执行的管理，明确预算指标分解方式、预算执行审批权限和要求、预算执行情况报告等，落实预算执行责任制，确保预算刚性，严格预算执行。

（2）企业全面预算一经批准下达，各预算执行单位应当认真组织实施，将预算指标层层分解，分横向和纵向落实到内部各部门、各环节和各岗位，形成全方位的预算执行责任体系。企业应当以年度预算作为组织、协调各项生产经营活动的基本依据，将年度预算细分为季度、月度预算，通过实施分期预算控制，实现年度预算目标。

（3）企业应当根据全面预算管理要求，组织各项生产经营活动和投融资活动，严格预算执行和控制。企业应当加强资金收付业务的预算控制，及时组织资金收入，严格控制资金支付，调节资金收付平衡，防范支付风险。对于超预算或预算外的资金支付，应当实行严格的审批制度。企业办理采购与付款、销售与收款、成本费用、工程项目、对外投融资、研究与开发、信息系统、人力资源、安全环保、资产购置与维护等业务和事项，均应符合预算要求。涉及生产过程和成本费用的，还应执行相关计划、定额、定率标准。对于工程项目、对外投融资等重大预算项目，企业应当密切跟踪其实施进度和完成情况，实行严格监控。

（4）企业预算管理工作机构应当加强与各预算执行单位的沟通，运用财务信息和其他相关资料监控预算执行情况，采用恰当方式及时向决策机构和各预算执行单位报告、反馈预算执行进度、执行差异及其对预算目标的影响，促进企业全面预算目标的实现。

（5）企业预算管理工作机构和各预算执行单位应当建立预算执行情况分析制度，定期召开预算执行分析会议，通报预算执行情况，研究、解决预算执行中存在的问题，提出改进措施。企业分析预算执行情况，应当充分收集有关财务、业务、市场、技术、政策、法律等方面的信息资料，根据不同情况分别采用比率分析、比较分析、因素分析等方法，从定量与定性两个层面充分反映预算执行单位的现状、发展趋势及其存在的潜力。

（6）企业批准下达的预算应当保持稳定，不得随意调整。由于市场环境、国家政策或不可抗力等客观因素，导致预算执行发生重大差异确需调整预算的，应当履行严格的审批程序。

3. 预算考核

（1）企业应当建立严格的预算执行考核制度，对各预算执行单位和个人进行考核，切实做到有奖有惩、奖惩分明。

（2）企业预算管理委员会应当定期组织预算执行情况考核，将各预算执行单位负责人签字上报的预算执行报告与已掌握的动态监控信息进行核对，确认各执行单位预算完成情况。必要时，实行预算执行情况内部审计制度。

（3）企业预算执行情况考核工作，应当坚持公开、公平、公正的原则，考核过程及结果应有完整的记录。

十六、合同管理

《企业内部控制应用指引第 16 号——合同管理》所称合同是指企业与自然人、法人及其他组织等平等主体之间设立、变更、终止民事权利义务关系的协议。企业与职工签订的劳动合同，不适用本指引。

（一）合同管理需关注的主要风险

（1）未订立合同、未经授权对外订立合同、合同对方主体资格未达要求、合同内容存在重大疏漏和欺诈，可能导致企业合法权益受到侵害。

（2）合同未全面履行或监控不当，可能导致企业诉讼失败，经济利益受损。

（3）合同纠纷处理不当，可能损害企业利益、信誉和形象。

（二）内部控制要求与措施

企业应当加强合同管理，确定合同归口管理部门，明确合同拟订、审批、执行等环节的程序和要求，定期检查和评价合同管理中的薄弱环节，采取相应控制措施，促进合同有效履行，切实维护企业的合法权益。

1. 合同的订立

（1）企业对外发生经济行为，除即时结清方式外，还应当订立书面合同。合同订立前，应当充分了解合同对方的主体资格、信用状况等有关内容，确保对方当事人具备履约能力。对于影响重大、涉及较高专业技术或法律关系复杂的合同，应当组织法律、技术、财会等专业人员参与谈判，必要时可聘请外部专家参与相关工作。谈判过程中的重要事项和参与谈判人员的主要意见，应当予以记录并妥善保存。

（2）企业应当根据协商、谈判等结果，拟订合同文本，按照自愿公平原则，明确双方的权利义务和违约责任，做到条款内容完整，表述严谨准确，相关手续齐备，避免出现重大疏漏。合同文本一般由业务承办部门起草、法律部门审核。重大合同或法律关系复杂的特殊合同应当由法律部门参与起草。国家或行业有合同示范文本的，可以优先选用，但对涉及权利义务关系的条款应当进行认真审查，并根据实际情况进行适当修改。合同文本须报经国家有关主管部门审查或备案的，应当履行相应程序。

（3）企业应当对合同文本进行严格审核，重点关注合同的主体、内容和形式是否合法，合同内容是否符合企业的经济利益，对方当事人是否具有履约能力，合同权利和义务、违约责任和争议解决条款是否明确等。企业对影响重大或法律关系复杂的合同文本，应当组织内部相关部门进行审核。相关部门提出不同意见的，应当认真分析研究，慎重对待，并准确无误地加以记录；必要时应对合同条款作出修改。内部相关部门应当认真履行职责。

（4）企业应当按照规定的权限和程序与对方当事人签署合同。正式对外订立的合同，应当由企业法定代表人或由其授权的代理人签名或加盖有关印章。授权签署合同的，应当签署授权委托书。属于上级管理权限的合同，下级单位不得签署。下级单位认为确有需要签署涉及上级管理权限的合同，应当提出申请，并经上级合同管理机构批准后办理。上级单位应当加强对下级单位合同订立、履行情况的监控检查。

（5）企业应当建立合同专用章保管制度。合同经编号、审批及企业法定代表人或由其授权的代理人签署后，方可加盖合同专用章。

（6）企业应当加强合同信息安全保密工作，未经批准，不得以任何形式泄露合同订立与履行过程中涉及的商业秘密或国家机密。

2. 合同的履行

（1）企业应当遵循诚实信用原则严格履行合同，对合同履行实施有效监控，强化对合同履行情况及效果的检查、分析和验收，确保合同全面有效履行。合同生效后，企业就质量、价款、履行地点等内容与合同对方没有约定或者约定不明确的，可以协议补充；不能达成补充协议的，按照国家相关法律法规、合同有关条款或者交易习惯确定。

（2）在合同履行过程中发现有失公平、条款有误或对方有欺诈行为等情形，或因政策调整、市场变化等客观因素，已经或可能导致企业利益受损，应当按规定程序及时报告，并经双方协商一致，按照规定权限和程序办理合同变更或解除事宜。

（3）企业应当加强合同纠纷管理，在履行合同过程中发生纠纷的，应当依据国家相关法律法规，在规定时效内与对方当事人协商并按规定权限和程序及时报告。合同纠纷经协商一致的，双方应当签订书面协议。合同纠纷经协商无法解决的，应当根据合同约定选择仲裁或诉讼方式解决。企业内部授权处理合同纠纷的，应当签署授权委托书。纠纷处理过程中，未经授权批准，相关经办人员不得向对方当事人作出实质性答复或承诺。

（4）企业财会部门应当根据合同条款审核后办理结算业务。未按合同条款履约的，或应签订书面合同而未签订的，财会部门有权拒绝付款，并及时向企业有关负责人报告。

（5）合同管理部门应当加强合同登记管理，充分利用信息化手段，定期对合同进行统计、分类和归档，详细登记合同的订立、履行和变更等情况，实行合同的全过程封闭管理。

（6）企业应当建立合同履行情况评估制度，至少于每年年末对合同履行的总体情况和重大合同履行的具体情况进行分析评估，对分析评估中发现合同履行中存在的不足，应当及时加以改进。企业应当健全合同管理考核与责任追究制度。对合同订立、履行过程中出现的违法违规行为，应当追究有关机构或人员的责任。

十七、内部信息传递

《企业内部控制应用指引第 17 号——内部信息传递》所称内部信息传递是指企业内部各管理层级之间通过内部报告形式传递生产经营管理信息的过程。

（一）内部信息传递需关注的主要风险

（1）内部报告系统缺失、功能不健全、内容不完整，可能影响生产经营有序运行。

（2）内部信息传递不通畅不及时，可能导致决策失误，相关政策措施难以落实。

（3）内部信息传递中泄露商业秘密，可能削弱企业核心竞争力。

（二）内部控制要求与措施

企业应当加强内部报告管理，全面梳理内部信息传递过程中的薄弱环节，建立科学的内部信息传递机制，明确内部信息传递的内容、保密要求及密级分类、传递方式、传递范围以及各管理层级的职责权限等，促进内部报告的有效利用，充分发挥内部报告的作用。

1. 内部报告的形成

（1）企业应当根据发展战略、风险控制和业绩考核要求，科学规范不同级次内部报告的指标体系，采用经营快报等多种形式，全面反映与企业生产经营管理相关的各种内外部信息。内部报告指标体系的设计应当与全面预算管理相结合，并随着环境和业务的变化不断进行修订和完善。设计内部报告指标体系时，应当关注企业成本费用预算的执行情况。内部报告应当简洁明了、通俗易懂、传递及时，便于企业各管理层级和全体员工掌握相关信息，正确履行职责。

（2）企业应当制定严密的内部报告流程，充分利用信息技术，强化内部报告信息集成和共享，将内部报告纳入企业统一信息平台，构建科学的内部报告网络体系。企业内部各管理层级均应当指定专人负责内部报告工作，重要信息应及时上报，并可以直接报告高级管理人员。企业应当建立内部报告审核制度，确保内部报告信息质量。

（3）企业应当关注市场环境、政策变化等外部信息对企业生产经营管理的影响，广泛收集、分析、整理外部信息，并通过内部报告传递到企业内部相关管理层级，以便采取应对策略。

（4）企业应当拓宽内部报告渠道，通过落实奖励措施等多种有效方式，广泛收集合理化建议。企业应当重视和加强反舞弊机制建设，通过设立员工信箱、投诉热线等方式，鼓励员工及企业利益相关方举报和投诉企业内部的违法违规、舞弊和其他有损企业形象的行为。

2. 内部报告的使用

（1）企业各级管理人员应当充分利用内部报告管理和指导企业的生产经营活动，及时反映全面预算执行情况，协调企业内部相关部门和各单位的运营进度，严格绩效考核和责任追究，确保企业实现发展目标。

（2）企业应当有效利用内部报告进行风险评估，准确识别和系统分析企业生产经营活动中的内外部风险，确定风险应对策略，实现对风险的有效控制。企业对于内部报告反映出的问题应当及时解决；涉及突出问题和重大风险的，应当启动应急预案。

（3）企业应当制定严格的内部报告保密制度，明确保密内容、保密措施、密级程度和传递范围，防止泄露商业秘密。

（4）企业应当建立内部报告的评估制度，定期对内部报告的形成和使用进行全面评估，重点关注内部报告的及时性、安全性和有效性。

十八、信息系统

《企业内部控制应用指引第 18 号——信息系统》所称信息系统是指企业利用计算机和通信技术，对内部控制进行集成、转化和提升所形成的信息化管理平台。

（一）利用信息系统实施内部控制需关注的主要风险

（1）信息系统缺乏或规划不合理，可能造成信息孤岛或重复建设，导致企业经营管理效率低下。

（2）系统开发不符合内部控制要求，授权管理不当，可能导致无法利用信息技术实施有效控制。

（3）系统运行维护和安全措施不到位，可能导致信息泄露或毁损，系统无法正常运行。

（二）内部控制要求与措施

企业应当重视信息系统在内部控制中的作用，根据内部控制要求，结合组织架构、业务范围、地域分布、技术能力等因素，制定信息系统建设整体规划，加大投入力度，有序组织信息系统开发、运行与维护，优化管理流程，防范经营风险，全面提升企业现代化管理水平。企业应当指定专门机构对信息系统建设实施归口管理，明确相关单位的职责权限，建立有效工作机制。企业可委托专业机构从事信息系统的开发、运行和维护工作。企业负责人对信息系统建设工作负责。

1. 信息系统的开发

（1）企业应当根据信息系统建设整体规划提出项目建设方案，明确建设目标、人员配备、职责分工、经费保障和进度安排等相关内容，按照规定的权限和程序审批后实施。企业信息系统归口管理部门应当组织内部各单位提出开发需求和关键控制点，规范开发流程，明确系统设计、编程、安装调试、验收、上线等全过程的管理要求，严格按照建设方案、开发流程和相关要求组织开发工作。企业开发信息系统，可以采取自行开发、外购调试、业务外包等方式。选定外购调试或业务外包方式的，应当采用公开招标等形式择优确定供应商或开发单位。

（2）企业开发信息系统，应当将生产经营管理业务流程、关键控制点和处理规则嵌入系统程序，实现手工环境下难以实现的控制功能。企业在系统开发过程中，应当按照不同业务的控制要求，通过信息系统中的权限管理功能控制用户的操作权限，避免将不相容职责的处理权限授予同一用户。企业应当针对不同数据的输入方式，考虑对进入系统数据的检查和校验功能。对于必须的后台操作，应当加强管理，建立规范的流程制度，对操作情况进行监控或者审计。企业应当在信息系统中设置操作日志功能，确保操作的可审计性。对异常的或者违背内部控制要求的交易和数据，应当设计由系统自动报告并设置跟踪处理机制。

（3）企业信息系统归口管理部门应当加强信息系统开发全过程的跟踪管理，组织开发单位与内部各单位的日常沟通和协调。督促开发单位按照建设方案、计划进度和质量要求完成编程工作，对配备的硬件设备和系统软件进行检查验收，组织系统上线运行等。

（4）企业应当组织独立于开发单位的专业机构对开发完成的信息系统进行验收测试，确保在功能、性能、控制要求和安全性等方面符合开发需求。

（5）企业应当切实做好信息系统上线的各项准备工作，培训业务操作和系统管理人员，制订科学的上线计划和新旧系统转换方案、考虑应急预案，确保新旧系统顺利切换和平稳衔接。系统上线涉及数据迁移的，还应制订详细的数据迁移计划。

2. 信息系统的运行与维护

（1）企业应当加强信息系统运行与维护的管理，制定信息系统工作程序、信息管理制度以及各模块子系统的具体操作规范，及时跟踪、发现和解决系统运行中存在的问题，确保信息系统按照规定的程序、制度和操作规范持续稳定运行。企业应当建立信息系统变更管理流程，信息系统变更应当严格遵照管理流程进行操作。信息系统操作人员不得擅自进行系统软件的删除、修改等操作；不得擅自升级、改变系统软件版本；不得擅自改变软件系统环境配置。

（2）企业应当根据业务性质、重要性程度、涉密情况等确定信息系统的安全等级，建立不同等级信息的授权使用制度，采用相应技术手段保证信息系统运行安全有序。企业应当建立信息系统安全保密和泄密责任追究制度。委托专业机构进行系统运行与维护管理的，应当审查该机构的资质，并与其签订服务合同和保密协议；企业应当采取安装安全软件等措施防范信息系统受到病毒等恶意软件的感染和破坏。

（3）企业应当建立用户管理制度，加强对重要业务系统的访问权限管理，定期审阅系统账号，避免授权不当或存在非授权账号，禁止不相容职务用户账号的交叉操作。

（4）企业应当综合利用防火墙、路由器等网络设备，漏洞扫描、入侵检测等软件技术以及远程访问安全策略等手段，加强网络安全，防范来自网络的攻击和非法侵入。企业对于通过网络传输的涉密或关键数据，应当采取加密措施，确保信息传递的保密性、准确性和完整性。

（5）企业应当建立系统数据定期备份制度，明确备份范围、频度、方法、责任人、存放地点、有效性检查等内容。

（6）企业应当加强服务器等关键信息设备的管理，建立良好的物理环境，指定专人负责检查，及时处理异常情况。未经授权，任何人不得接触关键信息设备。

第四节　内部控制的评价与审计

一、内部控制的评价

内部控制自我评价是由企业董事会和管理层实施的。进行评价的具体内容应围绕本规范提及的内部控制五个要素，即内部环境、风险评估、控制活动、信息与沟通、内部监督，以及《基本规范》及《应用指引》中的内容。在确定具体内容后，企业应制定内部控制评价程序，对内部控制有效性进行全面评价，包括财务报告内部控制有效性和非财务报告内部控制有效性，同时为内部评价工作形成工作底稿，详细记录企业执行评价工作的内容，包括评价要素、关键风险点、采取的控制措施、有关证据资料以及认定结果等。企业还应在评价工作中明确内部控制缺陷的认定准则。完成评价后，企业应当准备一份内部控制自我评价报告，在其年报中进行披露。企业董事会应当对内部控制评价报告的真实性负责。

（一）内部控制评价应当遵循的原则

根据《评价指引》的要求，内部控制评价应遵循以下三个原则：①全面性原则。评价工作应当包括内部控制的设计与运行，涵盖企业及其所属单位的各种业务和事项。②重要性原则。评价工作应当在全面评价的基础上，关注重要业务单位、重大业务事项和高风险领域。③客观性原则。评价工作应当准确地揭示经营管理的风险状况，如实地反映内部控制设计与运行的有效性。

（二）内部控制评价的内容

根据《评价指引》的要求，内部控制评价的内容涉及以下七个方面：

（1）企业应当根据《基本规范》、《应用指引》以及本企业的内部控制制度，围绕内部环境、风险评估、控制活动、信息与沟通、内部监督等要素，确定内部控制评价的具体内容，对内部控制设计与运行情况进行全面评价。

（2）企业组织开展内部环境评价，应当以组织架构、发展战略、人力资源、企业文化、社会责任等《应用指引》为依据，结合本企业的内部控制制度，对内部环境的设计及实际运行情况进行认定和评价。

（3）企业组织开展风险评估机制评价，应当以《基本规范》有关风险评估的要求，以及各项《应用指引》中所列主要风险为依据，结合本企业的内部控制制度，对日常经营管理过程中的风险识别、风险分析、应对策略等进行认定和评价。

（4）企业组织开展控制活动评价，应当以《基本规范》和各项《应用指引》中的控制措施为依据，结合本企业的内部控制制度，对相关控制措施的设计和运行情况进行认定和评价。

（5）企业组织开展信息与沟通评价，应当以内部信息传递、财务报告、信息系统等相关应用指引为依据，结合本企业的内部控制制度，对信息收集、处理和传递的及时性、反舞弊机制的健全性、财务报告的真实性、信息系统的安全性，以及利用信息系统实施内部控制的有效性等进行认定和评价。

（6）企业组织开展内部监督评价，应当以《基本规范》有关内部监督的要求，以及各项《应用指引》中有关日常管控的规定为依据，结合本企业的内部控制制度，对内部监督机制的有效性进行认定和评价，重点关注监事会、审计委员会、内部审计机构等是否在内部控制设计和运行中有效发挥监督作用。

（7）内部控制评价工作应当形成工作底稿，详细记录企业执行评价工作的内容，包括评价要素、主要风险点、采取的控制措施、有关证据资料以及认定结果等。评价工作底稿应当设计合理，证据充分，简便易行，便于操作。

（三）内部控制评价的程序

根据《评价指引》的要求，企业应按照内部控制评价办法规定程序，有序开展内部控制评价工作。内部控制评价程序一般包括：拟订评价控制方案、组织评价工作组、实施评价工作与测试、认定控制缺陷、汇总评价结果及编报评价报告等环节。

1. 制订评价控制方案

企业可以授权审计部门或专门机构负责内部控制评价组织的实施工作。该评价部门或机构应具备以下条件：（1）能够独立行使对内部控制系统建立与运行过程及结果进行监督的权力；（2）具备与监督和评价内部控制系统相适应的专业胜任能力和职业道德素养；（3）与企业其他职能机构就监督与评价内部控制系统方面应当保持协调一致，在工作中相互配合、相互制约；（4）能够得到企业董事会和经理层的支持，通常直接接受董事会及其审计委员会的领导和监事会的监督，有足够的权威性来保证内部控制评价工作的顺利开展。

内部控制评价部门或机构应根据内部监督情况和要求，拟订评价工作方案，明确评价范围、工作任务、人员组织、进度安排和费用预算等相关内容，报经董事会或其授权机构审批后实施。这是一个进行内部控制评估前的全面计划，提供内部控制评价的效率和效果。

2. 组成评价工作组

内部控制评价部门或机构在评价方案获得批准后，需要组织评价工作组，具体承担内部控制检查评价任务。评价工作组成员应具备独立性、业务胜任能力和职业道德素养，可吸收企业内部相关机构熟悉情况、参与日常监控的负责人或业务骨干参加。

企业可根据自身的条件建立内部控制培训机制，为评价工作组成员提供标准，使其熟悉内部控制知识、企业业务流程及应关注重点、评价工作流程和方法以及工作底稿准备的要求。对于拥有内部审计部门的企业来说，内审部门很可能也同样地担当内部控制评价组的工作。如果企业决定利用外聘会计师事务所为其提供内部控制评价服务，根据《基本规范》的要求，该事务所不应同时为企业提供内部控制的审计服务。

3. 实施评价工作与测试

评价工作组需通过了解企业公司层面基本情况、各业务层面的主要流程及主要风险后，再开展实施测试设计和运行有效的内部控制工作。

（1）了解公司层面基本情况。评价工作组与被评价单位进行充分沟通，了解其经营业务范围、企业文化、发展战略、组织结构、人力资源等内部环境及内部控制内容中五个要素的运作情况。

（2）了解各业务层面的主要流程及风险。在这一阶段，评价工作组把工作重点放在主要业务流程中，如资金管理流程、销售流程和采购流程等。

为支持评估工作与相关测试有效进行，企业应建立全面文档记录。文档记录可以帮助评价工作组了解各个主要业务领域的流程，识别相关的风险关注点及可能存在的内部控制措施。评价工作组可审阅的内控流程文档可能有：①风险控制矩阵文档。关注点在于复核风险流程的合理性，例如，文档是否包含了流程面临的所有风险，列示的风险是否得到定期或及时的更新，对于各项风险的重要性水平分析是否合理，以及复核控制点的识别，关键控制点、重要控制点、一般控制点的判断是否合适。②流程图文档。关注点在于流程图是否与实际操作及风险控制矩阵描述相符合，流程图是否清楚地标示了所有风险点及控制点，流程图中责任部门、岗位以及其他管理机构是否表述清晰，表述的流程路径是否清晰、是否存在交叉，以及内容是否涵盖所有流程的实际操作及相应的控制活动。③审批权限表文档。关注点在于部门及岗位的描述是否准确，权限的划分和设置是否合理。

评价工作组应识别业务流程中的关键业务或固有风险，提出对于每一重大流程在交易过程中"可能出错"而产生重大错误的问题，在这些控制点上识别减低风险的控制，这些控制应当能够为防止发生重要的错误或者能发现并更正错误提供合理保证。有些控制可能并不显而易见，可能是电子化或者是人工的，并且同时是高层及基层实

374

施。这些关注点将是评价工作组进行设计或运行有效性并作出结论的地方。

以资金管理流程为例，企业面临的一个关键业务风险可能是客户需求的波动，当客户需求下降时，企业收入减少，进而发生资金的短缺并增加对营运资金需求的压力，资金需求将会直接导致银行融资或企业债券融资的增加，进而影响企业的财务费用使其成本增加。固有风险是指假设不存在相关的内部控制，某一业务风险事项发生的可能性。例如，该企业所处行业的性质决定了资金、在建工程与固定资产的交易比存货（通常为一些低值易耗品）的交易更容易出现差错。一些产生经营风险的外部因素也可能影响固有风险。如"节能减排"的目标要求企业投资建立高效率、低消耗的新型生产线，并对旧装备进行技术改造，这些都会影响资金流。

在各重要流程中，管理层可能已实施不同程度的控制以应对风险。例如，在资金管理流程、开立银行账户的风险点中，可能有的控制措施是要求提交给银行的开立账户申请书需要经过公司总经理书面批准或签章。

（3）确定检查评价范围和重点。评价工作组根据掌握的情况确定评价范围，检查重点和抽样数量，进行分工与测试。评价范围、方式、程序和频率，将因企业经营业务调整以及经营环境、风险水平等因素而异。

（4）开展现场检查测试。评价工作组可综合运用个别访谈、调查问卷、专题讨论、穿行测试、实地查验、抽样和比较分析等评价方法，收集被评价单位内部控制设计与运行是否有效的证据，按照要求填写工作底稿、记录有关测试结果。如果发现内部控制出现缺陷，则需与管理层沟通，对有关缺陷进行认定并记录。

① 个别访谈。评价工作组人员可以个别访谈企业或被评价单位的不同人员，了解公司内部控制的现状与运行情况。个别访谈通常用于企业层面与业务层面评价的阶段。

② 调查问卷。调查问卷多用于企业层面的评价，通过扩大对象范围如企业中的全体员工收集简单结果，（例如对公司企业文化的认同）。

③ 专题讨论。这是一种集合企业中有关专业人员就内部控制执行情况或控制问题进行分析和讨论。

④ 穿行测试。穿行测试是指在流程中任意选取一项交易为样本，获取原始单据，跟踪交易从最初起源，到会计处理，信息系统和财务报告编制，直到这项交易在财务报表中报告出来的全过程。通过执行"穿行测试"评价工作人员可获取对一个流程的了解，查找潜在的内控设计问题及识别出相关控制。

⑤ 实地查验。这是一个用于业务层面评价的方法。例如，评价工作人员进行实地盘点以测试企业记录存货的数量，或有关控制的有效性。

⑥ 抽样。抽样方法可以分为随机抽样和其他抽样法。随机抽样一般被认为是最具有代表性或是基于统计学的取样方式。它是从样本库中抽取一定数量的样本，进行控制测试，以获取有关控制的运行状况。随机选取通常是采用电脑来完成。

⑦ 比较分析。这是一种通过数据分析，识别评价关注点的方法。例如，通过比较月度销售情况，识别异常区间，进行检查。

⑧审阅与检查。这也是在业务层面评价的常用方法，通过核对有关证据而获取有关控制的运行状况，如选择某些调节表上的差异，追溯到相应的单据记录（如银行对账单）或检查调节表是否有相关负责人的签字。

4. 汇总评价结果

评价工作组人员应当在其工作底稿中记录评价所实施的程序及有关结果。企业内部控制评价工作组应当建立评价质量交叉复核制度，有关评价报告应由评价工作组负责人严格审核确认，向被评价单位进行通报，在提交内部控制评价部门或机构前得到被评价单位相关责任人签字确认。在评价工作中发现的所有差异，如穿行测试及控制测试中发现的与访谈结果的差异、与流程手册的差异，也应在汇总中适当记录。

企业内部控制评价部门或机构应编制内部控制缺陷认定汇总表，结合日常监督和专项监督发现的内部控制缺陷及其持续改进情况，对内部控制缺陷及其成因、表现形式和影响程度进行综合分析和全面复核，提出认定意见，并以适当的形式向董事会、监事会或者经理层报告。重大缺陷应当由董事会予以最终认定。企业对于认定的重大缺陷，应当及时采取应对策略，切实将风险控制在可承受程度之内，并追究有关部门或相关人员的责任。

（四）内部控制缺陷的认定

1. 内部控制缺陷的分类

（1）按照内部控制缺陷的本质分类。按照内部控制缺陷本质上的不同，可以把内部控制缺陷分为设计缺陷和运行缺陷。设计缺陷是指企业缺少为实现控制目标的必要控制，或现存的控制并不合理及未能满足控制目标。例如，"未建立定期的现金盘点程序"即属于控制设计问题。设计缺陷既可以是系统的设计缺陷，也可以是系统外手工控制的设计缺陷。而运行缺陷是指设计合理有效的内部控制，在运作上没有被正确地执行。包括不恰当的人员执行，未按设计的方式运行，如频率不当等。例如，"物资采购申请金额已超其采购权限，却未向上级公司申请安排大宗物品采购"（虽存在权限管理规定，却未在实际操作中妥善执行。）

企业对内部控制缺陷的认定，应当以日常监督和专项监督为基础，结合年度内部控制评价，由内部控制评价部门或机构进行综合分析后提出认定意见，按照规定的权限和程序进行审核后最终予以认定。

（2）按照内部控制严重程度分类。企业在日常监督、专项监督和年度评价工作中，应当充分发挥内部控制评价工作组的作用。内部控制评价工作组应当根据现场测试获取的证据，对内部控制缺陷进行初步认定，并按其影响程度分为重大缺陷、重要缺陷和一般缺陷。①重大缺陷（也称实质性漏洞）是指一个或多个控制缺陷的组合，可能严重影响内部整体控制的有效性，进而导致企业无法及时防范或发现严重偏离整体控制目标的情形。例如，有关漏洞为企业带来重大损失或造成企业财务报表重大错报、漏报。②重要缺陷是指一个或多个一般缺陷的组合，其严重程度低于重大缺陷，但导致企业无法及时防范或发现严重偏离整体控制目标。严重程度依然重大，需引起管理层关注。例如，有关缺陷造成的负面影响在部分区域流传，为公司声誉带来损害。③一般缺陷是指除了重要缺陷、重大缺陷以外的其他缺陷。

内部控制评价部门（或机构）与管理层应当合理确定相关目标发生偏差的可容忍水平，从而对严重偏离的情形予以确定。

2. 内部控制认定程序与整改

如果评价工作人员在实施测试中发现控制差异，应分析差异是否属于控制缺陷并评价其严重程度。如果审查了解控制差异的起因和结果后，断定控制目标未能达到，同时评价工作组人员不能增加其他测试程序证明已发现的差异不能代表所有内控的情况，将形成缺陷的结论。管理层应评价其严重程度后在其年度自我评价报告中披露，并有责任对有关控制缺陷进行整改，作出补救措施。由于控制缺陷可以分为设计缺陷和执行缺陷，因此，整改方案应根据缺陷的不同类别制定不同的整改方法。对于需整改的内控设计缺陷，企业需在已有的内控管理制度体系中补充相关规定或修改原有规定，按照企业既定的管理制度报批程序对作出的补充或修改进行审批。对于需整改的内控执行缺陷，企业需加强内控的执行力度，要求控制执行人严格按照相关规定执行。

对于重大缺陷和重要缺陷的整改方案，应向董事会（审计委员会）、监事会或经理层报告并审定。如果出现不适合向经理层报告的情形（例如，存在与管理层舞弊相关的内部控制缺陷），内部控制评价组应当直接向董事会（审计委员会）、监事会报告。重要缺陷并不影响企业内部控制的整体有效性，但是应当引起董事会和管理层的重视。对于一般缺陷，可以向企业管理层报告，并视情况考虑是否需要向董事会（审计委员会）、监事会报告。

（五）内部控制评价报告

按照《评价指引》规定，企业应根据年度内部控制评价结果，结合内部控制评价工作的底稿和内部控制缺陷汇总表等资料，及时编制内部控制评价报告。内部控制评价报告应当报经董事会或类似权力机构批准后对外披露或报送相关部门。企业内部控制评价部门应当关注自内部控制评价报告基准日至内部控制评价报告发出日之间是否发生影响内部控制有效性的因素，并根据其性质和影响程度对评价结论进行相应调整。企业应当以 12 月 31 日作为年度内部控制评价报告的基准日，并于基准日后 4 个月内报出内部控制评价报告。对于基准日至内部控制评价报告发出日之间发生的影响内部控制有效性的因素，企业应当根据其性质和影响程度对评价结论进行相应调整。企业应当建立内部控制评价工作档案管理制度。内部控制评价的有关文件资料、工作底稿和证明材料等应当妥善保管。

《评价指引》要求企业在评价报告中至少披露以下内容：①董事会对内部控制报告真实性的声明，其实质就是董事会全体成员对内部控制有效性负责。②内部控制评价工作的总体情况，即概要说明。③内部控制评价的依据，一般指《基本规范》、《评价指引》及企业在此基础上制定的评价办法。④内部控制评价的范围，描述内部控制评价所涵盖的被评价单位，以及纳入评价范围的业务事项。⑤内部控制评价的程序和方法。⑥内部控制的缺陷及其认定情况，主要描述适用于企业的内部控制缺陷具体认定标准，并声明与以前年度保持一致，同时，根据内部控制缺陷认定标准，确定评价期末存在的重大缺陷、重要缺陷和一般缺陷。⑦内部控制缺陷的整改情况及重大缺陷拟采取的整改措施。⑧内部控制有效性的结论，对不存在重大缺陷的情形，出具评价期末内部控制有效的结论；对存在重大缺陷的情形，不得作出内部控制有效的结论，并需描述该重大缺陷的成因、表现形式及其对实现相关控制目标的重要程度。

二、企业内部控制的审计

（一）内部控制的审计要求

内部控制作为企业的一项重要的管理活动，用来提高经营的效率效果，实现企业的发展战略。一些国家和地区如美国、日本、欧盟等对内部控制审计已提出要求。在美国和日本等地更是实施强制性规定对企业财务报告内部控制进行审计。我国在2008年发布的《基本规范》中除了要求企业为其内部控制的设计与运行情况进行全面的评价、披露年度自我评价报告外，还要求上市公司和非上市大中型企业聘请符合资格的会计师事务所，根据规范及配套办法和相关执业准则，对企业财务报告内部控制的有效性进行审计并出具审计报告。会计师事务所及其签字的从业人员应当对其发布的内部控制审计意见负责。上市公司聘请的会计师事务所应当具有证券、期货业务资格。有关规定将自2011年1月1日起在境内外同时上市的公司施行，自2012年1月1日起在上海证券交易所、深圳证券交易所主板上市公司施行。鼓励非上市大中型企业提前执行。

企业在此阶段应当做好准备工作，加强内部控制管理，安排时间与资源执行有关的规定。假若内部资源未能配合进行内部控制的设计、实施或评估工作，如企业缺乏有关经验及素质，或对内部控制缺乏基础知识，则可考虑聘请专业人员或会计师事务所提供有关咨询服务。应注意的是，《基本规范》中表明为企业内部控制提供评价服务的会计师事务所，不得同时为同一企业提供内部控制审计服务。因此，管理层应在决策上注意有关规定及作出适当的安排。

（二）注册会计师的责任与角色

内部控制审计是指会计师事务所接受委托，对特定基准日内部控制设计与运行的有效性进行审计。一般情况下，如果企业财务报表的年末日为12月31日，通常此日也会被定为基准日，为内部控制的有效性发表意见。

《审计指引》中重申建立健全和有效实施内部控制，评价内部控制的有效性是企业董事会的责任。而在实施审计工作的基础上对内部控制的有效性发表审计意见，是注册会计师的责任。注册会计师要在实施审计工作的基础上，获取充分适当的证据，对内部控制的有效性发表意见并提供合理保证。

注册会计师应按照《审计指引》以及其他有关的审计准则的要求，计划和实施审计工作，评价控制缺陷，从而整合其对内部控制有效性的意见。注册会计师会对财务报告内部控制的有效性发表审计意见，如果在审计过程中注意到非财务报告内部控制的重大缺陷，将会在其内部控制审计报告中增加"非财务报告内部控制重大缺陷描述段"予以披露。

注册会计师可以单独进行内部控制审计，也可将内部控制审计与财务报表审计整合进行（以下简称"整合审计"）。在整合审计中，注册会计师应当对内部控制设计与运行的有效性进行测试，以同时实现下列目标：①获取充分适当的证据，支持其在内部控制审计中对内部控制有效性发表的意见。②获取充分适当的证据，支持其在财务报表审计中对控制风险的评估结果。

如前所述，《审计指引》为会计师事务所对特定基准日与财务报告相关的内部控制设计与执行的有效性进行审计提供指引。它明确注册会计师应对财务报告内部控制的有效性发表审计意见，并对内部控制审计过程中注意到的非财务报告内部控制的重大缺陷予以披露。同时，就审计计划工作、审计实施、如何评价控制缺陷、审计期后事项、审计报告内容和方法以及审计工作底稿作出了具体规定。由于本章以企业健全内部控制系统及有关强化工作为重点，对有关注册会计师执行内部控制审计方面的具体规定不予详述。

三、审计委员会在内部控制中的作用

（一）审计委员会与内部控制

审计委员会是企业董事会下设立的专门委员会。审计委员会负责审查企业内部控制，监控内部控制的有效实施和内部控制的自我评价情况，协调内部控制及其他相关事宜等。审计委员会负责人应当具备相应的独立性、良好的职业操守和专业胜任能力。

一般来说，审计委员会的组成应全部由独立、非行政董事组成，他们至少拥有相关的财务经验。审计委员会的职能是监督、评估和复核企业内的其他部门和系统。董事会关于内部控制的主要目标会授权给审计委员会负责。在一般情况下，审计委员会负责整个风险管理过程，包括确保内部控制系统是充分且有效的。

就内部控制而言，审计委员会应复核企业的内部财务控制以及企业的所有内部控制和风险管理系统，除非这项任务由另外的独立风险委员会或董事会承担。审计委员会还应批准年报中有关内部控制和风险管理的陈述。审计委员会也会收到管理层关于企业内运作的内部控制系统的有效性的报告，以及内部或外聘审计师关于对控制所执行测试结论的报告。

（二）审计委员会履行职责的方式

董事会应决定委派给审计委员会的责任，审计委员会的任务会因企业的规模、复杂性及风险状况而有所不同。审计委员会应满足其职责的要求。建议审计委员会每年至少举行三次会议，并于审计周期的主要日期举行。审计委员会应每年至少与外聘或内部审计师会面一次，讨论与审计相关的事宜，但无须管理层出席。审计委员会主席可能特别希望与其他关键人员（比如董事会主席、首席执行官、财务总监、高级审计合伙人和内部审计主管）进行私下会面。审计委员会成员之间的不同意见如无法内部调解，应提请董事会解决。

此外，审计委员会应每年对其权限及其有效性进行复核，并就必要的人员变更向董事会报告。为了很好地完成这项工作，行政管理层必须向审计委员会提供恰当的信息。管理层对审计委员会有告知义务，并应主动提供信息，而不应等待审计委员会索取。

（三）审计委员会与合规

审计委员会的主要活动之一是核查对外报告规定的遵守情况。审计委员会一般有责任确保企业履行对外报告的义务。审计委员会应结合企业财务报表的编制情况，对重大的财务报告事项和判断进行复核。管理层的责任是编制财务报表，审计师的责任是编制审计计划和执行审计。

审计委员会应倾听审计师关于这些问题的看法。如果对拟采用的财务报告的任何方面不满意，审计委员会应告知董事会。审计委员会还应对财务报表后所附的与财务有关的信息（比如，运营和财务复核信息及公司治理部分关于审计和风险管理的陈述）进行复核。

（四）审计委员会与内部审计

确保充分且有效的内部控制是审计委员会的义务，其中包括负责监督内部审计部门的工作。审计委员会应监察和评估内部审计职能在企业整体风险管理系统中的角色和有效性。它应该核查内部审计的有效性，并批准对内部审计主管的任命和解聘，还应确保内部审计部门能直接与董事会主席接触，并负有向审计委员会说明的责任。审计委员会复核及评估年度内部审计工作计划。审计委员会收到关于内部审计部门工作的定期报告，复核和监察管理层对内部审计的调查结果的反应。审计委员会还应确保内部审计部门提出的建议已执行。审计委员会有助于保持内部审计部门对压力或干涉的独立性。审计委员会及内部审计师需要确保内部审计部门正在有效运作。它将在四个主要方面对内部审计进行复核，即组织中的地位、职能范围、技术才能和专业应尽义务。

1. 内部审计活动

企业应根据现行职业准则执行内部审计活动。内部审计职能部门的组成，取决于企业的规模、复杂性、经营活动范围和风险概况，以及董事会为审计部门分配的责任。就大型企业来说，首席审计师常常是在审计员工的帮助下履行其责任的管理者。内部审计职能还可由企业内部或外部服务提供商执行。在许多小企业中，被指定担任兼职审计师的高级职员或普通雇员可能承担着运营方面的责任。为了保持独立性，负责复核特定职能部门的雇员应独立于该职能部门之外，并应直接将相关发现向董事会或其下属的审计委员会报告。

内部审计师必须对其所审计的活动保持独立性，这样他们才能够自由客观地完成工作。他们必须提供公正而无偏见的判断。内部审计师或内部审计的管理者或董事应直接且定期向董事会报告。在某些机构中，内部审计职能部门可能是管理或控制公司总体风险承担活动小组的一部分。只有审计职能直接向董事会报告并保持其独立性，这样的安排才是符合要求的。

董事会负责将必要的权力委托给他人，以使内部审计师能够有效地开展他们的工作。审计师必须拥有对企业内的所有大业务部门、部门及职能进行检查的权力，与企业的任何人员直接进行沟通的权力，以及使用审计工作所需的所有的记录、文档或数据的权力。董事会、内部审计师和管理层之间进行清晰的沟通，对于及时确认及纠正内部控制及运营管理的不足之处是非常重要的。

在某些企业，主管审计师向高级管理者（而非董事会）报告日常行政事务。在这种情况下，董事会必须采取额外的措施，确保这种报告关系不会损害审计师的独立性，或对其独立性产生不当的影响。

内部审计师应具备必要的知识、技巧以及训练，以熟练专业地实施审计工作。内部审计师的角色不断改变，这需要他们培养分析、技术、决策及沟通技巧。审计人员至少应该具有适当的教育背景或经验，以及与所承担的责任相匹配的组织技巧和技术。

内部审计师应该善于口头沟通及书面交流，能够理解会计及审计的准则、原则及技术，认识并评估与完善的商业实务的偏离之重要性和重大程度。此外，他们能确认现有或潜在的问题，并在适当的情况下，对程序进行补充。

很重要的一点是，内部审计人员（包括审计经理或总监）要参与继续教育和培训。大学、团体或审计行业组织提供的课程和研讨会，为保持审计技巧和熟练度提供了许多机会。上述组织还提供注册会计师和内部审计师的培训。企业内部培训、在机构不同部门工作的经验，以及查阅当前关于审计和银行业的文献，也是保持和提高审计技巧的方法。

2. 内部审计师在企业中的地位

内部审计师的主要作用是，独立而客观地复核及评价企业的活动，以维持或改善企业风险管理、内部控制及公司治理的效益和效率。内部审计师必须了解企业的策略方向、目标、产品、服务和程序。审计师应将相关结果向董事会或其下属的审计委员会以及高级管理层报告。

内部审计师必须保持客观性和独立性。这意味着内部审计可向高级管理层或审计委员会报告，内部审计师不必担心因提交不利的报告而受到指责。对内部审计的任何约束，比如他们无法看到控制系统的各方面，都是对他们工作的限制，这可能暗示管理层试图掩盖矛盾。内部审计师应被允许直接与外聘审计师沟通，对此所做的任何限制，也可能印证了管理层试图隐瞒某些情况。

3. 内部审计师的职能范围

外聘审计师应被允许不受限制地使用企业的账簿记录或进入控制系统。对于内部审计部门所做的任何报告和建议，均应采取相应行动，或者管理层应说明尚未针对报告采取行动的原因。

内部审计的目的有若干个，包括评价会计、运营及行政控制的可靠性、充分性及有效性；确保企业的内部控制能使交易得以迅速正确地记录，正确地保护资产；确定公司是否遵循了法律法规及其自身制定的政策及管理层是否采取了适当的步骤，来应对控制的不足。

越来越多的内部审计师为企业增加新产品或服务提供建设性的商业建议。他们还帮助企业制定及修订新的政策、程序和做法。而且，内部审计师常常在兼并、收购和转型活动中发挥作用。此类作用包括帮助董事会和管理层评价在收购计划及实施过程中的安全措施及控制，包括适当的文件记录及审计痕迹。

内部审计部门的工作应进行适当的规划，并被复核和记录。缺乏文件记录，可能表明尚未执行内部审计工作，或者所执行的工作低于所要求的水平。因此，对此进行复核，将确保已编制了充分的工作底稿，并且审计工作计划反映了应执行的审计工作。

4. 内部审计报告

内部审计完成后，最后一项工作即编制审计报告。虽然审计报告没有规定格式，但它，应包含若干不同的部分。报告长度与业务性质有很大关系。通常审计报告包括工作目标、审计师已实施的程序概述、审计意见及建议。

审计工作的目标为报告使用者说明了复核的目的。审计师已实施的程序概述，说明了审计师如何收集和整理能够支持其所发表的意见及所提出的建议和证据。审计意见对接受复核的内部控制的有效性进行了总结。最后，审计师的建议突出说明了控制上的不足之处，并提出了改进措施。

内部审计报告应使董事会及管理层了解主要业务部门、普通部门的活动是否遵守了政策和程序，经营程序和内部控制是否有效，以及公司是否已经或必须采取哪些纠正措施。内部审计人员必须向适当的各方报告审计结果并提出建议，并尽可能在相关工作完成后发布报告。审计工作底稿应充分记录和支持审计报告。

对内部审计报告的结构应进行设计，以满足企业内部审计职能及被审计领域的需要。审计报告通常包括主要经营成果的简明汇总及结论、审计范畴和目标、审计结果（包括任何汇总表的评级）以及建议（包括将取得的收益以及管理层作出纠正重大缺陷的承诺）。

完成审计后，内部审计师首先会与部门经理会面，审核内部审计报告草稿，更正任何不精确的信息，并就管理层的承诺和行动达成一致。然后，将内部审计报告终稿提交给有责任且有权力按照建议执行任何纠正举措的管理人员。之后，应进一步跟进，使内部审计师能够确定如何部署任何商定的举措，并将未来审计活动的重点放在新的领域中。审计师应及时跟进，并将结果向董事会或其下属的审计委员会报告。跟进活动一般首先获得审核管理层的反应，然后确认纠正措施是及时且有效的。

（五）向股东报告内部控制

企业董事会应维持完善的内部控制系统，以保护股东投资及公司资产安全，并将企业业绩及内部控制情况告知股东。

股东是企业的所有者，因此，他们有权知悉内部控制系统是否充分，是否足以保障他们的投资。董事会如要为股东提供其所需的保证，则应对集团内部控制系统的有效性展开复核，并至少每年向股东汇报一次。

为了向股东汇报而执行的复核应涉及所有重大控制，包括财务、运营和合规控制以及风险管理系统。此外，年报也应为股东提供有关审计委员会的工作信息。审计委员会主席应出席年度股东大会，并回答股东提出的关于审计委员会工作方面的问题。

企业管理层必须就企业实施的内部控制进行汇报。董事会无法亲自实施所有的复核工作，因此须授权给审计委员会和内部审计部门。总之，审计和报告工作包括已识别记录的控制，已核查的文件记录、重大不足，已经测试的控制及书面说明。

第五节　风险管理、公司治理与内部控制的关系

在企业风险管理的框架下，风险管理、公司治理与内部控制三者的关系可以从以下四个方面来体现。

一、管理范围的协调

风险管理框架下的企业内部控制是站在企业战略层面分析、评估和管理风险，是把对企业的监督控制从细节控制提升到战略层面及公司治理层面。风险管理不仅仅关注内控的建立，最主要的是关注内部控制的运行与评价，从企业所有内外风险的角度为公司治理层、管理层持续改进内部控制设计和运行提供思路。风险管理比内部控制的范围要广泛得多，如图 8－2 所示。

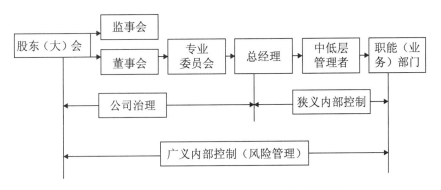

图 8－2　风险管理、内部控制与公司治理的关系

二、前动与后动的平衡

在风险管理框架下的企业内部控制既包括提前预测和评估各种现存和潜在风险，从企业整体战略的角度确定相应的内控应对措施来管理风险，达到控制的效果，又包括在问题或事件发生后采取后动反应，积极采取修复性和补救性的行为。显然，在未发生风险负面影响前即采取措施，更能够根据事件或风险的性质，降低风险的损失，降低成本，提高整体管理效率。

三、治理、风险、控制的整合

在风险管理框架下的企业内部控制试图寻求一个有效的切入点使得内部控制真正作为组织战略管理的重要成分嵌入组织内部，提高组织对内部控制重要性的认同，并使得内控能为组织战略目标的实现作出更多的贡献。依照风险管理的整体控制思维，扩展内部控制的内涵和外延，将治理、风险和控制作为一个整体为组织目标的实现提供保证。这一整合的过程将克服原本内部控制实施过程中内部控制与管理脱节的问题，整个组织风险管理的过程也就是内部控制实施的过程，内控不再被人为地从企业整个流程中分离出来，提高了内部控制与组织的整合性和全员参与性。

四、"从上到下"的控制基础与"从下到上"的风险基础执行模式的融合

过去，一提到内部控制，人们往往认为是管理者制定出相应的规章制度约束员工的。但在风险管理框架下的企业内部控制既体现内部控制从上到下的贯彻执行，也强调内部控制从下到上参与设计、反馈意见以及"倒逼"机制，即从上到下控制基础与从下到上风险基础的执行模式的融合。

在风险管理框架下的企业内部控制（风险管理）既包括管理层以下的监督控制，又包括管理层以上的治理控制，按照内部控制五要素分析内部治理控制如表 8 - 1 所示。

表 8 - 1　风险管理框架下的公司内部治理控制

内部控制要素	公司治理中的体现（举例，并不全面）
控制环境	1. 股东（大）会、董事会、监事会、经理的职责定位与授权 2. 董事会内部职责分工与授权，如内设的战略、执行、审计、薪酬、提名、专业委员会等 3. 董事会、监事会与经理团队的沟通氛围 4. 股东与董事会的风险偏好 5. 董事长主持董事会工作，其职业修养与专业能力将影响治理效果 6. 董事、监事能力 7. 独立董事的独立性
风险评估	1. 战略、目标、重大经营计划等决策需充分评估对内、对外风险 2. 为具体治理活动设计控制措施前需要进行风险评估

内部控制要素	公司治理中的体现（举例，并不全面）
控制活动	1. 治理结构本身的牵制机制设计，如监事会的设立、独立董事制度、审计委员会设立等 2. 企业战略和目标的制定与决策程序 3. 通过听取业绩报告，董事会对经理战略执行的过程控制 4. 董事长对经理的决策授权与监督 5. 董事、监事、经理的考核激励控制 6. 公司章程，董事会及其下属委员会、监事会的议事规则 7. 信息披露的控制程序
信息沟通	1. 股东、董事、监事履行职责时，必须适时得到充分的相关信息 2. 董事会与经理团队应建立正常沟通机制，适时了解战略和目标的执行情况，及时采取行动 3. 股东分散、不参与企业的经营管理，董事会应按规定适时披露相关信息，保障所有股东的合法权益
监控	1. 董事会（或审计委员会）聘请独立第三方对经理履行职责情况的检查 2. 监事会对董事会与经理的监督检查

思考题

1. 内部控制要素包括哪些？

2. 如何进行风险评估？

3. 企业内部控制应用于哪些方面？

4. 资金活动需要关注哪些风险？可采取什么措施防范风险？

5. 企业内部控制评价包括哪些内容？

6. 审计委员会在企业内部控制中的作用是什么？

7. 简述风险控制、内部审计与公司治理的关系。

参 考 文 献

[1] 中国注册会计师协会. 公司战略与风险管理［M］. 北京：经济科学出版社，2015.

[2] 中国注册会计师协会. 公司战略与风险管理［M］. 北京：经济科学出版社，2014.

[3] 陈明，孟鹰，余来文. 战略管理理论、应用和中国案例［M］. 北京：经济管理出版社，2014.

[4] 胡杰武，万里霜. 企业风险管理［M］. 北京：清华大学出版社，2014.

[5] 王玉，王琴，董静. 企业战略管理［M］. 上海：上海财经大学出版社，2013.

[6] 徐君，等. 企业战略管理北京［M］. 北京：清华大学出版社，2013.

[7] 汪长江. 战略管理［M］. 北京：清华大学出版社，2013.

[8] 肖海林. 企业战略管理理论、要径和工具［M］. 北京：中国人民大学出版社，2013.

[9] 上海国家会计学院. 企业风险管理［M］. 北京：经济科学出版社，2012.

[10] 武艳，张晓峰，张静. 企业风险管理［M］. 北京：清华大学出版社，2011.

[11] 天亮. 公司治理概论［M］. 北京：中国金融出版社，2011.

[12] 杨锡怀，王江. 企业战略管理理论与案例［M］. 北京：高等教育出版社，2010.